이공계열 전공자를 위한

컴퓨팅 사고와 인공지능

유영환·김경민·김미숙·김민호·전인호 공저

부산대학교출판문화원

미래를 준비하는 힘 - 컴퓨팅 사고와 인공지능의 이해

컴퓨팅 사고(Computational Thinking)란 무엇일까요? 컴퓨팅 사고라는 말은 MIT의 시모어 페퍼(Seymour Papert) 교수가 1980년에 최초로 사용했다고 알려져 있습니다. 하지만 이 용어가 널리 퍼진 계기는 카네기 멜론 대학의 지넷 윙(Jeannette M. Wing) 교수가 2006년에 컴퓨터 분야 학술지 'Communications of the ACM'에 언급하면서부터입니다. 지넷 윙 교수는 단순히 컴퓨터 프로그램을 잘 사용하거나 프로그래밍 언어를 익혀 프로그램을 만들 줄 아는 것이 아니라, 주어진 문제를 분해하여 문제 속에 포함된 패턴을 인식하고 이를 추상화하여 해결 과정을 기술할 수 있는 능력이 컴퓨팅 사고의 핵심이라고 했습니다.

컴퓨팅 사고의 대표적인 예로는, 우리 모두가 잘 알고 있는 독일의 수학자 가우스(Carl Friedrich Gauss, 1777~1855)가 겨우 8살이었을 때 1부터 100까지의 합을 계산한 일화를 들 수 있습니다. 선생님이 문제를 내시고 다른 학생들이 1부터 모든 숫자를 차례로 더하며 끙끙대고 있을 때 가우스는 쉽게 정답을 말해 버립니다. 깜짝 놀란 선생님이 풀이 방법을 묻자 가우스는 "첫 번째 수인 1과 마지막 수인 100을 더하면 101이 되고, 두 번째 수인 2와 마지막에서 두 번째 수인 99를 더해도 101이 되고, 이렇게 앞에서 50번째 수인 50과 뒤에서 50번째 수인 51을 더할 때까지 모두 다 101이 되므로, 101에 50을 곱하면 됩니다."라고 대답했다고 합니다. 가우스는 1부터 100까지의 합 문제를 50쌍의 두 숫자의 합 문제로 '분해'했고, 이들 각각이 모두 101이 된다는 '패턴을 발견'했습니다. 그래서 숫자 100개의 합 문제를 101과 50이라는 두 개의 숫자의 곱으로 '추상화'하여 '해결 절차'를 설명하였습니다. 가우스가 살던 시절에는 컴퓨터가 없었으니 당연히 컴퓨터 프로그래밍은 할 수 없었겠지만 가우스의 이러한 문제 해결 방식이 바로 컴퓨팅 사고를 적용한 문제 해결의 예인 것입니다.

한편, 컴퓨팅 사고는 맞닥뜨린 문제를 논리적으로 분석하기 위한 것이지만, 너무 많은 규칙성 없는 자료가 주어진 경우에는 머릿속 분석만으로는 이를 해결하기 어렵습니다. 이를 위해 1950년대에 앨런 튜링(Alan Turing, 1912~1954), 존 매카시(John McCarthy, 1927~2011), 마빈 민스키(Marvin Minsky, 1927~2016) 등이 인공지능의 개념을 제시하였고, 2016년 알파고의 등장으로 인공지능이 본격적으로 산업과 사회에서 역할을 할 수 있는 수준에 이르렀음을 보였습니다.

이 책은 본격적으로 프로그래밍 기술을 익히기 전에 문제 해결을 위한 컴퓨팅 사고 능력을 기르고 인공지능의 개념을 이해하는 데 초점을 두었습니다. 세 개 파트에 총 12개의 장으로 구성되어 있습니다.

Part Ⅰ. 컴퓨팅사고와 프로그래밍

생활 속 문제를 해결하기 위한 절차를 명확하게 기술하는 방법을 알아봅니다. 1장에서는 일상생활에서 순서가 있는 일들을 찾아 그 순서를 순차적으로 나열하는 방법에 대해서 생각해 보고, 2장에서는 여러 가지 상황에 따른 조건적 상황을 표현하는 방법을 공부합니다. 3장에서는 주어진 문제에서 일정한 패턴을 찾아내고 이를 반복적 표현으로 기술하는 방법을 연습합니다. 4장에서는 우리가 고등학교 때 배웠던 몇 가지 기본적인 수학 문제를 컴퓨팅 사고를 적용하여 풀어봅니다. 각 장마다 문제 해결 방법이 정확하고 분명하게 기술되었는지 확인하기 위하여 컴퓨터 프로그래밍 도구인 엔트리를 사용하여 프로그래밍 하고 결과를 확인합니다.

Part Ⅱ. 문제해결 전략

문제 해결에 자주 사용되는 방법들을 배웁니다. 5장에서는 기본적인 자료로부터 원하는 지식을 찾아내는 것을 훈련하고, 검색을 쉽게 하기 위한 정렬의 필요성을 느껴봅니다. 이어 6장에서는 효율적인 검색을 위해 자료를 어떻게 정렬하고 어떠한 방식으로 검색할지 살펴봅니다. 7장에서는 큰 문제를 구조적으로 분해하여 작은 문제 단위로 해결하는 방법에 대해서 생각해 보고, 8장에서는 복잡한 시스템을 직접 구현하기 전에 컴퓨터 모델링을 통해 실험해 볼 수 있는 시뮬레이션 기법과 사회적 문제를 게임을 통해 해결하는 기능성 게임을 소개합니다.

Part Ⅲ. 빅데이터와 인공지능

마지막 파트에서는 4차산업혁명의 핵심인 인공지능과 이를 뒷받침하는 빅데이터 기술에 대해 소개합니다. 9장에서는 미래 모든 산업 분야 의사결정의 기초이면서 인공지능 학습의 기본 자료가 될 빅데이터의 개념을 설명하고, 10장에서는 2016년 알파고의 등장 이후 큰 충격으로 다가왔던 인공지능 기술의 발전 과정과 개념을 소개합니다. 마지막으로 11장과 12장에서는 인공지능 기술이 해답을 찾아가는 두 가지 방법인, 주어진 규칙을 통해 문제를 해결하는 기술과 빅데이터를 기반으로 학습한 결과를 통해 문제를 해결하는 과정을 살펴보겠습니다.

복잡다단해지는 사회에서 우리가 맞닥뜨리게 되는 문제도 점점 더 복잡해집니다. 모두가 전문적인 컴퓨터 프로그래머가 되거나 인공지능 알고리즘의 세세한 원리를 알 필요는 없습니다. 하지만 복잡한 문제를 잘 분석하여 해당 문제가 가지는 규칙을 찾아 정확하고 효율적으로 해결하는 컴퓨팅 사고 능력과 인공지능 도구를 사용하는 능력은 미래 사회를 살아가는 데 필요한 핵심소양이 될 것입니다.

2021년 1월
다시 자유롭게 숨쉴 수 있을 날을 기다리며
저자 일동

이공계열 전공자를 위한

컴퓨팅 사고와 인공지능

Part Ⅲ.
빅데이터와 인공지능 219

부록1.

Part

I

컴퓨팅 사고와 프로그래밍

여러분은 '프로그램'하면 무엇이 가장 먼저 떠오르는가? 요즘은 정보통신(Information Technology; IT) 기술의 중요성이 매우 강조되는 시대이다 보니 대부분 독자들이 컴퓨터 프로그램을 가장 먼저 떠올릴 것이다. 그러나 우리 대부분은 '컴퓨터 프로그램'이라는 말을 듣기 훨씬 이전부터 일상생활에서 다른 '프로그램'을 접해왔다. 대표적인 것이 TV 편성 '프로그램'이다. 운동회, 연주회 등 각종 행사에서도 '프로그램'이 적힌 전단을 만들어 나누어준다. 또 길을 가다 흔히 볼 수 있는 "한 달 5kg 감량 다이어트 프로그램", "3개월 토익 완성 프로그램" 등의 현수막에서도 '프로그램'이라는 단어를 쉽게 발견할 수 있다. 이러한 예들을 통해 우리는 '프로그램'의 기본적인 뜻을 유추할 수 있다. TV 방송은 미리 계획된 순서에 따라 전파를 타고, 연주회에서도 전단에 적힌 순서에 따라 곡을 연주한다. 또 자신들이 제시한 어떤 방법과 순서를 따르면 살도 뺄 수 있고 토익 점수도 높일 수 있다고 한다. 이처럼 어떤 목적을 위해 '일을 진행하는 순서'가 '프로그램'의 기본 뜻이라고 할 수 있다.

'프로그램(program)'의 어원을 살펴보면, '미리 쓴다'는 뜻을 지닌 라틴어에서 유래한 말로서 17세기에 처음으로 문헌에 나타났다. 용어가 사용된 초기에는 특별히 음악회에서 연주되는 곡의 순서나 어떤 행사에서 진행되는 일들의 순서를 미리 짜놓은 것을 의미하였으나, 현대에 들어서는 우리의 일상생활 많은 곳에서 문제를 해결하기 위해 정해진 순서나 절차가 있는 일들을 '프로그램'이라 표현하고 있다.

그렇다면 '프로그램'은 어떤 특징을 가지는가? 우리의 일상생활 곳곳에서 특정한 문제를 해결하는 방법을 기술한 문서들을 쉽게 볼 수 있다. 라면 포장지에 인쇄된 라면 끓이는 방법, 자동 매표기 앞에 붙어있는 표 발권 방법, 행사 초청장에 행사장 찾아오는 방법을 나열한 문장들도 일종의 프로그램이다. 이러한 매뉴얼, 설명서 등이 명확하게 기술되어 있다면 처음 문제를 접하는 사람도 이를 참조하여 주어진 일을 명료하게 해결할 수 있지만, 만일 지시 내용이 모호하다면 매뉴얼을 읽는 사람은 주어진 문제를 완벽히 해결하지 못할 것이다. 따라서 문제를 해결하는 방법을 제시하는 문장인 '프로그램'은 분명하고 명확하게 기술되어야 한다. 이처럼 다양한 문제를 해결하기 위한 절차를 명확하게 표현하는 연습을 통해서 지식을 구체화하고 단계별로 체계화하는 능력을 키워나갈 수 있다.

제1장
컴퓨팅 사고와 프로그래밍의 이해

우리는 4차 산업혁명의 시대에 살고 있다. 소프트웨어를 기반으로 하는 산업과 사회 전반에 걸친 디지털 연결성이 더욱 빠르고 다양한 분야에서 사회를 탈바꿈시키고 있다. 이렇게 빠르게 변화하는 사회에서는 인간의 전통적인 사고 방식에도 변화가 필요하다.

'컴퓨팅 사고'라는 말은 미국의 MIT 대학교 교수인 시모어 페퍼(Seymour Papert)에 의해 처음으로 사용되었으며 1996년에 다시 제안되었다. 그 후 2006년 자넷 윙(Jeannette M. Wing)교수가 미국의 컴퓨터 관련 유명 저널인 ACM에 '컴퓨팅사고(Computational Thinking)'란 제목의 글을 게재하면서 큰 관심을 불러일으켰다.

자넷 윙 교수는 단순히 컴퓨터 프로그램을 잘 사용하거나 프로그래밍 언어를 익혀 프로그램을 만들 줄 아는 것이 중요한 것이 아니라, 주어진 **문제를 분해**하여 문제 속에 포함된 **패턴을 인식**하고 이를 **추상화**하여 **해결 과정을 기술**할 수 있는 능력이 컴퓨팅 사고의 핵심이라고 했다.

컴퓨팅 사고 4요소	의미
분해 (decomposition)	해결해야 할 문제를 단계별로 잘게 분해
패턴 인식 (pattern recognition)	분해한 부분들에서 일정하게 반복되거나 유사한 형태를 가진 부분들을 찾아 모델링하고 자료 간 의미 있는 관계를 유추
추상화 (abstraction)	패턴에서 찾은 원리와 법칙을 기호화
해결절차 상세기술 (algorithm)	유사한 문제나 다양한 데이터들에 적용할 수 있도록 해결절차를 구체화하여 기술

일반적으로 프로그래밍(programming)이란 컴퓨터로 어떤 일을 처리하기 위해 컴퓨터 언어로 프로그램을 작성하는 과정을 의미한다. 우리의 일상생활을 프로그래밍 과정에 빗대어 바라본다면 쉽게 이해할 수 있을 것이다.

우리는 매일 다양한 경험을 하며 살아가지만, 똑같은 일상에 지루해하며 변화를 꾀하는 경우도 많다. 이는 우리의 삶이 많은 부분 반복으로 이루어져 있다는 방증이다. 컴퓨터에 비유하면 프로그램화된 생활이라고 할 수 있다. 모든 날이 항상 세세한 내용까지 똑같은 것은 아니지만 크게 묶어보면 우리는 일정한 순서와 규칙을 가지고 일을 처리한다. 순서가 있는 일들을 처리할 때 무작위로 아무 단계에서부터 일을 시작할 수 있는 것은 아니다. 순서를 바꾸면 결과가 달라지거나 일을 완료할 수 없는 예도 있다. 이 장에서는 일정한 순서에 따라 처리해야 하는 일을 컴퓨터에서 어떻게 표현하는지 알아본다.

1. 생활 속 순차 프로그램

우리는 일상에서 다양한 문제를 접한다. 이런 문제 중에는 정해진 처리 순서를 지켜야만 해결되는 것들이 있다. 대표적으로 러시아 민속 인형 마트료시카(Matryoshka)의 예를 들 수 있는데, 마트료시카는 작은 것부터 큰 순서로 조립해야만 모든 인형을 하나로 합칠 수 있고 순서를 달리하면 합칠 수 없다.

러시아 인형 마트료시카

그 외에도 종이접기 역시 순서가 달라지면 전체 문제를 해결할 수 없는, 반드시 순서대로 처리해야만 하는 일이다. 반면, 음식 조리는 순서를 달리해도 문제를 해결할 수 있다. 예를 들어 샌드위치를 만들 때는 재료에 따라 약간의 순서가 바뀌거나, 주방 환경에 따라 재료 준비를 동시에 해도 샌드위치를 만들 수는 있다. 다만 맛이 좀 다르거나 조리하는 데 필요한 시간이나 노력이 달라질 수 있다.
이처럼 일상생활 속의 문제 중에는 순서대로 처리해야만 해결할 수 있는 문제도 있고, 전후 순서가 달라도 문제를 해결할 수는 있지만 해결에 필요한 노력이나 시간이 처리 순서에 따라 달라지는 문제들도 있다. 앞서 예로 든 문제들의 해결 과정을 순차적으로 기술하여 보자.

1.1. 순서를 반드시 지켜야만 해결되는 문제

종이접기

종이접기는 순서대로 접지 않으면 목표한 모양이 나올 수 없다. 따라서 순차적으로 문제를 풀어야만 하는 대표적인 문제 중 하나이다. 여러 종이접기 중 배 접기 과정을 순차적으로 어떻게 표현하는지 살펴보자.

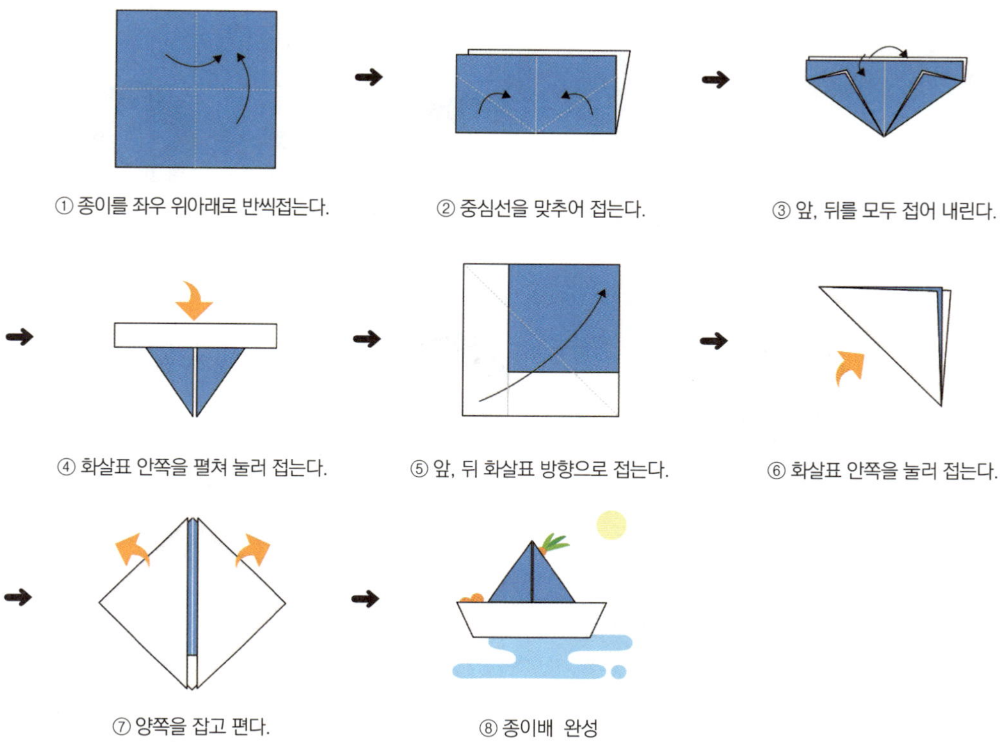

1.2. 순서가 약간 달라질 수 있는 문제

샌드위치 만들기

음식을 만드는 방법을 적어 놓은 레시피(recipe) 또한 순차적으로 문제를 해결하는 방식을 취하고 있다. 개인의 취향이나 기호에 따라 다양한 부재료가 첨가되겠지만 기본적인 음식 레시피는 순차적 형식을 갖추고 있다. 요리할 때 시간이 오래 걸리는 재료부터 시간이 적게 걸리는 순서로 재료 손질을 하고, 보통 흰색 채소부터 색깔이 있는 채소 순으로 조리하며, 열에 강한 채소부터 열에 약한 채소 순으로 볶는 등, 음식이 가지는 특성에 따라 순서대로 해결해야만 완성도 있는 음식이 나올 수 있다.

우리가 쉽게 접할 수 있는 양배추, 햄, 달걀프라이가 들어간 간단한 샌드위치를 만드는 레시피를 통해 순차적인 표현을 이해해 보자. 가장 먼저 양배추를 손질해야 한다. 채소의 싱싱함을 살리기 위해서 양배추를 썰어 미리 물에 담가놔야 양배추가 아삭아삭해진다. 그 다음, 달걀과 햄은 둘 다 지방, 단백질 성분이 있어서 어느 쪽을 먼저 하든지 결과에는 크게 영향을 주지 않지만, 보통 흰색에서 유채색 순서로 조리하므로 아래의 조리법 1)처럼 조리할 수 있다. 그러나 조리법 2)처럼 동시에 두 재료를 손질할 수도 있다. 아니면 순서를 바꿔 햄을 먼저 요리하고 이후 달걀프라이를 해도 크게 상관은 없다.

조리법 1) 재료를 순서대로 조리

조리법 2) 재료를 동시에 조리하거나 순서를 바꿔서 조리

실제로 요리 레시피를 기술한 문서는 컴퓨터 프로그램과 매우 닮아 있어 프로그램으로 옮기기가 쉽다. 요리를 하는 '셰프 로봇 (Chef Robot)'의 등장은 미래의 일이 아니다. 영국의 로봇개발 업체인 몰리 로보틱스(Moley Robotics)는 2000여 가지의 요리가 가능한 로봇 몰리를 개발했다. 미슐랭 스타 요리사들의 요리법을 명확히 기술하고, 그대로 프로그램으로 옮겨 로봇에 이식함으로써 집에서도 유명 셰프의 최고급 요리를 맛볼 수 있다. 만일 위의 샌드위치 조리법을 컴퓨터 프로그램으로 옮긴다면 조리법 1)은 모든 재료가 순서대로 처리되는 순차 프로그램에 해당하고, 조리법 2)의 경우는 두 가지 재료가 동시에 처리되는 병렬 프로그램에 비유할 수 있다. 병렬 프로그램의 경우 다소 처리가 복잡하지만, 전체 소요 시간을 줄일 수 있는 이점이 있다.

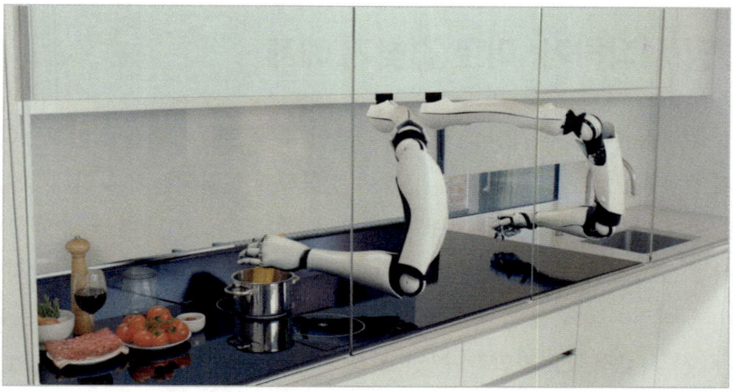

몰리 로보틱스의 요리 로봇(출처 : www.moley.com)

1.3. 순차적 표현을 순서도로 표현하기

복잡한 문제의 전체 해결과정을 단번에 머릿속에 정리하기는 어렵다. 이를 위해 고안한 방법이 순서도라는 도식적 표현이다. 순서도에서는 일의 순서를 표현하기 위해서 여러 가지 도식 기호를 사용한다. 그중에서 일의 처리를 뜻하는 □는 가장 많이 사용되는 기호이다. 자동판매기에서 커피를 뽑는 과정은 기본적으로 순차적인 표현이 가능하다. 순서도로 어떻게 표현할 수 있는지는 아래 그림을 참조하면 된다.

자동판매기에서 커피 뽑기

커피 자동판매기에는 단 한 종류의 커피만 있다고 가정한다. 어떤 사람이 자동판매기에서 커피를 뽑아 마시는 과정을 순서도로 표현하면 다음과 같다.

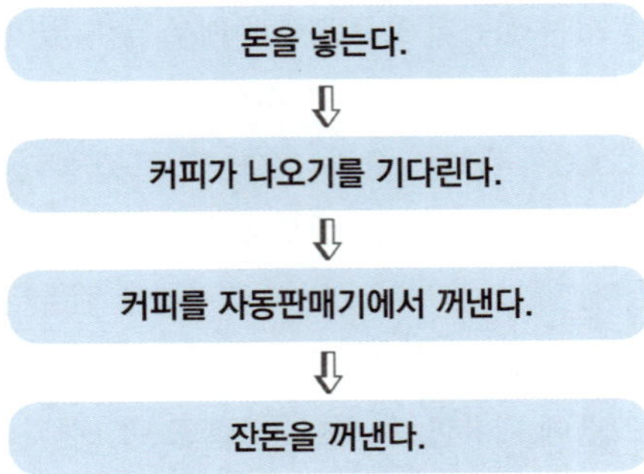

2. 프로그래밍 시작하기: 미로 길찾기 예제

지금까지 우리는 생활 속에서 순차적인 과정으로 해결할 수 있는 문제들을 살펴보았다. 이러한 순차적 처리 과정을 실제 컴퓨터 프로그램으로 옮겨 문제가 정확하게 해결되는지 확인해 보자. 프로그래밍 도구로는 초보자도 쉽게 익힐 수 있는 엔트리를 사용한다. 엔트리는 2014년 국내 엔트리 교육연구소에서 개발한 교육용 프로그래밍 언어로서, 그래픽으로 표현된 블록을 이용하여 직관적인 프로그래밍이 가능하도록 하였다. 어린이들의 블록 놀이처럼 여러 가지 도구 블록을 쌓는 방식으로 프로그래밍 할 수 있고, 결과를 즉시 시각적으로 확인할 수 있다. (엔트리의 설치 및 사용법에 대한 자세한 설명은 책 마지막에 첨부된 부록을 참조하자.)

이 절에서는 미로 길찾기 예제를 가지고 순차적인 처리 과정을 어떻게 프로그래밍 할 수 있는지 알아보자. 실제로는 출발지에서 목적지에 도달하는 여러 개의 경로가 존재할 수 있겠지만, 설명을 위해 단 한 가지 경로만을 가정한다.

2.1. 문제 및 해결조건

● 문제

미로의 출발지(start)에서 목적지(finish)까지의 이동 과정을 순차적으로 표현해 보자.

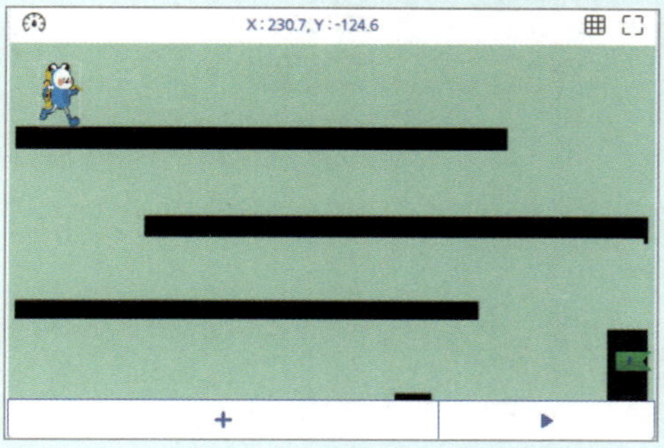

▶ 해결조건

① 오브젝트는 좌우 방향으로만 회전할 수 있다.

② 오브젝트의 이동 방향은 현재 오브젝트가 바라보는 방향이다.

③ 오브젝트는 이동하려는 거리값을 입력받아 이동한다.

참고 오브젝트 (Object)

엔트리에서 '명령어를 통해 움직일 수 있는 것'을 오브젝트라고 한다.

2.2. 문제해결 전략

문제 해결을 위한 블록

[블록] 탭 아래 [시작], [흐름], [움직임], [생김새] 꾸러미에 포함된 아래 표의 블록들을 활용하면 출발지에서 목적지에 도달하는 과정을 순차적으로 표현할 수 있다. 각 블록에 대한 설명은 표를 참조하라.

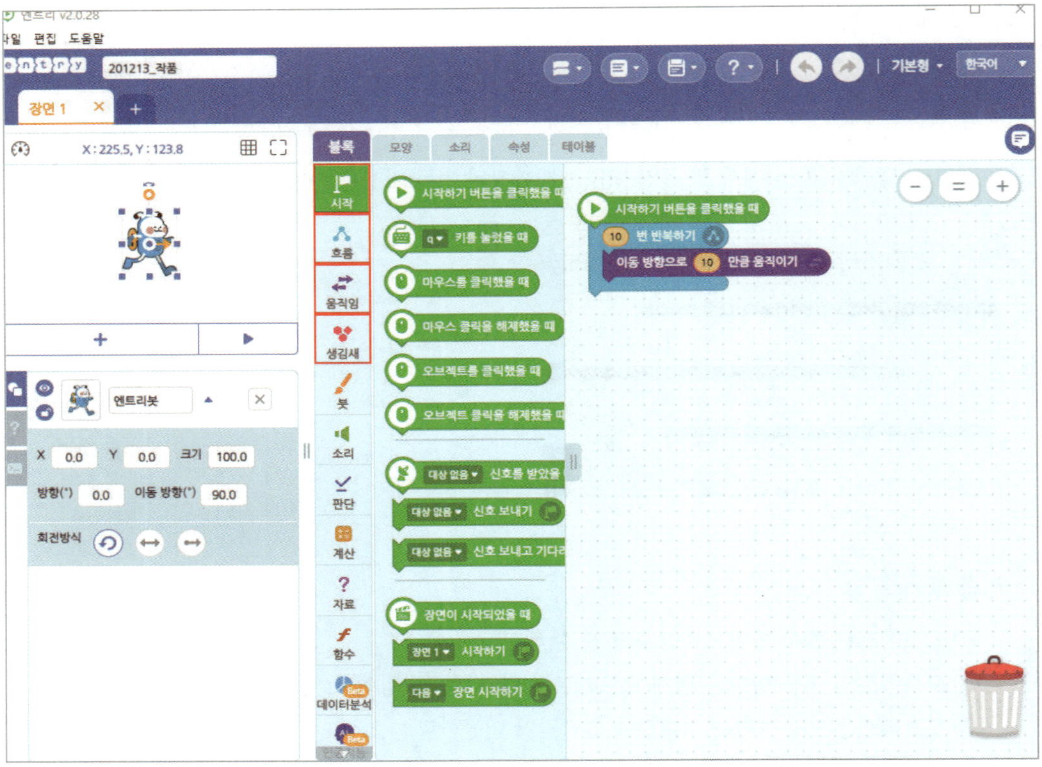

시작	설명
시작하기 버튼을 클릭했을 때	시작하기 버튼(▸)이 클릭되면 아래에 연결된 블록들을 실행한다.

흐름	설명
2 초 기다리기	입력한 시간만큼 기다린 후 다음 블록을 실행한다.

움직임	설명
이동 방향으로 10 만큼 움직이기	오브젝트의 몸 중앙에 있는 이동 방향 화살표가 가리키는 방향으로 입력한 값만큼 움직인다.
이동 방향을 90° 만큼 회전하기	오브젝트의 이동 방향이 입력한 각도만큼 시계방향으로 회전한다. (오브젝트의 중심점을 기준으로 회전한다.)

생김새	설명
다음 ▾ 모양으로 바꾸기	오브젝트의 모양을 이전 또는 다음 모양으로 바꾼다.

오브젝트 추가하기

1) 배경 추가하기

+ 버튼을 클릭하여 '오브젝트 추가하기' 페이지로 이동한 후 [배경] 오브젝트 중에서 '미로(2)'와 '단색 배경'을 추가한다.

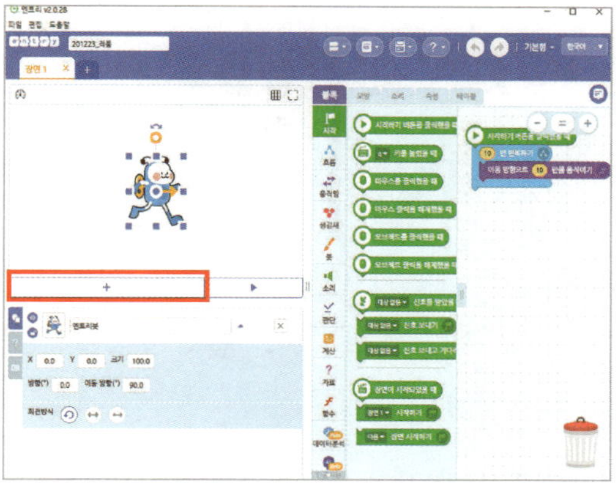
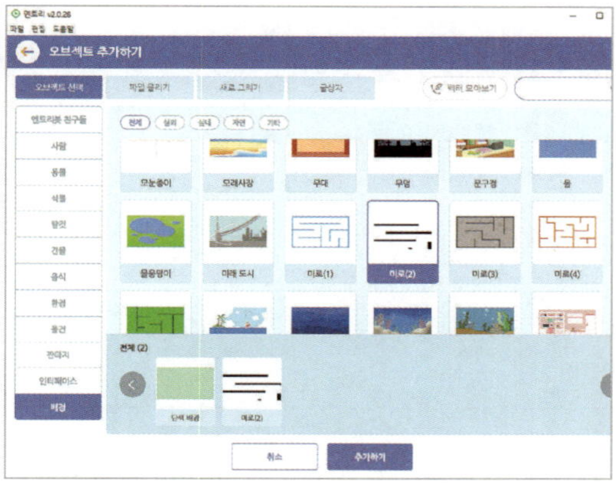

2) 출발지, 목적지 추가하기

'오브젝트 추가하기'의 [인터페이스] 오브젝트 중 '삼각형'과 [물건] 오브젝트 중 '깃발'을 추가한다.

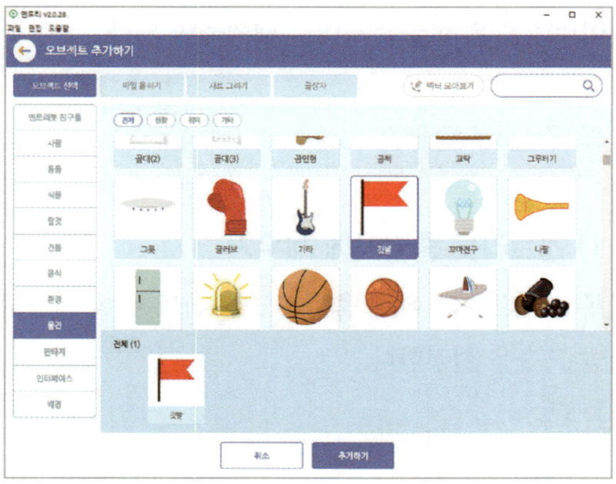

이전 기본 페이지로 돌아와 꾸미고 싶은 오브젝트를 선택한 후 [모양] 탭을 선택하면 다양한 방식으로 오브젝트를 꾸밀 수 있다. 글상자(T)를 이용하여 삼각형과 깃발에 각각 Start와 Finish의 첫 글자인 'S'와 'F'를 삽입하고 저장하기를 누른다. 참고로, 도형의 크기를 조정하거나 회전을 하고 싶을 때는 오브젝트를 [벡터] 모드로 둔 후에 가능하다.

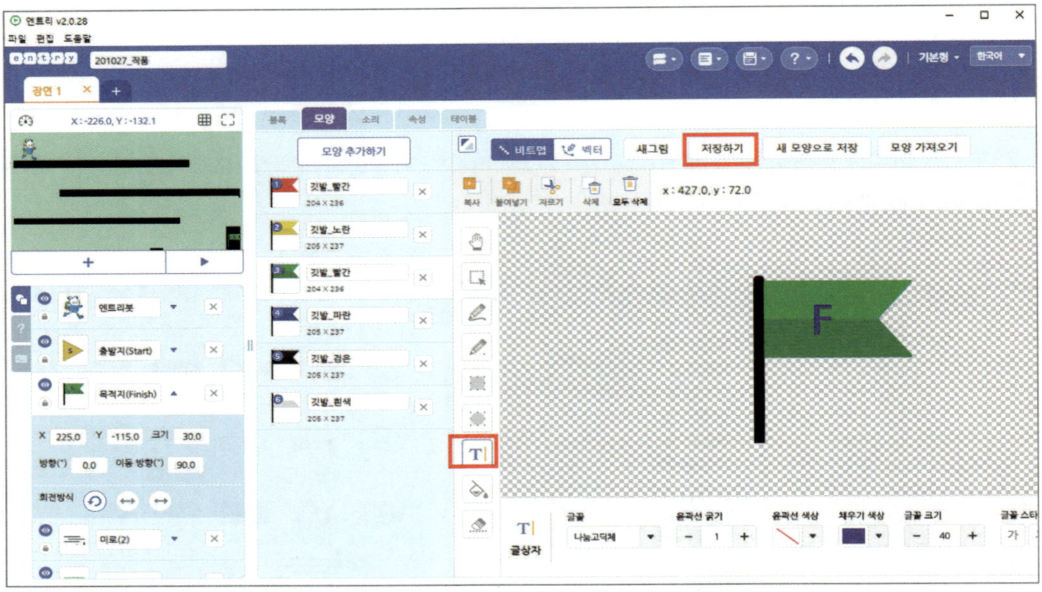

참고로, 오브젝트 목록에 있는 임의의 오브젝트를 선택한 후 [모양] 탭을 클릭해 보면 일부 오브젝트의 경우 여러 개의 연결된 이미지로 이루어져 있음을 확인할 수 있다. 이처럼 여러 개의 모양을 가진 오브젝트는 [생김새] 꾸러미의  블록을 활용하면 오브젝트가 움직이는 것처럼 보이게 만들 수 있다. 움직이는 오브젝트를 직접 만들고 싶은 경우에는 [모양 추가하기]를 선택하여 여러 개의 이미지를 원하는 순서대로 배열하면 된다.

프로그램 설계

1) 엔트리봇 출발지에 세우기

목적지로 가기 위해 출발지 오브젝트 위에 엔트리봇을 세운다. 엔트리봇은 오른쪽(90도)을 향하고 출발 모습을 설정한다.

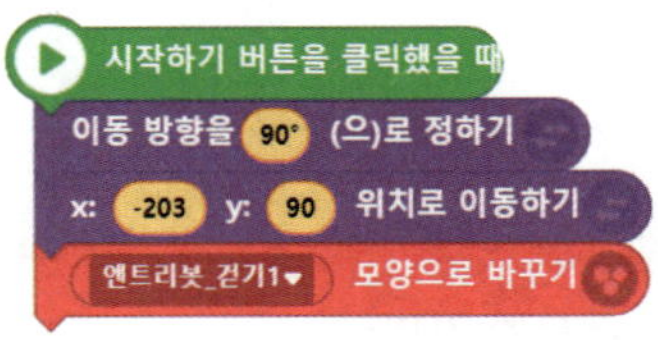

2) 맨 위 칸에서 오른쪽으로 이동

[움직임] 꾸러미의 블록에는 좌표를 이용한 블록(x: 0 y: 0 위치로 이동하기)과 화면의 픽셀 단위로 움직이는 블록 (이동 방향으로 10 만큼 움직이기) 두 종류가 있는데, 여기서는 일정한 보폭으로 움직이는 엔트리봇을 만들기 위해 픽셀 단위로 움직이는 블록을 사용한다. 검은색으로 표현된 길이 약 370픽셀 크기이므로 움직일 픽셀값을 적절하게 정해 준다. 움직이는 모습에 변화를 주면 좀 더 역동적인 오브젝트를 표현할 수 있다. 한편, 이동 속도는 [흐름]의 블록 중 (2 초 기다리기) 블록을 사용하여 제어할 수 있다.

3) 두 번째 칸으로 하강

아래 칸으로 내려가기 위해 이동 방향을 아래(180도)로 설정하고 같은 거리만큼 움직인다.

4) 두 번째 칸에서 왼쪽으로 이동

왼쪽으로 움직이기 위해 이동 방향을 270도로 설정한다. 나머지는 오른쪽 이동시와 동일하다. 왼쪽으로 이동할 때 몸의 방향을 바꾸려면 오브젝트의 '회전방식'에서 (↔)을 선택한다.

5) 세 번째 칸으로 하강

아래 칸으로 내려가기 위해 이동 방향을 아래(180도)로 설정하고 같은 거리만큼 움직인다.

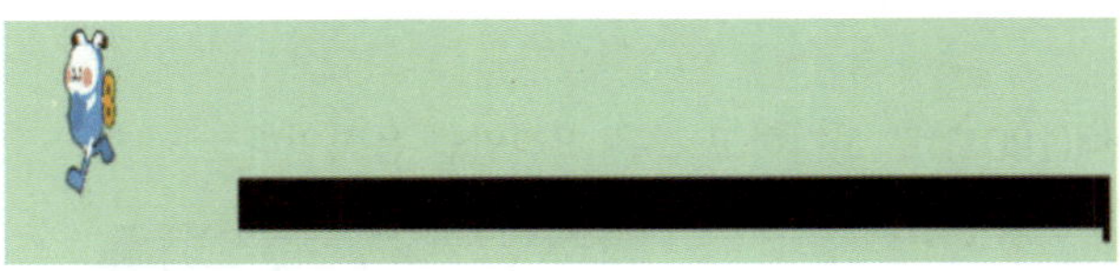

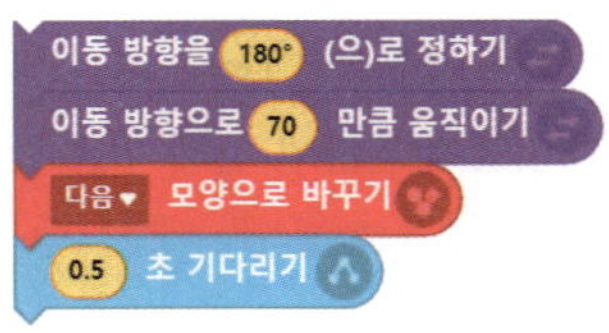

6) 오른쪽 방향으로 이동

오른쪽 이동을 위해 이동 방향을 다시 90도로 설정한다.

7) 바닥으로 하강

바닥으로 내려가기 위해서 이동 방향을 아래(180도)로 설정하고 같은 거리만큼 움직인다.

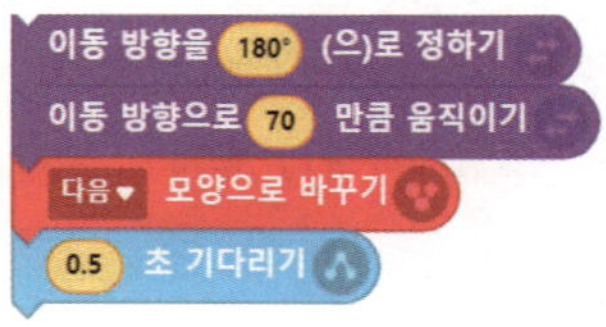

8) 목적지 도착

마지막 목적지로 가기 위해서 이동 방향을 오른쪽(90도)으로 변경하고 목적지에 도착하면 [생김새] 꾸러미에서 말하기 블록을 선택하여 '도착했다'라는 문장을 표시한다.

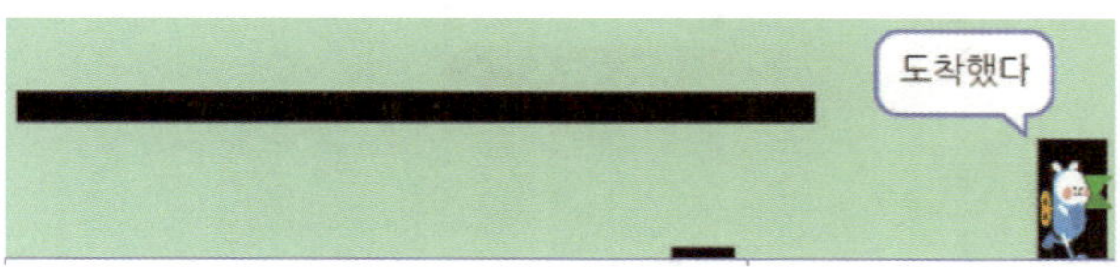

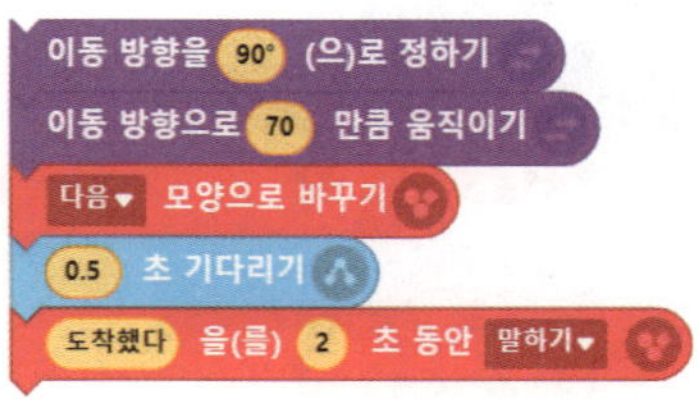

2.3. 조립해서 결과보기

완성된 미로 길찾기 프로그램은 다음과 같다.

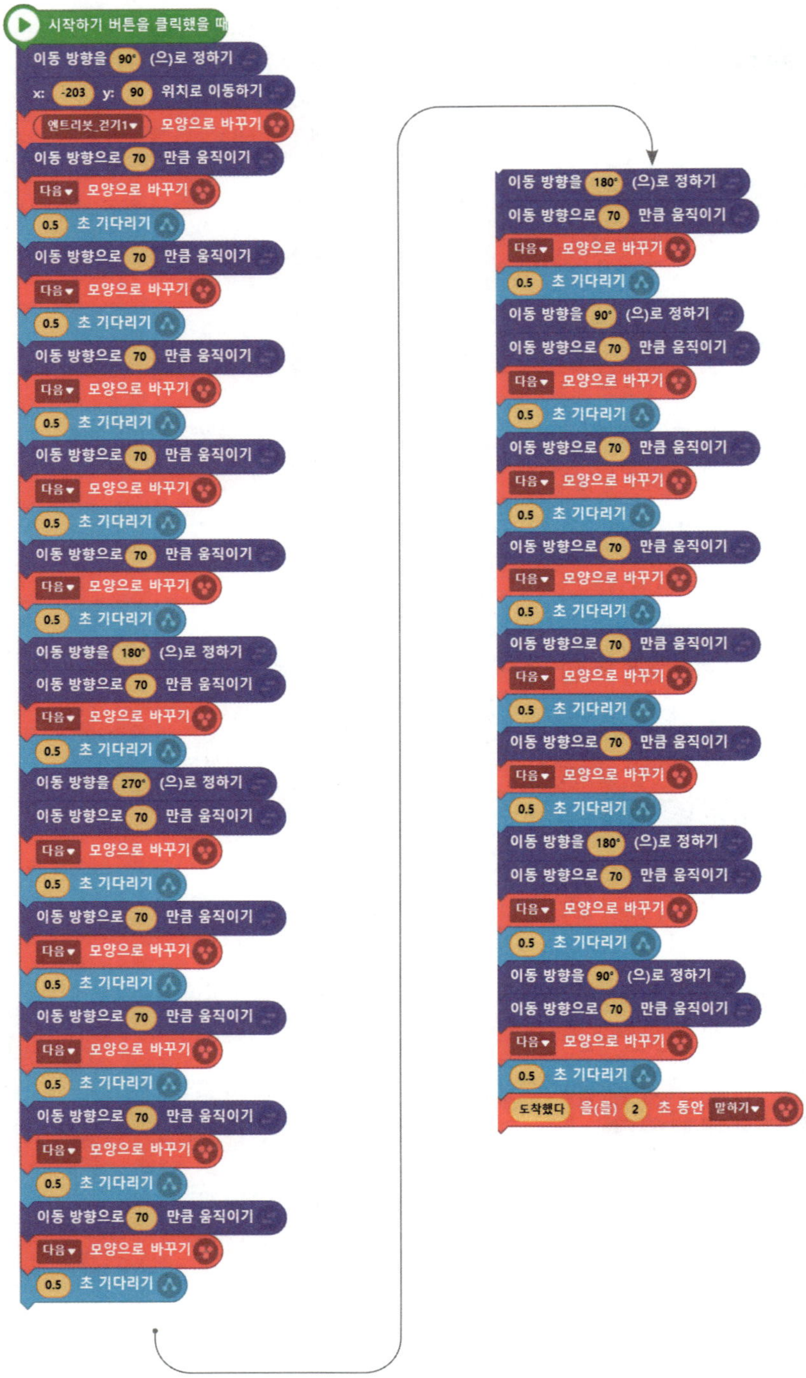

결과 출력하기

결과화면 1	결과화면 2

한 번에 움직이는 이동 거리가 달라지면 필요한 블록 수는 달라진다. 또한, 앞서 언급했듯이 움직임을 구현하는 방법은 거리를 이용하는 방법 말고도 좌표를 이용하는 방법(2 초 동안 x: 10 y: 10 만큼 움직이기)이 있다. 위의 문제를 좌표를 이용하는 방법으로 구현한다면 어떻게 될지 생각해 보자.

참고 병렬적인 방식의 프로그래밍

엔트리에서는 위와 같이 순차적인 표현도 할 수 있지만, 게임을 제작할 때는 병렬 처리를 하는 경우가 많다. [블록] 탭의 [시작] 꾸러미 중 [q▾ 키를 눌렀을 때] 블록을 활용하면 키보드 입력에 따른 처리 방법을 지정할 수 있다. 대부분의 게임에서 네 방향으로의 이동은 키보드의 화살표 방향키가 담당한다. 따라서 아래와 같이 사용자가 각 방향의 키를 눌렀을 때 독립적인 제어 블록을 설정할 수 있다.

▶ 실행 버튼(▶)을 눌렀을 때

엔트리봇의 방향과 시작 위치를 설정한다.

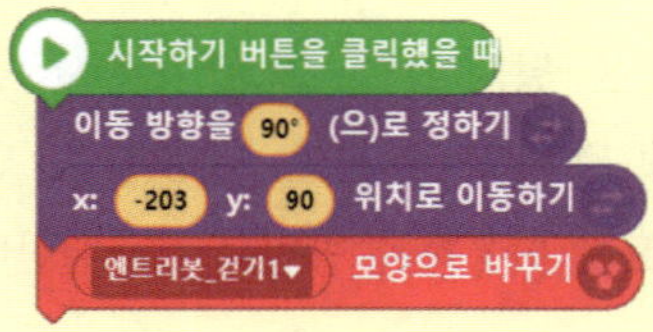

▶ 네 방향키 동작 설정

각각의 방향키마다 엔트리 봇의 이동 방향과 움직임 블록을 설정한다.

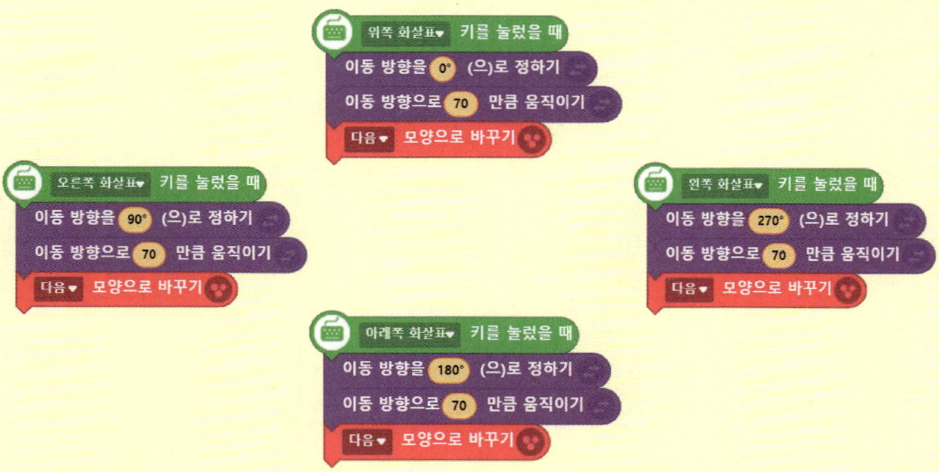

3. 다양한 순차 문제 표현

3.1. 삼각형 그리기

기하학적인 도형은 수학, 예술, 컴퓨터과학에서 중요한 역할을 한다. 그중 다각형은 순서대로 그리는 작업이 가능하므로 순차적인 표현 방법을 배울 수 있는 좋은 예가 된다. 가장 간단한 정삼각형 그리기부터 시작해 보자. 정삼각형은 내각이 60도이고 세 변의 길이가 같은 특징을 가지고 있다.

문제 및 해결조건

● 문제

역정삼각형을 그려보자.

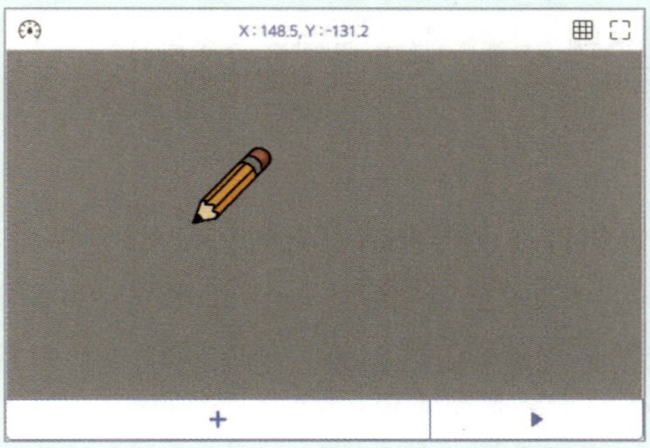

▶ 해결조건

① 세 변의 길이가 동일하다.
② 회전하는 외각의 각도는 동일하다.
③ 연필 오브젝트의 중심 좌표를 연필심으로 설정한다.
④ 움직이는 이동 경로가 표시된다.

문제해결 전략

1) 사용할 대표 블록들

선과 각으로 이루어진 도형을 그리기 위해서 [움직임]과 [붓] 꾸러미의 블록들을 이용한다. [움직임]의 블록들은 2절에서 살펴보았으므로, 여기서는 [붓] 꾸러미의 블록들에 대해 간단히 소개한다.

붓	설명
그리기 시작하기	오브젝트가 이동하는 경로를 따라 선을 그리기 시작한다. (오브젝트의 중심점이 기준)
그리기 멈추기	오브젝트가 선을 그리는 것을 멈춘다.
붓의 색을 ■ (으)로 정하기	오브젝트가 그리는 선의 색을 정할 수 있다.
붓의 굵기를 (1) (으)로 정하기	오브젝트가 그리는 선의 굵기를 정한다. (1 이하의 값이 입력될 경우 1로 처리)

2) 오브젝트 추가하기

① 배경 오브젝트

'오브젝트 추가하기' 페이지로 이동한 후 [배경] 오브젝트 중에서 '투명 배경'을 추가한다.

② 연필 오브젝트

'오브젝트 추가하기'의 [물건] 오브젝트 중에서 '연필(1)'을 추가한다. 기본적으로 오브젝트의 중심은 오브젝트의 정중앙이므로, 이대로 선을 그리면 오브젝트 중앙에서 선이 그려진다. 연필심에서 그려지는 것처럼 보이게 하려면 오브젝트의 중심을 연필심으로 옮긴다. 펜의 시작 위치 좌표는 x,y(-100,0)로 크기는 60으로 설정한다.

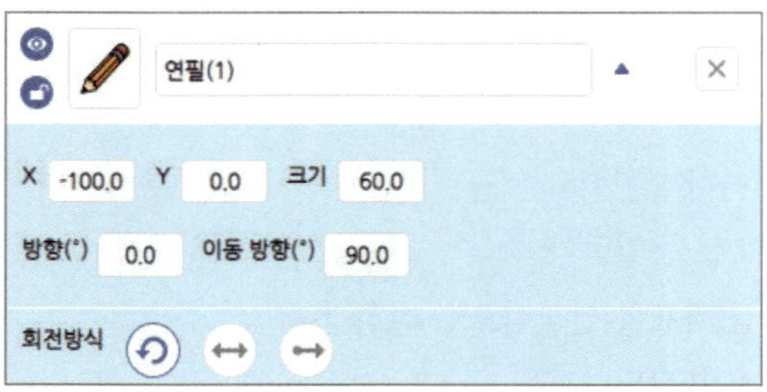

프로그램 설계

1) 선 스타일 설정하기

선 스타일을 설정하기 위해서 [붓] 메뉴 중 색 블록(붓의 색을 ■ (으)로 정하기)과 굵기 블록(붓의 굵기를 (1) (으)로 정하기)을 사용한다. 선의 색은 슬라이드 모드와 팔레트 모드를 이용하여 선택할 수 있다. 선 굵기는 픽셀 단위 크기로 지원한다.

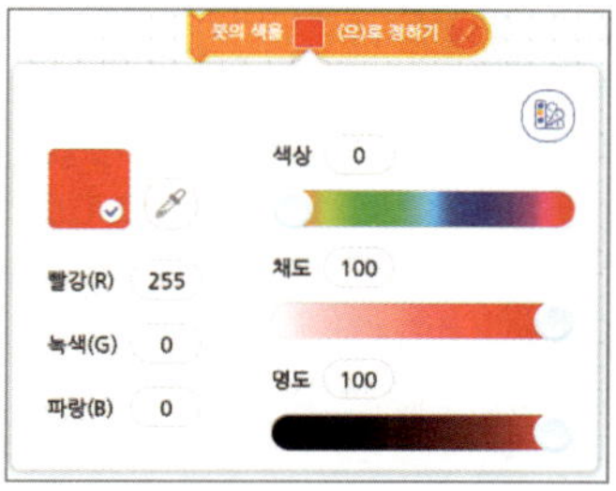

슬라이드모드

팔레트모드

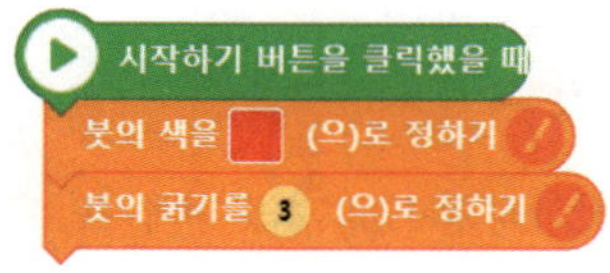

2) 선 그리기와 회전하기

연필 오브젝트의 시작 위치 좌표를 x,y(-100,0)으로 하고 90도 방향으로 그리기 시작한다. 여기서 삼각형은 변들이 같은 길이를 가지므로 좌표보다는 거리를 이용하는 블록을 사용하는 것이 좋다. 회전은 오브젝트를 회전하는 방법과 이동 방향을 회전하는 방법 중 선택할 수 있다. 단, 여기서 주의해야 할 점은 붓의 회전 각도는 정삼각형의 내각이 아닌 외각 120도를 을 입력해야 정삼각형이 그려진다.

그리기 시작하기 블록과 그리기 멈추기는 항상 쌍으로 사용하도록 한다. 그리기 멈추기 블록을 이용하지 않으면 계속적으로 다른 블록 움직임에 영향을 미치게 된다.

조립해서 결과보기

역정삼각형 그리기의 전체 프로그래밍은 다음과 같다.

결과 출력하기

결과화면 1	결과화면 2
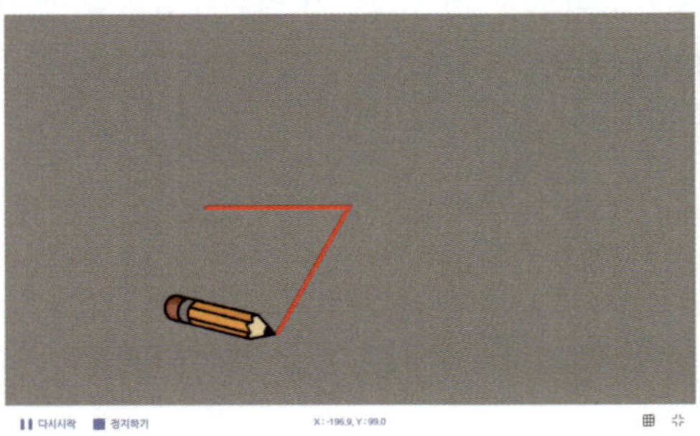	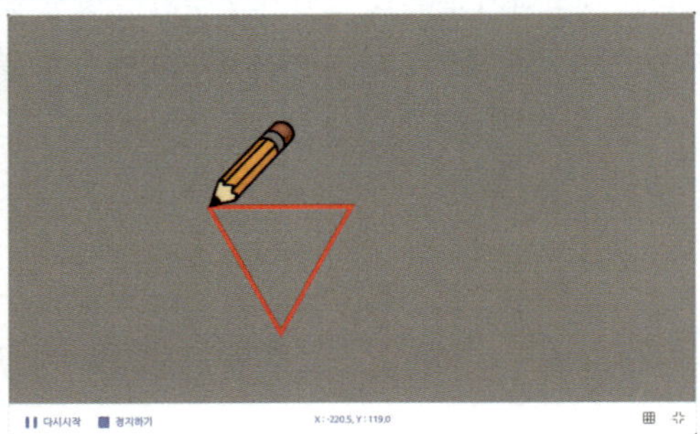

정다각형은 어떻게 그릴 수 있을까?

정다각형을 그리기 위해서는 회전하는 각도에 주의해야 한다. 정다각형이므로 당연히 모든 변의 길이가 같아야 하고, 한 변을 다 그린 후 정다각형 외각의 크기만큼 회전하는 일을 변의 개수만큼 반복하면 된다. 그렇다면 정다각형의 외각의 크기는 어떻게 구할 수 있을까? 정다각형의 외각을 구하는 방법은 매우 간단하다. 정다각형은 모든 꼭짓점에서의 외각의 크기가 모두 같으므로 전체 각도 360도를 꼭짓점의 수로 나누기만 하면 된다. 즉, 정 n각형의 외각의 크기는 $\frac{360^\circ}{n}$ 이다.

3.2. 노래 연주하기

1980년에 일본의 Roland라는 전자 악기 회사가 처음 발명한 DCB(Digital Control Bus)라는 기술을 기반으로 해서 1982년에 세상에 알려진 기술이 미디(MIDI-Music Information Digital Interface)이다. 전자 음향 합성 장치인 신디사이저나 디지털 피아노 같은 전자 음악 장치들을 서로 연결해 주는 기술인데 미디가 소개된 이후 많은 사람이 컴퓨터를 이용해서 전자 음악을 만들게 되었다. 현재 음악 분야는 컴퓨터로 작곡 및 편곡을 하고 다양한 악기 소리를 이용하여 연주되고 있다.

문제 및 해결조건

● 문제

동요 '학교종'을 연주하고 음의 높낮이를 시각적으로 나타내보자.

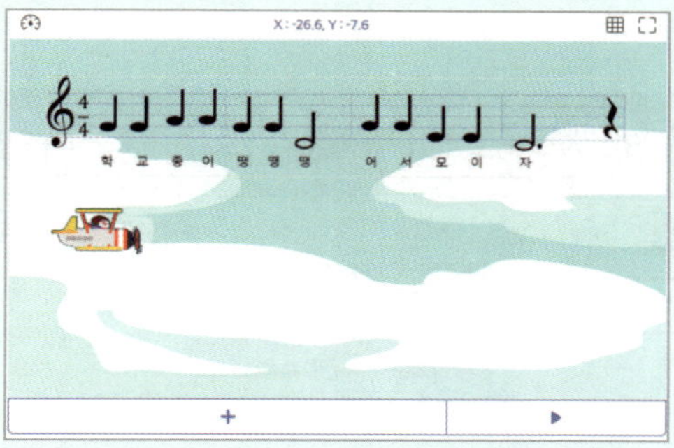

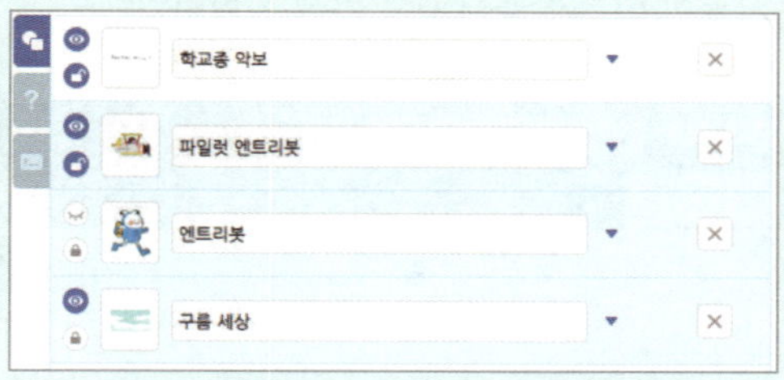

▶ 해결조건

① 연주를 위한 오브젝트와 연주에 맞춰 음표 사이를 이동하는 오브젝트를 따로 사용한다.

② [소리] 탭에서 낮은 도에서 높은 도까지 추가하여 사용한다.

③ 4분 음표(♩)의 박자는 1초이고, 음표 간 속도는 0.5초로 설정한다.

④ 음표 사이의 이동은 오브젝트의 x 좌표, 음의 높낮이는 오브젝트의 y 좌표로 표현한다.

문제 해결 전략

1) 사용할 대표 블록들

한 오브젝트가 다른 오브젝트와 상호 작용하기 위해 [블록] 탭 아래 [시작] 꾸러미의 '신호보내기' 블록(

)을 이용한다. 신호를 받는 오브젝트는 '신호를 받았을 때' 블록

()으로 신호 도착시의 작업을 수행할 수 있다.

시작	설명
	선택한 신호를 보낸다
	선택한 신호를 받으면 아래에 연결된 블록들을 실행한다.
	선택한 신호를 보내고, 해당 신호를 받는 블록들의 실행이 끝날 때 까지 기다린다.

[속성] 탭에서 [신호] 메뉴를 선택하면 [신호 추가하기]를 통해 사용할 신호의 이름을 입력할 수 있다. 위의 표에서 언급한, '신호 보내기', '신호를 받았을 때', '신호 보내고 기다리기' 블록들은 여기서 입력한 신호의 이름을 오브젝트 간에 전달한다.

2) 오브젝트 추가하기

① 배경 추가하기

'구름 세상' 오브젝트를 찾아 추가한다. 최대 화면 크기를 375로 설정한다.

② 학교종 악보 추가하기

학교종 악보 그림 파일을 인터넷에서 다운받아 '오브젝트 추가하기' 페이지의 [파일 올리기]를 이용하여 삽입한다. 악보 위치는 x,y(0,70)좌표로 설정하고 크기는 250으로 한다.

③ 실행화면에서 연주 엔트리봇 숨기기

프로그램 새로 만들기를 했을 때 기본으로 나타나는 엔트리봇은 연주를 담당할 오브젝트이므로 실행화면 상에서는 필요가 없더라도 삭제하면 안된다. 대신 실행화면 아래 오브젝트 목록에서 엔트리봇을 찾아 이미지 왼쪽 편에 있는 눈 모양의 아이콘을 눌러 오브젝트를 보이지 않게 한다.

④ 파일럿 엔트리봇

음악이 재생되는 동안 음에 맞춰 이동하며 위아래로 움직이는 오브젝트이다. [엔트리봇 친구들] 범주에서 '파일럿 엔트리봇'을 추가하고, 오른쪽 방향으로 날 수 있도록 [모양] 탭에서 좌우 반전을 한 후 저장한다. 파일럿 엔트리봇의 시작 좌표는 x,y(-170,-10), 크기는 55로 설정한다.

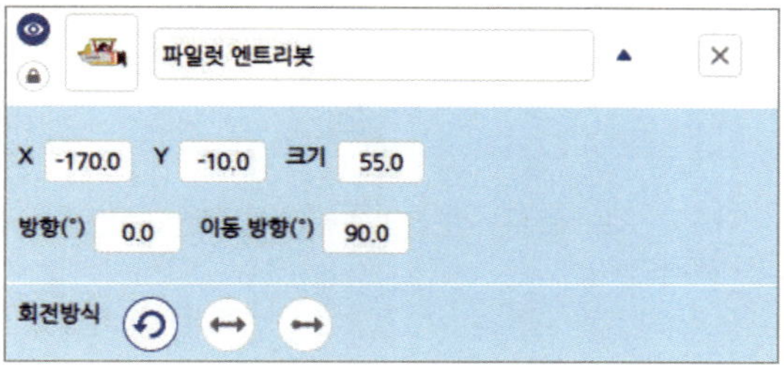

3) 소리 추가하기

엔트리봇이 음악을 연주하기 위해서는 소리 파일이 필요하다. 블록 꾸러미 [소리] 탭에서 [소리 추가하기]를 선택하고 [악기] 소리 중 '피아노_04도'부터 '피아노_11높은도'까지 음을 추가한다.

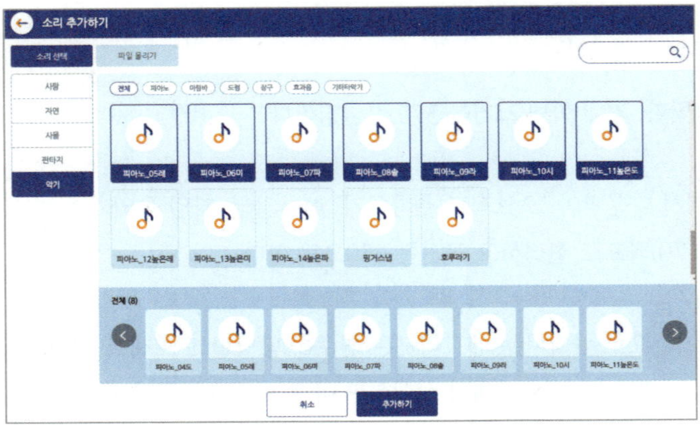

추가한 소리들은 메인 화면 [블록] 탭 아래 [소리] 꾸러미에서 '소리 재생하기' 블록을 이용해 재생할 수 있다.

소리	설명
소리 (강아지 짖는 소리) (1) 초 재생하기	해당 오브젝트가 선택한 소리를 입력한 시간만큼 재생한다.

프로그램 설계

1) 엔트리봇 블록 조립하기

연주를 담당하는 엔트리봇 오브젝트를 위해서는 계이름에 맞춰 '소리 재생하기' 블록을 순차적으로 조립하고 속도를 제어하기 위해 음 사이사이마다 '0.5초 기다리기'를 사용한다. 4분음표(♩)를 기준으로 1초 연주한다.

2) 파일럿 엔트리봇 블록 조립하기

파일럿 엔트리봇은 시작과 함께 '비행기 움직이기' 신호를 받고 출발하여 음표 간격에 따라 x좌표를 20또는 40만큼 움직이고 음의 높낮이에 따라서는 y좌표를 ±20또는 ±40만큼 움직인다.

조립해서 결과보기

엔트리봇

파일럿 엔트리봇

결과 출력하기

결과화면 1	결과화면 2

4. 스스로 해결하기

4.1. 지도에서 목적지에 도착하기

문제 및 해결조건

● **문제**

부산대학교 장전캠퍼스 맵에서 정문부터 자연대연구실험동(313동)까지의 이동경로를 표시하시오.

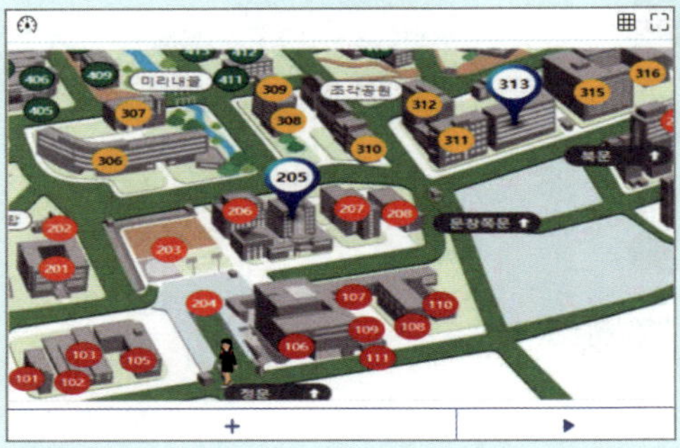

▶ **해결조건**

① 실행 화면 오른쪽 위 격자 표시 버튼을 클릭하여 화면 위에 격자를 먼저 그린다.
② 학생 오브젝트는 격자 선 또는 대각선으로 움직일 수 있다.
③ 학생 오브젝트의 중심 좌표를 발끝으로 변경하고 좌우 회전만 할 수 있다.
④ 학생 오브젝트는 한 번 이동할 때마다 모양이 변경되고 이동 방향으로 회전한다.
⑤ 움직이는 이동 경로가 표시된다.

결과 출력하기

결과화면 1	결과화면 2
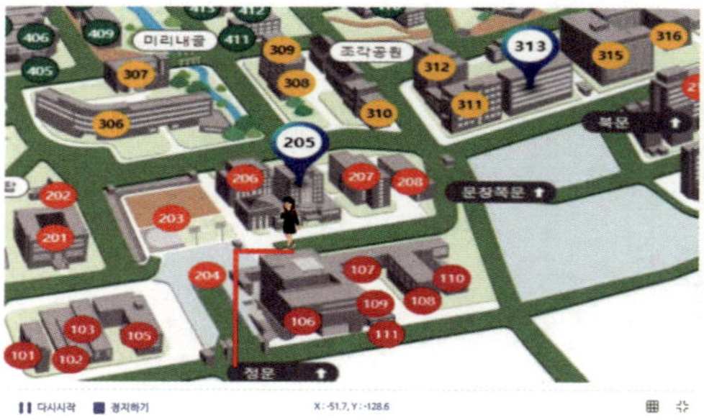	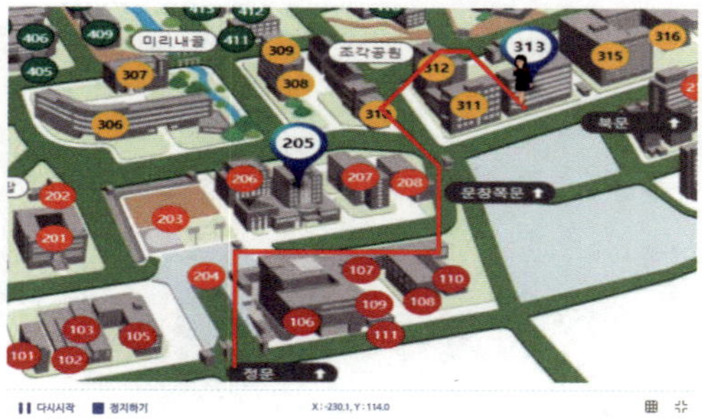

4.2. 도형으로 집 그리기

문제 및 해결조건

● 문제

정삼각형과 정사각형을 이용하여 집을 그리는 프로그램을 구현해보자.

▶ 해결조건

① 지붕은 빨간색 정삼각형으로 한다. 정삼각형 한 변의 길이는 120으로 한다.
② 건물은 파란색 정사각형으로 한다. 정사각형 한 변의 길이는 100으로 한다.
③ 그림이 다 완성되면 연필 오브젝트는 보이지 않도록 숨긴다.

결과 출력하기

결과화면 1	결과화면 2
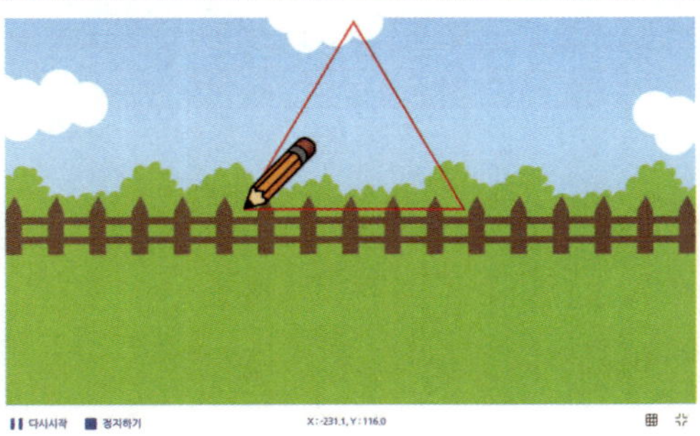	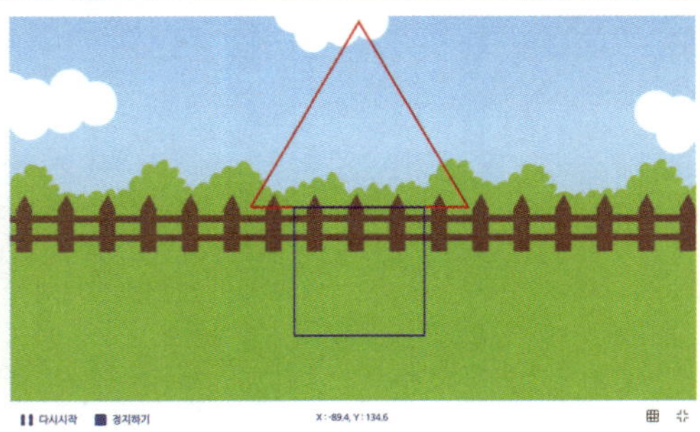

제2장
조건을 이용한 문제해결

1장에서는 순서대로 일을 처리하는 방법에 대해 알아보았다. 하지만 모든 문제가 동일한 과정을 통해서만 처리되지는 않는다. 실제 생활 속에서 우리는 스스로 선택을 하거나 외부에서 주어진 조건에 따라 일의 진행이 달라지는 경우가 많다. 이 장에서는 생활에서 선택/조건이 있는 문제들을 알아보고 선택/조건 상황을 표현하기 위한 방법과 이에 따른 처리 과정을 어떻게 기술할 수 있는지 알아본다.

1. 일상생활 속의 다양한 선택 프로그램

우리의 생활은 아침에 눈을 떴을 때부터 밤에 잠자리에 들기 전까지 다양한 선택 상황에 놓인다. 아침에 알람이 울리면 알람을 꺼버리고 더 잘 것인지 아니면 바로 일어날 것인지 선택해야 하고, 일어난 후에는 밥을 먼저 먹을 것인지 세수를 먼저 할 것인지, 등교를 위해 면바지를 입을 것인지 청바지를 입을 것인지를 선택하게 된다. 점심에는 구내식당에서 제공하는 몇 가지 메뉴 중에서 선택해야 하고, 수업이 끝난 후엔 과제를 할 것인지 친구와 놀 것인지 결정해야 하며, 친구와 놀고 밤늦게 집에 들어간 피곤한 날에는 씻고 잘 것인지 그냥 잘 것인지도 선택하게 된다. 그리고 당연히 각각의 선택에 따라서 다른 행동 과정, 다른 결과가 벌어진다. 이런 다양한 선택의 문제를 어떻게 세부 문제로 분해하고 프로그램으로 어떻게 표현할 수 있는지 알아보자.

1.1. 두 가지 상황이 있는 문제

운전면허 학과 시험의 합격 여부

운전면허를 따기 위한 일련의 과정을 살펴보면 교통안전교육, 신체검사, 학과 시험, 기능 시험, 도로주행시험 순으로 일어나지만, 학과 시험 부분을 더 세분해서 살펴보면 1종과 2종 시험 중에 선택해야 하고 종별로 합격 점수가 다름을 알 수 있다. 1종이면 70점 이상, 2종이면 60점 이상을 받아야 합격할 수 있다. 2종 학과 시험에 대해서만 고려한다면 다음과 같은 상황이 생긴다.

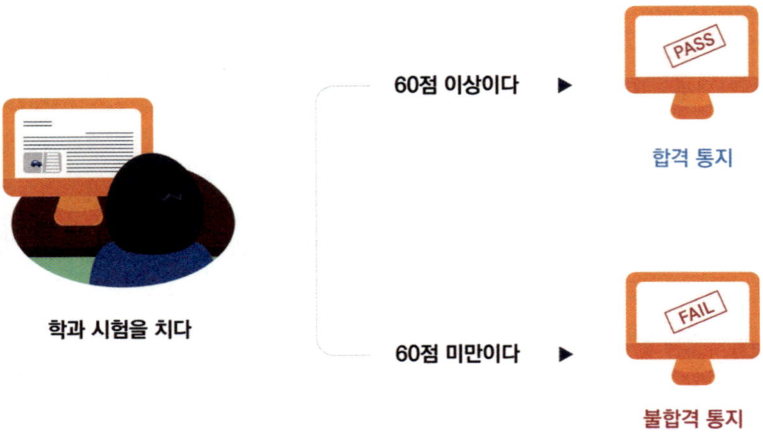

1.2. 세 가지 이상의 상황이 있는 문제

운전자가 보는 교통신호등

교통신호등에서 신호는 우리가 선택할 수 있는 것이 아니라 주어지는 상황이다. 이 경우에 우리는 주어진 상황에 따라 다른 행동을 취하기 때문에 선택적 상황이라고 표현할 수 있다. 아래와 같이 신호등 색깔이 2~3개인 경우 어떻게 표현될 수 있는지를 알아보자.

1) 신호등의 두 가지 색만 고려하는 경우

신호등의 초록색과 빨간색만 고려하는 경우에는 아래 그림과 같은 두 가지 행동이 가능하다.

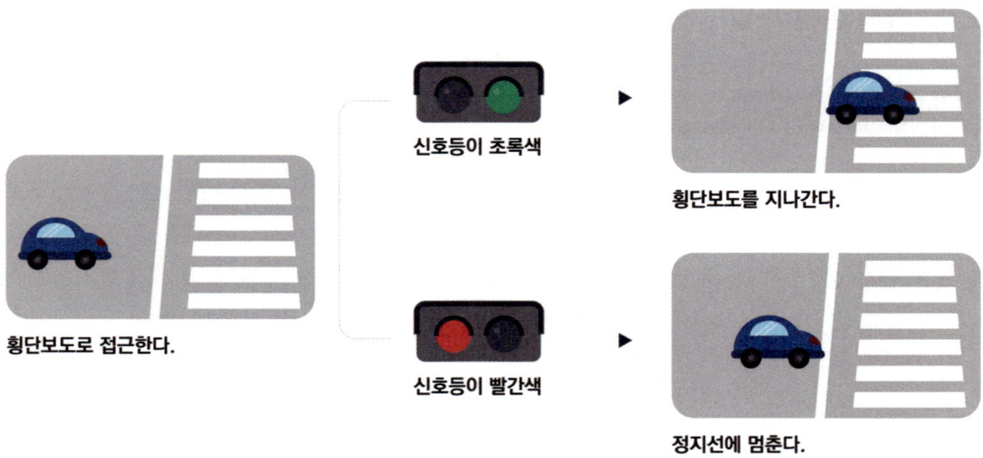

2) 신호등의 세 가지 색을 고려하는 경우

신호등의 세 가지 색을 고려하는 예도 다음과 같이 각각 다른 행동이 일어난다.

1.3. 선택/조건 상황을 순서도로 표현하기

순서도 기호 중에는 주어진 조건이나 행위자의 선택에 따른 분기를 표현하기 위한 기호(◇)가 존재한다. 선택/조건이 있는 상황을 순서도로 어떻게 표현할 수 있는지 알아보자.

여러 종류의 커피 중에서 선택하기

1장의 순차적으로 문제 표현하기에서는 커피 자동판매기가 모두 같은 가격의 커피만 판매하는 상황을 가정했다. 하지만 실제로는 다양한 가격의 커피가 제공되는 경우가 많기 때문에, 이 장에서는 300원, 500원, 1000원짜리 커피 중에서 하나를 선택하는 상황을 생각해 보자. 돈을 투입하고 커피를 선택하면 아래 과정처럼 처리할 수 있다.

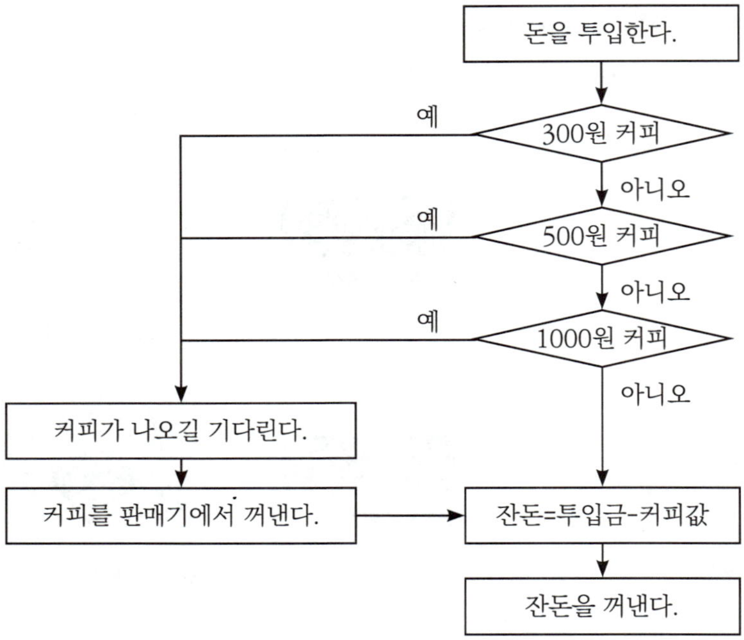

다양한 선택/조건 표현 방법

선택과 조건의 상황은 3가지가 있다. 단일선택, 양자택일, 다중택일 방법이다. 각각의 경우를 예를 들어 순서도로 표현해 보자.

1) 단일선택 표현법

조건을 만족하는 경우에는 실행하고 그렇지 않은 경우는 아무 일도 하지 않는다. 자격증 시험에서 60점 이상인 경우 합격 통지를 받는 상황을 순서도로 표현하면 다음과 같다.

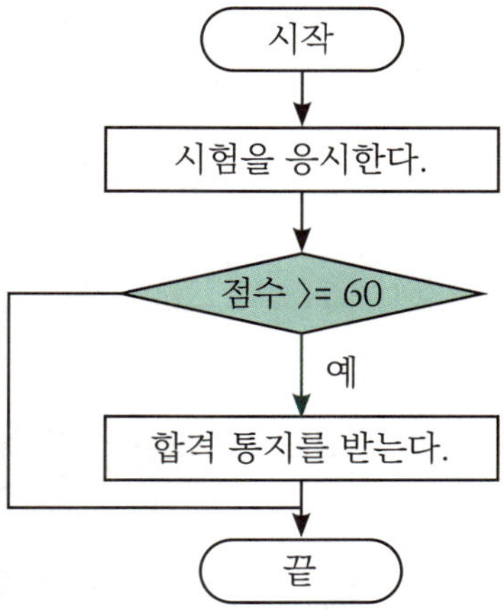

2) 양자택일 표현법

조건을 만족할 때와 만족하지 않을 때 수행하는 일이 각각 있는 경우로, 일상에서 가장 흔한 상황이다. 두 수의 크기를 비교하여 값의 차를 구하는 문제를 순서도로 표현하면 다음과 같다.

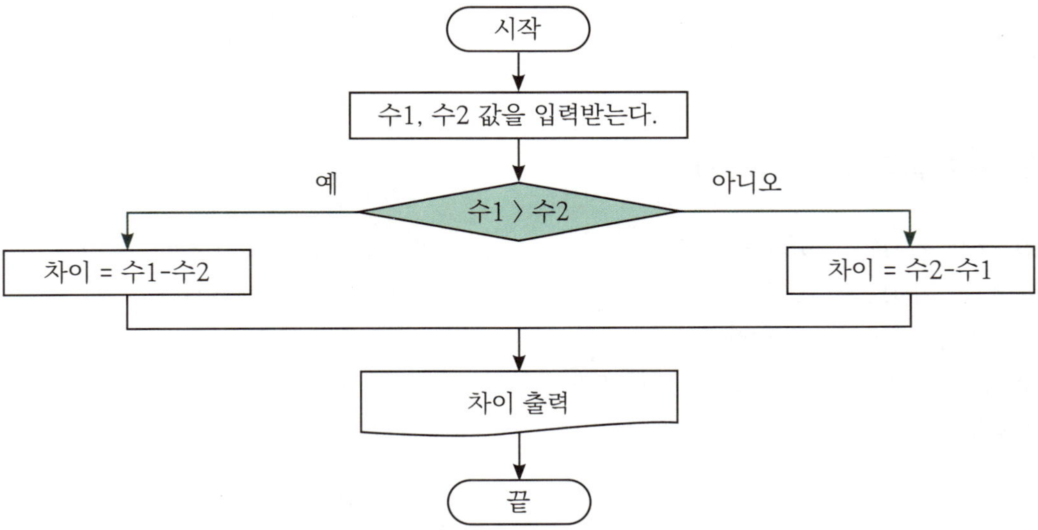

3) 다중택일 표현법

세 가지 이상의 경우 중에서 선택하는 문제이다. 입력된 정수가 양의 정수와 0, 음의 정수 중 어디에 해당하는지 분류한 결과를 출력하는 문제를 순서도로 표현하면 다음과 같다.

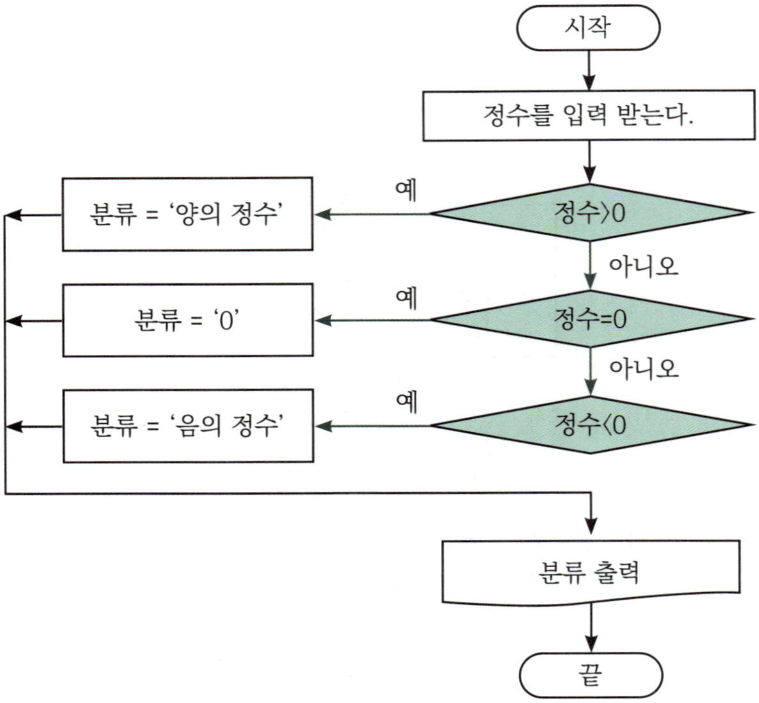

2. 체질량지수 계산하기

식생활의 서구화로 인해 비만 인구가 점점 증가하고 있다. 비만은 현대인의 대사 질병의 원인이기 때문에 나라에서도 관심을 가지고 비만 퇴치 운동을 시행하고 있다. 신체 상태를 정확히 측정하기 위한 여러 가지 장비가 있지만, 이런 장비를 사용할 수 없을 때는 키와 몸무게를 이용하여 체질량지수(Body Mass Index: BMI)를 계산함으로써 간단히 비만 여부를 판단할 수 있다.

체질량지수는 체중(kg)을 키(m)의 제곱으로 나누어 계산하는데, 그 값에 따라 아래 표와 같이 분류된다.

분류	체질량지수
저체중	18.5 미만
정상	18.5 이상 ~ 23 미만
비만 전단계	23 이상 ~ 25 미만
1단계 비만	25 이상 ~ 30 미만
2단계 비만	30 이상 ~ 35 미만
3단계 비만	35 이상

2.1. 문제와 해결조건

● 문제

키와 몸무게를 입력 받아 체질량지수를 계산하고 비만 정도를 진단하는 프로그램을 작성하시오.

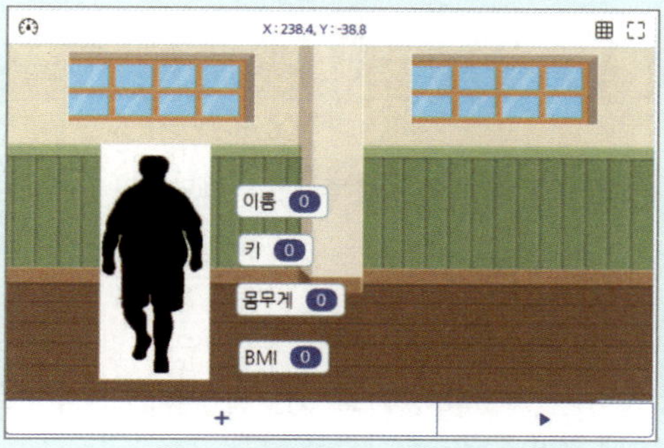

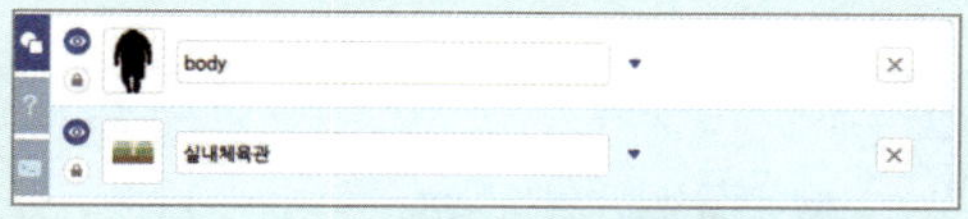

▶ 해결조건

① 키는 cm, 몸무게는 kg 단위로 입력 받는다.

② 체질량지수는 아래의 식을 이용해 구한다.

$$\text{체질량지수} = \frac{\text{몸무게}}{\text{키}^2} * 10000$$

③ 비만의 정도는 아래 표의 기준을 따르고, 분류에 따라 화면의 오브젝트 모양을 변화시킨다.

체질량지수	분류
〈 18.5	저체중
18.5 ~ 23	정상
23 ~ 25	비만 전단계
≥25	비만

2.2. 문제 해결전략

조건에 따른 흐름 및 판단 블록

엔트리의 [블록] 탭 아래 [흐름] 블록 꾸러미에는 조건/선택과 관련된 아래 두 가지 블록이 존재한다.

흐름	설명
만일 참 (이)라면	만일 판단이 참이면, 감싸고 있는 블록들을 실행한다.
만일 참 (이)라면 아니면	만일 판단이 참이면 첫 번째 감싸고 있는 블록들을 실행하고, 거짓이면 두 번째 감싸고 있는 블록들을 실행한다.

조건식은 [판단] 블록들을 이용하여 표현할 수 있다. [판단] 블록 꾸러미에서 제공하는 연산자 블록의 종류와 사용 예는 다음과 같다.

연산자 종류	판단 블록	판단
관계연산자	10 = 10 10 != 10 10 > 10 10 < 10 10 ≥ 10 10 ≤ 10	참/거짓
논리연산자	참 그리고 참 참 또는 거짓 참 (이)가 아니다	참/거짓

변수(variable) 만들기

외부로부터의 입력값이 필요할 때는 [자료] 블록 꾸러미에 있는 [안녕! 을(를) 묻고 대답 기다리기] 을 이용하여 입력을 요구하고 입력된 값은 [대답] 블록에 우선 저장된다. 그런데 [대답] 블록은 프로그램에 입력되는 마지막 값으로 계속 덮여 쓰여지므로 계속 사용해야 하는 값은 별도의 공간에 따로 저장해야 한다. 이 별도의 공간을 변수(variable)라고 하는데, [자료] 블록 꾸러미에서 변수 만들기 를 선택하거나 [속성] 탭에서 ? 변수 를 클릭하면 만들 수 있다.

변수를 만들기 위해 먼저 변수 이름을 정해야 하는데, 이름이 다른 변수와 중복되지만 않는다면 변수명에 대한 특별한 규칙은 없지만 프로그램의 작성과 이해를 쉽게 하기 위해 실제 저장할 데이터의 의미를 나타낼 수 있는 이름을 붙이기를 권장한다. 이름을 정한 후에는 이 변수를 지금 프로그래밍 하고 있는 오브젝트만 사용하게 할 것인지, 현재 작성중인 프로그램에 포함된 모든 오브젝트 또는 다른 프로그램의 오브젝트들까지 사용할 수 있게 할 것인지 지정해야 한다. 특정한 변수에 담긴 값을 여러 오브젝트가 공유해야 한다면 '모든 오브젝트에서 사용'을 선택하겠지만, 많은 경우에는 오브젝트별로 변수를 관리한다.

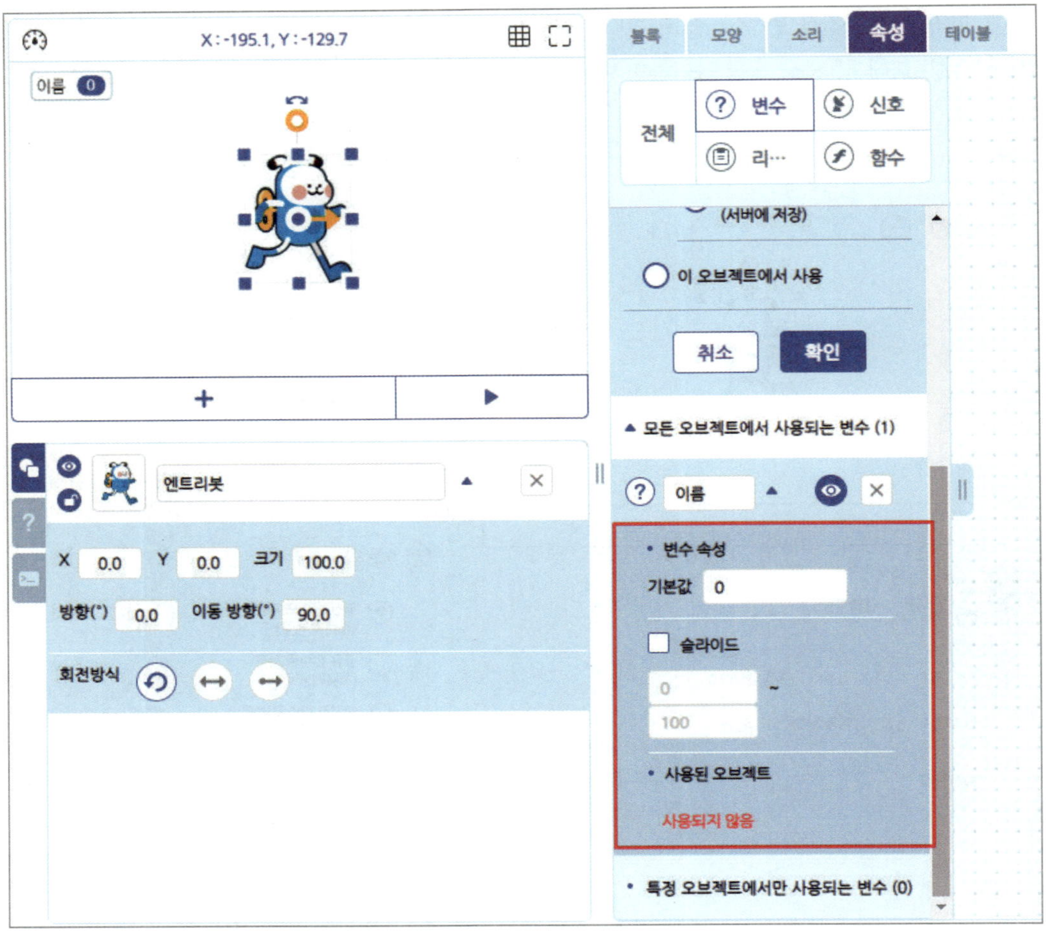

변수의 '기본값'은 이 변수가 처음 사용되기 전에 초기화하는 값이고, '슬라이드'를 선택하여 값의 범위를 지정하면 프로그램 실행 중에 사용자가 슬라이드 바를 이용해 해당 범위 내에서 값을 조정할 수 있다.

참고 **프로그램의 변수(variable)**

변수는 데이터를 저장하는 공간이다. 변수를 만든 뒤 [블록] 탭 아래 [자료] 블록 꾸러미의 

블록을 이용하면 프로그램 사용자의 대답을 원하는 변수에 저장할 수 있다. 엔트리의 변수에 저장할 수 있는 데이터의 종류에는 제약이 없어서 수나 한 개의 문자, 또는 여러 문자로 이루어진 문장도 가능하다.

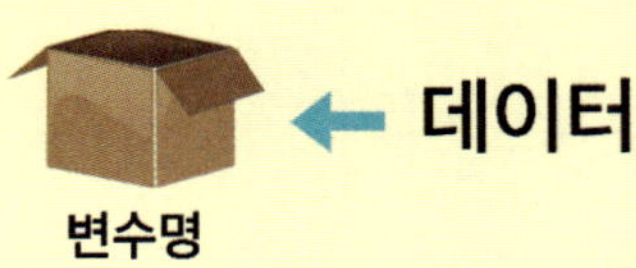

오브젝트 모양 추가하기

기본 엔트리봇 오브젝트를 선택한 상태에서 [모양]-[모양추가하기]를 클릭하면 상황에 따라 오브젝트가 가질 수 있는 여러 가지 모양을 추가할 수 있다. [파일올리기]를 통해 아래처럼 체질량지수 단계별로 화면에 보일 오브젝트 모양을 추가하고, 필요하지 않은 엔트리봇 모양은 삭제한다. 오브젝트 목록에서 오브젝트 이름을 적절히 명하고, 위치와 크기를 설정한다. 교재의 예에서는 위치를 x,y(-130, -30), 크기를 130으로 하였다. '오브젝트 추가하기' 페이지에서 원하는 배경 오브젝트를 추가해도 좋다.

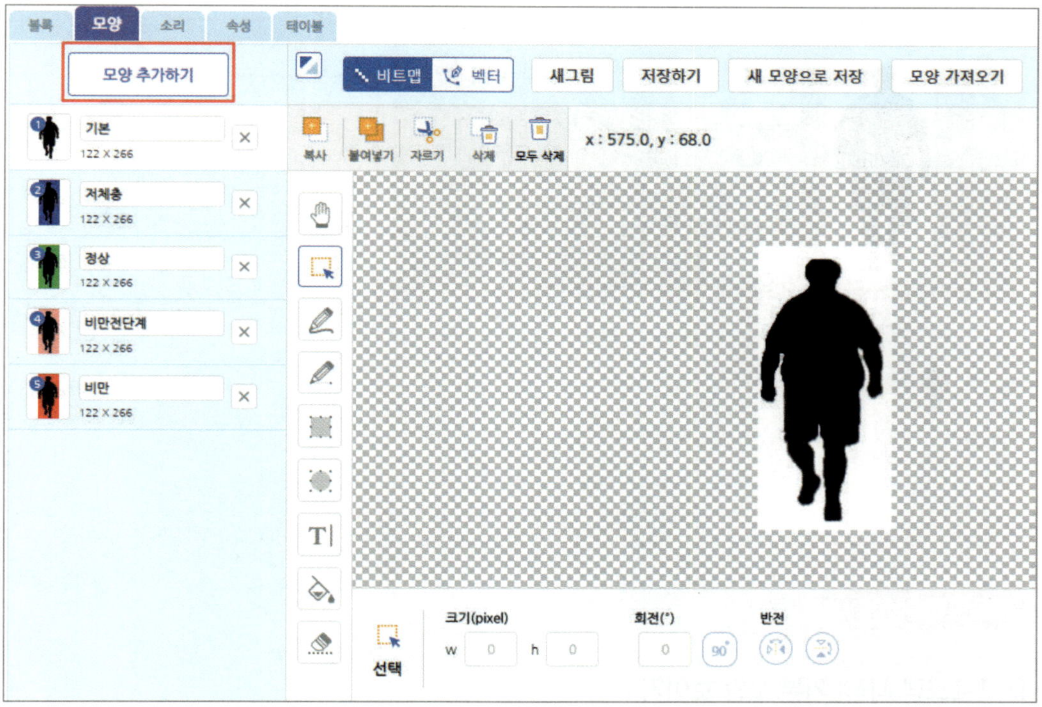

변수 만들기

[속성] 탭의 [변수]-[변수 추가하기]에서 이름, BMI, 키, 몸무게 변수를 만든다.

프로그램 설계

1) 프로그램 시작: 기본 모양 보이기

시작하기 버튼을 클릭하면 오브젝트의 기본모양이 나타나도록 설정한다. 프로그램의 질문에 대한 사용자 대답이 실행화면에 나타날 필요가 없다면 [자료] 꾸러미에서 '대답 숨기기' 블록을 사용한다.

2) 사용자 정보 입력 받기

[자료] 꾸러미의 '묻고 대답 기다리기' 블록을 이용하여 사용자의 이름, 키, 몸무게를 차례로 대답 에 입력받고, 이 값들을 각각의 정보를 위해 만든 변수에 저장한다.

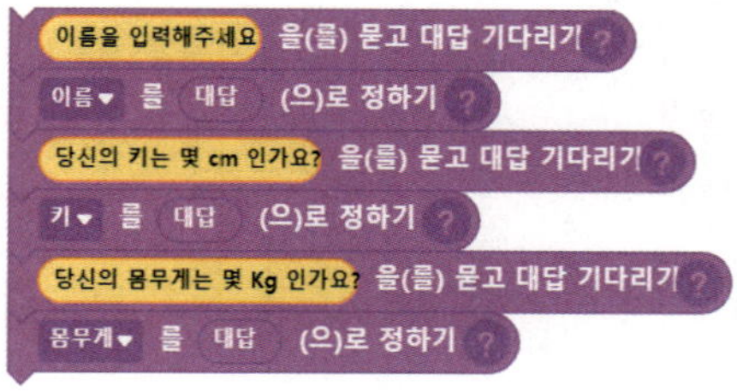

3) 체질량지수 계산하기

체질량지수는 체중(kg)을 키(m)의 제곱으로 나누면 되는데, 사용자로부터 키의 입력을 cm 단위로 받았기 때문에 키 변수의 값을 100으로 나눈 뒤 제곱해야 한다. 아래와 같이 몸무게를 키의 제곱으로 나눈 뒤 10000을 곱해도 된다.

$$\text{BMI 지수} = \frac{\text{몸무게}}{\text{키}^2} * 10000$$

4) 체질량지수 해당 범주 판단하기

체질량지수의 범주에 판단은 아래 표에 따른다. 해당하는 범주에 따라 오브젝트 모양을 변화시킨다.

체질량지수	분류
〈 18.5	저체중
18.5 ~ 23	정상
23 ~ 25	비만 전단계
≥25	비만

2.3. 조립해서 결과 보기

키와 몸무게를 이용하여 체질량지수를 구하는 전체 프로그램은 다음과 같다.

결과 출력하기

결과화면 1

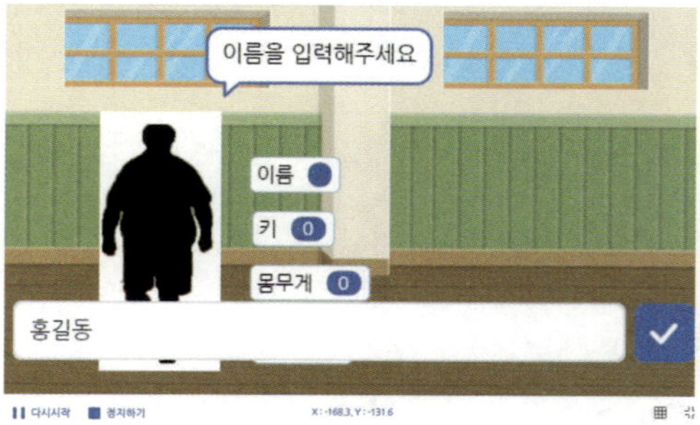

결과화면 2

3. 다양한 조건/선택 문제 표현

3.1. 계산기 만들기

문제와 해결조건

● **문제**

간단한 사칙 연산을 할 수 있는 계산기를 만들어 보자.

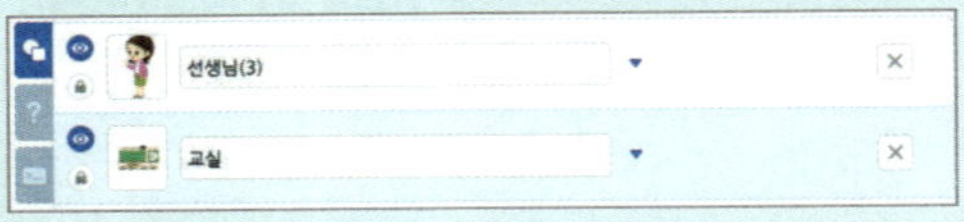

▶ **해결조건**

① 두 개의 수를 입력받는다.

② 사칙연산자(+, -, x, /) 중 하나를 입력 받는다. 사칙연산자 외 다른 값이 입력되면 “연산 처리할 수 없습니다” 라고 말한다.

③ 사칙연산자에 따라 연산을 수행한다.

문제 해결 전략

1) 조건 흐름 블록 중첩 활용하기

[조건 흐름 블록 나열]

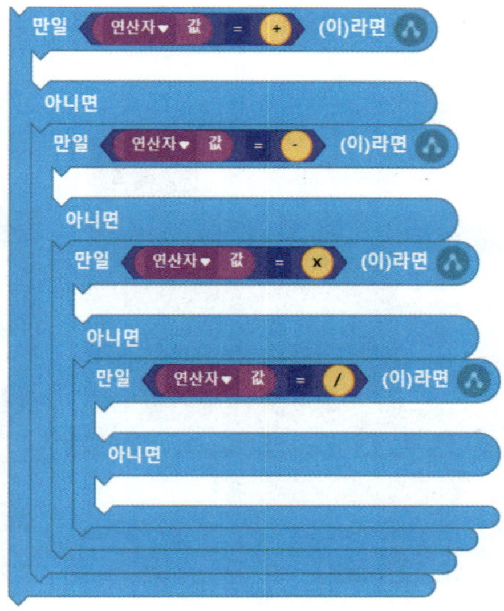

[조건 흐름 블록 중첩]

위의 두 블록들은 사용자가 입력한 사칙연산자의 종류를 파악하고 그에 맞는 연산을 수행하기 위한 코드이다. 수행 결과는 양쪽이 동일하다. 하지만, 프로그램의 효율성에서는 차이가 있다. 왼쪽의 경우에는 4개의 '만일 ~(이)라면' 블록을 나열하여 덧셈, 뺄셈, 곱셈, 나눗셈 연산자를 순서대로 확인하는데, 어떠한 연산자가 입력되더라도 이 4개의 코드는 모두 수행되어야 하는 단점이 있다. 즉, 입력 연산자가 맨 먼저 확인하는 덧셈 연산자여서 덧셈을 수행하고 결과를 출력한 이후에도 나머지 3개의 '만일 ~(이)라면' 블록을 수행해야만 프로그램이 종료된다. 반면, 오른쪽의 경우에는 '만일 ~(이)라면 ~아니면' 블록을 중첩 사용함으로써 덧셈부터 차례로 하나씩 검사하여 연산자의 종류가 확인되면 연산을 수행하고 그 즉시 전체 블록을 빠져나오게 된다. 이처럼 조건이 참일 때와 거짓일 때 각각의 일을 수행할 수 있도록 만들어진 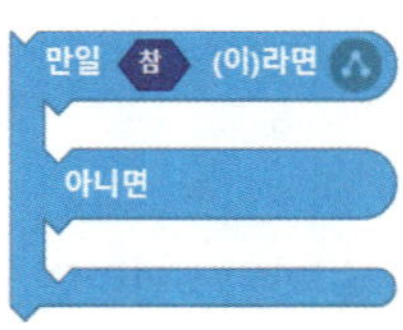

블록을 잘 활용하면 프로그램의 수행 속도를 높일 수 있는 경우가 많다.

2) 오브젝트 추가하기

'오브젝트 추가하기' 페이지의 [배경] 메뉴에서 '교실' 오브젝트,[사람] 메뉴에서 '선생님(3)' 오브젝트를 추가한다. 선생님(3) 오브젝트의 위치는 x, y(130, -70), 크기는 100으로 한다.

3) 변수 추가하기

[속성] 탭에서 [변수]-[변수 추가하기]를 이용하여 입력값 두 개와 연산자를 저장할 변수 세 개를 만들고 화면과 같이 배치한다. 수를 입력받는 변수는 기본값을 0으로 하고, 연산자 변수는 기본값을 지워 둔다.

프로그램 설계

1) 사용자로부터 입력 받기

사용자로부터 첫번째 수, 두번째 수, 연산자를 입력 받아 해당하는 변수에 각각 저장한다.

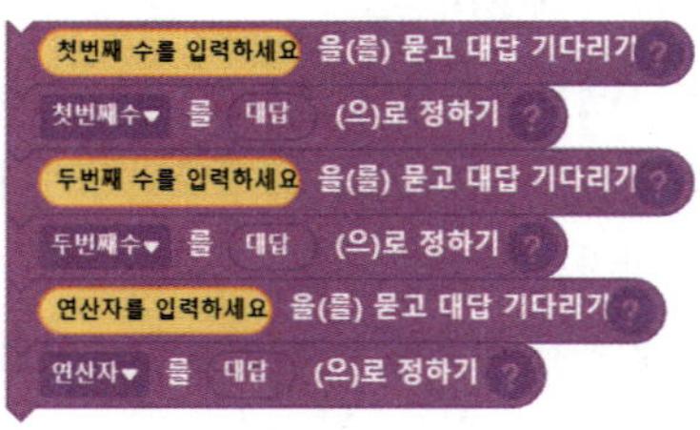

2) 연산자 확인 및 처리하기

문제 해결 전략에서 설명했듯이 프로그램 수행 시간 단축을 위해 '만일 ~이라면 ~아니면' 블록을 중첩 사용하여 하나의 연산자가 확인되어 연산이 수행되는 즉시 전체 블록을 빠져나올 수 있도록 한다. 실제 연산은 [블록] 탭 아래 [계산] 꾸러미에 있는 사칙연산 블록을 이용하고 [생김새] 꾸러미의 '~을 말하기' 블록으로 결과를 출력한다. 만일 연산자 변수에 사칙연산자 외 다른 기호가 들어오면 "연산 처리할 수 없습니다." 라고 출력한다.

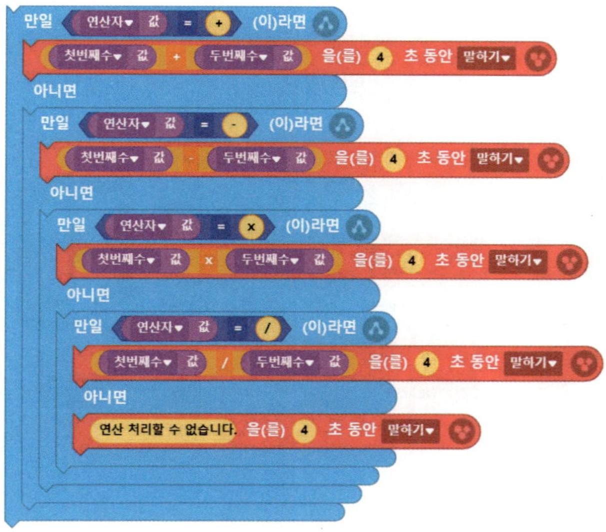
만일 연산자 값 = + (이)라면
첫번째수 값 + 두번째수 값 을(를) 4 초 동안 말하기
아니면
만일 연산자 값 = - (이)라면
첫번째수 값 - 두번째수 값 을(를) 4 초 동안 말하기
아니면
만일 연산자 값 = x (이)라면
첫번째수 값 x 두번째수 값 을(를) 4 초 동안 말하기
아니면
만일 연산자 값 = / (이)라면
첫번째수 값 / 두번째수 값 을(를) 4 초 동안 말하기
아니면
연산 처리할 수 없습니다. 을(를) 4 초 동안 말하기

조립해서 결과보기

시작하기 버튼을 클릭했을 때
대답 숨기기
첫번째 수를 입력하세요 을(를) 묻고 대답 기다리기
첫번째수 를 대답 (으)로 정하기
두번째 수를 입력하세요 을(를) 묻고 대답 기다리기
두번째수 를 대답 (으)로 정하기
연산자를 입력하세요 을(를) 묻고 대답 기다리기
연산자 를 대답 (으)로 정하기
만일 연산자 값 = + (이)라면
첫번째수 값 + 두번째수 값 을(를) 4 초 동안 말하기
아니면
만일 연산자 값 = - (이)라면
첫번째수 값 - 두번째수 값 을(를) 4 초 동안 말하기
아니면
만일 연산자 값 = × (이)라면
첫번째수 값 x 두번째수 값 을(를) 4 초 동안 말하기
아니면
첫번째수 값 / 두번째수 값 을(를) 4 초 동안 말하기

결과 출력하기

결과화면 1

결과화면 2

3.2. 지하철 요금 계산하기

문제와 해결조건

● 문제

부산지하철 요금을 계산해주는 프로그램을 구현해 보자. 구간과 나이를 선택하면 요금을 말해준다.

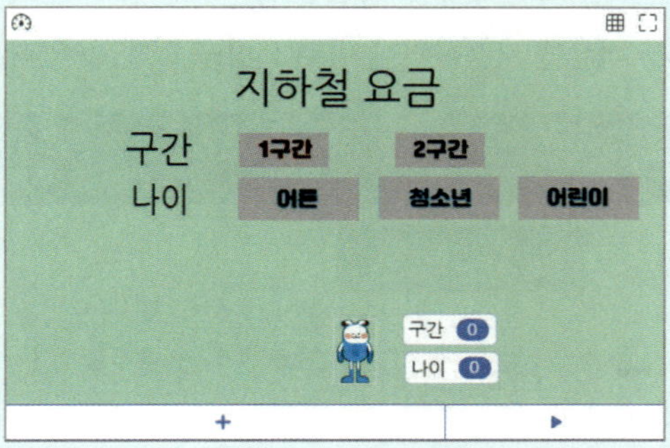

▶ 해결조건

① 구간과 나이의 각 버튼을 누르면 버튼 색이 변한다. 다시 누르면 원래의 색으로 돌아온다.

② 구간별 나이에 해당하는 지하철 요금은 아래 표와 같다.

	1구간	2구간
어른	1300	1500
청소년	1050	1200
어린이	650	750

③ 엔트리봇을 클릭하면 요금을 말한다.

문제 해결 전략

1) 배경 및 엔트리봇 추가하기

'오브젝트 추가하기' 페이지의 [배경] 메뉴에서 '단색배경'과 [엔트리봇 친구들]에서 '(3)엔트리봇' 오브젝트를 추가한다. 구간과 나이를 선택 후 이 오브젝트를 클릭하면 요금을 말해준다.

2) [글상자] 만들기

'오브젝트 추가하기' 페이지로 다시 돌아가 [글상자] 도구를 사용하여 '지하철 요금', '구간', '나이'가 기입된 글상자를 만들고 적절한 위치에 배치한다. 글상자 색상을 지정하거나 내부 색상을 없앨 수 있다.

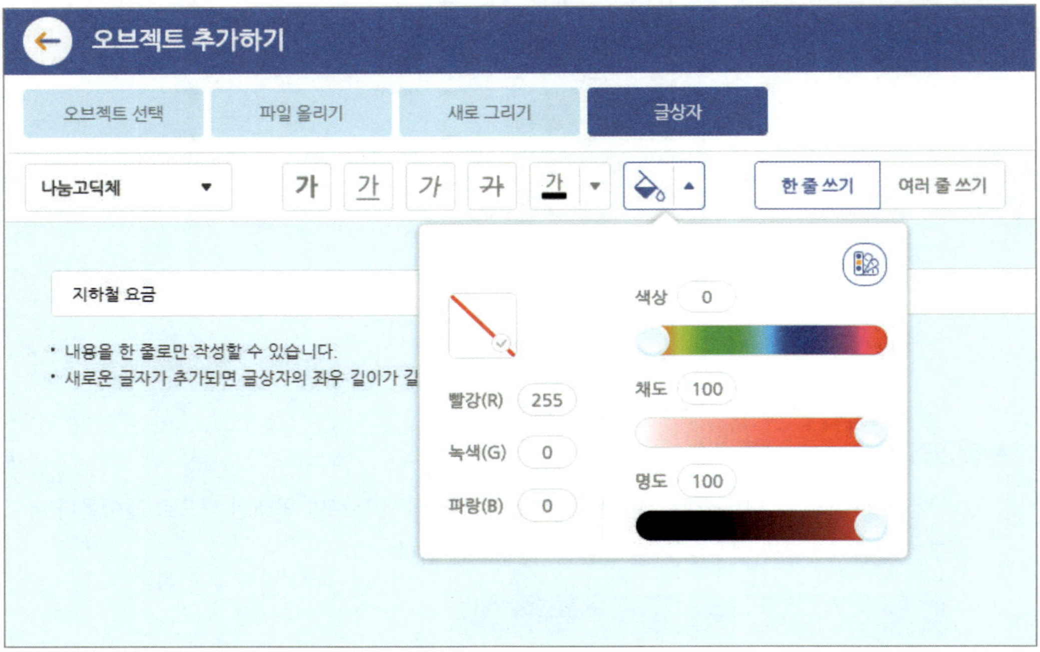

3) 오브젝트 [새로 그리기] 사용

구간과 나이를 나타내는 버튼은 클릭되었을 때 색상이 변경되어야 하므로, '오브젝트 추가하기'의 [새로 그리기]를 이용하여 그림판에서 버튼들을 먼저 하나씩 만들어 적절한 위치에 배치한 후 각각의 [모양] 탭에서 버튼을 복제하여 색상을 달리한 모양 하나씩을 추가로 만든다. 다섯 개 버튼 모두 처음 만든 기본 모양의 이름을 '모양1'로, 복제한 모양의 이름을 '모양2'로 둔다.

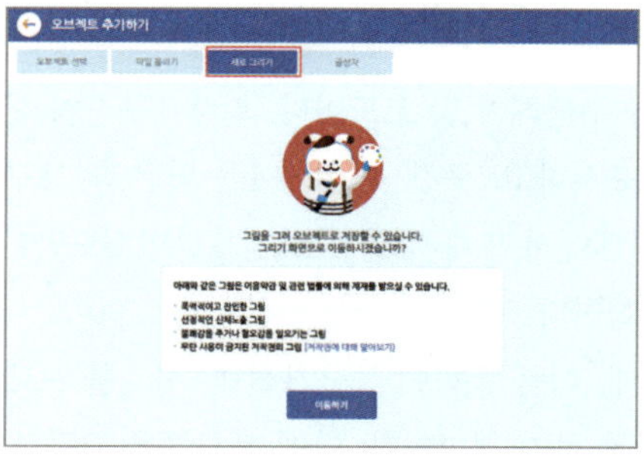

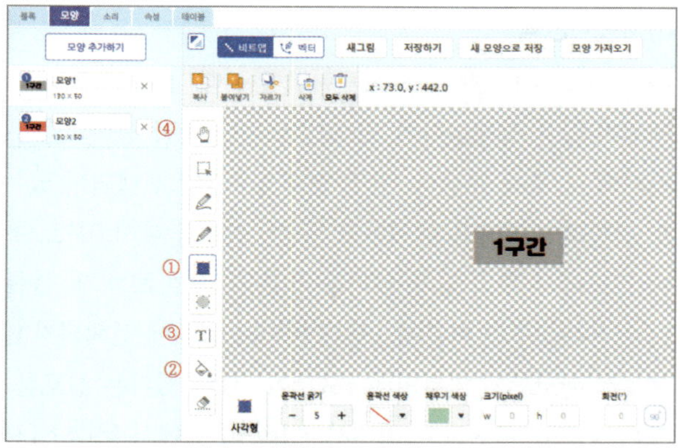

4) 모양의 전환

버튼 각각에 대해 ‘모양1’과 ‘모양2’ 모양을 만들고 나면 [모양] 탭을 클릭했을 때 오른쪽 그림과 같은 모양 목록을 볼 수 있다. 이 프로그램은 버튼이 클릭될 때마다 이 두 가지 모양을 상호 전환하게 되는데, 모양의 전환을 위해서는 현재 모양을 인식해야 한다. 이를 위해 각 모양에 할당된 모양번호를 사용한다. 모양 목록을 다시 보면 ‘모양1’과 켜짐 ‘모양2’ 옆에 각각 ❶과 ❷가 적혀있는 게 보이는데 이것이 모양번호이다. 오브젝트 모양번호의 확인은 [계산] 꾸러미 내에 있는 아래 블록을 이용하여 현재 모양번호를 가져온 다음 관계연산자를 이용하여 확인하면 된다.

계산	설명
	선택한 오브젝트의 각종 정보 값을 돌려줌 (x좌표, y좌표, 방향, 이동방향, 크기, 모양번호, 모양이름)

프로그램 설계

1) 프로그램 시작: 버튼 모양 초기화

모든 버튼은 프로그램 시작과 함께 기본 모양인 ‘모양1’로 초기화된다. 따라서 구간과 나이 오브젝트들은 모두 오른쪽 코드로 시작한다.

2) 변수 만들기

본 프로그램의 오브젝트들은 사용자가 선택한 구간과 나이 정보를 공유해야 한다. 따라서 [속성] 탭 [변수]-[변수 추가하기]에서 모든 오브젝트에서 사용되는 변수인 ‘구간’과 ‘나이’를 만들고 기본값을 0으로 설정한다.

3) 구간 선택

아래 왼쪽은 1구간 버튼이 클릭되었을 때 '1구간' 오브젝트가 수행해야 할 코드이다. 현재 1구간이 선택되지 않은 상태였다면, '모양2'로 변경하여 선택되었음을 표시하고 '구간' 변수에 1을 담은 후 '1구간선택' 신호를 보낸다. 만일 현재 1구간이 선택되어 있는 상태에서 또다시 클릭된 경우라면, '모양1'로 전환하여 선택을 해제하고 '구간' 변수를 다시 0으로 초기화한다.

이 코드에서 주의 깊게 살펴볼 부분은 '신호 보내기' 블록인데, 이를 통하여 '1구간선택' 신호를 보내는 이유는 2구간 버튼이 1구간 버튼과 동시에 선택되지 않도록 하기 위함이다. 아래 오른쪽은 '2구간' 오브젝트 코드의 일부인데 1구간이 선택되었다는 신호를 받으면 2구간 선택은 해제된다. 물론 아래와 같은 코드를 구현하기 위해서는 [속성] 탭에서 [신호]-[신호 추가하기]로 미리 신호를 만들어 두어야 한다.

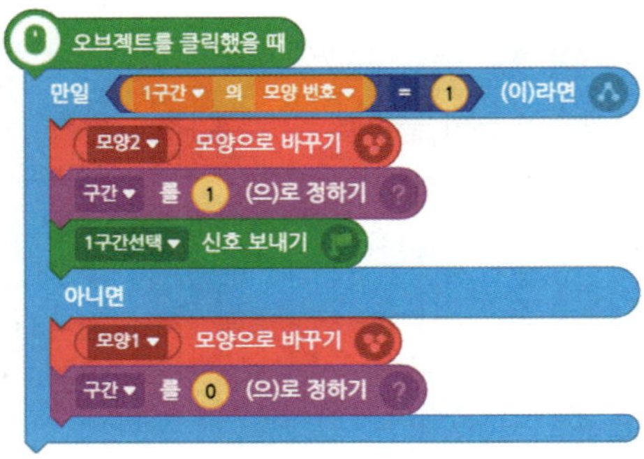

[1구간 오브젝트]

[2구간 오브젝트]

한편, 아래는 2구간 버튼이 클릭되었을 때 각 구간 오브젝트가 수행하는 코드이다. '1구간' 오브젝트와 '2구간' 오브젝트의 역할이 바뀌고, '구간' 변수에 저장되는 값이 2가 되었을 뿐 나머지는 거의 동일하다.

[1구간 오브젝트]

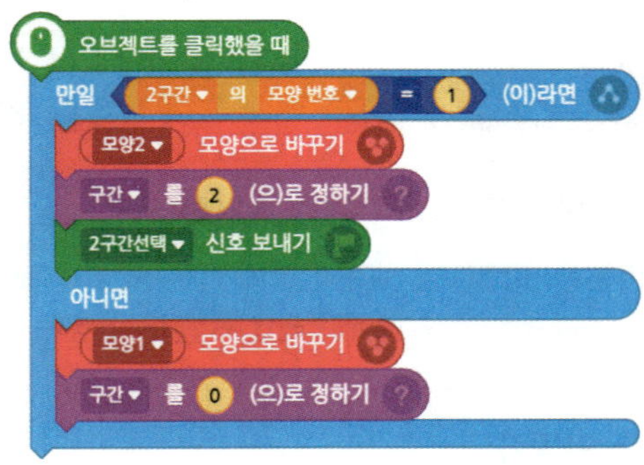

[2구간 오브젝트]

4) 나이 선택

나이와 관련해서는 '어른', '청소년', '어린이' 세 개의 오브젝트가 있다. 한 번에는 세 개의 오브젝트 중 한 개만 선택될 수 있고, 하나의 오브젝트가 한 번 클릭되면 선택되었다가 다시 클릭되면 해제된다는 점에서 구간 오브젝트들의 동작과 거의 유사하다. 다만, 오브젝트 간 신호 전달을 위해 '어른선택', '청소년선택', '어린이선택'이라는 세 개의 신호를 추가해야 하고, '구간' 변수 대신 '나이' 변수를 사용한다는 차이가 있을 뿐이다. '나이'에는 실제 나이가 아니라 어른=1, 청소년=2, 어린이=3을 저장하기로 한다.

아래는 '어른' 오브젝트 코드이다. '어른' 오브젝트 자신이 클릭되었을 때와 '청소년'이나 '어린이' 오브젝트가 클릭되었을 때의 동작이 서로 다르다.

[어른 오브젝트 클릭되었을 때]

[청소년 오브젝트 클릭되었을 때]

[어린이 오브젝트 클릭되었을 때]

'청소년'과 '어린이' 오브젝트 코드 역시, 사용하는 오브젝트 이름과 신호의 이름, '나이' 변수에 저장하는 값만 다를 뿐 위의 코드와 동일하므로 직접 구현해 보자.

5) 요금을 말해주는 엔트리봇

엔트리봇을 클릭하면 지하철 요금을 말해준다. 프로그램 시작 시에는 프로그램의 사용법을 알려주기 위해 "구간과 나이를 선택 후 엔트리봇을 클릭해 주세요."라는 설명을 보인다.

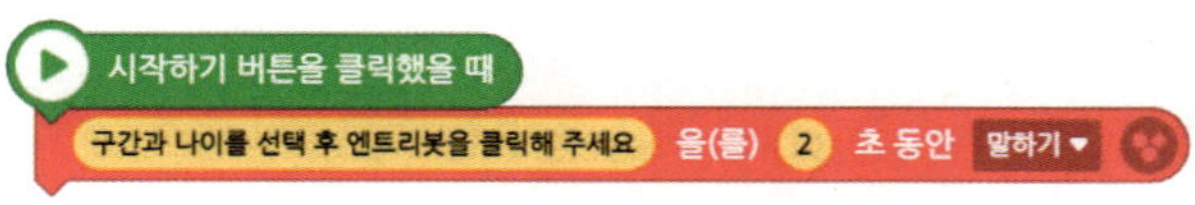

이후 사용자가 엔트리봇을 클릭하면 구간과 나이가 선택되었는지 차례로 확인하고 만일 선택되지 않은 정보가 있다면 선택을 요구하고 끝낸다. 구간과 나이가 선택되었다면 구간과 나이에 따른 요금을 말한다. 3.1절 '계산기 만들기'의 설명처럼 '만일 ~(이)라면' 블록을 구간과 나이의 모든 조합별로 나열할 수도 있겠지만, 불필요한 비교 횟수를 줄이기 위해 '만일 ~(이)라면 ~아니면' 블록을 중첩 활용한다.

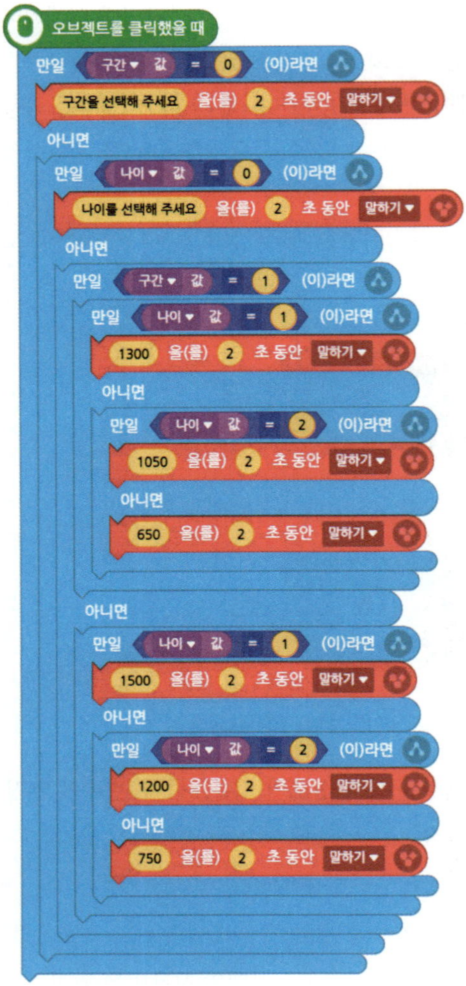

⇐ 구간이 선택되지 않은 경우

⇐ 나이가 선택되지 않은 경우

⇐ 1구간의 나이별 요금

⇐ 2구간의 나이별 요금

조립해서 결과보기

[1구간 오브젝트]

[2구간 오브젝트]

[어른 오브젝트]

[청소년 오브젝트]

[어린이 오브젝트]

[엔트리봇 오브젝트]

결과 출력하기

결과화면 1	결과화면 2
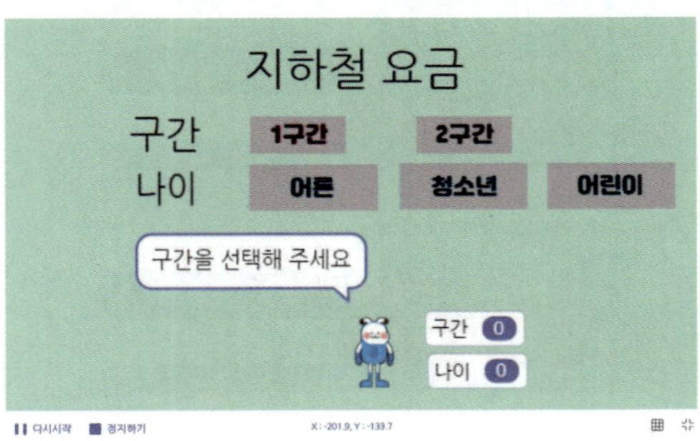	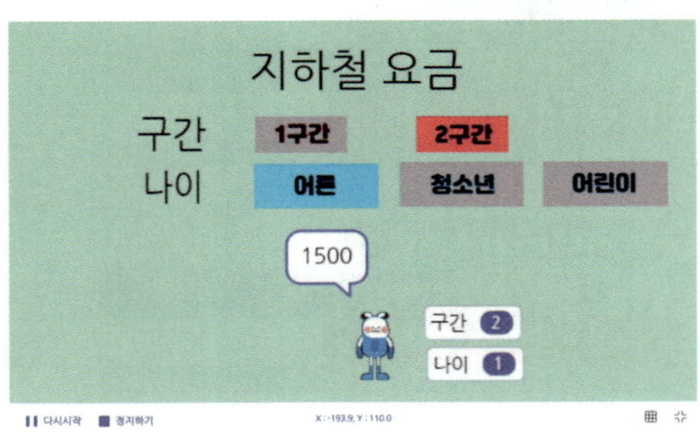

4. 스스로 해결하기

4.1. 연산자를 이용한 조명 켜기

문제와 해결조건

● 문제

두 스위치가 모두 켜져야 전등에 불이 켜지는 프로그램을 구현해 보자.

▶ 해결조건

① 프로그램 시작 시에는 전등과 스위치가 모두 꺼짐 상태이다.

② 스위치는 한 번 클릭될 때마다 켜짐 상태와 꺼짐 상태를 상호 전환한다.

③ 두 스위치가 다 켜짐 상태일 때만 전등이 켜진다.

결과 출력하기

결과화면 1	결과화면 2

4.2. 홀수 짝수 판별하기

문제와 해결조건

● 문제

입력된 숫자가 홀수인지 짝수인지 구분하는 프로그램을 구현해 보자.

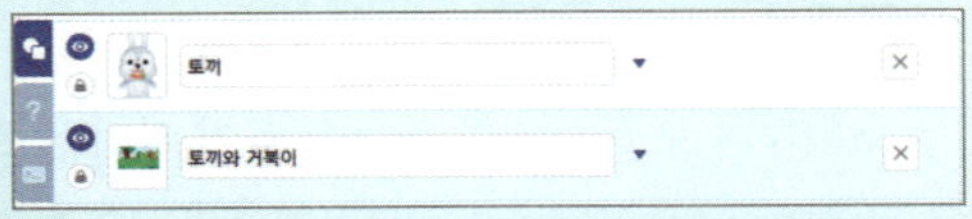

▶ 해결조건

① 사용자로부터 수를 입력 받는다.

② 나머지가 0이면 짝수, 1이면 홀수이다.

결과 출력하기

결과화면 1	결과화면 2

제3장
반복을 이용한 문제 해결

우리의 일상을 자세히 들여다보면 많은 일들이 반복되고 있음을 알 수 있다. 학생들은 일정한 시간표대로 수업을 반복해서 듣고, 직장인들은 매일 같은 시간에 출근해서 퇴근까지 비슷한 순서대로 일처리를 반복한다. 즉, 우리 일상은 앞에서 살펴본 순차적인 일처리와 조건 상황에서의 결정, 그리고 이런 일들의 반복으로 이루어진다. 이번 장에서는 일상에서의 반복적인 일의 종류를 살펴보고 이들을 어떻게 표현할 수 있는지 알아본다. 순차적인 처리로 문제를 해결하는 방법과 반복을 이용해 해결하는 방법을 비교해서 반복 작업의 효율성도 따져본다.

1. 반복의 종류와 표현

흔히들 하는 표현 중 다람쥐 쳇바퀴 돌 듯 한다는 말이 있다. 반복적인 일상을 표현하는 말이다. 우리가 살고 있는 지구도 태양 주위를 반복적으로 돌아 계절을 만들어 내고 바다는 항상 밀물과 썰물의 반복적인 행태를 보인다. 간단한 생활 운동도 반복을 통해 근육을 키우고 음악을 들을 때도 구간 반복 기능을 활용하는 등 반복이라는 개념은 우리 일상에 널리 스며들어 있다.

1.1. 일상 속의 반복

반복의 종류에는 어떤 것들이 있을까? 반복은 끝이 없는 무한 반복과 횟수를 정해 놓은 반복이 있고, 상황에 따른 조건에 대한 반복이 있다. 다양한 반복의 종류를 일상에서 찾아보고 이야기해 보자.

끝없는 무한 반복

태양계에서는 태양을 중심으로 행성들이 일정한 궤도를 그리며 반복하고 있다. 태양의 중력과 행성들의 원심력이 평형을 이루어 일정한 궤도를 그리며 끊임없이 무한 반복된다. 달 또한 지구 주위의 일정한 궤도를 끊임없이 돌고 있다. 그리고 이런 달의 움직임은 중력과 관성의 작용을 일으켜 지구에 하루 두 번 밀물과 썰물을 끊임없이 만들어 낸다.

[태양 주위를 도는 행성들]

[바다의 밀물과 썰물]

횟수나 패턴을 정해 놓은 반복

운동을 할 경우 정해진 횟수나 개수만큼 반복하는 게 일반적이다. 그렇게 함으로써 운동의 강도를 조절할 수 있다. 운동의 효과를 극대화시키기 위해 유산소 운동과 무산소 운동을 번갈아 반복적 운동을 함으로써 자극을 가하는 트레이닝도 있다. 다른 예로는 일정한 패턴을 가지는 반복이 있다. 벽지나 포장지 등은 한정된 공간에 일정한 패턴을 그리므로 반복의 횟수가 한정적이다. 또한 이런 반복 성질은 예술에서도 확인 가능하다. 미술에서는 기하학적인 패턴을 이용한 착시 미술이나, 조형, 조각 등에서 반복의 시각적 효과를 보여주고, 음악에서는 후크송이라 하여 일정한 멜로디가 반복되는 음악이 유행한다.

[윗몸 일으키기]

[패턴이 있는 벽지]

상황 조건에 따른 반복

사람들은 알람 기능을 많이 사용한다. 알람은 정해진 시간에 울리고, 기본적으로 사용자가 끌 때까지 계속 울린다. 그러나 일정한 시간이 지나도록 끄지 않으면 스스로 멈췄다가 일정 시간 후에 다시 알람이 울리는 구조가 반복된다. 2장에서 우리는 운전면허 시험 과정을 살펴보았다. 당시에는 한 번의 시험 점수에 따른 합격과 불합격의 분기 상황만 고려했으나, 실제 지원자들은 합격할 때까지 각 시험을 반복해서 볼 수 있다. 그리고 전체 면허 시험이 필기 시험, 기능 시험, 도로 주행 시험 등으로 나뉘어져 있다면 각 시험마다 부분 반복도 가능하다.

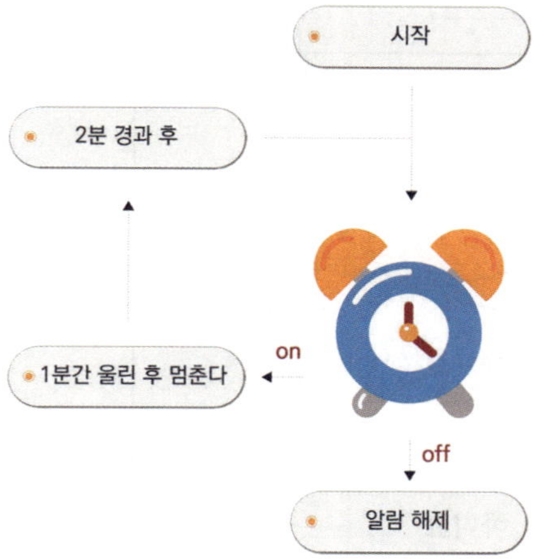

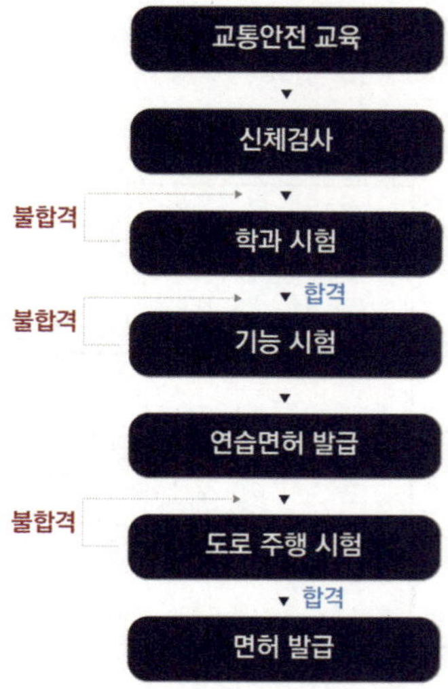

1.2. 반복 과정을 순서도로 표현하기

순서도에서는 반복에 대해 특별한 표현 기호를 제공하지 않는다. 다만 제한 횟수나 조건을 만족할 때 반복적인 루틴을 제공한다. 반복적 처리를 순서도로 어떻게 표현할 수 있는지 알아보자.

다양한 종류의 커피를 여러 잔 뽑기

커피 자동판매기에서 두 잔 이상 되는 커피를 뽑아 본 경험이 있을 것이다. 투입금액이 충분하여 커피를 여러 잔 뽑을 수 있는 경우를 순서도로 표현해보자. 간단히 생각하면 자동판매기의 잔액이 커피값보다 적어질 때까지 계속 반복해서 커피를 뽑을 수 있다.

커피 자동판매기에 300원, 500원, 1000원짜리 커피가 있는 경우라면 아래 순서도처럼 표현할 수 있다. 단, 순서도 표현을 간략히 하기 위해 ◇ 표시에서는 손님이 해당 금액의 커피를 선택했는가 뿐만 아니라 해당 금액 이상의 잔액이 있는가도 함께 검사한다고 가정한다.

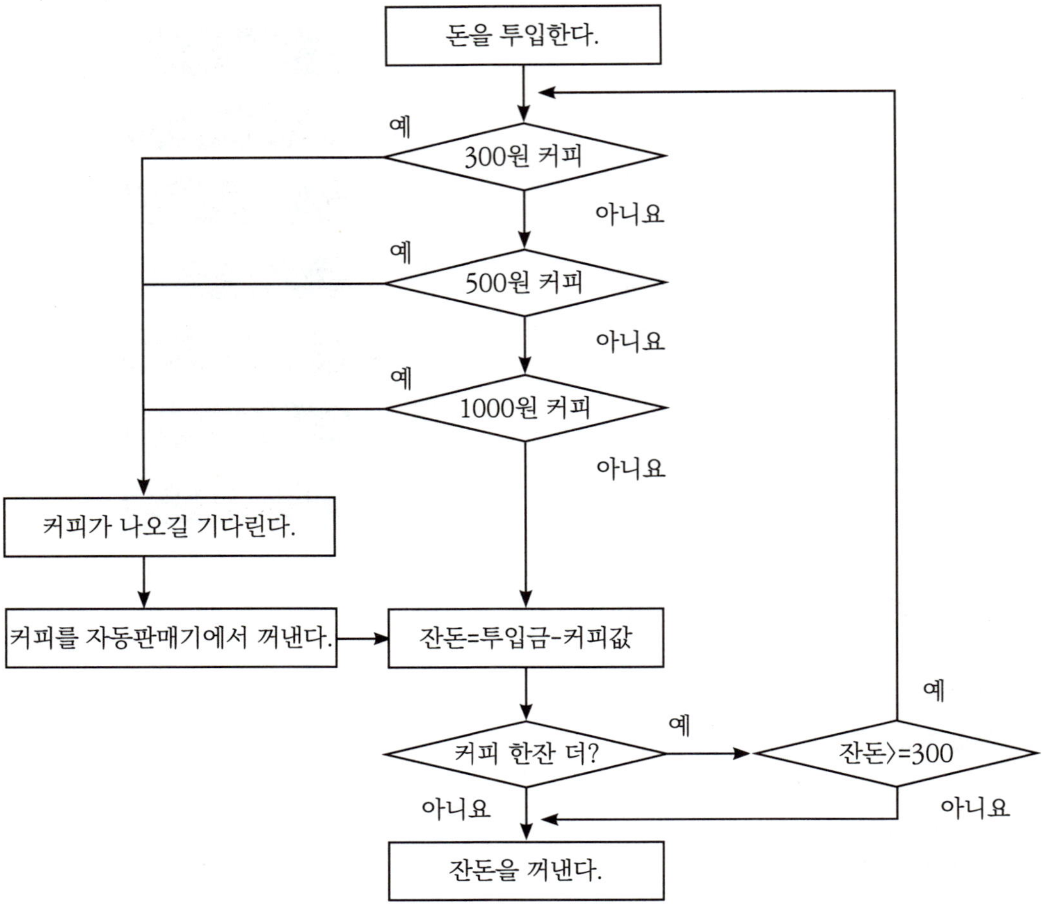

다양한 반복 표현 방법

반복의 방법은 세 가지가 있다. 무한 반복, 횟수 반복, 조건 반복이다. 각각의 경우를 예를 들어 표현 방법을 알아보자.

1) 무한 반복하기

무한 반복은 끝없이 반복한다는 의미이다. 보통의 프로그램에서 무한반복은 프로그래밍 오류이거나 하드웨어의 예상치 못한 문제로 인해 발생하며 강제로 빠져나가야 하는 상태를 뜻하지만, 애니메이션, 게임 등에서는 무한 반복을 이용해 다양한 표현을 할 수 있다. 전원을 켜면 인형이 오른쪽, 위쪽, 왼쪽, 아래쪽 순서로 제자리 돌기를 반복하는 오르골이 있다고 가정하자. 오르골의 움직임을 아래 순서도와 같이 표현할 수 있다.

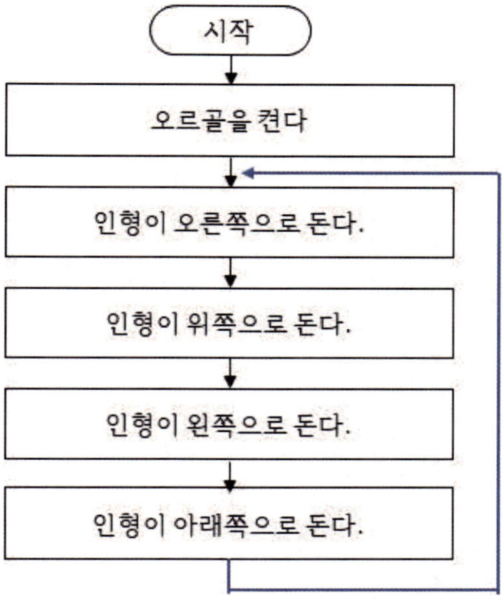

2) 횟수 반복하기

'computer'를 5번 출력하는 순서도를 표현해 보자.

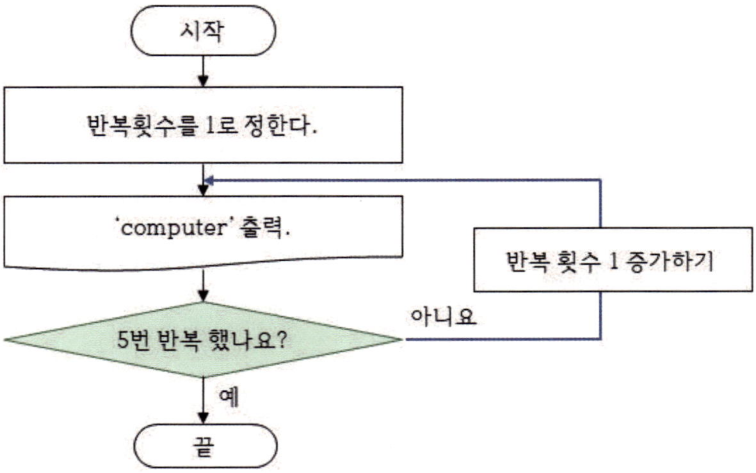

3) 조건 반복하기

조건을 만족할 때 반복하는 구조와 조건을 만족하지 않을 때 반복하는 구조가 있다. 조건이 만족하지 않을 때 반복하는 구조를 이용하여 1에서 10까지의 합을 구하는 순서도를 작성해 보자.

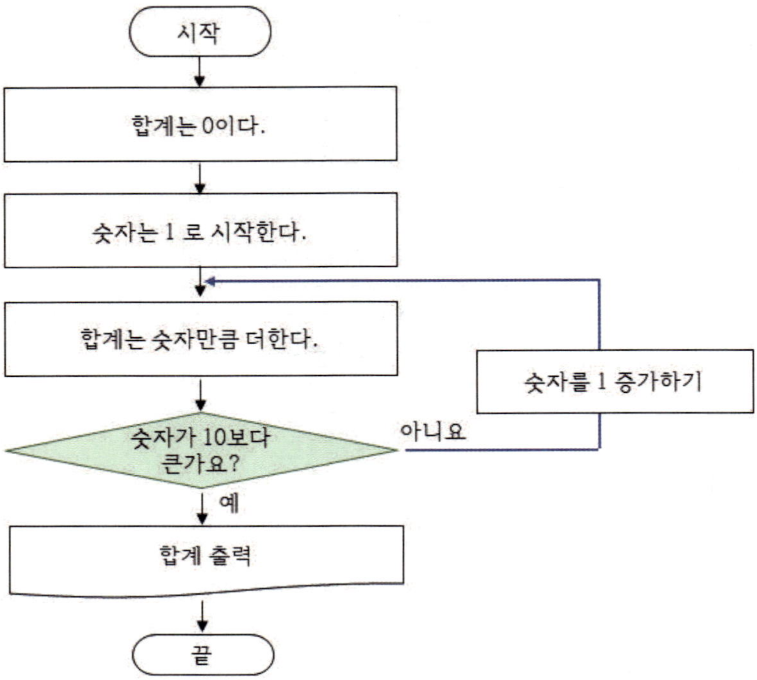

2. 패턴 띠 벽지 만들기

1장에서 우리는 다양한 순차 프로그램을 구현해 보았다. 1장 2절의 미로 길찾기 프로그램을 구현할 때 

블록이 반복적으로 사용되었다. 반복되는 순차 블록들을 반복 블록으로 표현하면 프로그램이 간단해져 이해하기 쉽고, 코드 길이를 줄일 수 있다.

2.1. 문제와 해결조건

● **문제**

정삼각형과 역정삼각형을 이용하여 두 삼각형(▽△)이 반복되는 띠 벽지를 그려보자.

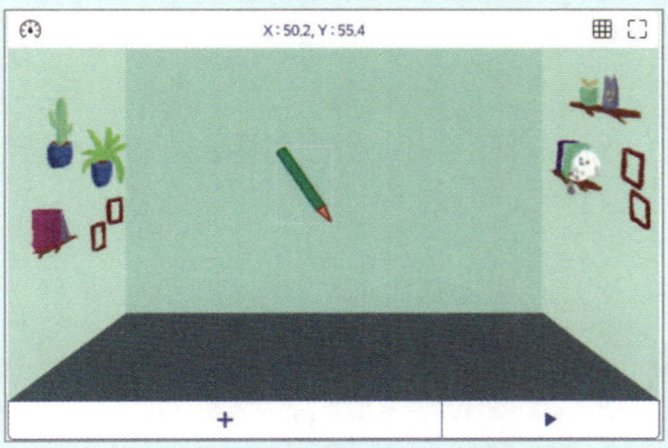

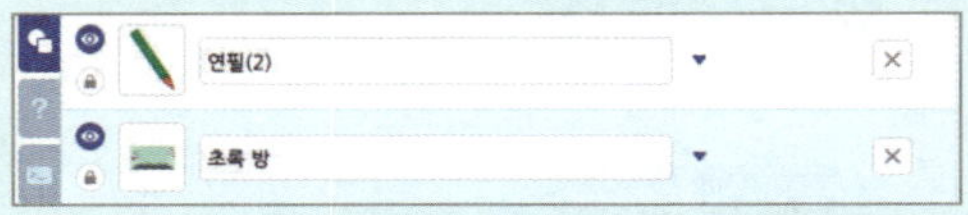

▶ **해결조건**

① 삼각형 한 변의 길이는 25이다.
② 정삼각형과 역정삼각형의 간격은 5이다.
③ 삼각형 그리기는 한 붓 그리기 형식으로 그림이 그려진다.
④ 한 패턴의 삼각형이 그려질 때마다 선 색깔이 달라지고, 선 두께는 1이다.
⑤ 삼각형 패턴 그림 아래는 빨강색, 선 두께 1인 가로선을 그린다.
⑥ 반복하기 블록을 활용한다.

2.2. 문제 해결전략

문제 해결을 위한 블록

[블록] 탭의 [흐름] 꾸러미에는 반복 작업과 관련된 블록들이 있다.

반복 블록	설명
계속 반복하기	감싸고 있는 블록들을 계속해서 반복 실행한다. 무한 반복에 해당한다.
10 번 반복하기	입력한 횟수만큼 감싸고 있는 블록들을 반복 실행한다.
참 이 될 때까지▾ 반복하기	판단이 참이 될 때까지 감싸고 있는 블록들을 반복 실행한다.
참 인 동안▾ 반복하기	판단이 참인 동안 감싸고 있는 블록들을 반복 실행한다.
반복 중단하기	반복을 강제로 중단할 때 사용한다.

반복 표현으로 삼각형 그리기

1장에서는 순차적인 방법으로 역정삼각형을 그렸다. 동일한 블록을 순차적으로 계속 나열하면 코드 길이가 불필요하게 길어진다. [흐름] 꾸러미의 반복 블록들을 사용하면 이런 문제를 해결할 수 있다. 아래 그림은 '움직이기-회전하기-기다리기'가 3번 반복되는 순차 표현을 '~번 반복하기' 블록으로 묶어서 표현하였다. 이처럼 반복 블록을 이용하면 코드 블록의 길이가 줄어 프로그램이 간결해진다.

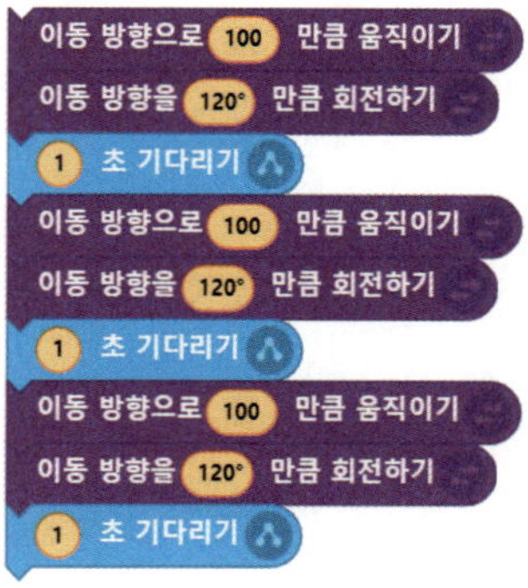

[삼각형 그리기 - 순차 표현]

⇨

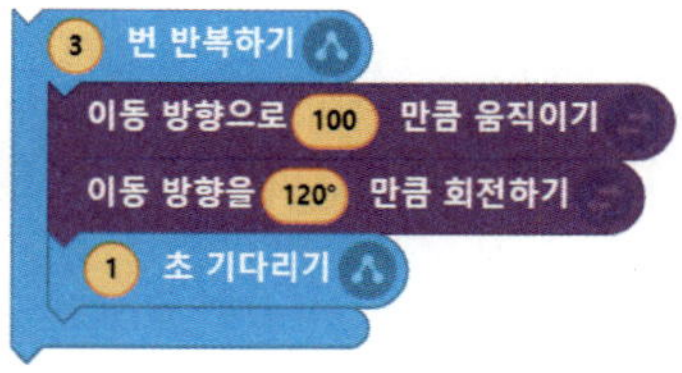

[삼각형 그리기 - 반복 표현]

삼각형 (▽△) 그리기

삼각형은 한 붓 그리기를 이용한다. 두 정삼각형을 나란히 배치하고 좌표간의 이동을 쉽게 구현하기 위해서 역정삼각형은 시계방향으로, 정삼각형은 반시계방향으로 그리기로 한다. 1장에서 역정삼각형을 그리기 위해서 삼각형의 외각을 이용한다는 것을 배웠다. 역정삼각형을 그리기 위해서는 120도 방향으로 회전하고 정삼각형을 그리기위해서는 - 120도(240도) 방향으로 회전한다.

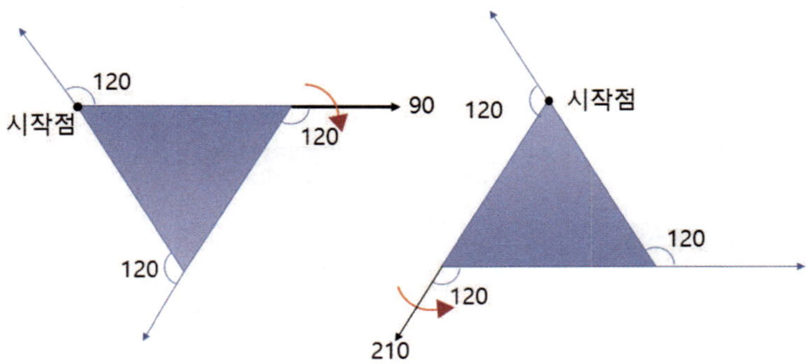

오브젝트 추가하기

배경은 '오브젝트 추가하기' 페이지의 [배경]에서 '초록 방'을 선택하고, 연필 오브젝트는 [물건]에서 '연필(2)'를 선택한다. 연필의 위치는 x,y(0, 0), 크기는 50으로 설정한다.

프로그램 설계

1) 시작 위치 설정

정면 벽의 x 좌표가 - 150 ~150이므로 패턴이 그려지는 처음 위치는 x,y(-145, 60)으로 한다.

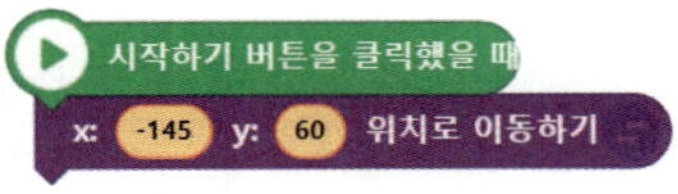

2) 붓의 색 및 두께 정하기

패턴 한 개를 그릴 때마다 색깔이 변하도록 '붓의 색을 무작위로 정하기'를 사용한다. 한 패턴을 완성하면 무작위 색상으로 변해서 패턴이 그려진다. 붓의 굵기는 1픽셀 크기로 한다.

3) 반복 표현으로 삼각형 그리기

역정삼각형은 시계방향으로 그리기로 하였으므로 90도 방향으로 먼저 그리기 시작하여 120도씩 회전하며 세 변을 그린다. 반면, 정삼각형은 반시계방향으로 그리기 위해 210도 방향으로 먼저 그리기 시작하여 - 120도씩 회전하며 세 변을 그린다.

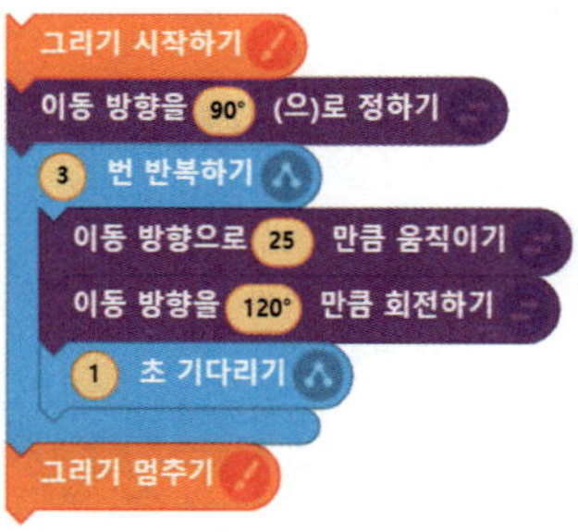

[역정삼각형 그리기]

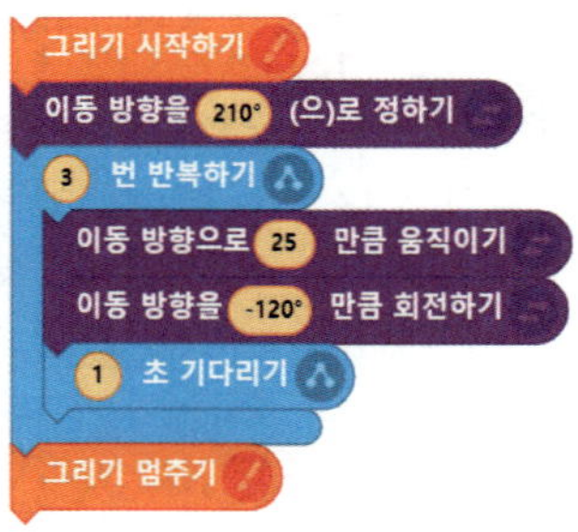

[정삼각형 그리기]

4) 삼각형 간의 간격

삼각형을 한 붓 그리기 하면 시작점과 끝점이 동일하다. 삼각형 한 변의 길이를 25픽셀, 두 삼각형 간의 간격을 5픽셀로 하려면, 역정삼각형과 정삼각형이 나란히 있는 패턴에서 역정삼각형의 시작점부터 오른쪽 정삼각형 시작점까지는 30픽셀만큼 떨어져 있고, 정삼각형 시작점부터 오른쪽 역정삼각형 시작점까지는 5픽셀만큼 떨어지게 된다. 따라서 역정삼각형 그리기가 끝나고 정삼각형 그리기로 넘어갈 때는 30픽셀 이동하고, 그 반대의 경우에는 5픽셀만 이동한다.

[역정삼각형 → 정삼각형]

[정삼각형 → 역정삼각형]

5) 패턴 그리기 반복 횟수

정면 벽의 너비가 300, 삼각형 한 변의 길이가 25, 삼각형 사이의 간격을 5라고 할 때 적절한 패턴(▽△) 반복 횟수는 8번이다.

6) 선 그리기

패턴 띠 무늬 아래 선을 그리기 위해 x,y(-150,30)으로 이동하고 선이 그려지는 방향은 90도로 설정한다. 색은 빨강, 두께는 2로 설정하고 10픽셀씩 이동하며 선을 x,y(150,30)까지 그린다. 선을 모두 그린 후 연필 오브젝트는 숨긴다.

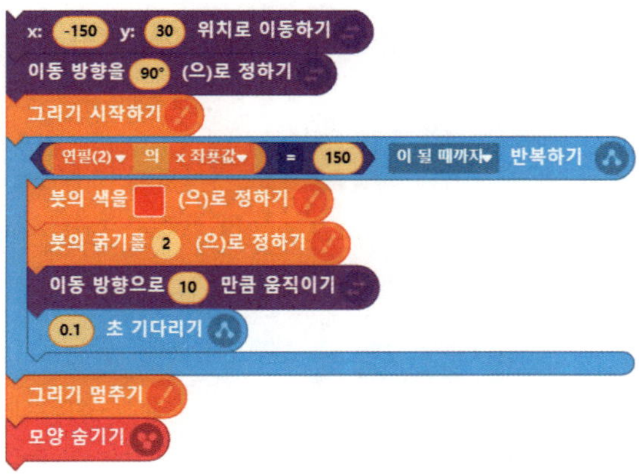

2.3. 조립해서 결과보기

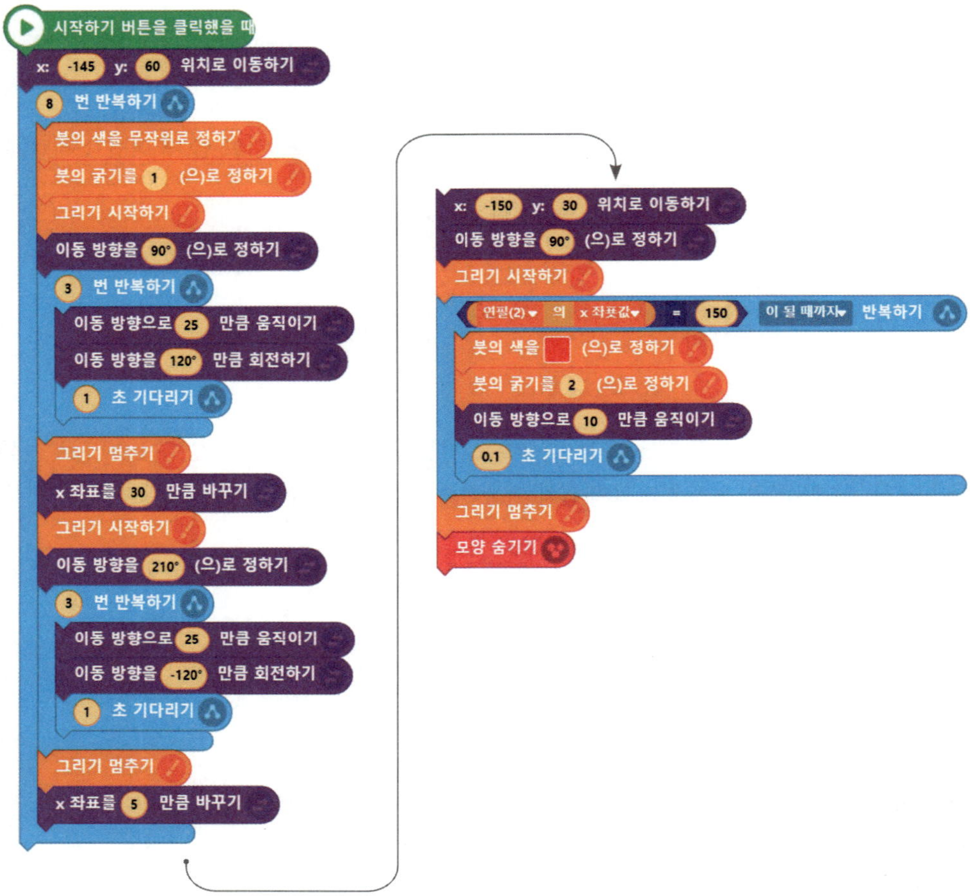

결과 출력하기

결과화면 1	결과화면 2

3. 다양한 반복 문제 표현

3.1. 구구단을 외우자

문제와 해결조건

● 문제

한 단을 외우거나 구구단 전체를 외우는 프로그램을 구현해 보자.

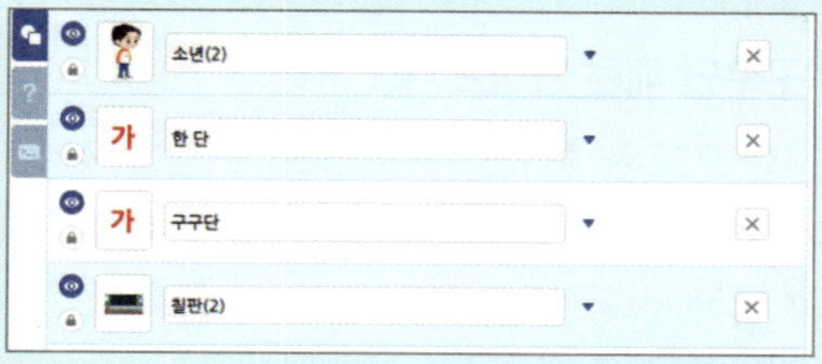

▶ 해결조건

① 한 단을 선택하면 사용자가 원하는 특정한 단 값을 입력 받는다.
② 구구단을 선택하면 2단에서 9단까지 외운다.
③ '한 단' 또는 '구구단' 버튼이 선택되면 버튼 색을 변경해서 선택되었음을 보인다.
④ 반복하기 블록을 활용한다.

문제 해결 전략

1) 오브젝트 추가하기

배경으로 '칠판(2)' 오브젝트를 삽입하고, 구구단을 외울 '소년(2)' 오브젝트를 삽입한다. '오브젝트 추가하기' 페이지의 [글상자]를 이용하여 '한 단', '구구단' 글상자 오브젝트를 추가한다.

2) 사용할 대표 블록들

글상자 오브젝트를 클릭하면 [글상자] 꾸러미가 생긴다. '한 단'이나 '구구단' 버튼이 선택되었을 때 선택되었음을 시각적으로 표현하기 위해 아래 블록을 사용하여 배경색을 바꾼다.

[글상자] 꾸러미	설명
배경색을 [ ] 로 변경 가	글상자 배경색을 바꾼다.

O x O = O 형태로 출력하기 위해 [계산] 꾸러미 내의 아래 블록을 사용한다.

[계산] 꾸러미	설명
안녕! 과(와) 엔트리 를 합치기	입력한 두 값을 결합한다.

3) 구구단 패턴 알아보기

구구단 모양은 패턴을 가진다. 2단 모양을 예로 들면, 앞의 2는 변하지 않는 상수이고 두 번째 수는 1에서 9까지 1씩 커진다. 출력된 수식 모양 내 'x'와 '='은 계산을 직접적으로 하는 연산자가 아니라 문자로 봐야 한다.

2 x 1 = 2
2 x 2 = 4
2 x 3 = 6
2 x 4 = 8
2 x 5 = 10 ⇨ 2 x 수 = (2 x 수)
2 x 6 = 12
2 x 7 = 14
2 x 8 = 16
2 x 9 = 18

4) 변수 만들기

[속성] 탭 [변수]에서 '단', '수' 변수를 만들고 기본값을 0으로 설정한다. '단'은 구구단의 단 수이고 '수'는 구구단과 곱해지는 1~9까지의 수를 저장한다.

프로그램 설계

1) 프로그램 시작: 소년 오브젝트

실행화면에 '대답'은 필요 없으므로 숨기고, 소년 오브젝트는 글상자를 선택하라는 안내말을 한다.

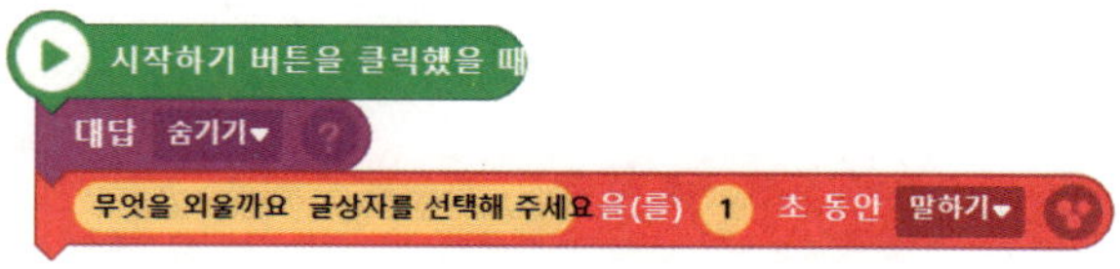

2) 프로그램 시작: 글상자 오브젝트

프로그램의 시작과 함께 글상자 오브젝트는 기본 배경색이 나타나도록 설정해 준다.

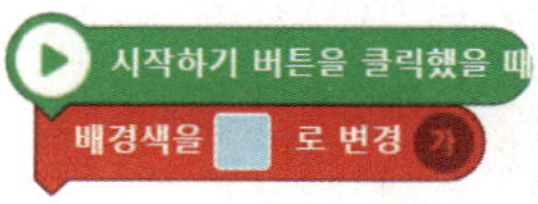

3) '한 단', '구구단' 글상자 선택하기

글상자를 선택하면 해당 글상자의 배경색은 변경되고 '소년' 오브젝트가 구구단을 외우게 하기 위해 '한단' 또는 '구구단' 신호를 보내고 기다린다. 외우기가 끝나면 글상자의 기본 배경색으로 돌아간다. 이를 위해 [속성] 탭의 [신호]에서 두 신호를 추가해 줘야 한다.

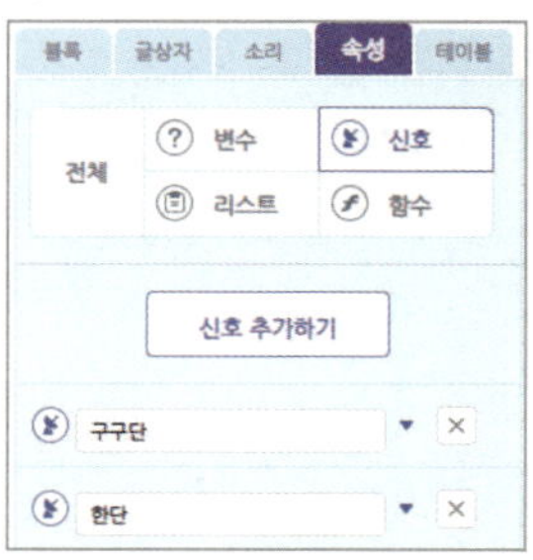

[한단 오브젝트를 클릭했을 때]

[구구단 오브젝트를 클릭했을 때]

4) 외울 한 단 값 입력 받기

소년 오브젝트는 '한단' 신호를 받으면 몇 단을 외울지 묻고 대답을 '단' 변수에 저장한다.

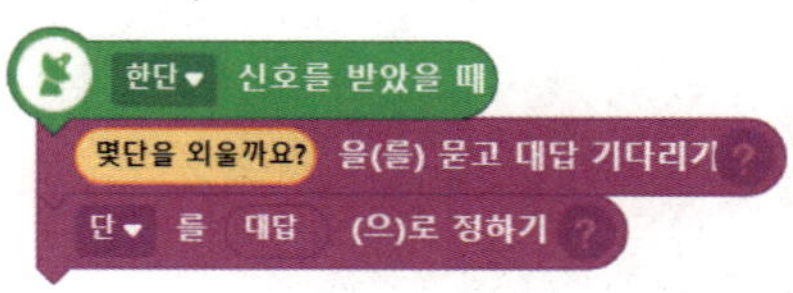

5) 한 단 출력하기

구구단은 O x O = O 모양으로 출력되고, 변수 '수'를 1부터 9보다 커질 때까지 반복한다.

6) 구구단 전체 출력하기

2~9까지의 한 단 출력하기가 반복되기 때문에 반복 블록을 중첩하여 표현한다. '단' 시작값을 2로 설정하고 '단'이 9보다 커질 때까지 반복한다. 한 단 출력이 끝날 때마다 변수 '단'의 값은 1만큼 증가한다. '수' 변수는 안쪽 반복 블록에서 10까지 증가했으므로 다음 단을 위한 반복 블록이 시작되기 전에 시작값인 1로 재설정한다.

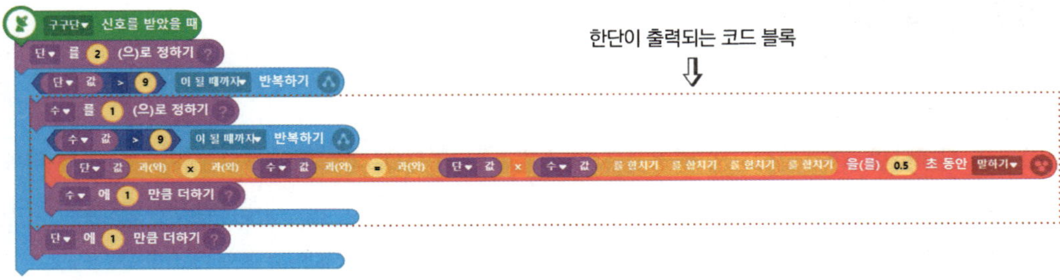

조립해서 결과보기

[한단 글상자 오브젝트]

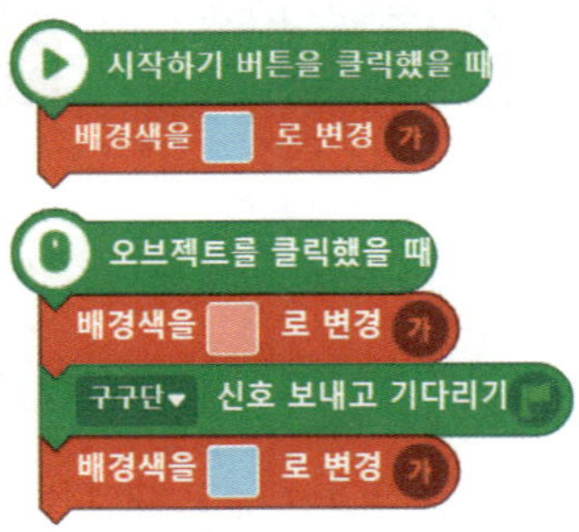

[구구단 글상자 오브젝트]

[소년 오브젝트]

결과 출력하기

결과화면 1	결과화면 2

3.2. 두더지를 잡아라

문제와 해결조건

● 문제

풀밭 여기저기 나타나는 두더지를 잡는다. 두더지 5마리를 잡을 때마다 장면이 바뀌며 단계가 올라가고 총 5단계를 해결하면 게임이 끝난다.

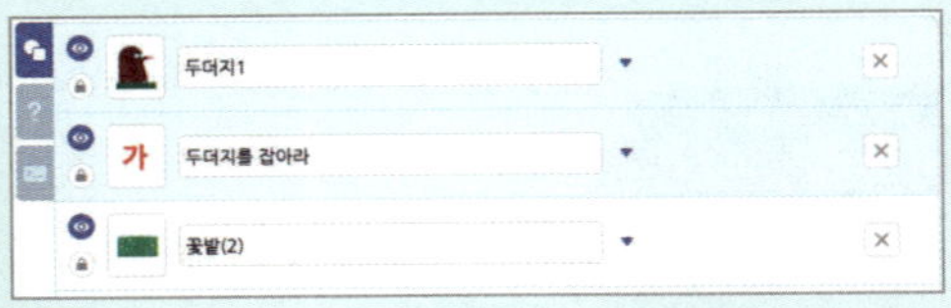

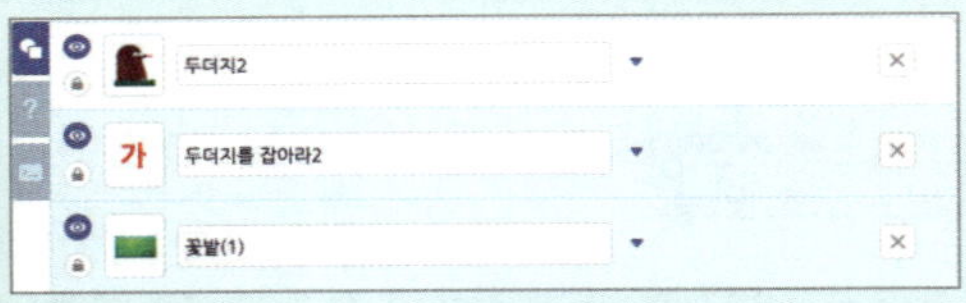

▶ 해결조건

① 시작 버튼을 누르면 두더지를 임의의 위치 x,y좌표에 나타나고 숨기를 반복한다.

② 두더지를 클릭하면 두더지는 작아지고, 소리를 낸다. 이때 점수가 1점 올라간다.

③ 점수가 5점이 되면 게임을 계속할지 물어본다. (Continue? (y/N))

④ 대답이 y 또는 Y이면, 장면이 바뀌면서 단계가 높아지고 새 배경에서 ①,②,③을 반복한다. 아니면, 프로그램을 멈춘다.

⑤ 두더지를 클릭해야 하는 제한시간이 1단계 1.5초에서 단계가 오를 때마다 0.3초씩 짧아진다.

⑥ 제한시간이 0이 되면 게임은 종료한다.

문제 해결 전략

1) 장면 추가하기

실행 화면 위쪽 '+'를 누르면 실행 장면을 추가할 수 있다. 새로운 실행 장면에는 새로운 배경을 추가할 수 있고 별도의 코드를 수행시킬 수 있다. 본 예제는 두더지 잡기 총 5개 단계에서 두 개의 장면을 번갈아 사용한다.

2) 사용할 대표 블록들

흐름	설명
장면이 시작되었을 때	장면이 시작되면 아래에 연결된 블록들을 실행한다.
장면 1▾ 시작하기	선택한 장면을 시작한다.
다음▾ 장면 시작하기	이전 장면 또는 다음 장면을 시작한다.

계산	설명
0 부터 10 사이의 무작위 수	입력한 두 수 사이에서 선택된 무작위 수 값이다. (두 수 모두 정수를 입력한 경우 정수로, 두 수 중 하나라도 소수를 입력한 경우 소수점 둘째 자리의 소수 값이 선택된다.)

3) 오브젝트 추가하기

① 배경

'장면1'에는 '오브젝트 추가하기' 페이지의 [배경] 중 '풀밭(2)' 오브젝트를, '장면2'에는 '풀밭(1)' 오브젝트를 추가한다.

② 글상자

'장면1'에서 '오브젝트 추가하기' 페이지로 이동 후 [글상자]를 선택하여 '두더지를 잡아라' 글상자를 추가한다. 이 글상자 오브젝트를 복사하여 '장면2'에 붙여넣기 한다.

③ 두더지

'장면1'에서 '오브젝트 추가하기' 페이지로 이동 후 [동물] 메뉴에서 '두더지'를 추가하고 위치 x,y(0, 0), 크기 50으로 설정한다. 두더지 오브젝트를 복사하여 '장면2'에 붙여넣기 한다.

프로그램 설계

1) 변수 만들기

본 예제에 필요한 변수는 오른쪽과 같다. 먼저 '무작위수' 블록이 생성한 두더지 위치 좌표를 저장하기 위해 'x위치', 'y위치' 변수를 만들고 화면에서 보이지 않게 설정한다. '제한시간'과 '점수' 변수는 두더지가 나타나고 나서 클릭해야 하는 제한 시간과 사용자의 점수를 나타낸다. '제한시간'은 기본값을 1.5로, '점수'는 기본값을 0으로 한다. 이 두 변수는 게임 화면에 보이도록 설정한다.

2) 프로그램 시작: 장면1

무대에서 두더지가 나타날 수 있는 범위는 무작위 수를 이용하여 가로 폭은 -210~210, 세로 폭은 -100~100으로 한다. 무작위 수로 인해 두더지는 임의의 x, y좌표 위치로 이동하게 된다. 해당 위치에서 현재의 '제한시간' 값만큼 기다리다가 시간 안에 클릭되지 않으면 모양을 바꾸며 사라진다. 1초 후 새로운 위치로 이동하여 행동을 반복한다. 이 전체 과정은 '제한시간' 변수가 0보다 큰 동안 계속된다.

3) 장면1에서 두더지 클릭

점수는 1점 증가하고 효과음으로 '전자신호음1'을 1초간 재생한다. 미리 [소리] 탭에서 [소리 추가하기]-[판타지]를 선택하여 해당 소리를 삽입해 둔다. 잡은 두더지 모양은 '두더지_3'으로 하고 크기는 절반 크기(25)가 되도록 한다. 이번 단계에서 얻은 점수가 5점이 되면 사용자에게 계속할 것인지 묻기 위해 'Continue? (y/N)'를 출력하고, y 또는 Y가 입력되면 장면 2 시작하기 블록을 이용하여 장면 2로 전환한 후 게임을 계속한다. 대소문자 응답을 모두 허용하기 위해 [판단] 꾸러미에서 논리합을 의미하는 참 또는 참 블록을 찾아 활용한다. 사용자가 멈추기를 원하면 게임을 중단한다.

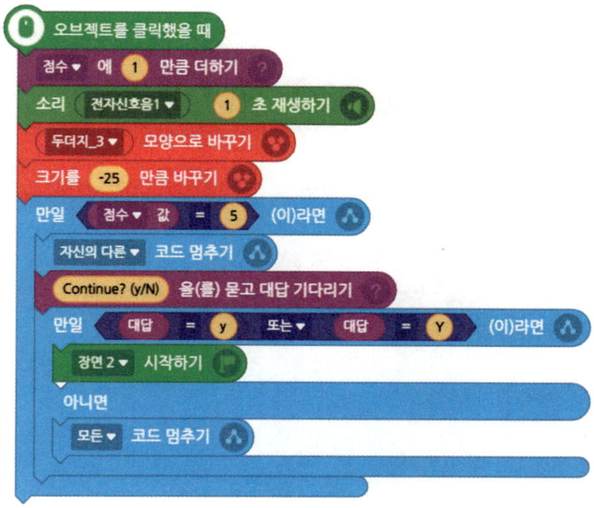

4) 장면2 시작

'제한시간' 값을 0.3 감소시키고 '점수' 변수는 0으로 재설정한다. 본 게임의 총 5단계 중 장면1이 3번, 장면2가 두 번 사용될 예정이므로 제한시간이 0.3초보다 클 때까지만 반복하도록 한다. '반복하기' 블록 내의 코드는 장면1에서 '시작하기 버튼을 클릭했을 때'의 반복하기 블록 내 코드와 같다.

5) 장면2에서 두더지 클릭

장면1과 장면2는 독립된 실행화면이므로 장면2에서도 두더지 잡는 코드 블록을 설정해야한다. 내용은 동일하므로 장면1의 '오브젝트를 클릭했을 때' 코드 블록을 복사하여 붙여넣기 한다. 단, '장면 시작하기' 블록은 장면1로 돌아가 다음 단계를 진행하기 위해 '이전 장면 시작하기'로 설정한다.

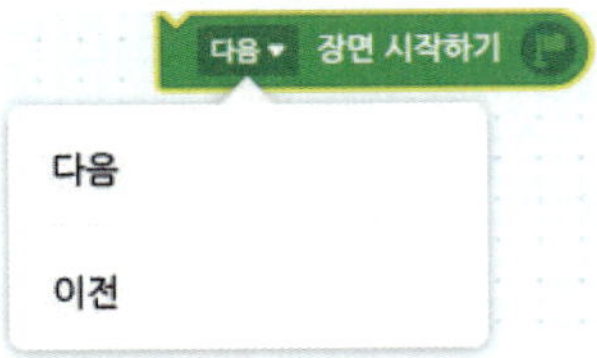

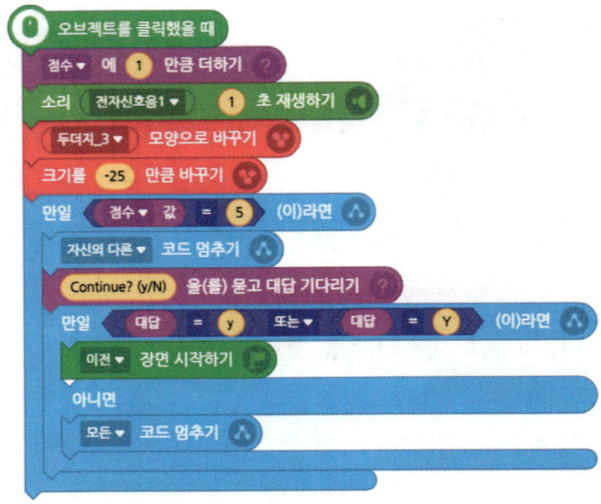

6) 장면1이 다시 시작되었을 때

장면1이 다시 시작되면 장면2가 시작되었을 때와 마찬가지로 '제한시간' 값을 0.3 감소시키고 '점수' 변수는 0으로 재설정한다. 나머지는 '시작하기 버튼을 클릭했을 때' 코드 블록과 동일하다.

조립해서 결과보기

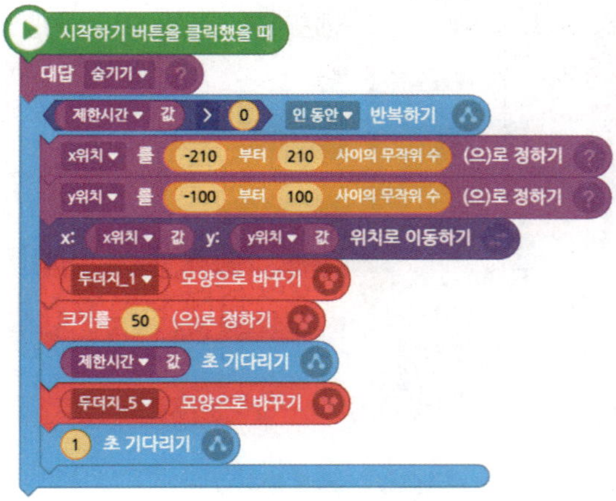

[장면1에서 전체프로그램 시작 시]

[장면2에서 장면1로 전환 시]

[장면1 오브젝트 클릭 시]

[장면1에서 장면2로 전환 시]

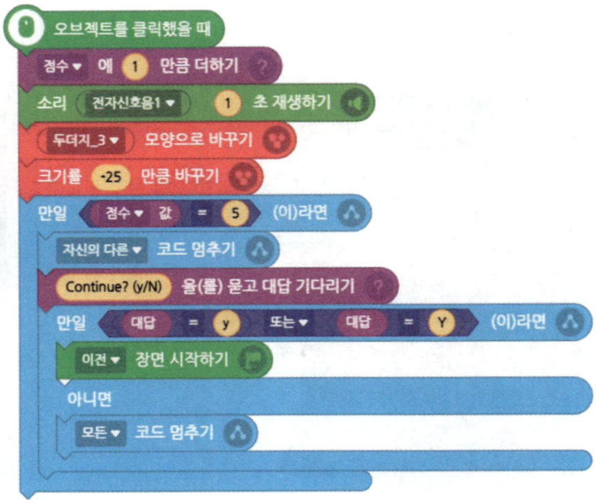

[장면2 오브젝트 클릭 시]

결과 출력하기

결과화면 1	결과화면 2

4. 스스로 해결하기

4.1. 7^{10} 의 일의 자리 숫자 구하기

문제와 해결조건

● **문제**

7 x 7 x 7 x 7 x 7 x 7 x 7 x 7 x 7 x 7의 일의 자리 숫자를 구하는 프로그램을 구현해 보자.

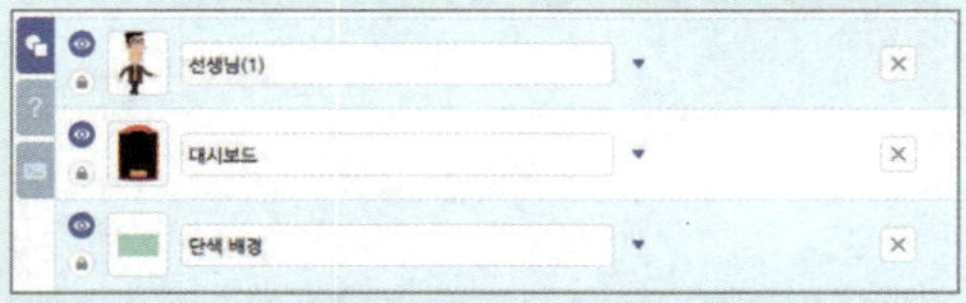

▶ **해결조건**

① 7을 10번 곱한다.

② 7^{10}의 값을 10으로 나누면 일의 자리 숫자를 알 수 있다.

③ '일자리수출력'에 7^1~7^{10}까지 일의 자리 숫자를 차례로 출력한다.

결과 출력하기

결과화면 1	결과화면 2
	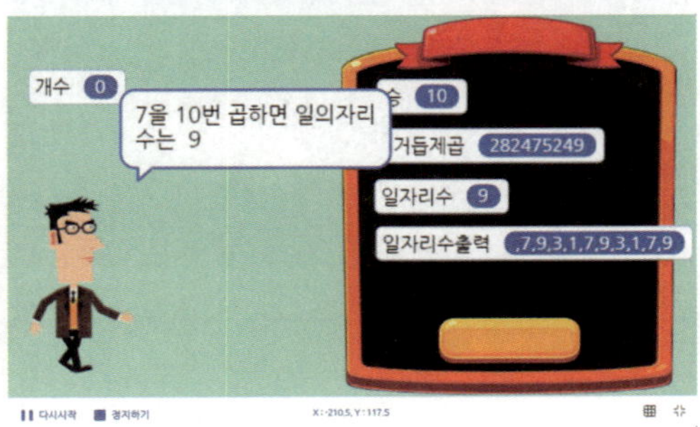

4.2. 우주에 별 그리기

문제와 해결조건

● 문제

우주에 반짝이는 별을 무작위 위치에 5개를 그려보는 프로그램을 구현해 보자.

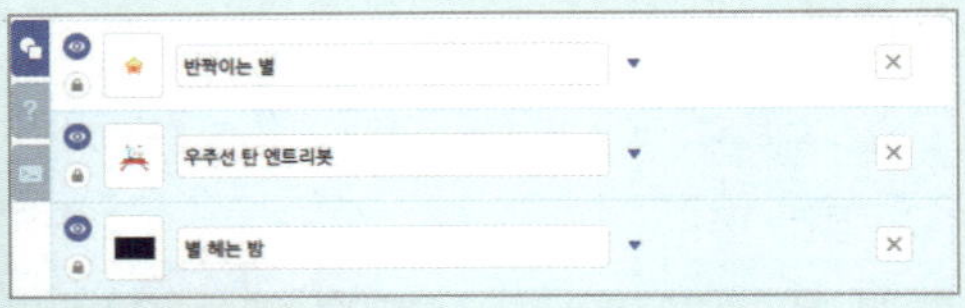

▶ 해결조건

① 별은 x 좌표 - 200~200, y좌표 - 100~100 위치에 무작위로 나타난다.

② 별의 꼭짓점을 연결하는 선은 길이가 동일하고, 꼭짓점 외각은 144도이다.

③ ①②의 과정을 5번 반복하면 별 5개가 그려진다.

결과 출력하기

결과화면 1	결과화면 2

제4장
컴퓨팅 사고를 통한 수학문제해결

수학 문제를 컴퓨터 프로그램으로 만들어 해결해 보자. 다양한 수학 예제를 컴퓨터로 어떻게 구현할 수 있는지 생각하면서 프로그래밍 하다 보면 문제 해결을 위한 컴퓨팅 사고를 배양할 수 있다.

1. 컴퓨팅 사고와 수학 문제 해결

1.1. 약수 구하기

약수는 어떤 수를 나누어 나머지가 0이 되게 하는 수이므로, 약수를 구하는 가장 간단한 방법은 어떤 수를 1부터 그 수까지 차례대로 나누어서 나머지가 0이 되게 하는 수를 모으면 된다.

❶ 10을 1로 나눈다.
10/1 → 몫:10, 나머지:0 약수 집합 = {1}
나머지가 0이므로 1은 10의 약수이다.

❷ 10을 2로 나눈다.
10/2 → 몫:5, 나머지:0 약수 집합 = {1, 2}
나머지가 0이므로 2는 10의 약수이다.

❸, ❹ 3, 4는 나머지가 0이 아니므로 약수가 아니다.

❺ 10을 5로 나눈다.
10/5 → 몫:2, 나머지:0 약수 집합 = {1, 2, 5}
나머지가 0이므로 5는 10의 약수이다.

❻~❾ 6, 7, 8, 9는 나머지가 0이 아니므로 약수가 아니다.

❿ 10을 10으로 나눈다.
10/10 → 몫:1, 나머지:0 약수 집합 = {1, 2, 5, 10}
나머지가 0이므로 10은 10의 약수이다.

10을 1부터 10까지 수로 차례로 나누어 봤더니 나머지가 0이 되는 수는 1, 2, 5, 10이었고, 따라서 10의 약수의 집합은 {1, 2, 5, 10}이 된다.

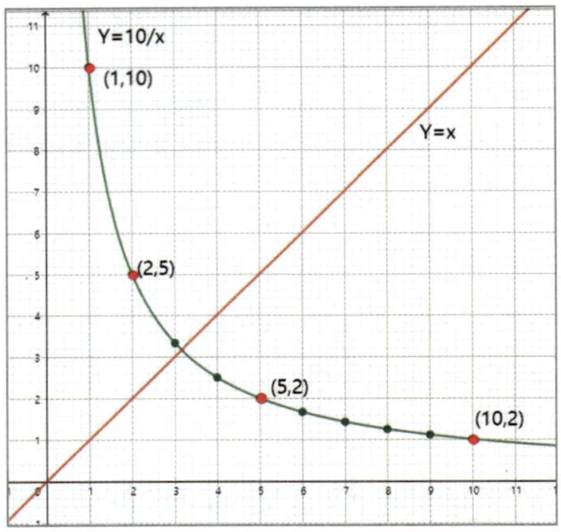

좀 더 효율적인 방법도 생각해볼 수 있다. 이전과 동일한 방식으로 나머지가 0이 되는지 검사하여 어떤 수의 약수 한 개를 찾았을 때, 원래의 어떤 수를 방금 찾은 약수로 나누어 얻은 몫도 역시 약수가 된다. 이전 예에서도 두 수의 곱이 10이 되는 두 수를 구하면 굳이 1부터 10까지로 다 나누지 않아도 해결 가능하다. 오른쪽 그림과 같이 $xy=10$ 의 그래프에서 자연수 부분만 고려한다면 $y=x$ 를 기준으로 약수들이 대칭적으로 나타나는 것을 알 수 있다. 따라서 어떤 수의 제곱근까지만 나눠보면 그 수의 약수를 구할 수 있다. 예를 들어, 10의 제곱근은 $3 < \sqrt{10} < 4$ 이므로 1부터 3까지만 나눠보면 된다.

❶ 10을 1로 나눈다.
10/1 → 몫:10, 나머지:0
나머지가 0이므로 1은 10의 약수이다.
몫으로 나온 10도 제수와 곱해서 10이 되므로 약수이다.

약수 집합 = {1, 10}

❷ 10을 2로 나눈다.
10/2 → 몫:5, 나머지:0
나머지가 0이므로 2는 10의 약수이다.
몫으로 나온 5도 제수와 곱해서 10이 되므로 약수이다.

약수 집합 = {1, 2, 5, 10}

❸ 10은 3으로 나누어 떨어지지 않으므로 약수가 아니다.

수학이나 컴퓨터 과학에서 문제를 해결하는 일련의 절차를 '알고리즘(algorithm)'이라고 하는데, 위의 예에서 보다시피 같은 문제를 풀더라도 어떤 알고리즘을 사용하느냐에 따라 프로그램의 효율성이 크게 달라진다. 컴퓨팅 사고란 주어진 문제를 가장 효율적으로 해결할 수 있는 알고리즘을 찾기 위한 노력을 의미한다.

1.2. 소수 구하기

소수(prime number)란 1보다 큰 수 중에서 1과 자기 자신만을 약수로 가지는 수를 의미한다. 소수를 구하는 가장 간단한 방법은 소수인지 판별하려는 수를 2부터 차례대로 나누어서 처음으로 나누어떨어지는 값이 그 자신과 같으면 소수로 판별한다.

예를 들어 4가 소수인지 판별해보자.

❶ 4를 2로 나눈다.
4/2 → 몫:2, 나머지:0
나머지가 0이므로 피제수(4)가 제수(2)와 같은지 살펴본다.
처음으로 나머지를 0으로 만든 제수(2)가 피제수(4)와 같지 않으므로 4는 소수가 아니다.

다음으로 5가 소수인지 판별해보자.

❶ 5를 2로 나눈다.
5/2 → 몫:2, 나머지:1
나머지가 0이 아니므로 제수(2)를 1증가 시킨다.

❷ 5를 3으로 나눈다.
5/3 → 몫:1, 나머지:2
나머지가 0이 아니므로 제수(3)를 1증가 시킨다.

❸ 5를 4로 나눈다.
5/4 → 몫:1, 나머지:1
나머지가 0이 아니므로 제수(4)를 1증가 시킨다.

❹ 5를 5로 나눈다.
5/5 → 몫:1, 나머지:0
나머지가 0이므로 피제수(5)와 제수(5)가 같은지 살펴본다.
처음으로 나머지를 0으로 만든 제수(5)가 피제수(5)와 같으므로 5는 소수이다.

에라토스테네스의 체 (Sieve of Eratosthenes)

체는 입자의 크기가 다른 가루를 분리할 때 사용하는 주방도구이다. 에라토스테네스(Eratosthenes, BC 276~194)는 이러한 체의 특성을 이용하여 어떤 수까지의 모든 소수를 빠르게 찾는 방법을 제안했다.
1부터 100까지의 자연수 중에서 모든 소수를 찾는다고 가정하자. 1은 정의에 따라 소수가 아니므로 일단 제외한다. 가장 먼저 2를 소수로 표시하고, 2의 배수를 모두 지운다. 다음은 3을 소수로 표시하고 3의 배수를 모두 지운다. 그 후 아직 지워지지 않은 수 중에 가장 작은 값은 5이므로 5를 소수로 표시하고 5의 배수를 모두 지운다. 이런 식으로 아직 지워지지 않은 수 중에 가장 작은 값을 소수로 표시하고 그 수의 배수를 모두 지우는 일을, 소수를 찾으려는 범위의 최대 수의 제곱근까지 행한다. 여기서는 100이 최댓값이므로 10까지 검사하면 된다. 그런데 8, 9, 10은 이미 2의 배수와 3의 배수를 지울 때 제거되었으므로,

실제로는 2, 3, 5, 7의 배수만 차례로 제거하면 아래 그림과 같이 100 미만의 25개 소수를 모두 찾을 수 있다.

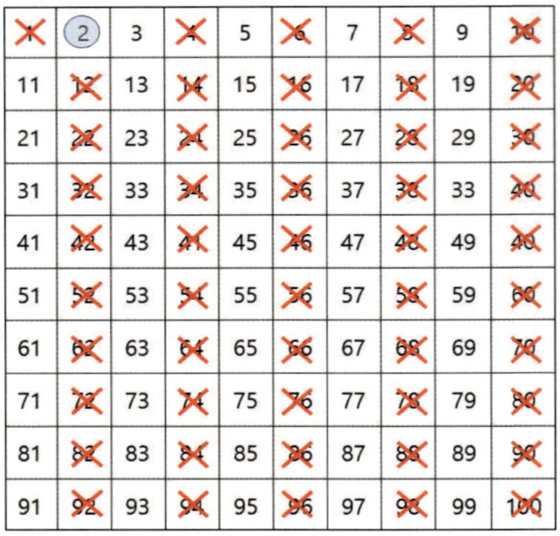

[1 제외 & 2의 배수 제거]

[3의 배수 제거]

[5의 배수 제거]

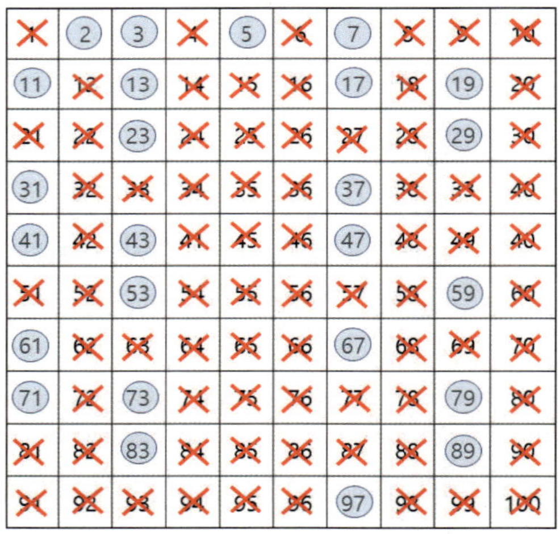

[7의 배수 제거]

1.3. 최대 공약수/최소 공배수 구하기

최대공약수와 최소공배수를 구하는 방법을 생각해보자. 두 수에서 공통으로 가지고 있는 약수 중 가장 큰 수가 최대공약수이고, 두 수의 공통인 배수 중 가장 작은 값이 최소공배수이다.
예를 들어 8의 약수는 1, 2, 4, 8이고, 12의 약수는 1, 2, 3, 4, 6, 12이다. 여기서 공통인 수는 1, 2, 4인데 이를 8과 12의 공약수라하고, 공약수 중에서 가장 큰 값인 4를 최대공약수라고 한다.

8의 약수	1	2	4	8		
12의 약수	1	2	3	4	6	12

두 수 8과 12의 최대공약수를 구하는 방법은 아래와 같다.

❶ 8과 12 중 작은 값을 최종값으로 정한다. 이 경우에는 8이 최종값이다.
1부터 최종값 8까지 차례로 두 수를 나누어 본다.
최대공약수를 저장할 GCD 변수를 가장 작은 값인 0으로 초기화한다. (GCD=0: 초기화)

❷ 8/1 → 몫8, 나머지:0, 1은 8의 약수이다.
12/1 → 몫:12, 나머지:0, 1은 12의 약수이다.
⇨ 1은 8과 12의 공약수이고, GCD〈1이므로 GCD에 1을 저장한다. (GCD=1)

❸ 8/2 → 몫:8, 나머지:2, 2는 8의 약수이다.
12/2 → 몫:6, 나머지:0, 2는 12의 약수이다.
⇨ 2는 8과 12의 공약수이고, GCD〈2이므로 GCD에 2를 저장한다. (GCD=2)

❹ 3은 8과 12의 공약수가 아니다.

❺ 8/4 → 몫:2, 나머지:0, 4는 8의 약수이다.
12/4 → 몫:3, 나머지:0, 4는 12의 약수이다.
⇨ 4는 8과 12의 공약수이고, GCD〈4이므로 GCD에 4를 저장한다. (GCD=4)

❻ 5는 8과 12의 공약수가 아니다.

❼ 6은 12의 약수이지만, 8과 12의 공약수는 아니다.

❽ 7은 8과 12의 공약수가 아니다.

❾ 8은 8의 약수이지만, 8과 12의 공약수가 아니다.

❿ 8까지 모두 살펴보았으므로 검사를 종료한다.
GCD에 현재 저장된 4가 8과 12의 최대공약수이다.

위는 공약수를 먼저 구하고 그 중 가장 큰 값을 취하는 방법이지만, 잠시만 생각해보면 조금 더 시간을 단축할 수 있는 방법도 있다. 최대공약수는 약수 중 최댓값이므로, 1부터 8까지 차례로 검사하는 대신 반대로 8부터 거꾸로 내려오며 두 수의 공약수인지 검사하다가 처음으로 공약수를 찾으면 그 수가 바로 최대공약수가 된다. 이 방식에서는 8부터 4까지만 검사하면 되므로 비교횟수가 줄어든다.

한편, 8의 배수는 8, 16, 24, 32, 40, 48 등이고, 12의 배수는 12, 24, 36, 48 등이다. 여기서 공통인 수는 24, 48 등인데 이것을 공배수라 한다. 공배수 중에서 가장 작은 값인 24가 최소공배수이다.

8의 배수	8	16	**24**	32	40	**48**	56	64	**72**
12의 배수	12	**24**	36	**48**	60	**72**	84	96	

두 수 8과 12의 최소공배수를 구하는 직관적인 방법은 다음과 같다. 두 수 중에서 큰 값인 12를 시작값으로 설정하고 두 수를 곱한 값인 96까지 값을 1씩 증가시키면서 8과 12로 동시에 나누어 떨어지는 값을 찾는다. 즉, 12, 13, 14, ..., 96까지 차례로 8과 12로 나누다보면 두 수로 처음 나누어 떨어지는 수가 24인데 이 값이 최소공배수이다.

❶ 8과 12 두 수 중에서 큰 수를 시작값으로 설정한다. 이 예의 시작값은 12이다.

❷ 12/8, 13/8, 14/8, 15/8, ... , 24/8, ... 와
12/12, 13/12, 14/12, 15/12, ..., 24/12, ... 을 각각 진행하면서
둘 다 나머지가 동시에 0이 되는지 살펴본다.

❸ 24는 8과 12로 나눌 때 동시에 나머지가 0이 되는 최초의 수이므로 두 수의 최소공배수이다.

위의 방법보다 효율적인 방법도 있다. 최소공배수를 구하고 싶은 두 수 중에서 큰 수를 기준값으로 삼고 이 수의 배수를 다른 한 수로 나누어서 나머지가 0인 최초의 수가 최소공배수가 되는 것이다. 위의 예에서 12부터 13, 14, ..., 이런 식으로 24까지 계속 나눠 볼 필요 없이 먼저 12를 8로 나누어 보고, 그 다음에는 바로 12의 다음 배수인 24를 8로 나누어 보면 나머지가 0이어서 24가 두 수의 최소공배수가 됨을 알 수 있다.

❶ 8과 12 두 수 중에서 큰 수를 기준값으로 설정한다. 이 예의 기준값은 12이다.

❷ 기준값의 첫 번째 배수인 12를 8로 나눈다.
나머지가 0이 아니므로 다음 배수로 넘어간다.

❸ 기준값의 두 번째 배수인 24를 8로 나눈다.
나머지가 0이므로 24가 최소공배수이다.

유클리드 호제법 (Euclidean algorithm)

최대공약수와 최소공배수를 구하는 유명한 방법인 유클리드 호제법에 대해서 알아보자. 유클리드 호

제법은 최대공약수와 최소공배수를 구하는 매우 효율적인 방법이다.

유클리드 호제법은 두 개의 수를 번갈아가면서(호(互)) 나누는(제(除)) 방법이다. 이 방법은 큰 수를 작은 수로 나누었을 때 나머지가 0이 아니면 작은 수를 큰 수의 자리로, 나머지를 작은 수의 자리로 옮긴 후 나머지가 0이 될 때까지 이 작업을 계속 반복한다. 마침내 나머지가 0이 될 때의 작은 수가 최대공약수이고, 두 수를 곱한 후 최대공약수로 나눈 값이 최소공배수이다.

유클리드 호제법의 원리는 다음과 같다. 만일 A와 B의 최대공약수를 찾는 경우라고 하면 오른쪽 그림에서 보듯이 두 수 A와 B는 물론이고, 더 큰 수 A를 작은 수 B로 나누었을 때의 나머지 C도 우리가 찾으려고 하는 최대공약수의 배수가 된다. 이어서 B를 C로 나누었을 때의 나머지 역시 최대공약수의 배수가 되고, 이런 과정을 계속 거쳐 나머지가 더 이상 남지 않으면 그때 나누었던 제수가 최대공약수인 것이다.

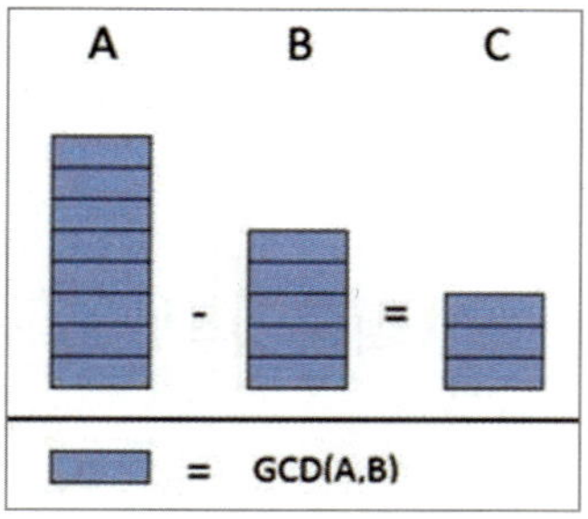

최대공약수가 A와 B를 각각 인수분해 했을 때 모든 공통 인수의 곱과 같다는 점을 생각하면, 최소공배수가 두 수의 곱을 최대공약수로 나눈 값이라는 사실은 쉽게 이해할 수 있다.

유클리드 호제법으로 15와 18의 최대공약수와 최소공배수를 구해보자.

❶ 두 수 중 큰 수와 작은 수를 결정하여 큰 수를 작은 수로 나눈다.
18/15 → 몫:1, 나머지:3

❷ 나머지가 0이 아니므로 작은 수를 큰 수로, 나머지를 작은 수의 자리로 옮겨 다시 나눈다.
15/3 → 몫:5, 나머지:0

❸ 나머지가 0이므로 이때의 나눈 수 3이 최대공약수이다.
최대공약수 : 3

❹ 원래의 두 수를 곱한 후 최대공약수로 나눈 값이 최소공배수이다.
(15×18)/3 → 90
최소공배수 : 90

컴퓨팅 사고는 단시일에 형성되지 않는다. 쉬운 문제부터 해결해 나가면서 여러 가지 방법을 함께 생각해보고, 분석적인 사고를 하는 훈련을 쌓다 보면 고정된 시각으로 문제를 바라보지 않고 그 속에 숨겨진 다양한 흐름을 관찰할 수 있게 될 것이다.

2. 유클리드 호제법 구현

2.1. 문제 및 해결조건

● 문제

유클리드 호제법을 이용하여 서로 다른 두 자연수의 최소공약수, 최소공배수를 구하는 프로그램을 구현해 보자.

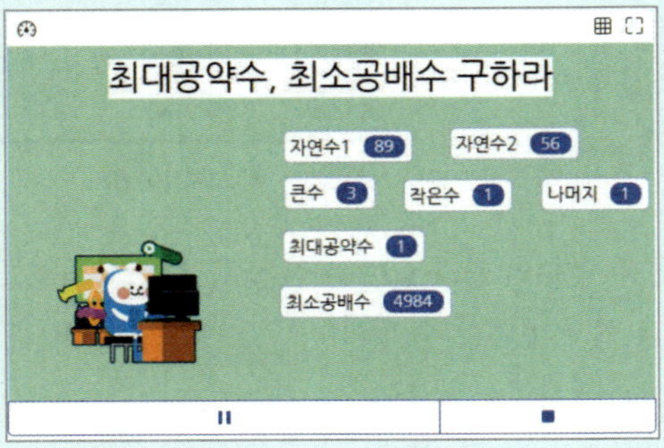

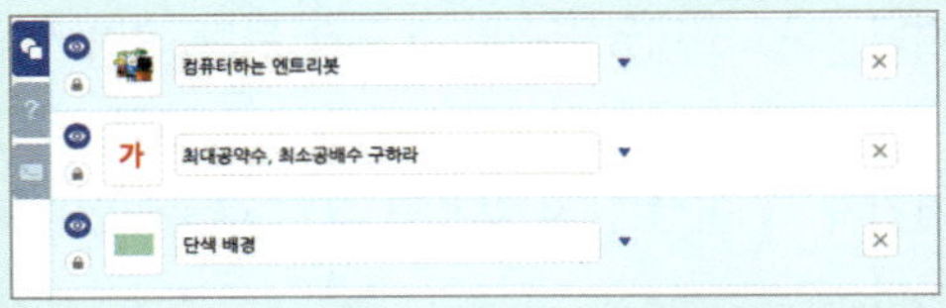

▶ 해결조건

① 서로 다른 두 자연수를 입력받는다.
② 큰 수를 작은 수로 나눈다. 나머지가 0이 아니면 작은 수를 큰 수로, 나머지를 작은 수로 치환한다.
③ 나머지가 0이 될 때까지 ②의 과정을 반복한다.
④ 나머지가 0이 될 때 작은 수가 최대공약수이다.
⑤ 입력한 두 자연수의 곱을 최대공약수로 나눈 값이 최소공배수이다.

2.2. 문제 해결전략

오브젝트 추가하기

배경으로 '오브젝트 추가하기' 페이지에서 '단색배경' 오브젝트를 추가하고, 사용자와의 대화를 위해 '컴퓨터하는 엔트리봇' 오브젝트를 삽입한다. '최소공약수, 최소공배수를 구하라'는 내용의 글상자도 추가한다.

변수 만들기

'자연수1', '자연수2', '큰수', '작은수', '나머지', '최대공약수', '최소공배수' 7개 변수를 만든다. 각 변수의 기본값은 0으로 설정한다.

프로그램 설계

1) 두 자연수 입력 받기

사용자로부터 두 자연수를 입력받아 '자연수1', '자연수2' 변수에 저장한다.

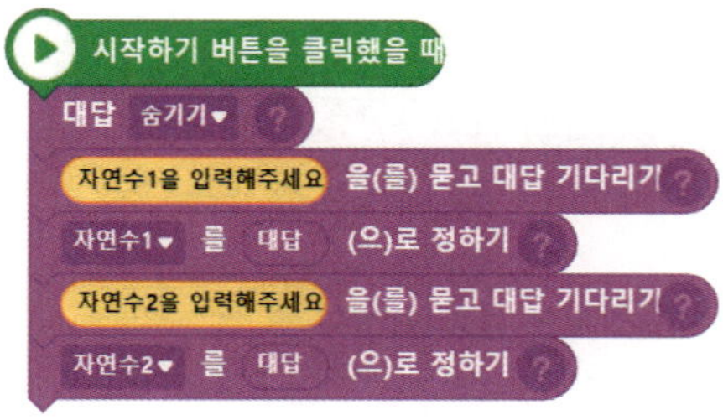

2) '큰수' 와 '작은수' 판정하기

큰 수를 작은 수로 나누어야 하므로 입력된 두 값의 크기를 비교하여 '큰수'와 '작은수'에 저장한다. '자연수1', '자연수2' 변수는 최종적으로 최소공배수를 계산할 때 사용해야 하므로 다른 값으로 덮어쓰지 않도록 주의한다.

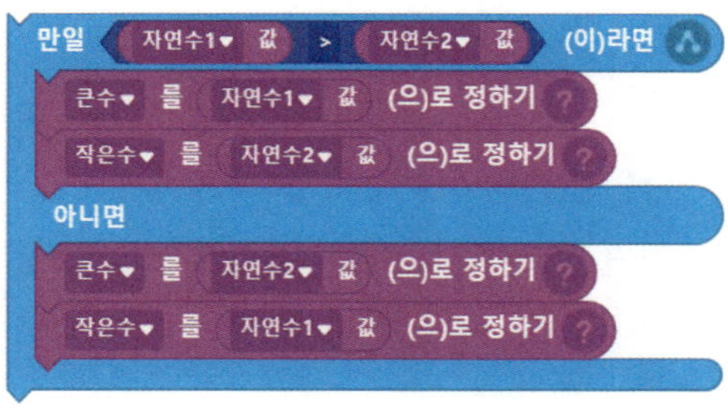

3) 유클리드 호제법 구현

'큰수'를 '작은수'로 나누어 나머지가 0일 때까지 ①②③과정을 반복한다.

① ('큰수' / '작은수')의 나머지를 구한다

② 만약 나머지가 0이 아니면

③ '큰수'를 '작은수'로 치환하고, '작은수'를 '나머지'로 치환한다.

만약 나머지가 0이면, 최대공약수는 '작은수'이다. 반복 블록 내의 '1초 기다리기' 블록은 유클리드 호제법과는 상관없지만 큰 수와 작은 수가 변화하는 과정을 사용자가 눈으로 확인할 수 있도록 넣었다.

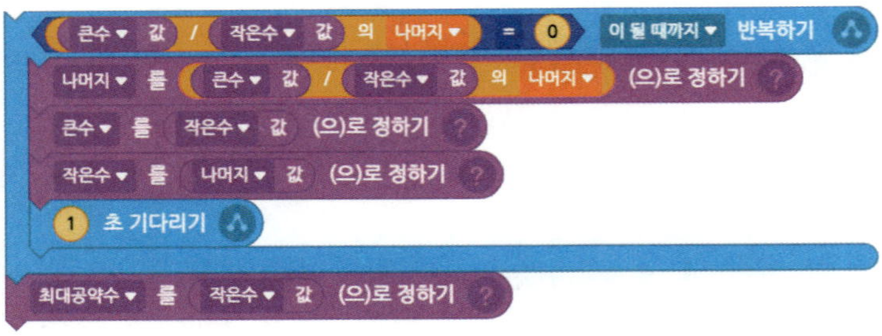

4) 최소공배수 구하기

'자연수1', '자연수2'의 곱을 최대공약수로 나누면 최소공배수를 구할 수 있다.

2.3. 조립해서 결과보기

결과 출력하기

결과화면 1	결과화면 2
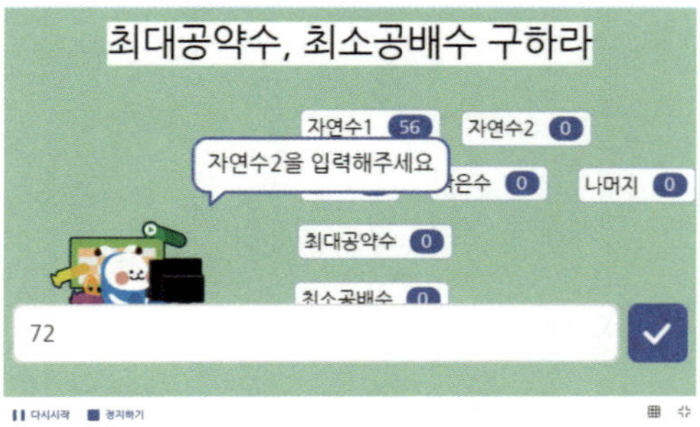	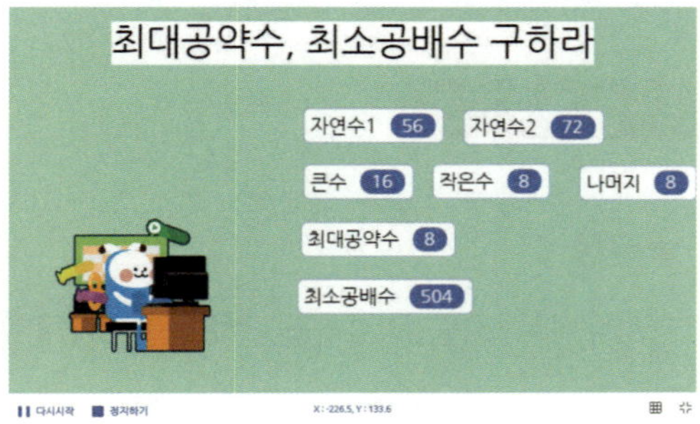

3. 컴퓨터 프로그래밍으로 해결하는 수학 문제

3.1. 피보나치 수열과 합 구하기

문제 및 해결조건

● 문제

피보나치 수열 원소 10개를 구하고 피보나치 수열의 합을 구하는 프로그램을 구현해 보자.

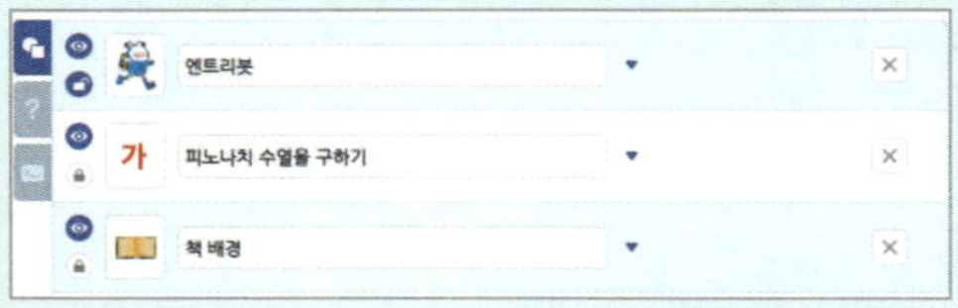

▶ 해결조건

① 피보나치 수열은 이전 두 수의 합이 다음 수가 되는 수열이다. 첫 번째 수는 1로 약속되어있고, 두 번째 수는 이전 수가 하나밖에 없기 때문에 첫 번째 수 앞에 0이 있는 것으로 가정해서 0+1=1 로 정한다. 따라서 수열은 1, 1, 2, 3, 5, 8, 13, 21, 34, 55, ... 의 형태가 된다.

② 피보나치 수가 구해질 때마다 합산한다.

문제 해결 전략

1) 오브젝트 추가하기

'오브젝트 추가하기' 페이지의 [배경]에서 '북배경' 오브젝트를 추가하고, [글상자]에서 '피보나치 수열 구하기' 글상자를 추가한다.

2) 변수 만들기

'앞수', '뒤수', '앞수뒷수합', '개수', '피보나치수열', '피보나치수열합'의 6개 변수를 만든다. '앞수', '앞수뒤수합' 기본값은 0으로 하고 '뒤수', '피보나치수열', '피보나치 수열합'은 기본값을 1로 한다.

1) 프로그램 시작

찾고자 하는 피보나치 수열의 개수를 입력받고 '개수' 변수에 저장한다. 실행 화면에서 대답은 화면에 보이지 않게 숨긴다.

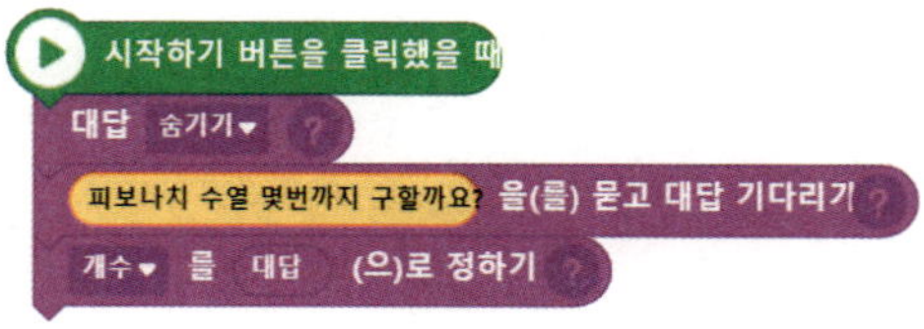

2) 피보나치 수열 알고리즘

피보나치 수는 1로 시작한다. 바로 앞의 두 수의 합이 다음 수가 되는 알고리즘이다. 만약 10개 피보나치 수를 구한다면 시작값 1이 있으므로 9번만 반복하면 된다. 반복할 때마다 '앞수뒤수합' 변수의 값은 '앞수'와 '뒤수'의 합으로 정해지는데, 실제 처음 계산되는 수는 수열의 두 번째 값이고 '앞수'와 '뒤수'의 기본값이 각각 0과 1로 설정되어 있으므로 1이 두 번째 수열값이 된다. 이후 '앞수'는 '뒤수'에 저장된 값으로 치환되고, '뒤수'는 '앞수뒤수합' 값으로 치환된다. 이 과정을 '개수' 변수보다 하나 적게 반복하면 원하는 개수만큼 피보나치 수열을 구할 수 있다.

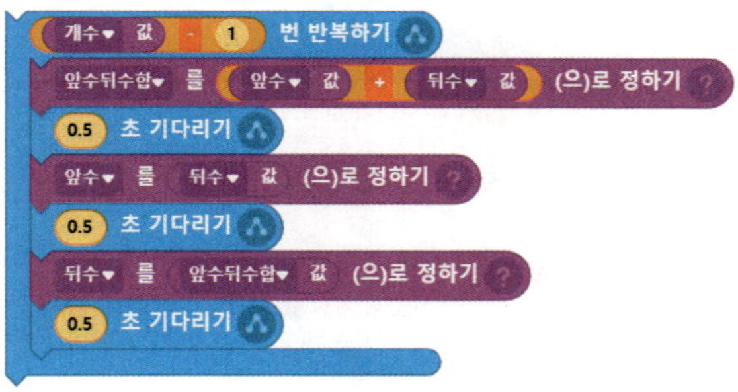

3) 피보나치 수열 나열하기와 합 구하기

피보나치 수열을 화면에 보이기 위해서 문자열 결합이 가능한 [안녕! 과(와) 엔트리 를 합치기]을 이용하여 '피보나치수열' 변수에 계속 결합시킨다. '피보나치수열합'은 '뒤수'만큼 더하면 구할 수 있다. 이 과정의 블록은 2)과정의 반복 블록 안에 삽입된다.

조립해서 결과보기

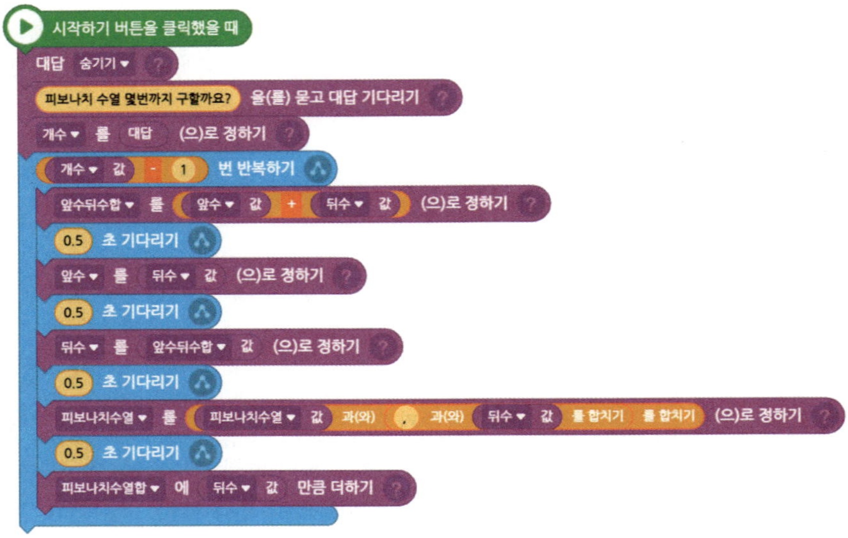

결과 출력하기

결과화면 1	결과화면 2
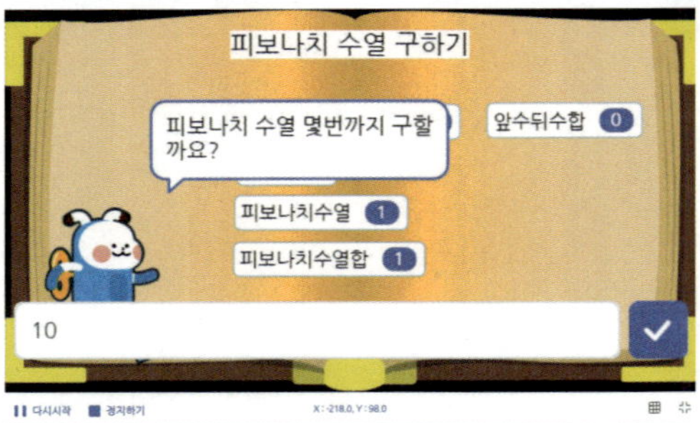	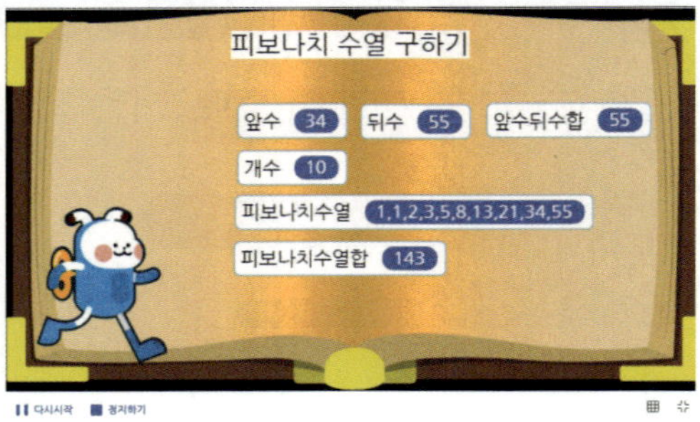

3.2. 색깔공을 꺼낼 확률 구하기

문제 및 해결조건

● **문제**

바구니에 서로 다른 색의 공 5개(빨강, 파랑, 노랑, 초록, 검정)가 있다. 지정한 횟수만큼 복원추출 방식으로 공을 꺼내면서 각 색의 공이 나오는 횟수와 확률을 계산하는 프로그램을 구현하라.

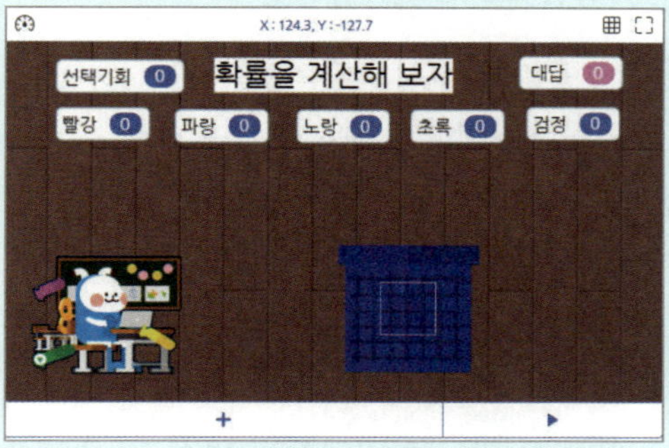

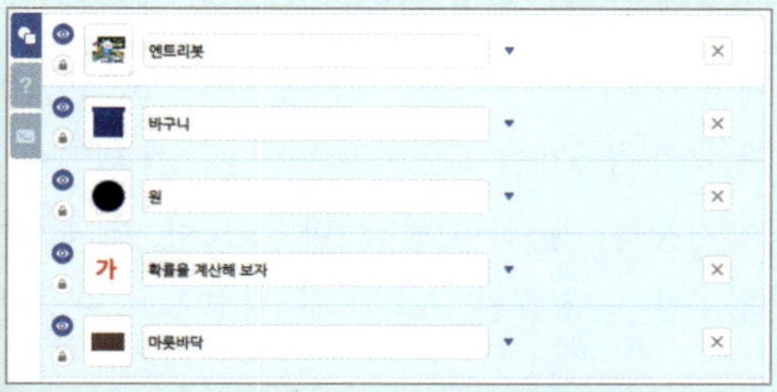

▶ **해결조건**

① 공을 뽑을 횟수를 사용자로부터 입력받는다.

② 바구니를 클릭할 때마다 무작위로 선택된 공의 색을 확인할 수 있고, 각 색깔의 공이 나온 횟수를 누적한다.

③ 공을 지정한 횟수만큼 다 꺼낸 후 계산한 각 색깔 공의 실제 출현 비율을 확률로 간주한다.

$$\text{색깔 공 확률} = \frac{\text{색깔 공이 나온 횟수}}{\text{공을 꺼낸 전체 횟수}}$$

문제 해결 전략

1) 오브젝트 추가하기

① 적당한 배경 오브젝트와 [글상자]를 추가하여 프로그램의 목적을 밝힌다. '공부하는 엔트리봇' 오브젝트도 찾아 추가한다.

② 공이 담긴 바구니를 표현하기 위해 '오브젝트 추가하기' 페이지의 [물건] 메뉴에서 '바구니' 오브젝트를 찾아 추가한다.

③ 바구니를 클릭하면 나타나는 공을 표현하기 위해 '오브젝트 추가하기' 페이지의 [인터페이스] 메뉴에서 '원' 오브젝트를 찾아 추가한다. 서로 다른 색의 공 5개를 표현하기 위해 [모양] 탭에서 공 4개를 더 복제하고 채우기 기능을 이용하여 빨강, 파랑, 노랑, 초록, 검정색을 채운다. 각 모양의 이름을 '원_빨강', '원_파랑', '원_노랑', '원_초록', '원_검정'으로 수정한다.

2) 변수 만들기

[속성] 탭의 [변수]에서 '공색깔', '선택기회', '빨강', '파랑', '노랑', '초록', '검정' 변수 7개를 만든다. 모든 변수는 기본값이 0이고, '공색깔' 변수는 보이지 않게 숨긴다.

3) 신호 만들기

[속성] 탭의 [신호]에서 '공뽑기'와 '확률계산' 신호를 만든다. '바구니' 오브젝트가 클릭되면 '공뽑기' 신호로 '원' 오브젝트에 알려주어 무작위로 공의 색이 결정되게 한다. 공을 선택 횟수만큼 다 뽑고 나면 '원' 오브젝트는 '확률계산' 신호를 이용하여 엔트리봇이 확률을 계산하도록 한다.

프로그램 설계

1) 프로그램 시작: '엔트리봇' 오브젝트

엔트리봇은 공을 뽑을 횟수를 물어보고 대답을 '선택기회 '변수에 저장한다.

2) 바구니를 클릭했을 때: '바구니' 오브젝트

'바구니' 오브젝트는 클릭되면 공을 꺼내기 위해 '원' 오브젝트에 '공뽑기' 신호를 보낸다.

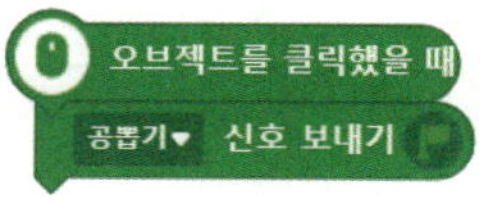

3) 공뽑기 신호를 받았을 때: '원' 오브젝트

공을 바구니에서 꺼낸다. 한번 꺼낼 때마다 '선택기회' 변수값은 1 감소한다. 5개의 색깔 공이 무작위로 나오게 하기 위해서 '~부터 ~사이의 무작위수' 블록을 이용하여 1~5까지 무작위 수를 생성하고, 공을 바구니 위의 위치로 이동한다.

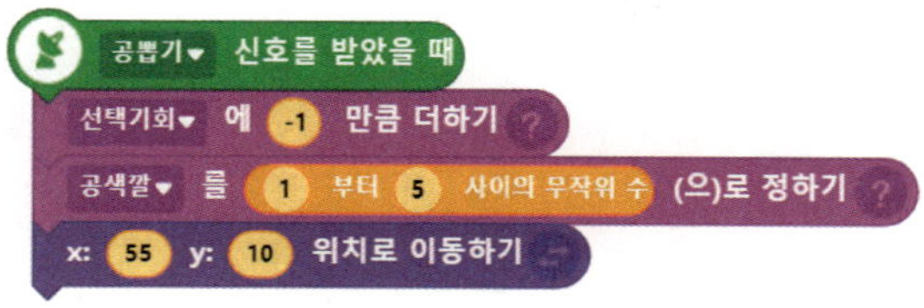

4) 공 색깔 보이기: '원' 오브젝트

'공색깔' 변수의 값을 '1=빨강, 2=파랑, 3=노랑, 4=초록, 5=검정'으로 대응시켜 각 색깔 공이 나올 때마다 해당 색 변수값이 1씩 증가한다. 공은 보여준 후 원래의 위치 x,y(55.-65)로 돌아간다.

5) 공을 꺼내는 횟수 소진 후: '원' 오브젝트

공을 뽑을 때마다 '선택기회'를 1씩 줄이다가 0이 되면 '확률계산' 신호를 보낸다.

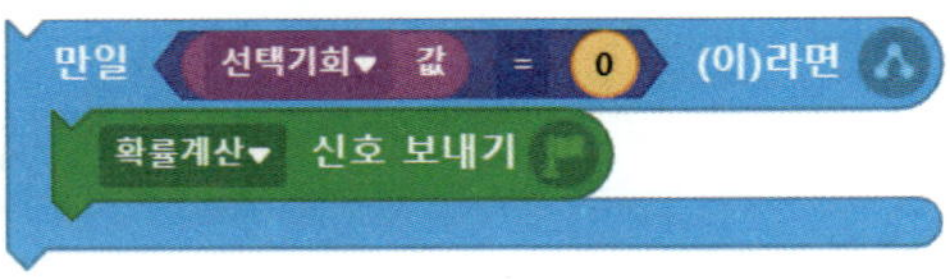

6) 확률 계산: '엔트리봇' 오브젝트

확률은 총 시도 횟수 중에 각 색깔의 공이 나온 경우의 비율로 계산한다.

조립해서 결과보기

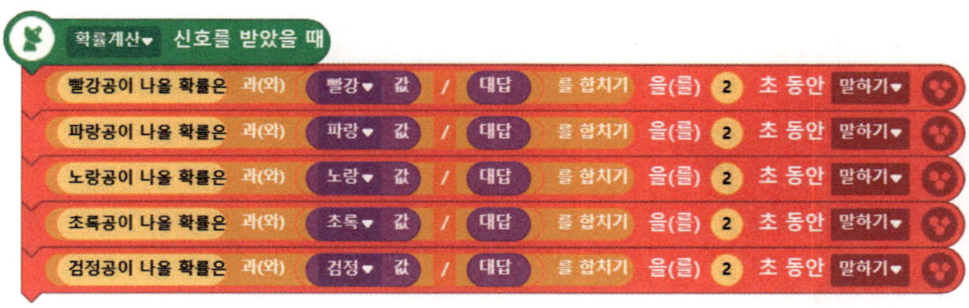

[엔트리봇 오브젝트]

[원 오브젝트]

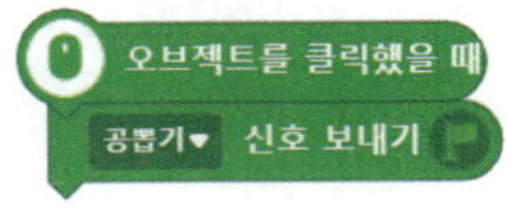

[바구니 오브젝트]

결과 출력하기

결과화면 1

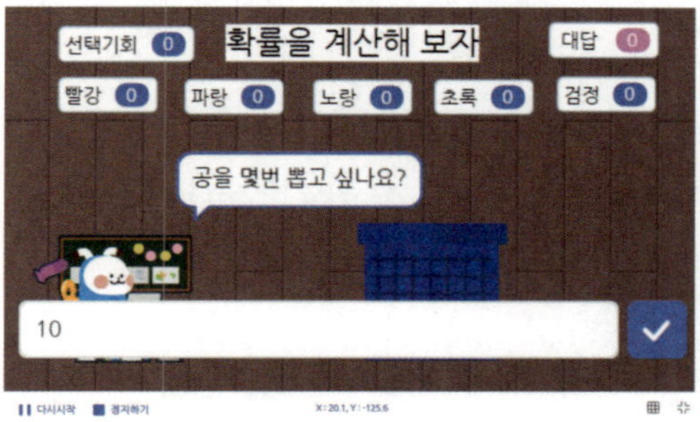

결과화면 2

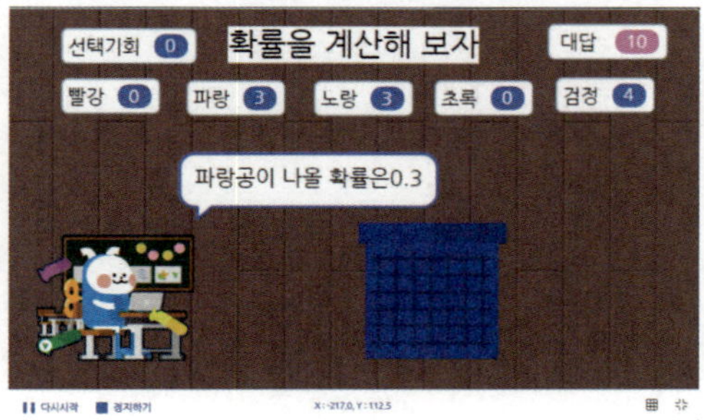

더 알아보기

위 프로그램의 실행 결과와 상관없이 5개의 공 중에서 무작위로 선택하면 각 색깔의 공이 나올 확률은 0.2가 되어야 한다. 일반적으로 매우 많은 횟수를 시도하면 각 확률값이 0.2에 근접하는 것을 확인할 수 있다.

4. 스스로 해결하기

4.1. 소수와 합성수 판별하기

문제 및 해결조건

● 문제

입력된 수가 소수인지 합성수인지 판별해 보자.

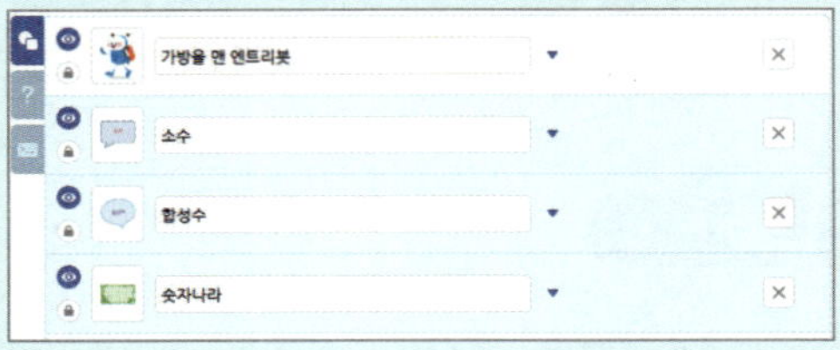

▶ 해결조건

① 자연수를 입력 받는다.(단 1은 입력할 수 없다)

② 2 이상의 자연수 중에서 약수가 1과 자기 자신밖에 없는 수가 소수이다.

③ 소수가 아닌 수는 합성수이다.

결과 출력하기

결과화면 1	결과화면 2

4.2. 두 좌표 사이의 거리 구하기

문제 및 해결조건

● 문제

두 쌍의 x, y 좌표값을 입력받아서 선분을 그리고 길이를 구해보자.

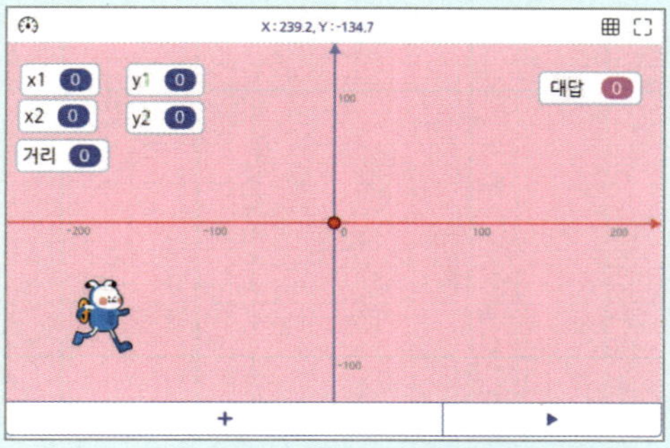

▶ 해결조건

① x 좌표값은 - 230~230, y 좌표값은 - 120~120 범위의 값만 사용한다.

② 동그라미 버튼으로 두 점을 표시하고, 두 점 사이 선분을 그린다.

③ 두 점 간의 거리는 다음과 같이 구한다.

두 점 간의거리 = $\sqrt{(x_2 - x_1)^2 + (y_2 - y_1)^2}$

결과 출력하기

결과화면 1	결과화면 2
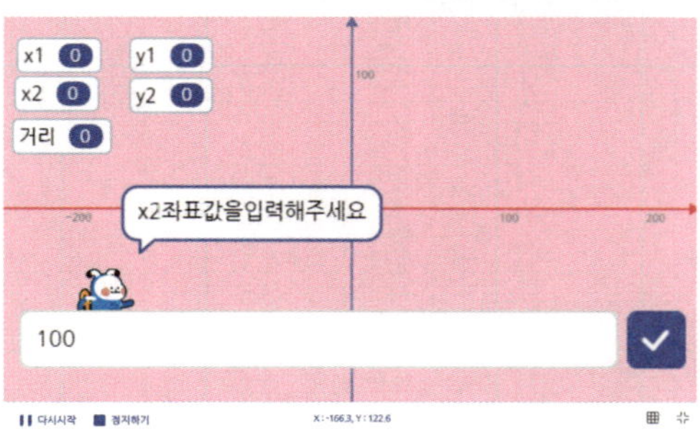	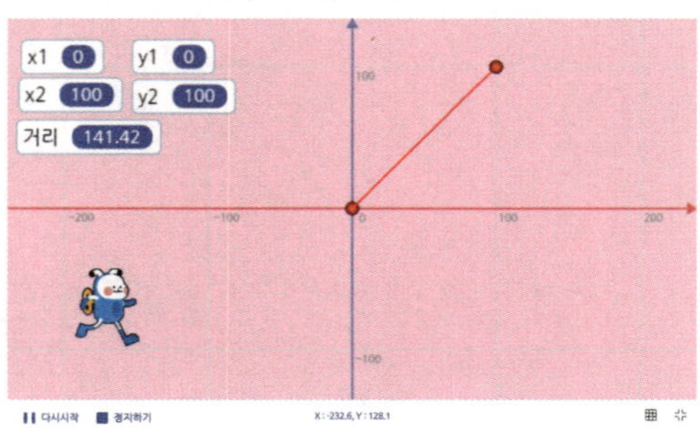

Part

II

문제 해결 전략

우리 생활 대부분 문제들의 해결 과정에는 공통적인 부분들이 있다. 먼저, 문제를 잘 분석하려면 주어진 자료에서 필요한 데이터를 잘 찾아야 한다. 적절한 데이터를 찾아내지 못하면 분석이 부정확해지고 문제에 대한 해답을 찾아낼 수 없다. 둘째, 자료를 잘 찾기 위해서는 데이터와 각종 도구가 잘 정돈되어 있어야 한다. 이는 책이 마구잡이로 꽂혀 있는 도서관에서는 원하는 책을 찾을 수 없고, 어질러진 책상에서는 내가 사용하고 싶은 펜을 찾기 어려운 것과 마찬가지다. 마지막으로는 문제 해결 과정을 일목요연하게 기술해 놓아야 한다. 약속된 규칙에 따라 기술된 문제 해결 절차는 원하는 결과가 나오지 않았을 때 전체 과정을 다시 되짚어 볼 수 있는 기회를 제공하며, 자신뿐만 아니라 다른 사람이 향후 다른 유사한 문제에 부닥쳤을 때 신속하게 문제를 해결할 수 있는 힘이 된다. 잘 설명된 가전제품이나 휴대폰 사용설명서 등을 생각하면 된다.

다양한 문제들의 공통적인 부분을 해결하기 위한 방법들은 이미 많이 소개되어 있다. 그 중 이해하기 쉽고, 실상 우리가 무의식적으로도 사용하고 있는 가장 기본적인 방법들을 살펴본다. 이번 파트의 먼저 두 개의 장에서는 자료에서 가치 있는 지식을 추출하는 과정과 자료의 정렬 및 검색의 중요성을 설명하고, 다음 장에서는 하나의 커다란 문제를 작은 업무들로 분해하여 해결함으로써 얻게 되는 효율성과 이를 컴퓨터 프로그램으로 구현하는 방법을 소개한다. 여러 가지 문제에 공통적으로 존재하는 작은 업무들은 오픈소스라는 효과적인 해결책이 이미 제시되어 있어 이를 가져다 사용하기만 하면 되는데, 이러한 오픈소스를 활용할 수 있는 능력은 최근 더욱 더 중요해지고 있다. 또한 복잡한 문제에 대한 해결 방안을 마련했더라도 전체 시스템에 적용해 봐야 그 정확성을 확인할 수 있는데, 실제 시스템을 구현하여 실험하기에는, 단번에 성공할 가능성이 매우 낮다는 점을 고려하면 시간적으로나 비용적으로 비효율적일 수 있다. 마지막 장에서는 이러한 비효율을 해결하기 위한 컴퓨터 시뮬레이션 기법을 소개한다.

제5장
자료를 지식으로 만들기

1. 지식 만들기와 검색

나열된 자료 중에서 특정 자료를 찾아야 하는 순간이 있다. 이러한 예를 생각해보고, 컴퓨터 프로그램으로 작성하는 방법을 배운다. 이 장에서는 먼저 처음부터 끝까지 하나씩 순서대로 찾아가는 순차 검색을 설명하고 이후 좀 더 효율적인 방법을 고민해 본다.

1.1. 검색의 필요성

소속대학	학년	이름	점수
A대학	1	김OO	85
A대학	3	정OO	70
C대학	2	안OO	80
C대학	1	이OO	65
B대학	3	전OO	85
A대학	4	최OO	80
B대학	4	박OO	95
B대학	1	성OO	90
C대학	1	김OO	70
A대학	2	이OO	85

어느 공인평가기관은 대학생들의 정보통신기기 활용 능력을 평가하여 자격증을 발급할 계획을 하고 있다. 위의 표는 본격적으로 자격증 시험을 시행하기 전에 치른 모의시험 결과인데, 이 기관에 근무하는 김 대리에게 다음과 같은 지시사항을 줬다.

1) 평가시험의 궁극적인 목적은 학생들에게 IT 기기 활용 능력을 스스로 향상시킬 동기를 부여하는 것이다. 이 목적이 잘 달성되고 있는지 확인하기 위해 매년 시험 성적을 분석하여 축적하라.
2) 자격증은 절대 평가로서 일정 점수를 넘으면 모두 발급하되 자격증의 권위를 유지하기 위해 합격률을 50% 수준으로 유지하여야 한다. 합격 점수를 얼마로 해야 하는가?
3) 학교별 성취도를 분석하여 각 학교의 성취도 등급을 공표함으로써 경쟁을 유도하려 한다. 학교별 성적의 차이를 분석하라.
4) 학년이 올라감에 따라 IT 기기 활용 능력의 자연스러운 향상이 있는지 분석하라. 만약 학년별 차이가 있다면 학교별 성취도를 학교별 응시생들의 학년의 차이 정보를 이용해 수정해야 한다.

김 대리는 업무수행을 위해 먼저 이를 지시한 상사가 각 지시사항과 관련하여 궁금해할 만한 점들을 아래와 같이 정리했다. 예상되는 상사의 질문에 막힘없이 대답할 수 있으려면 이에 대한 정보들을 머릿속에 담고 있어야 하기 때문이다. 각자 아래 예상 질문들에 답해보자.

지시사항	예상질문
1)	최고 점수는 몇 점인가? 최저 점수는 몇 점인가? 중간 점수는 얼마인가?
2)	80점 이상은 합격, 나머지는 불합격시킨다고 할 때 통과한 학생은 몇 명인가? 난이도를 일정하게 유지할 수 있다고 가정할 때, 다음 시험부터는 전체 학생의 절반 정도만 합격시키려 한다면 기준 점수를 얼마로 하면 되겠는가? 자격증 발급 기준을 강화하기 위해 2학년 이상의 절반 정도만 합격할 수 있는 시험을 만들려 한다면 기준 점수를 얼마로 하면 되겠는가?
3)	학교별 평균은 얼마인가? 평균이 가장 높은 학교와 낮은 학교는 어디인가?
4)	학년별 평균은 얼마인가? 모든 학교가 학년과 비례한 동일한 성적 향상 추세를 보이는가?

답을 모두 찾았는가? 쉽게 답할 수 있는 것도 있고 다소 복잡한 것도 있지만, 질문들에 답하기 위해서는 앞서 제시된 모의시험 결과표에서 관련된 자료들을 찾아봐야 한다는 공통점이 있다. 이러한 자료 검색을 통해 김 대리는 해당 자격증 시험에 대한 다양한 정보, 즉 상사의 예상 질문에 답하기 위한 기반 '지식'을 머리에 담을 수 있다.

일상생활 속에는 다양한 자료들이 산재하며 이러한 자료를 검색·가공해서 정보화한다면 의사 결정하는 데 유용한 지식 기반을 구축할 수 있다. 예를 들어 기록적인 더위가 기승을 부렸던 2016년 여름 매일의 온도에 대한 자료가 있다면 이를 이용하여 다양한 정책을 세울 수 있다. 전력회사라면 내년 여름 전력 수요량을 예측하는 데 활용할 수 있고, 가전회사라면 에어컨 생산 계획을 수립할 수 있을 것이다. 만일 수십 년 동안 누적된 특정 지역의 강수량을 조사한다면 홍수 대비에 활용할 수 있다.

자료를 찾는다는 것, 즉 검색은 단순히 특정한 값을 찾는 일에만 국한되지 않는다. 실제로 우리가 인터넷에 접속해서 가장 많이 하는 일도 검색이다. 사람들은 궁금한 것이 있을 때 포털 사이트에 접속하여 검색하고 이렇게 얻은 정보를 정리하여 자신의 지식으로 만든다. 한 마디로 "검색이 현대인의 지식 기반"이라 할 수 있다.

한편 사람들이 접속하는 포털 사이트나 오픈 마켓 등도 사람들의 접속 행태를 분석하여 자신들의 '지식'을 만들기도 한다. 사람들이 주로 무엇을 검색했는지, 어떤 광고를 많이 봤는지, 구매한 상품이나 관심 있어 하는 상품이 어떤 것인지 등의 패턴을 자료화하여 마케팅에 이용하는 것 등을 예로 들 수 있다. 이런 방대한 자료들은 단순히 특정값을 찾는 것만으로는 원하는 결과를 얻을 수 없어서 오늘날에는 인공지능적인 요소를 부가하여 찾아가는 방법을 이용하고 있다. 이는 9장과 10장에서 빅데이터와 인공지능을 소개하면서 더욱 자세히 살펴본다.

1.2. 자료 특성에 따른 검색 방법

검색이란 나열된 여러 개의 자료 중에서 원하는 자료를 찾는 일이다. 자료의 특성에 따라서 찾는 방법도 여러 가지이다. 우리는 보통 소량의 자료일 때와 대량의 자료일 때 전체적인 효율성을 따져 서로 다른 검색 방법을 사용한다.

출석번호	학년	100미터 기록
1	강OO	16초 73
2	공OO	15초 48
3	김OO	15초 99
4	김OO	14초 21
…	…	…
19	인OO	15초 62
…	…	…
30	홍OO	13초 57

위의 표는 어느 학급의 100미터 달리기 기록을 정리한 표이다. 출석번호는 학생 이름의 가나다순으로 되어 있다. 질문에 답해보자.

1) 이 반의 최고 기록은 13초 57이라고 한다. 이 학생은 누구인가?

2) 이 반에는 인 씨 성을 가진 학생이 하나 있다. 이 학생의 기록은 얼마인가?

첫 번째 질문에 대해 독자들은 쉽게 '홍○○'라는 답을 찾았을 것이다. 예로 든 표가 짧아서 한눈에 답을 찾은 것처럼 느끼겠지만, 사실 독자들은 첫 번째 '강○○' 학생부터 마지막 '홍○○' 학생까지 순차적으로 모두 살펴본 후에야 답을 찾을 수 있다. 이러한 검색 방법을 우리는 순차 검색이라고 한다.

반면, 두 번째 질문에 대해서는 어떻게 답을 찾을까? 출석번호는 이름 가나다순이고 학생이 인 씨이므로 표를 처음부터 모두 살필 필요 없이 대략 중간쯤부터 살펴보면 된다. 눈에 들어온 이름이 만일 '유○○'라면 아래로 시선을 내리고, 만일 '조○○'라면 위로 시선을 올릴 것이다. 이러한 검색 방법을 이진 검색이라고 하는데 사전에서 특정 단어를 검색하는 방식을 생각하면 된다. 우리는 사전에서 단어를 찾을 때 첫 장에서부터 찾지는 않는다.

그렇다면 이런 순차 검색과 이진 검색은 어떤 경우에 사용할까? 간단히 말하면 순차 검색은 자료가 정렬되어 있지 않을 때 사용하고, 이진 검색은 정렬이 되어 있을 때 사용할 수 있다. 위의 첫 번째 질문에서는 '13초 57'의 기록을 가진 학생을 찾아야 하는데 이 표는 기록 순으로 정렬되어 있지 않다. 달리기 기록의 기준에서는 무작위로 정렬되어 있어 '13초 57'이라는 기록을 찾기 위해서는 순차 검색을 사용할 수밖에 없다. 반면 두 번째 질문에서는 인 씨 성을 가진 학생을 찾아야 하는데 표가 이미 이름순으로 정렬되어 있으므로 처음부터 살펴보지 않아도 되는 것이다.

일반적으로 이진 검색의 경우 순차 검색보다 빠르게 답을 찾을 수 있다. 아래의 예를 보자. 10개의 자료 중에서 3을 찾는다고 할 때, 몇 번의 비교 만에 3을 찾을 수 있는가? 값의 순서가 무작위이므로 순차 검색으로 첫 번째 자리부터 비교하다 보면 총 여섯 번의 비교 만에 3을 찾을 수 있다.

위치	[1]	[2]	[3]	[4]	[5]	[6]	[7]	[8]	[9]	[10]
자료	9	7	5	2	4	3	1	10	8	6
					찾을 값	⇧				

반면 값이 아래처럼 정렬되어 있다면 이진 검색을 사용하여 처음에는 중간 자리인 다섯 번째 칸을 보고 이 값이 5로서 찾으려는 값 3보다 크므로, 다음에는 앞쪽에 있는 첫째와 다섯째 자리 사이의 중간인 세 번째 칸을 살펴본다. 이 값이 3과 일치하므로 두 번의 비교 만에 3을 찾을 수 있다.

위치	[1]	[2]	[3]	[4]	[5]	[6]	[7]	[8]	[9]	[10]
자료	1	2	3	4	5	6	7	8	9	10
		찾을 값	⇧							

하지만 예외도 있다. 평균적으로는 이진 검색이 더 빠르게 답을 찾아내지만, 순차 검색은 운이 좋을 경우, 예를 들어 우연히 맨 앞에 원하는 답이 있는 경우에는 한 번에 답을 찾을 수도 있다. 물론 자주 있는 일은 아니지만 말이다.

이러한 행운이 자주 따르지 않는다고 해도 자료의 규모나 종류에 따라서는 이진 검색보다 순차 검색 방법이 선호되는 일도 있다. 우선 자료 개수가 적고 값이 자주 바뀌는 경우다. 이진 검색을 사용하려면 자료를 정렬해야 하는데 값이 자주 바뀔 때는 매번 정렬하기 힘들다.

게다가 자료 개수가 적으면 순차 검색을 한다 해도 검색에 걸리는 시간 자체가 워낙 짧아지진 검색으로 줄일 수 있는 시간이 미미하다. 또한 자료 개수가 많아도 검색을 자주 하지 않을 때는 순차 검색이

유리하다. 자료 개수가 많아 정렬하는 데 긴 시간이 필요하지만 검색을 자주 하지 않으니 자료를 그대로 두고 어쩌다 한 번씩만 순차 검색을 통해 답을 찾는 게 전체 수고를 더는 방법일 수 있다.

결론적으로 이진 검색은 자료의 규모가 크고, 값이 자주 바뀌지 않는 동시에, 검색을 자주 하는 경우 높은 효율성을 보인다. 세상의 자료들은 원래 특별한 순서가 없거나 우리의 목적과 맞지 않는 순서로 되어 있는 경우가 대부분이다. 여름 열대야 정보를 찾기 위해 매일의 날씨 자료를 관찰하는 경우 기온 자료는 날짜순으로 되어 있을 뿐 우리가 관심을 두고 있는 온도 순으로 정렬되어 있지 않다. 따라서 열대야가 지속된 일 수나 어느 날에 최고 온도였는지 등을 알고 싶다면 기상청 자료에서 열대야에 관한 자료를 처음부터 찾아야 할 것이다.

한편 통신사에 현재 쓰고 있는 상품을 문의한다고 가정해 보자. 상담사와 연결이 되면 상담사는 본인 확인 작업을 거치는데 이름과 전화번호, 그리고 현재 거주하고 있는 주소 등을 물어보면서 고객리스트에 있는 정보와 일치하는지 검색한다. 언제 가입했는지, 어떤 상품을 사용하고 있는지, 그리고 고객이 원하는 상품과 관련된 부가적인 상품 등에 대해서도 이야기할 것이다. 통신사 고객 자료는 규모가 거대하고 그렇게 자주 바뀌는 자료도 아니다. 따라서 순차 검색 방식이 아니라 이진 검색과 같이 더 효율적인 검색 방법을 사용하기 위해 자료를 따로 정렬한다.

1.3. 이진 검색을 위한 버블 정렬

자료를 정렬할 때는 대상이 가지고 있는 특성과 정렬의 목적을 고려해야 한다. 예를 들어, 학생에 관한 자료라면 학번, 이름, 학과 같은 것들이 특성이라고 할 수 있는데, 답해야 하는 질문의 종류에 따라 어떤 특성을 기준으로 정렬할 것인지, 또 오름차순으로 나열할 것인지 내림차순으로 나열할 것인지를 정할 수 있다.

컴퓨터를 이용하여 자료를 정렬하는 방법은 여러 가지가 있다. 정렬 방법을 선택하는 기준은 일반적으로 컴퓨터 시스템의 처리 속도나 메모리 크기와 같은 하드웨어적인 특성과 자료의 양, 초기 자료가 일부 정렬된 상태인지 아닌지, 작업 시간, 그리고 프로그래밍의 용이성 등이다.

버블 정렬은 비교적 간단한 정렬 방법으로 소량의 자료를 처리하는 데 유용한 정렬 방법이다. 서로 이웃한 두 개의 자료를 비교해서 그 크기에 따라 작은 값은 앞으로, 큰 값은 뒤로 오게 위치를 교환해가면서 진행한다. 장점으로는 이해하기가 쉽고, 프로그래밍하기가 쉽다. 반면에 단점은 정렬 중에서 가장 비효율적이어서 주로 속도가 중요하지 않을 때 많이 사용한다.

다음은 6개의 자료를 버블 정렬하는 과정을 나타낸 것이다.

초기상태	10	19	8	17	14	35
단계1	10	19	8	17	14	35
결과1	10	8	17	14	19	**35**
단계2	10	8	17	14	19	35
결과2	8	10	14	17	**19**	**35**
단계3	8	10	14	17	19	35
결과3	8	10	14	**17**	**19**	**35**
단계4	8	10	14	17	19	35
결과4	8	10	**14**	**17**	**19**	**35**
단계5	8	10	14	17	19	35
결과5	8	**10**	**14**	**17**	**19**	**35**

단계1에서는 총 5회의 비교를 통해 가장 큰 값인 35가 제일 오른쪽에 위치하고, 단계2에서는 총 4회의 비교 연산 결과 그 다음으로 큰 수인 19가 35 앞에 위치하게 된다. 이처럼 단계마다 비교 횟수가 1씩 줄어들어 최종적으로 비교가 필요 없어질 때까지의 전체 단계는 자료 개수보다 1 적다. 즉, 자료가 6개이기 때문에 5단계까지만 수행하면 정렬이 이루어진다는 뜻이다.

2. 열대야 일 수 구하기

정렬되지 않은 자료에서 컴퓨터를 이용하여 특정 값을 검색하는 방법을 생각해보자. 매일의 기온 자료가 정렬되지 않은 상태로 나열되어 있을 때 열대야 일 수를 구하거나 최고 온도를 찾아야 한다면, 처음부터 순차적으로 찾아야만 한다. 더군다나 만약 날씨 자료가 몇 년이나 몇십 년에 걸쳐 누적되어 있다면 특정 연도의 열대야 일 수나 최고 온도를 처음부터 순서대로 찾아가는 것은 매우 비효율적일 것이다. 정렬되지 않은 자료에서의 순차 검색은 소량의 자료일 때만 효율적일 수 있다.

2.1. 문제 및 해결조건

● **문제**

한여름 10일간의 밤 최저 기온이 리스트에 저장되어 있다. 열대야(tropical night)를 기록한 날이 며칠이 되는지 리스트를 검색하여 출력한다. 열대야란 최저 기온이 25℃ 이상인 경우이다.

▶ **해결조건**

① 사용자로부터 열 개의 임의의 온도를 입력받아 최저 기온 리스트에 저장한다.

② 리스트의 내용을 처음부터 마지막 항목까지 차례대로 검색하면서 최저 기온이 25℃ 이상 되는 날이 있을 때마다 일 수를 1씩 증가시킨다.

③ 엔트리의 오브젝트와 배경은 '의사(1)'과 '날씨'이다.

2.2. 문제 해결 전략

오브젝트 추가하기

배경이 되는 '날씨' 오브젝트와 사용자와 대화를 주고받을 '의사(1)' 오브젝트를 추가한다. '날씨' 오브젝트에는 4가지 모양이 포함되어 있는데 사용자 입력 시와 결과 출력 시 다른 모양을 사용한다.

리스트 (list)

본 예제에서는 자료를 다룰 때 리스트 자료 구조를 사용한다. 먼저 리스트가 무엇인지 간단하게 살펴보자. 리스트는 동일한 자료형을 가지는 자료의 연속적인 나열로서 많은 자료를 효율적으로 다루고자 할 때 사용한다. 대부분의 프로그래밍 언어에서 지원하는 중요한 개념이기도 하다.

위치	1	2	3	4	5	6	7	8	9	10
값	28	30	20	26	23	25	22	22	24	21

'위치'는 자료가 저장될 항목의 위치를 나타내는데 첨자 또는 인덱스(index)라고 하며, 엔트리에서는 1부터 시작한다.[1] '값'은 그 위치에 저장될 값으로 상수나 실수, 문자와 같은 자료들로 구성된다. 리스트를 사용하면 여러 값들에 대해 각각 별도의 변수를 만들 필요가 없고, 값들이 자리한 위치 값만 바꿔가며 모든 값들에 접근할 수 있는 장점이 있다.

리스트와 변수 만들기

본 예제는 사용자로부터 10개의 최저 기온 값을 입력받아 리스트에 저장한다. 리스트를 만들 때 리스트 항목 수를 10으로 지정해도 되지만 지정하지 않아도 입력받을 때마다 리스트의 크기가 자동으로 늘어난다. 본 예제에서 사용할 변수와 리스트는 다음과 같다.

리스트와 변수	설명
최저기온목록	열흘 간의 최저 기온을 저장할 리스트
위치	리스트 내 항목 위치를 저장할 변수
열대야일수	열대야 일 수를 저장할 변수

리스트와 변수는 아래 그림처럼 [속성] 탭의 [리스트]-[리스트 추가하기]와 [변수]-[변수 추가하기]를 선택하여 만들 수 있다. '최저기온목록'이라는 리스트와 '위치', '열대야일수' 변수를 만들어 둔다.

1) 다른 프로그래밍 언어에서는 0부터 시작하는 경우가 많다.

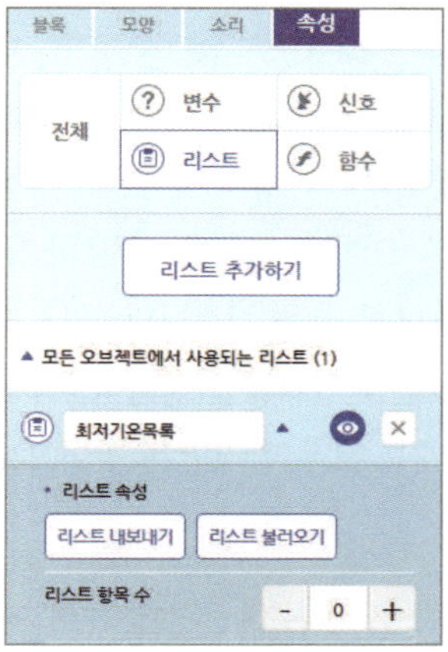

[리스트 만들기]

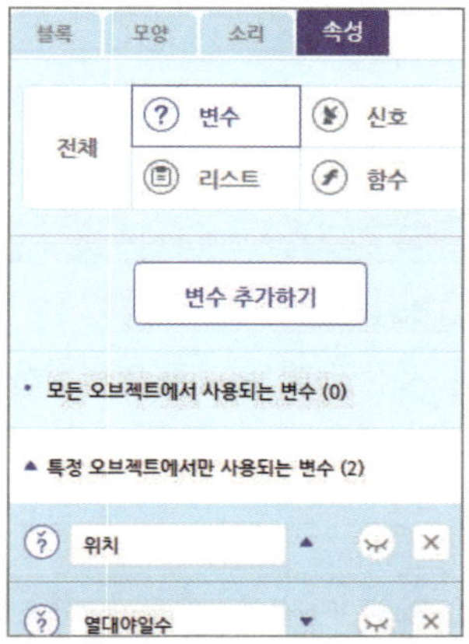

[변수 만들기]

신호 만들기

[속성] 탭의 [신호]-[신호 추가하기]에서 '배경바꾸기' 신호를 만든다. 이 신호는 사용자가 일 최저 기온 입력을 다 끝내고 나면 열대야 일 수 결과를 보이는 화면으로 전환할 때 사용한다.

프로그램 설계

1) 프로그램 시작: 변수 초기화

'위치'는 리스트 항목 순서를 나타내므로 시작값을 1로 설정하고, '열대야일수'는 열대야 일 수를 누적하는 값이므로 0으로 초기화한다.

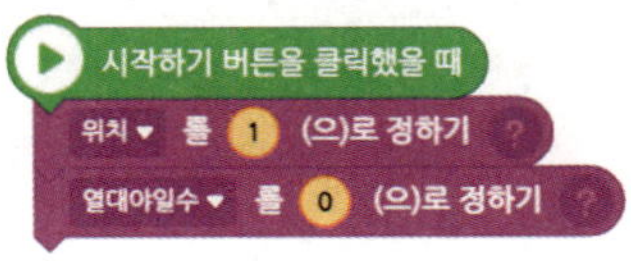

2) 최저 기온 입력받기

사용자로부터 10개의 일 최저 온도를 입력받아 '최저기온목록' 리스트에 차례대로 저장한다. 리스트를 만들 때 크기를 미리 지정했다면 리스트의 정확한 위치의 항목에 값을 저장하기 위해 [대답 을(를) 최저기온목록 의 위치 값 번째에 넣기]를 사용하고, 크기를 미리 지정하지 않았다면 [대답 항목을 최저기온목록 에 추가하기]를 사용하여 항목을 추가하면서 값을 저장한다. 위치를 정확히 지정하여 값을 저장할 때는 기존 입력값을 덮어쓰지 않기 위해서 값을 입력받을 때마다 '위치' 변수를 증가시켜야 하는 것에 주의하고, '위치' 값이 10과 같아지면 열 개를 모두 입력받은 것이므로 입력을 끝낸다.

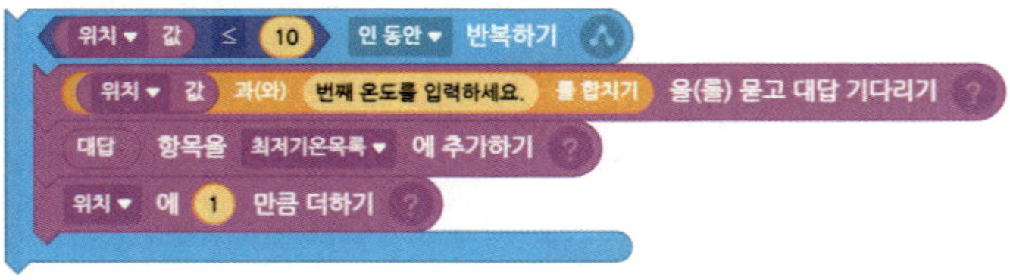

3) 열대야 일 수 구하기

리스트의 처음부터 마지막 항목까지 차례로 확인하면서 25℃ 이상인 날이 며칠인지 센다. 첫 번째 항목부터 비교를 시작하기 위해 '위치'를 다시 1로 초기화한다. '위치'를 1씩 증가시켜가면서 해당 항목에 저장된 온도가 25℃ 이상일 때만 '열대야일수'를 1 증가시킨다.

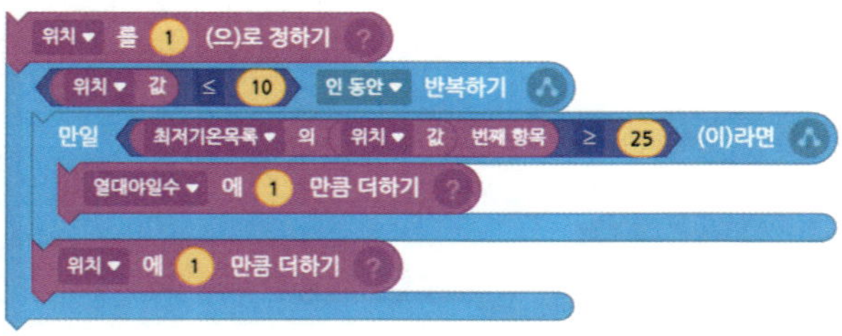

4) 결과 보이기

'의사(1)' 오브젝트는 배경을 바꾸기 위해 '배경바꾸기' 신호를 보내고, 최종 열대야 일 수를 출력한다. '날씨' 오브젝트는 '배경바꾸기' 신호를 받으면 배경 모양을 바꾼다.

[의사(1) 오브젝트]

[날씨 오브젝트]

2.3. 조립해서 결과보기

열대야 일 수를 구하는 완성된 프로그램은 다음과 같다.

[의사(1) 오브젝트]

[날씨 오브젝트]

결과 출력

열대야 일 수 구하기 실행 결과는 다음과 같다.

입력화면	출력화면

3. 자료를 지식으로 만들기 예제

3.1. 리스트에서 값의 위치와 빈도수 구하기

문제 및 해결조건

● **문제**

리스트에 1~10 사이의 무작위 수 10개가 저장되어 있다. 키보드로부터 숫자를 하나 입력받아서 입력받은 숫자가 리스트의 어느 위치에 있는지, 그리고 몇 개가 있는지 찾아서 출력해보자.

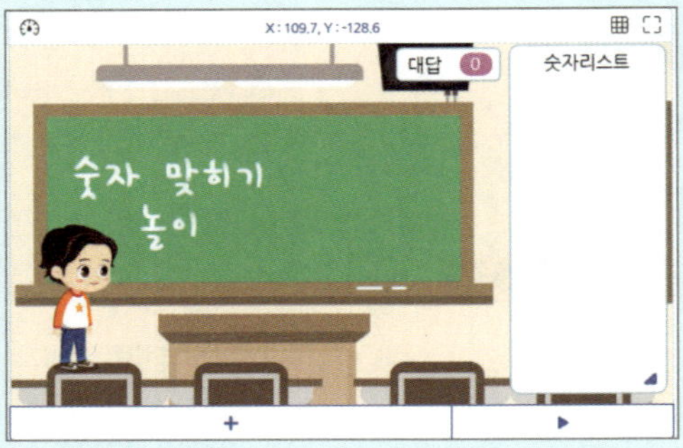

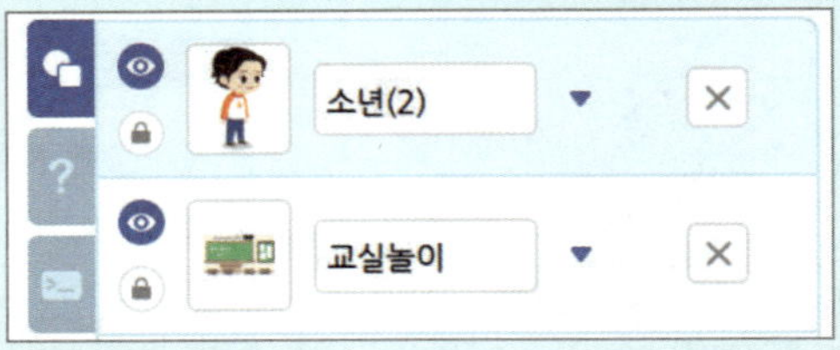

▶ **해결조건**

① 리스트에 1~10 사이의 무작위 수 10개를 저장한다. 수가 중복되어 나타날 수 있다.
② 검색해서 첫 번째 나온 위치만 저장하고 이후에 중복해서 나온 위치는 저장하지 않는다.
③ 검색한 수의 빈도수를 저장한다.

문제 해결전략

1) 오브젝트 추가하기

'소년(2)' 오브젝트와 배경이 되는 '교실놀이' 오브젝트를 추가한다.

2) 리스트와 변수 만들기

리스트와 변수	설명
무작위수리스트	1~10 사이의 값을 저장할 리스트
위치	현재 검사 중인 리스트 항목의 위치 번호를 저장할 변수
찾은개수	찾은 값의 개수
찾는수	리스트에서 찾을 값, 사용자로부터 입력
무작위수	1~10 사이의 무작위수, 리스트에 저장
찾은위치	찾고 있는 값이 저장된 리스트 항목 번호
찾음	첫 번째 찾은 위치만 저장하기 위한 변수, '찾음'=0은 찾지 못한 경우, '찾음'=1은 찾은 경우

프로그램 설계

1) 프로그램 시작: 변수 초기화

'위치'는 리스트의 항목 위치를 나타내므로 시작 번호를 1로 설정한다. '찾은개수'는 찾은 개수를 저장할 변수로 계속 누적하기 때문에 0으로 설정한다. '찾음' 변수는 맨 처음 찾은 수만 저장하고, 다음에 찾은 수는 저장하지 않을 목적으로 사용한다. '찾음'이 0이면 찾지 못한 경우, 1이면 찾는 수가 있는 경우이다. 만약 '찾은개수'와 '찾음'은 변수 만들기 단계에서 기본값을 0으로 설정했으면 따로 시작값을 주지 않아도 된다.

2) 무작위수 생성 및 저장

1~10 사이의 무작위수 10개를 하나씩 생성하여 차례대로 '무작위수리스트'에 저장한다.

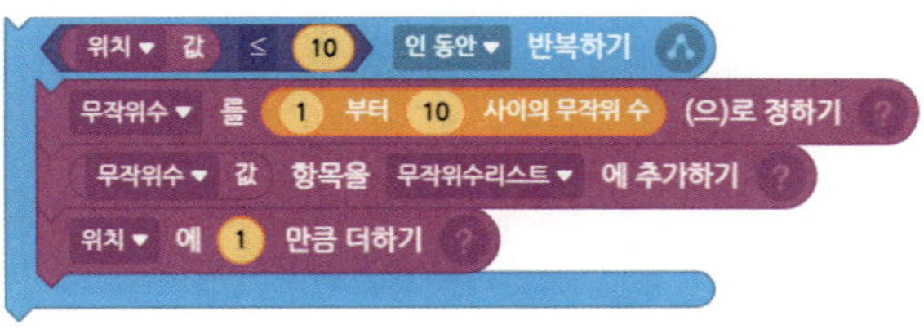

3) 사용자 입력받기

리스트에서 찾을 값을 사용자로부터 입력받아 '찾는수' 변수에 저장하고, 리스트의 처음부터 찾기 위해 '위치' 변수를 1로 설정한다.

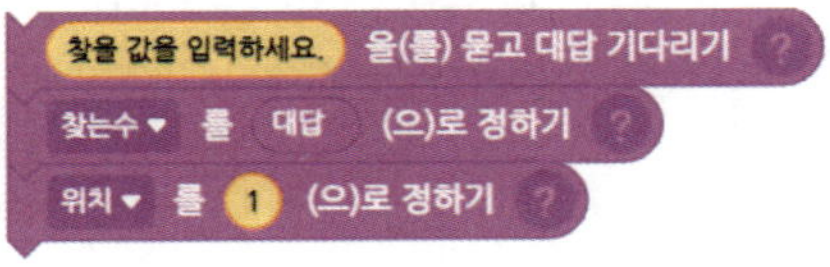

4) 검색

찾는 수가 리스트에 있는지 검색하고, 찾을 때마다 '찾은개수'를 1씩 증가시킨다. '찾은위치'는 리스트에서 해당 수가 맨 처음 나온 항목 번호를 저장하는데 이를 위해 '찾음' 변수를 활용한다. '찾음' 변수가 0이면 지금 찾은 게 맨 처음이므로 현재 항목 번호를 '찾은위치'에 저장하고, 이후 '찾은위치'를 다시 덮어쓰지 않도록 '찾음' 변수를 1로 바꾼다.

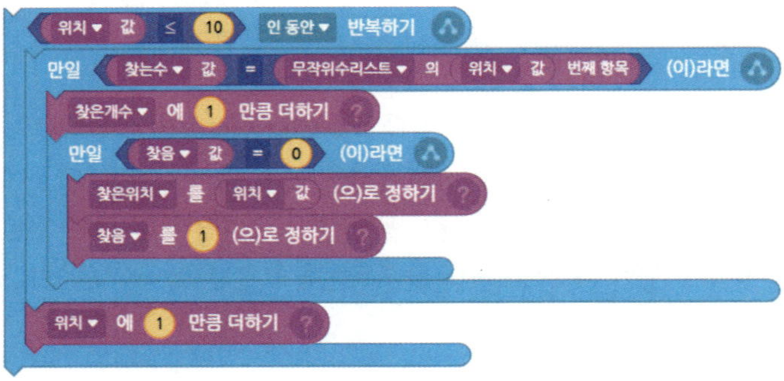

5) 결과 출력

값을 찾았는지 여부에 따라 결과를 출력한다. 찾았으면 맨 처음 찾은 위치와 찾은 총 개수를 출력한다.

조립해서 결과보기

리스트 내에서 특정 수의 위치와 출현 빈도수를 구하는 전체 프로그램은 다음과 같다.

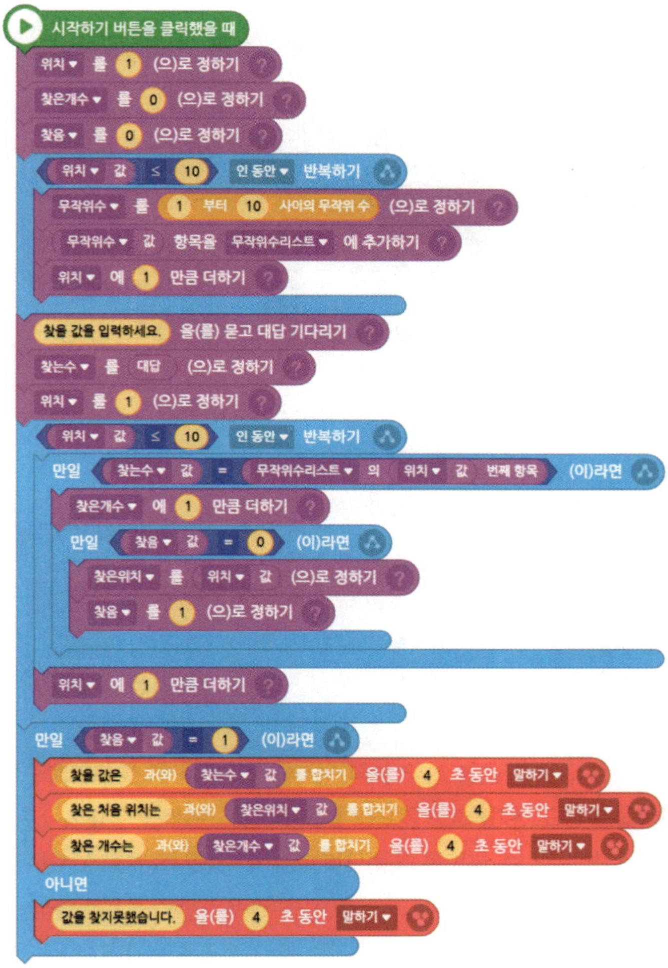

결과 출력

1) 찾기 성공 시의 출력 결과

입력화면	출력화면

2) 찾기 실패 시의 출력 결과

입력화면	출력화면

3.2. 버블 정렬

문제 및 해결조건

● 문제

리스트에 저장된 수를 버블 정렬을 이용하여 오름차순으로 정렬하여 출력한다.

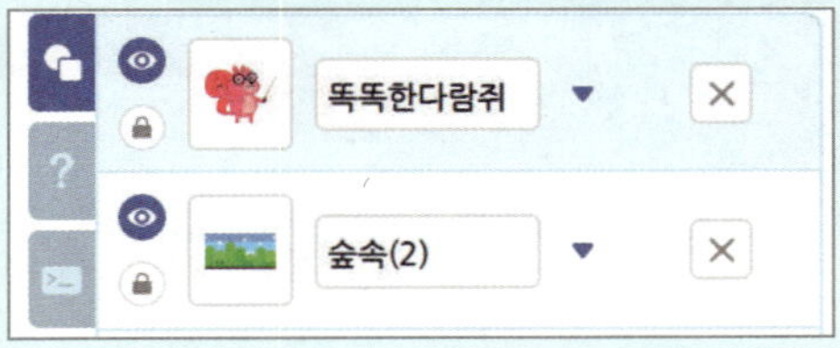

▶ 해결조건

① 사용자로부터 임의의 수 6개를 입력받아 리스트에 저장한다.

문제 해결 전략

1) 오브젝트 추가하기

캐릭터 오브젝트와 배경 오브젝트는 '똑똑한다람쥐'와 '숲속(2)'이다.

2) 리스트와 변수 만들기

리스트와 변수	설명
수리스트	사용자로부터 입력받은 6개의 수를 저장할 리스트
위치	리스트 항목 번호를 저장할 변수
단계	정렬 단계를 저장할 변수
임시변수	두 수 교환에 사용할 임시 변수

프로그램 설계

1) 사용자 수 입력

키보드로부터 임의의 숫자 6개를 입력받아 '수리스트'에 저장한다.

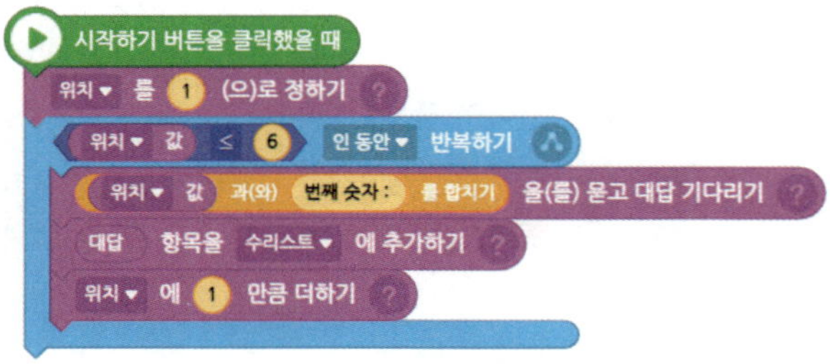

2) 버블 정렬

'단계'는 버블 정렬의 단계이다. 오름차순으로 정렬하는 경우라면 첫 단계에서는 전체 수 중에 가장 큰 값이 맨 오른쪽 항목에, 둘째 단계에서는 두 번째로 큰 값이 맨 오른쪽에서 하나 앞의 항목에 위치하게 되는 식이므로 단계 수는 전체 자료 수보다 1작다. n번째 단계라면 이전에 정렬된, 맨 오른쪽부터 (n-1)개 항목은 더 이상의 비교가 필요 없으므로, (전체 자료 수 - n) 횟수만큼 이웃한 두 수를 비교하면서 앞의 수가 더 크면 자리를 바꾼다.

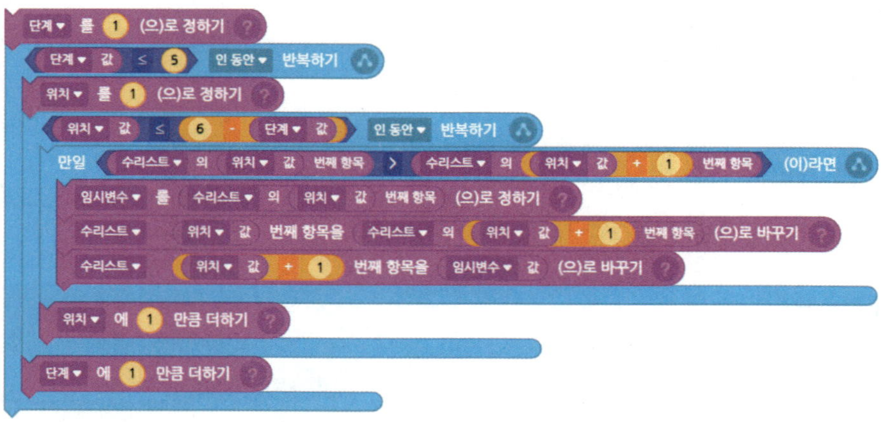

3) 정렬 리스트 출력

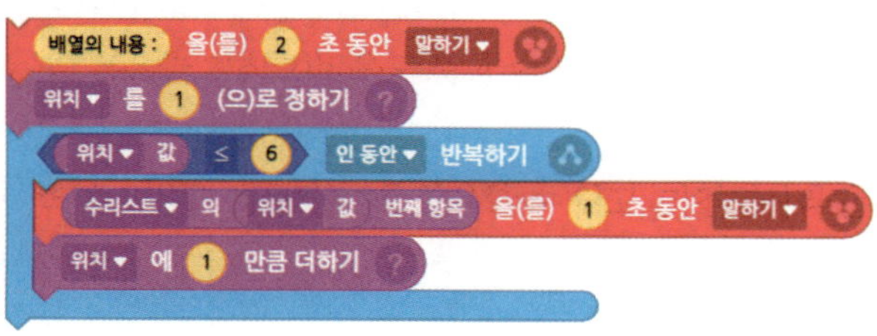

조립해서 결과보기

6개의 입력값에 대해 버블 정렬 방식으로 오름차순 정렬하는 전체 프로그램은 다음과 같다.

결과 출력

입력화면	출력화면

4. 스스로 해결하기

4.1. 리스트에서 열대야 온도 일수와 최고 온도 구하기

문제 및 해결조건

● **문제**

한여름 10일간의 밤 최저 기온이 저장된 리스트에서 25℃ 이상인 열대야 온도를 찾아 별도의 리스트에 저장하고 열대야 일 수와 최고 온도를 찾아 출력하라.

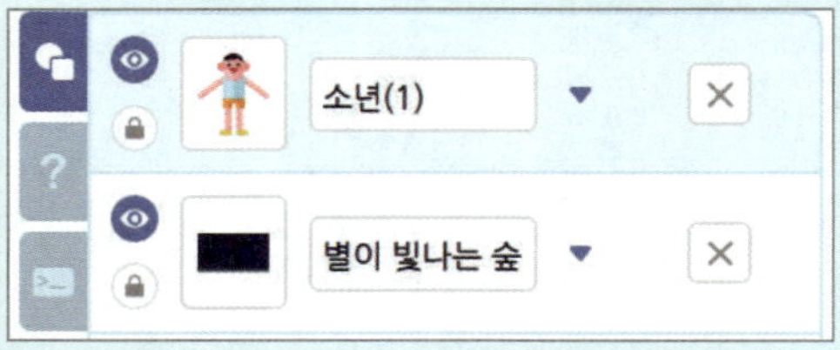

▶ **해결조건**

① 20~27℃ 사이에서 열 개의 밤 최저 기온을 무작위로 생성하여 '최저기온리스트'에 저장한다.
② '최저기온리스트'에서 25℃ 이상인 값을 찾아서 '열대야온도리스트'에 저장한다.
③ 열대야 일 수와 최고 온도를 출력한다.
④ 배경은 '별 헤는 밤_1', '별이 빛나는 숲_1'이다.

결과 출력

출력화면 1	출력화면 2
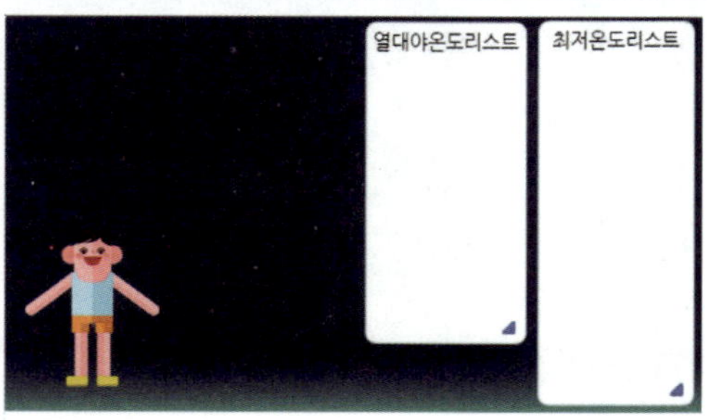	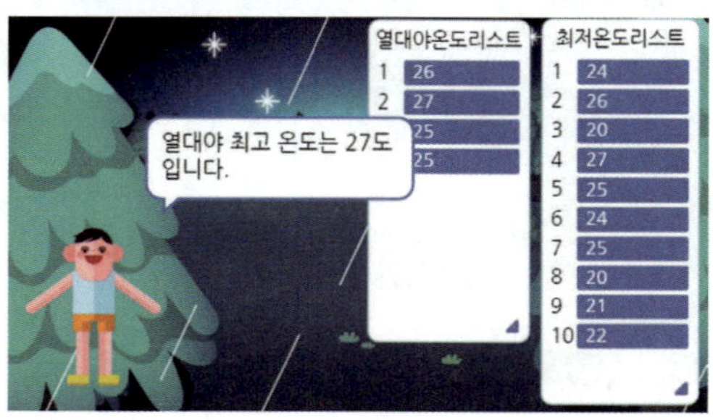

4.2. 데이터 다루기

문제 및 해결조건

● **문제**

1~100 사이의 점수를 무작위로 생성하여 리스트에 저장하고, 리스트에서 점수를 찾는 프로그램을 작성해보자.

▶ **해결조건**

① '삽입' 글상자를 누르면 리스트에 생성할 값의 개수를 사용자에게서 입력받는다. 입력받은 수만큼 1~100 사이의 점수가 무작위로 생성되어 '점수리스트'에 저장된다.

② '정렬' 글상자를 누르면 '점수리스트'의 값이 오름차순으로 정렬된다.

③ '찾기' 글상자를 누르면 찾는 수를 물어보고 '점수리스트'에서 검색하여 있으면 위치를 알려준다. 없으면 찾지 못했다고 말하고 종료한다.

출력 결과

① '삽입' 글상자를 눌렀을 때

입력화면

출력화면

② '정렬' 글상자를 눌렀을 때

입력화면

출력화면

③ '찾기' 글상자를 눌렀을 때 - 찾는 값이 있을 때

입력화면

출력화면

④ '찾기' 글상자를 눌렀을 때 - 찾는 값이 없을 때

입력화면	출력화면

제6장
데이터의 효율적인 검색

1. 데이터의 저장과 효율적인 검색

정렬과 함께 문자로 된 자료를 처리하는 데 매우 중요한 검색 방법에 대하여 살펴본다. 우리는 인터넷에 흩어져 있는 많은 양의 정보를 신속하고 효율적으로 처리하기 위해 노력한다. 매일 늘어만 가는 수많은 자료 중에서 우리가 원하는 자료를 찾는 일은 쉽지 않다. 하지만 주어진 문제를 효율적으로 해결하기 위해서는 필요한 자료를 적절한 방법으로 찾아내야 한다. 이와 같이 수많은 자료 중에서 필요한 자료를 찾아내는 작업을 검색이라고 한다.
검색은 휴대 전화에서 전화번호 찾기, 사전에서 단어 찾기, 진로에 대한 정보 찾기 등 우리의 일상에서 자주 사용하는 방법 중의 하나이다. 검색하는 데 걸리는 시간은 자료들이 정렬되지 않은 채로 나열되어 있는지 또는 특정한 기준에 의해 정렬되어 있는지에 따라 많이 다르다. 또 어떤 방법으로 검색하느냐에 따라서도 검색 시간이 달라지므로 자료의 특성이나 상황에 따라 효율적인 방법을 찾는 것이 중요하다. 자료의 정렬과 검색 방법은 검색 시간을 결정하는 중요한 요소이다.
검색은 방대한 자료에서 주어진 키 값에 해당하는 데이터를 찾는 것을 말한다. 운이 좋으면 한 번 만에 찾지만, 최악의 경우에는 맨 마지막에 데이터가 있거나 아예 찾는 데이터가 없을 수도 있으며 이 경우에는 자료 속의 데이터를 모두 비교해야 한다. 데이터의 개수가 적을 때는 수행시간이 문제가 되지 않지만 데이터 개수가 많을 때는 효율적인 검색 방법이 필요하다.
이번 장에서는 앞에서 개략적으로 학습한 순차 검색과 이진 검색을 성능 분석과 구현의 관점에서 보다 구체적으로 살펴보고, 실제 대량의 데이터 관리에 많이 사용되는 해싱(hashing) 기술에 대해 소개한다.

1.1. 순차 검색

준비된 1~20 의 숫자가 적혀있는 카드 중에서 임의의 10장을 뽑아 숫자가 보이지 않게 뒤집은 후 카드를 일렬로 나열한다.

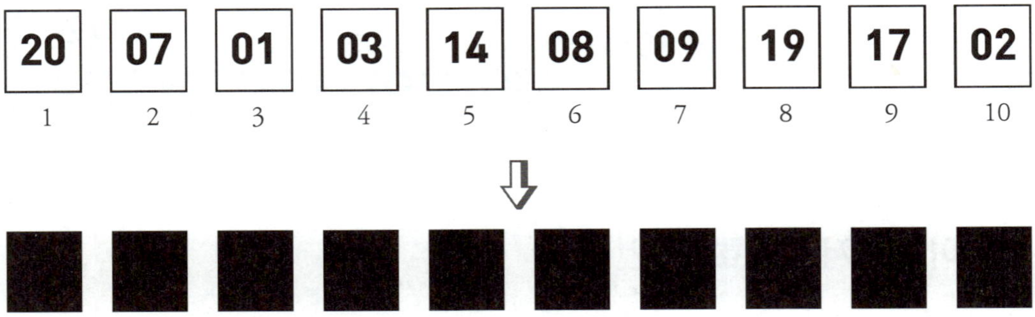

지금부터 뒤집어 놓은 숫자 카드 중에서 숫자 19를 찾는다고 가정해 보자. 우리는 숫자를 볼 수 없으므로 첫 번째 카드부터 하나씩 뒤집어봐야 한다. 숫자 19는 여덟 번째 카드이므로 여덟 번 만에 찾을 수 있다. 이렇게 처음부터 순차적으로 비교해 원하는 데이터를 찾는 경우 운이 좋다면 한 번 만에도 찾을 수 있지만 운이 나쁘면 열 장을 다 뒤집은 뒤에야 찾을 수 있다. 만일 현재 나열된 카드 중에 없는 숫자 5를 찾는다고 가정하면 끝까지 검색하고도 찾을 수 없다.

이처럼 순차 검색은 처음부터 하나씩 비교해서 찾는 매우 단순한 방법으로 구현이 쉽고 정렬되지 않은 데이터에서 사용할 수 있다는 장점이 있는 반면, 원하는 데이터를 찾기까지 운이 좋으면 1번, 그렇지 않으면 데이터의 총 개수만큼 비교를 하므로 평균적으로 데이터 개수의 절반에 해당하는 횟수의 비교가 필요하다.

데이터 개수	최상	최악
10	1번	10번
1000	1번	1000번
1억 개	1번	1억 번
n개	1번	n번

순차 검색은 데이터의 개수가 많을 경우에는 빠른 실행 시간을 보장할 수 없으므로 보다 효율적인 검색 방법이 필요하다.

1.2. 이진 검색

이진 검색은 오름차순으로 정렬된 리스트에서 특정한 값의 위치를 찾는 방법이다. 중앙에 위치한 값을 기준값으로 선택하여 그 값과 찾고자 하는 값의 크고 작음을 연속적으로 비교하는 방식을 채택하고 있다. 처음 선택한 중앙값이 만약 찾는 값보다 크면 그 중앙값 이전의 범위에서만 새로운 검색을 수행하며, 작으면 그 중앙값 이후의 범위에서만 새로운 검색을 수행하면 된다. 검색 원리상 정렬된 리스트에만 사용할 수 있다는 제약이 있지만, 검색이 반복될 때마다 목표값을 찾을 확률은 두 배가 되므로 속도가 빠르다는 장점이 있다. 전체 데이터의 개수를 n이라 할 때 비교가 1회 일어날 때마다 남은 비교 대상 데이터의 개수는 다음과 같이 변한다.

$$n \rightarrow n/2 \rightarrow n/4 \rightarrow n/8 \rightarrow \cdots$$

다음 예제를 보면서 이진 검색 과정을 살펴보자.

1	3	5	7	9	11	13	15	17	19
1	2	3	4	5	6	7	8	9	10

이진 검색을 사용하려면 데이터 목록이 미리 정렬되어 있어야 한다. 순서대로 나열된 숫자들 중에서 15를 찾으려고 한다. 이진 검색은 순차 검색처럼 데이터 목록의 처음부터 찾는 것이 아니라 중간부터 찾는다. 중앙값의 위치는 최고값과 최하값의 위치가 각각 high와 low에 저장되어 있다고 하면 mid = (low+high)/2 계산으로 찾을 수 있다.

				⇩					
1	3	5	7	9	11	13	15	17	19
1	2	3	4	5	6	7	8	9	10

위에서 mid=(1+10))/2 = 5가 중앙값의 위치가 된다. 데이터 목록 중에서 5번째 위치에 있는 9와 찾으려고 하는 숫자 15를 비교한다. 15가 중앙값 9보다 크므로 순서대로 정렬된 데이터 목록 중 오른쪽에 있을 것이기 때문에 전체 데이터 중에서 절반인 중앙값 왼쪽의 데이터 목록들은 검색 대상에서 제외된다. 검색 대상이 절반으로 줄어드는 것이다. 이제 현재의 중앙값 바로 오른쪽 위치가 새로운 최하값의 위치가 되므로 다음 검색을 위한 새로운 중앙값을 다음과 같이 계산한다.

$$mid=(6+10)/2=8$$

다음의 중간 위치는 8이 되고 15는 찾으려고 하는 숫자와 일치하므로 검색에 성공하였다. 이진 검색을 활용하여 두 번 만에 검색에 성공할 수 있었다. 만약 순차 검색 방법을 사용했다면 여덟 번의 비교 후에야 찾을 수 있었을 것이다.

							⇩		
1	3	5	7	9	11	13	15	17	19
1	2	3	4	5	6	7	8	9	10

1.3. 해싱 (Hashing)

2018년에 미국의 동록 자동차 수는 2억 7천 4백만 대에 육박했다. 자동차 정보를 모두 리스트에 넣어 두고 특정 정보를 찾으려 한다면 얼마 만에 찾을 수 있을까? 앞에서 공부했듯이 순차 검색으로 찾는다면 최악의 경우 2억 7천 4백만 회를 모두 비교한 후에야 해당 자동차를 찾을 수 있어서 비현실적이다. 한편, 자동차를 등록번호 순으로 정렬해 두고 한 번 비교 때마다 절반씩 제외해 나갈 수 있는 이진 검색을 사용한다 해도 최악의 경우 29회[1)]의 비교가 필요하다.

컴퓨터 과학자들은 이러한 비교횟수를 줄일 수 있는 방법을 연구해 왔다. 가능하면 한 번에 해당 데이터의 위치를 찾을 수 있기를 바랐고 이를 실현한 결과가 해싱(hashing) 기술이다. 해싱은 찾으려는 데이터 자체를 키(key)값으로 입력하면 이 데이터가 저장되어 있는 위치를 반환하는 해시 함수(hash function)를 사용한다. 데이터를 저장할 때도 동일한 해시 함수를 사용하여 결정된 위치에 담기 때문에 한 번에 찾을 수 있다.

그럼 해시 함수는 어떻게 만들어질까? 가장 간단한 해시 함수는 데이터 값과 저장 위치 값이 동일한 경우일 것이다. 즉, 어떤 자동차의 등록번호가 1234라면 이 자동차 정보를 컴퓨터에 저장할 때도 1234번 째 레코드에 담는 식이다. 이렇게 하면 검색할 때도 이진 검색 등을 할 필요 없이 바로 1234번째 레코드를 읽어오면 되므로 검색 속도가 훨씬 빠르다. 하지만 이러한 해시 함수는 필요하지 않은 레코드를 너무 많이 만들어내는 문제가 있다. 예를 들면, 미국의 자동차 번호판은 주(州)마다 조금씩 다르긴 하지만 대개 일곱 자리의 알파벳과 숫자로 구성된다. 일곱 자리 각각에 26개의 알파벳과 10개의 숫자가 올 수 있으므로 가능한 번호판의 수는 36^7, 즉, 783억 6천만 개 이상이 된다. 번호판의 번호 자체를 레코드 위치로 사용하려면 이들에 해당하는 레코드를 컴퓨터 내에 모두 만들어둬야 하는데, 실제 미국 내 자동차 수가 2억 7천만 대 정도이므로 781억 개 정도의 레코드는 유효한 데이터를 담지 못한다는 뜻이다.

[뉴욕주(州) 자동차 번호판]

1) 2^{28} (= 268,435,456) < 274,000,000 < 2^{29} (= 536,870,912)

해싱은 이러한 문제를 해결하여 훨씬 넓은 범위의 값을 가질 수 있는 데이터들을 그보다는 작은 크기의 테이블로 대응시켜 저장할 수 있도록 한다. 위에서 보았다시피 783억 6천만 개의 번호판이 가능하지만 실제 사용되는 것은 2억 7~8천만 개 정도에 불과하므로, 해시 함수는 실제 사용되는 자동차 등록번호들을 키로 입력 받아 현재 자동차의 수와 유사한 약 3억 개 정도의 레코드에 적절히 분산시켜 줄 수 있어야 한다. 이처럼 데이터들은 순차적으로 저장되는 것이 아니라 테이블 전 영역에 걸쳐서 고루 분포하게 되며, 저장된 데이터를 찾을 때에도 해시 함수를 사용하면 곧바로 그 위치를 알 수가 있기 때문에 빠른 데이터 검색이 가능하다.

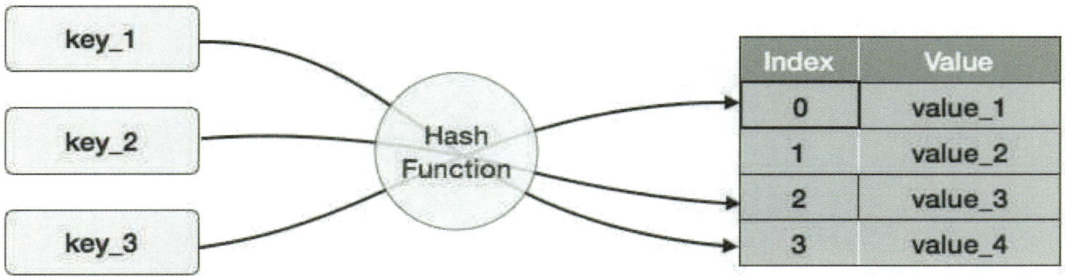

[해시 함수를 통한 사상]

그러나 해싱은 그 기본 개념으로 인한 약점을 지니고 있다. 해시 함수가 이상적이지 않은 이상 서로 다른 키 값들, 즉 위의 예에서라면 서로 다른 자동차 등록번호가 레코드의 같은 위치로 결정될 수 있다. 이런 현상을 충돌(collision)이라 하며, 해싱에서는 이 충돌을 해결하는 방법이 매우 중요하다. 결국, 해싱 방법의 효용성은 해시 함수와 충돌해결 전략에 의해 결정된다.

1) 해시 함수

해시 함수 $h(k)$는 임의의 키 k에 대한 테이블 주소를 계산하기 위한 방법으로, 주어진 키 값으로부터 레코드가 저장되어 있는 주소를 산출해 낼 수 있는 수식을 말한다. 해시 함수는 입력 원소가 해시 테이블 전체에 고루 저장되어야 하고, 계산이 간단해야 좋은 함수이다. 여기서는 해시 함수를 만드는 대표적인 방법인 나누기 방법을 소개한다.

나누기 방법의 해시 함수는 다음과 같은 모양을 갖는다.

입력 : 25, 13, 16, 15, 7 해시 함수 = $k\ mod\ 13$	
0	13
1	
2	15
3	16
4	
5	
6	
7	7
8	
9	
10	
11	
12	25

[해싱: 나누기 방법]

해시 함수의 예로 제시된 $k$mod13에서 k는 키 값을 의미하며 13은 해시 테이블의 크기이다. 이제부터는 테이블의 크기를 m이라 일반화하고 설명한다. 나누기 방법은 해시 테이블에 있는 m개의 자리를 0부터 m-1의 주소값으로 구분하고 해시 함수는 입력하려는 데이터의 키 값을 m으로 나눈 나머지를 저장 위치로 결정한다. 예를 들어, m=1,601인 테이블에 키 값이 1,025,390인 데이터를 저장해야 한다면 해시값은 1,025,390 mod 1,601=750이 되어 테이블 주소 750번에 저장된다.

2) 충돌 해결

앞의 예에서 해시 값이 750으로 결정되었는데, 만약 테이블 주소 750번을 이미 다른 원소가 차지하고 있다면 어떻게 할까? 이렇게 해시 테이블 내의 한 주소를 놓고 두 개 이상의 데이터가 자리를 다투는 것을 충돌이라고 한다. 즉, 한 원소를 해싱해서 저장하려는데 다른 원소가 이미 그 자리를 차지하고 있을 때 충돌이 일어난다.

충돌 해결 방법은 여러 가지가 있지만 본 교재에서는 대표적인 체이닝(chaining) 기법만 소개한다. 체이닝은 같은 해시 값을 가지는 모든 레코드들을 리스트(list)로 만들어 관리한다. 새로 데이터를 저장하려는 공간을 이미 다른 데이터가 차지하고 있으면 아래 그림과 같이 새로 레코드를 생성하여 연결하는 방식이다. 아래의 예는 데이터의 키 값을 테이블 크기 10으로 나눈 나머지를 해시 값으로 할 때의 결과를 보인 것이다. 4, 64, 24는 모두 4번 레코드에 저장되어야 하기 때문에 추가 레코드를 생성하여 연결하였다. 이 방법은 여러 가지 이점들이 있는데, 우선 충돌을 비교적 쉽게 다룰 수가 있고, 데이터 영역이 동적으로 할당되므로 테이블 크기에 관계없이 많은 양의 레코드들을 집어넣을 수 있다.

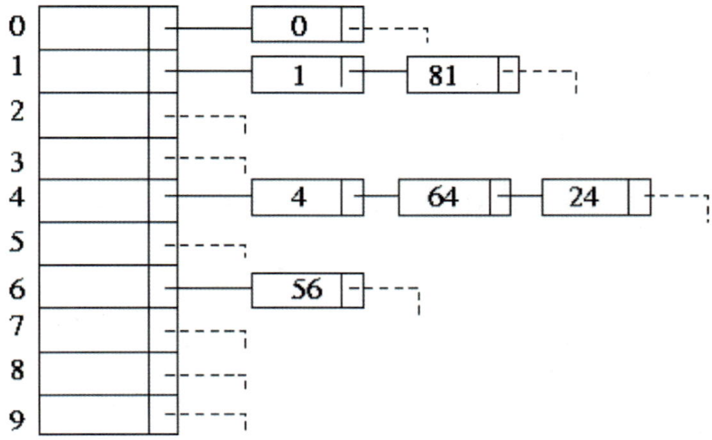

[체이닝을 통한 해시 충돌 해결]

2. 이진 검색으로 자료 찾기

2.1. 리스트에서 데이터 찾기

문제 및 해결조건

● **문제**

이진 검색을 활용하여 리스트에서 찾는 값이 몇 번째 위치에 있는지 검색해보자.

▶ **해결조건**

① 이진 검색을 위해서는 먼저 데이터를 오름차순이나 내림차순으로 정렬해야 한다. 본 예제에서는 리스트에 데이터를 오름차순으로 미리 저장한다.

② 찾는 값은 사용자로부터 입력받는다.

③ 리스트에서 값을 찾았을 때는 배경을 바꾸고 찾은 위치값을 알려준다.

④ 찾지 못했을 때는 찾지 못했음을 통보한다.

2.2. 문제 해결 전략

오브젝트 추가하기

문제의 해결 조건에 원하는 값을 찾으면 배경을 바꾸라고 되어 있다. 기본 배경으로 사용하기 위해 '길거리' 오브젝트를 추가하고 값을 찾았을 때 사용할 배경으로는 [모양]-[모양 추가하기]로 '공원(3)'을 추가한다. 사용자와 대화할 캐릭터 오브젝트는 '알프스목동(1)_1'이다.

리스트와 변수 만들기

'수리스트'를 만들고 값을 직접 입력한다. 리스트의 크기를 먼저 설정하고 값을 오름차순으로 입력하면 아래 그림과 같이 데이터가 입력된 리스트를 볼 수 있다. 나머지 변수들을 생성한다.

사용할 리스트와 변수는 다음과 같다.

리스트와 변수	설명
수리스트	1~19까지 열 개의 홀수만 오름차순으로 저장한 리스트
찾는값	찾는 값을 저장할 변수
하위위치	검색 범위의 하위 위치값을 저장하는 변수
상위위치	검색 범위의 상위 위치값을 저장하는 변수
중앙위치	검색 범위의 중앙 위치값을 저장하는 변수
찾음	찾음=0은 값을 찾지 못한 경우, 찾음=1은 값을 찾은 경우

프로그램 설계

1) 프로그램 시작: 최초 검색 범위 지정

각 변수의 기본값을 설정한다. '찾음'은 처음에 0으로 두었다가 찾은 경우엔 1을 저장한다. 최초 검색 범위는 리스트 전체이고 리스트의 위치값은 1부터 시작하므로 '하위위치'를 1로 초기화하고 '상위위치'는 리스트의 크기만큼으로 초기화한다.

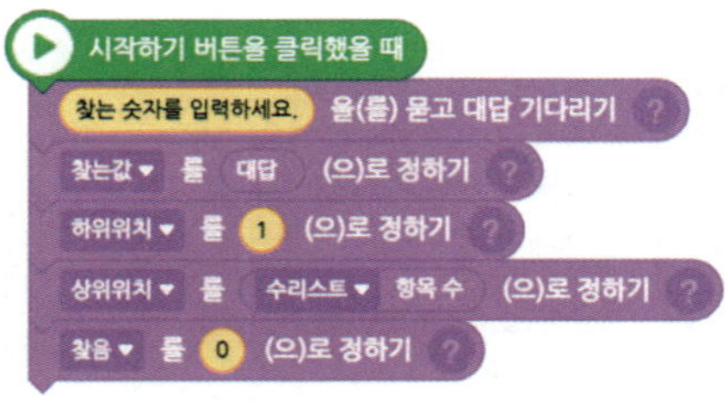

2) 이진 검색 수행

① 비교가 반복 수행될 때마다 검색 범위가 '하위위치'와 '상위위치' 변수에 의해 지정되는데, '하위위치' 값이 '상위위치' 값보다 커지면 모든 범위를 다 확인했다는 뜻이므로 종료한다.

② 현재 검색 범위의 중간 위치값을 저장하는 변수인 '중앙위치'에 ('하위위치'+'상위위치')/2 를 저장한다. 정수가 아닐 경우 소수점 이하를 버린다. [계산] 꾸러미의 (10 의 제곱▾) 블록을 삽입하고 '제곱▽' 부분을 클릭해 보면 '소수점 버림값'을 선택할 수 있다.

③ 만약 찾는 값과 현재 '중앙위치'에 있는 원소가 같으면 검색이 성공되었으므로 '찾음'=1로 설정하고 반복문을 빠져나간다.

④ '중앙위치' 원소가 찾는 값보다 작으면 찾는 값이 '중앙위치'의 오른쪽에 있을 것이므로 '하위위치'에 '중앙위치'+1을 저장하고 그렇지 않으면 '상위위치'에 '중앙위치'-1을 저장한다.

⑤ 여전히 '하위위치'가 '상위위치'보다 작다면 비교를 계속하지만, 그렇지 않은 경우 ①에서 설명했듯이 전체 범위를 확인했으나 원하는 값을 찾지 못했기 때문에 검색 실패로 프로그램이 종료된다.

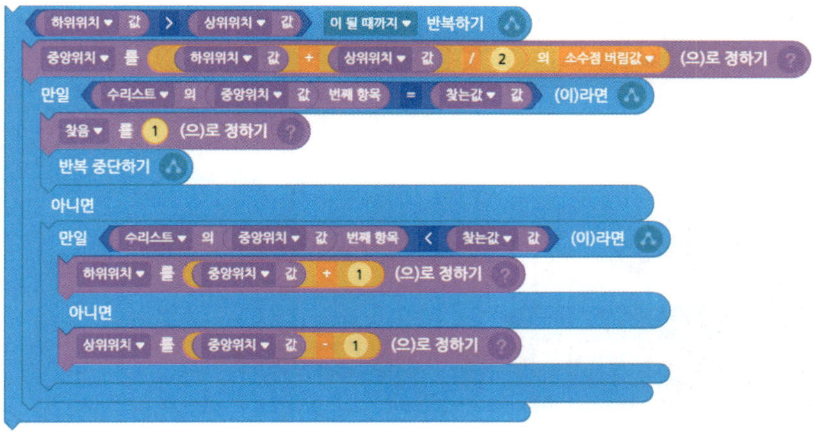

3) 검색 결과 출력

반복문을 빠져나왔을 때 '찾음'이 1이면 찾은 경우이고 0이면 찾지 못한 경우이다. 찾은 경우엔 배경 바꾸기 신호를 보낸다.

4) 길거리 오브젝트: 결과 창 배경 변경

2.3. 조립해서 결과보기

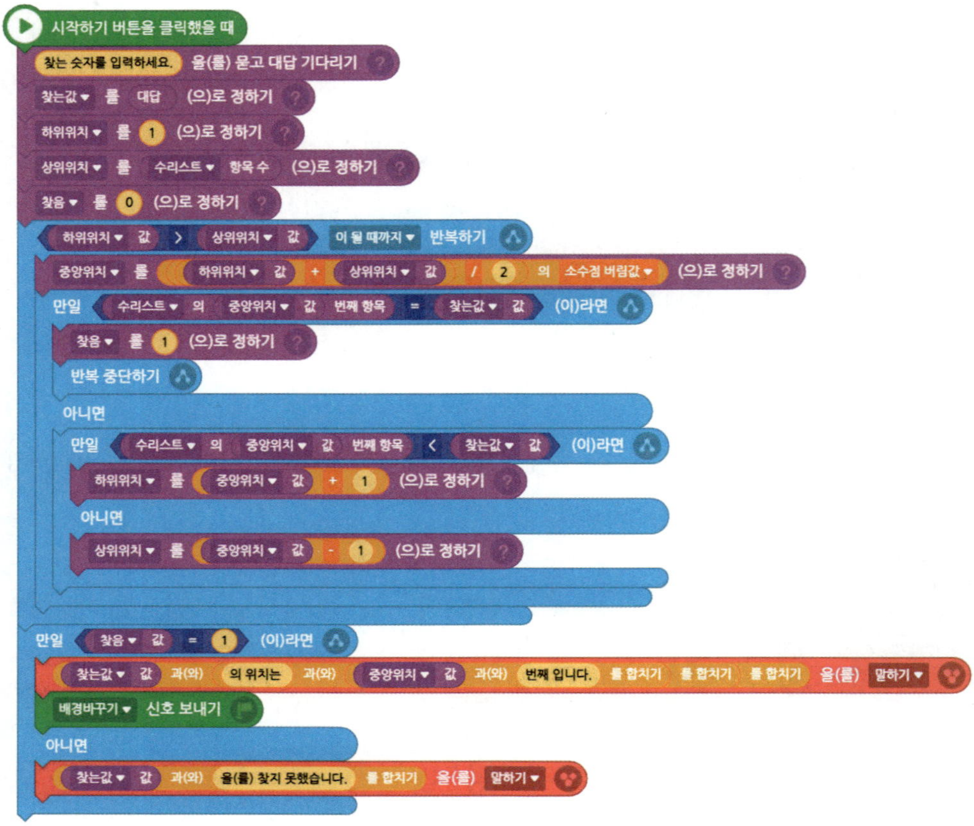
시작하기 버튼을 클릭했을 때
찾는 숫자를 입력하세요. 을(를) 묻고 대답 기다리기
찾는값 를 대답 (으)로 정하기
하위위치 를 1 (으)로 정하기
상위위치 를 수리스트 항목 수 (으)로 정하기
찾음 를 0 (으)로 정하기
하위위치 값 > 상위위치 값 이 될 때까지 반복하기
중앙위치 를 하위위치 값 + 상위위치 값 / 2 의 소수점 버림값 (으)로 정하기
만일 수리스트 의 중앙위치 값 번째 항목 = 찾는값 값 (이)라면
찾음 를 1 (으)로 정하기
반복 중단하기
아니면
만일 수리스트 의 중앙위치 값 번째 항목 < 찾는값 값 (이)라면
하위위치 를 중앙위치 값 + 1 (으)로 정하기
아니면
상위위치 를 중앙위치 값 - 1 (으)로 정하기
만일 찾음 값 = 1 (이)라면
찾는값 값 과(와) 의 위치는 과(와) 중앙위치 값 과(와) 번째 입니다. 를 합치기 를 합치기 를 합치기 을(를) 말하기
배경바꾸기 신호 보내기
아니면
찾는값 값 과(와) 을(를) 찾지 못했습니다. 를 합치기 을(를) 말하기

결과 출력

1) 입력한 값을 찾은 경우

입력화면

출력화면

2) 입력한 값을 찾지 못한 경우

입력화면

출력화면

3. 이진 검색 응용

3.1. 연도별 도시 인구수 검색하기

문제 및 해결조건

● **문제**

어느 도시의 연도별 인구수가 리스트에 저장되어 있다. 연도를 입력받아 해당 연도의 인구수를 검색하여 출력해보자.

▶ **해결조건**

① '연도리스트'와 '인구수리스트' 2개를 사용한다. '연도리스트'는 오름차순으로 미리 저장하고 '인구수리스트'는 '연도리스트'에 저장된 연도 순서로 해당 연도의 인구수를 저장한다. 즉, '연도리스트'의 4번째 원소가 2014라면 '인구수리스트'의 4번째 원소는 2014년의 인구수이다.

② 사용자로부터 찾으려는 연도를 입력받는다.

③ 해당 연도 인구수를 찾았을 때는 배경을 바꾸고 인구수를 알려준다.

④ 찾지 못했을 때는 찾지 못했음을 통보한다.

문제 해결 전략

1) 오브젝트 추가하기

문제의 해결 조건에 원하는 값을 찾으면 배경을 바꾸라고 하였다. 기본 배경으로 사용하기 위해 '길도시(1)' 오브젝트를 추가하고 값을 찾았을 때 사용할 배경으로는 [모양]-[모양 추가하기]로 '도시(2)'를 추가한다. 사용자와 대화할 캐릭터 오브젝트는 '상사'이다.

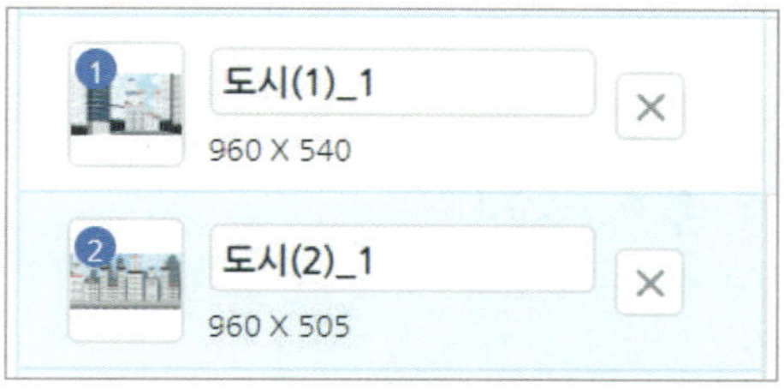

2) 리스트와 변수 만들기

'연도리스트'와 '인구수리스트'를 만들고 값을 직접 입력한다. '연도리스트'에는 이진 검색을 하기 위하여 오름차순으로 입력하고 '인구수리스트'에는 '연도리스트'에 저장된 연도 순서대로 해당 연도의 인구수를 입력한다. 나머지 변수들도 생성한다.

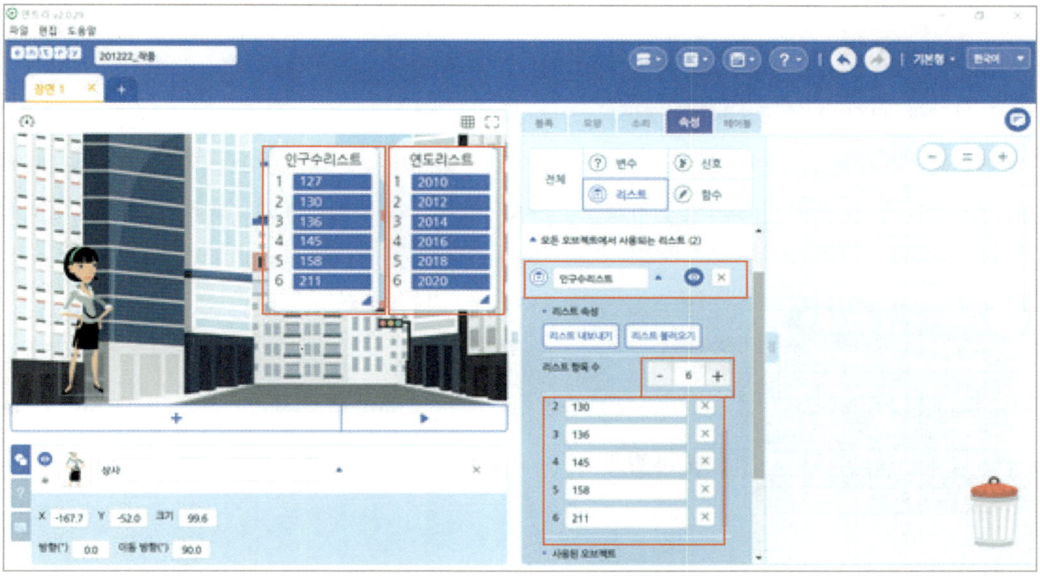

사용할 리스트와 변수는 다음과 같다.

리스트와 변수	설명
연도리스트	인구수가 알려져 있는 연도를 오름차순으로 저장
인구수리스트	연도리스트의 각 연도에 대응하는 인구수 저장
연도	찾을 연도를 저장할 변수
하위위치	검색 범위의 하위 위치값을 저장하는 변수
상위위치	검색 범위의 상위 위치값을 저장하는 변수
중앙위치	검색 범위의 중앙 위치값을 저장하는 변수
찾음	찾음=0은 값을 찾지 못한 경우, 찾음=1은 값을 찾은 경우

프로그램 설계

1) 프로그램 시작: 최초 검색 범위 지정

각 변수의 기본값을 설정한다. '찾음'은 처음에 0으로 두었다가 찾은 경우엔 1을 저장한다. 최초 검색 범위는 리스트 전체이고 리스트의 위치값은 1부터 시작하므로 '하위위치'를 1로 초기화하고 '상위위치'는 리스트의 크기만큼으로 초기화한다.

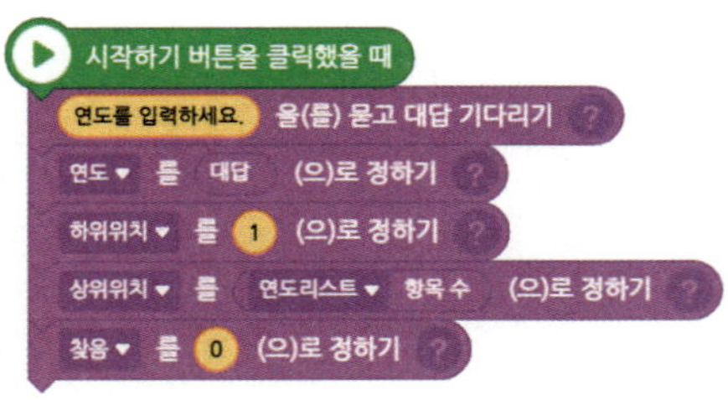

2) 이진 검색 수행

① 비교가 수행될 때마다 검색 범위가 '하위위치'와 '상위위치' 변수에 의해 지정되는데, '하위위치' 값이 '상위위치' 값보다 커지면 모든 범위를 다 확인했다는 뜻이므로 종료한다.

② 현재 검색 범위의 중간 위치값을 저장하는 변수인 '중앙위치'에 ('하위위치'+'상위위치')/2 를 저장한다. 정수가 아닐 경우 소수점 이하를 버린다.

③ 만약 찾는 연도가 현재 '연도리스트'의 '중앙위치'에 있는 원소가 같으면 검색이 성공되었으므로 '찾음'=1로 설정하고 반복문을 빠져나간다.

④ '중앙위치' 원소가 찾는 연도보다 작으면 찾는 연도가 '중앙위치'의 오른쪽에 있을 것이므로 '하위위치'에 '중앙위치'+1을 저장하고 그렇지 않으면 '상위위치'에 '중앙위치'-1을 저장한다. ①로 돌아간다.

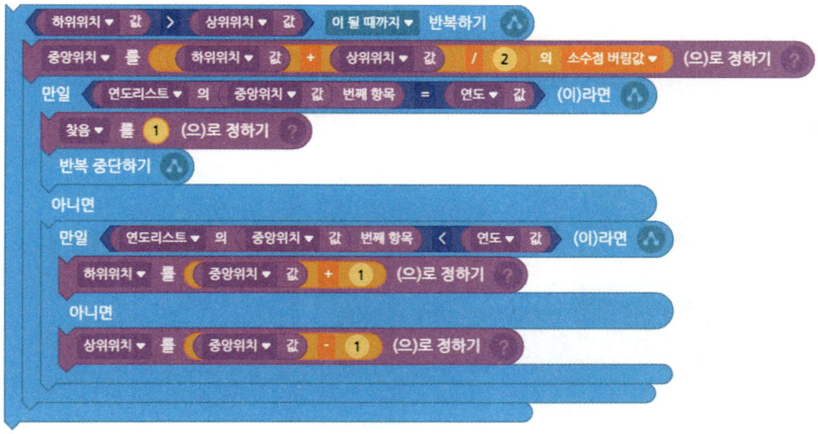

3) 검색 결과 출력

반복문을 빠 져나왔을 때 '찾음'이 1이면 찾은 경우이고 0이면 찾지 못한 경우이다. 찾았으면 '연도리스트'에 대응하는 '인구수리스트'에서 값을 찾아 출력하고 배경을 바꾼다. 연도를 찾은 위치가 '중앙위치'이기 때문에 인구수 리스트에서 '중앙위치' 값을 출력한다.

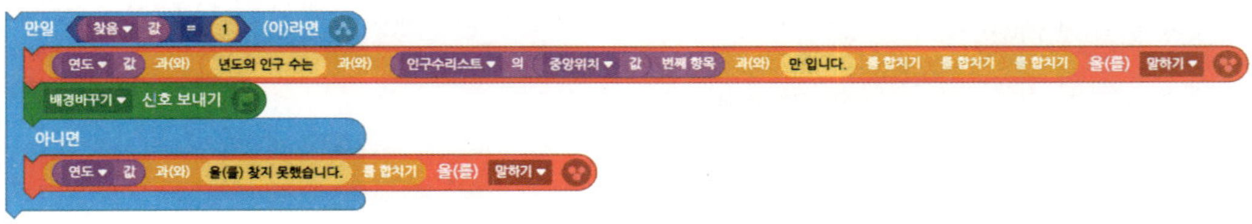

4) 길거리 오브젝트: 결과 창 배경 변경

조립해서 결과보기

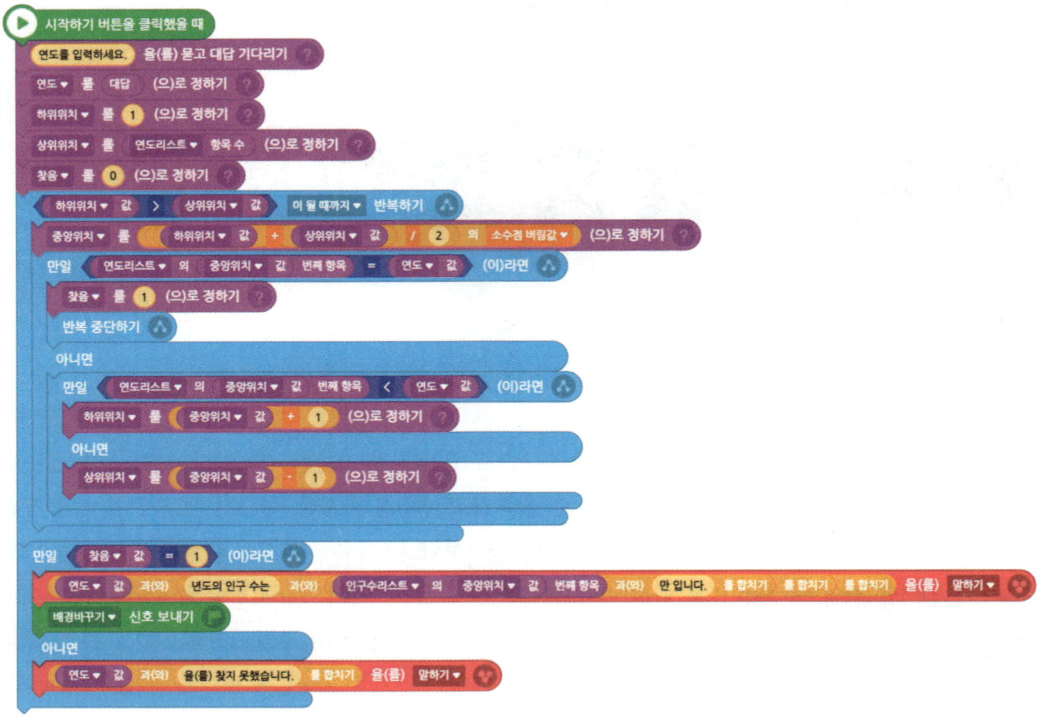

결과 출력

1) 해당 연도를 찾은 경우

입력화면	출력화면

2) 해당 연도를 찾지 못한 경우

입력화면	출력화면

3.2. 리스트에서 좋아하는 과일 찾기

문제 및 해결조건

● 문제

리스트에 과일의 이름이 저장되어 있다. 이진 검색을 이용하여 리스트에 좋아하는 과일이 있는지 찾는 프로그램을 작성해보자.

▶ 해결조건

① '과일리스트'에 과일을 이름의 가나다 순으로 미리 저장한다.
② 사용자로부터 찾으려는 과일 이름을 입력받는다.
③ 사용자가 말한 과일을 찾으면 배경을 바꾸고 찾은 위치값을 알려준다.
④ 찾지 못했을 때는 찾지 못했음을 통보한다.

문제 해결 전략

1) 오브젝트 추가하기

문제의 해결 조건에 원하는 값을 찾으면 배경을 바꾸라고 하였다. 기본 배경으로 사용하기 위해 '울창한 숲 속' 오브젝트를 추가하고 값을 찾았을 때 사용할 배경으로는 [모양]-[모양 추가하기]로 '숲속(3)'를 추가한다. 사용자와 대화할 캐릭터 오브젝트는 '어린탐험가'이다.

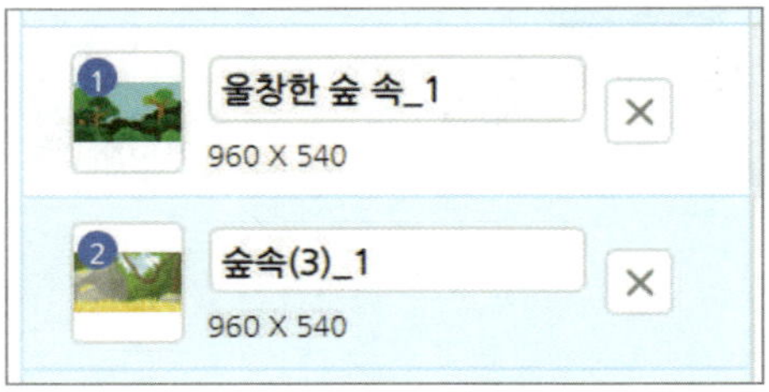

2) 리스트와 변수 만들기

과일 이름을 저장할 '과일리스트'를 생성한다. 한글은 가나다 순서로 값의 전후가 정해짐을 염두에 두고 오름차순으로 과일 목록을 저장한다. 만약 '망고'와 '사과'를 비교하면 '사과'가 더 뒤고, '오렌지'와 '키위'를 비교하면 '키위'가 더 뒤다. 영어는 알파벳 순서로 값의 전후를 정할 수 있다.

사용할 리스트와 변수는 다음과 같다.

리스트와 변수	설명
과일리스트	과일이름을 가나다 순으로 저장할 리스트
과일선택	찾을 과일 이름을 저장할 변수
하위위치	검색 범위의 하위 위치값을 저장하는 변수
상위위치	검색 범위의 상상위 위치값을 저장하는 변수
중앙위치	검색 범위의 중앙 위치값을 저장하는 변수
찾음	찾음=0은 찾지 못한 경우, 찾음=1은 찾은 경우를 나타낸다.

프로그램 설계

1) 프로그램 시작: 최초 검색 범위 지정

변수의 초기값을 '찾음'은 0, '하위위치'는 1, '상위위치'는 리스트의 크기만큼으로 한다.

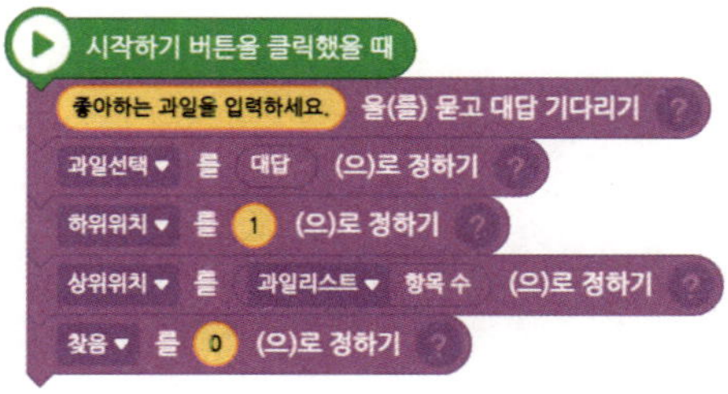

2) 이진 검색

실행 순서는 이전 예제와 같다. 엔트리에서 문자열의 전후는 알파벳은 ABC 순서로, 한글은 가나다 순서로 정해지는데, 부등호를 사용한 비교에서는 'ㄱ'이 'ㄴ'보다 작은 값으로 판단됨에 주의한다.

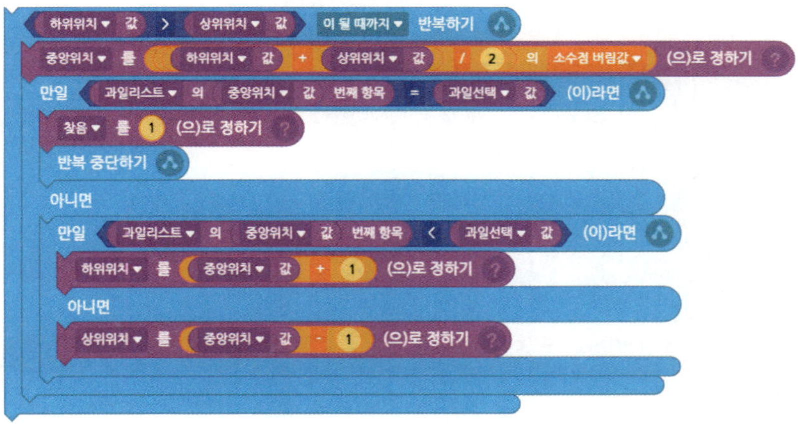

3) 검색 결과 출력

반복문을 빠져나왔을 때 '찾음'이 1이면 찾은 경우이고 0이면 찾지 못한 경우이다. 찾았으면 '과일리스트'에서 찾은 과일이 몇 번째 위치에 있는지 출력하고 배경을 바꾼다.

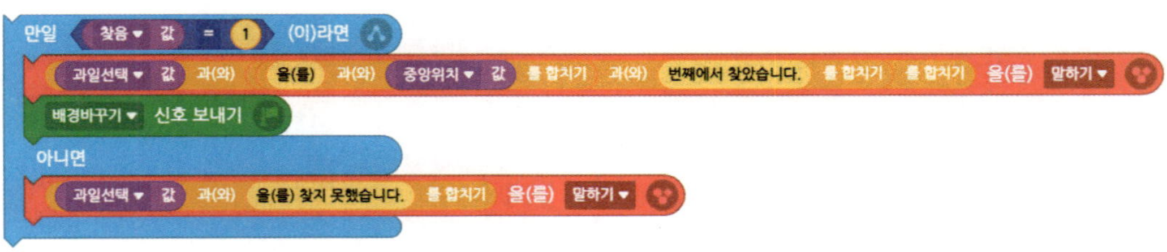

4) '울창한 숲 속' 오브젝트: 결과 창 배경 변경

조립해서 결과보기

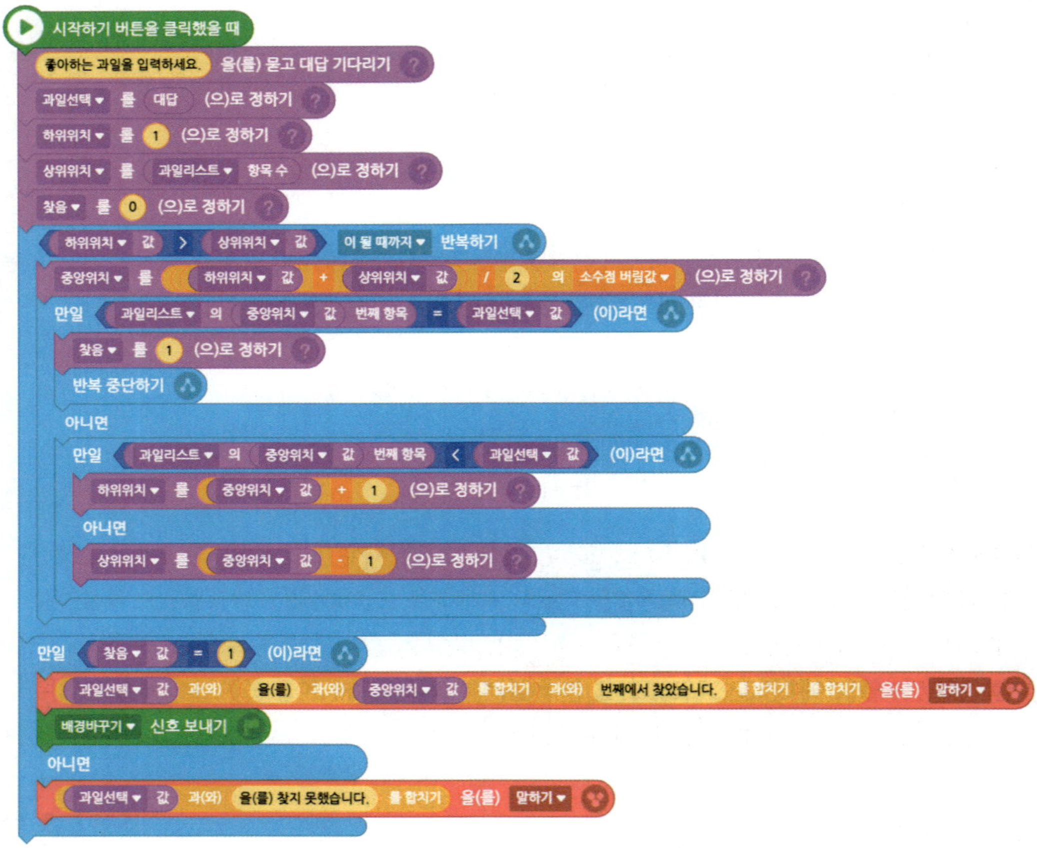

결과 출력

1) 사용자가 입력한 과일을 찾은 경우

입력화면	출력화면

2) 사용자가 입력한 과일을 찾지 못한 경우

입력화면	출력화면

4. 스스로 해결하기

4.1. 이진 검색 응용–Up/Down 게임

문제 및 해결조건

● **문제**

컴퓨터가 1~100 사이의 무작위 수 하나를 결정하면 사용자가 이 수를 맞추는 Up/Down 게임을 만드시오. 사용자가 1~100 사이의 값을 추측하면 컴퓨터는 그 값이 자신의 무작위 수와 일치할 경우 '정답입니다', 아니면 'Up!'이나 'Down!'으로 힌트를 주고 재입력을 요구한다.

▶ **해결조건**

① 1~100 사이의 수 중에서 무작위수 1개를 발생시켜 '정답' 변수에 저장한다.

② 사용자가 추측한 수를 입력받아 '정답'의 수와 비교한다. 맞으면 "정답입니다."라는 문장과 몇 회 만에 찾았는지를 출력하고 프로그램을 종료한다.

③ '정답'이 사용자가 추측한 수보다 클 때는 "Up!"을, 반대일 때는 "Down!"을 출력하고 사용자의 새로운 입력을 요구한다.

결과 출력

입력화면	출력화면

4.2. 검색 횟수 출력하기

문제 및 해결조건

● **문제**

'점수리스트'에 국어 점수가 오름차순 정렬되어 있다. 찾는 점수가 몇 번째에 있는지, 몇 번만에 찾았는지 이진 검색하여 출력하는 프로그램을 작성해보자.

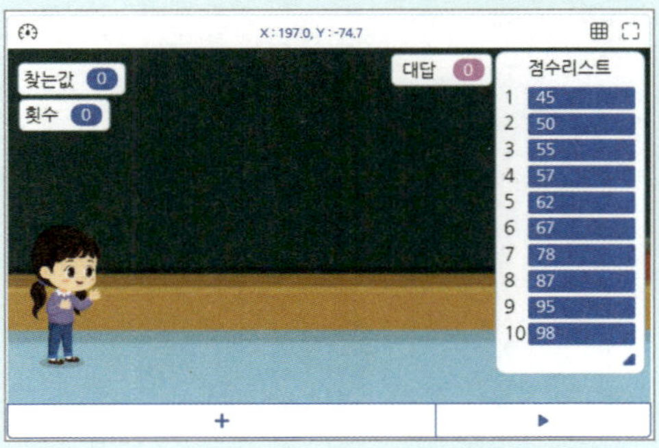

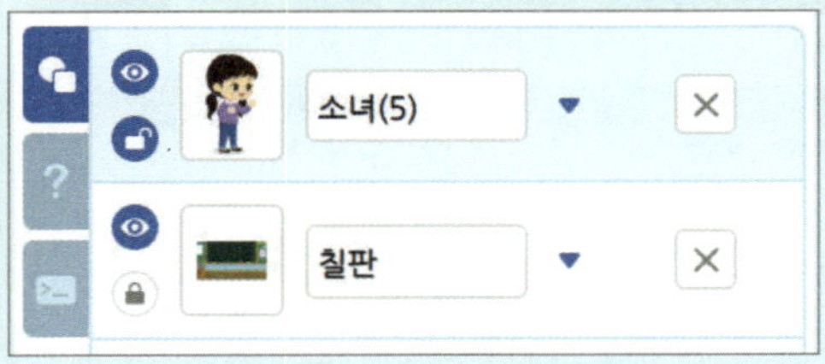

▶ **해결조건**

① 학생들의 국어 점수 10개가 리스트에 오름차순 저장되어 있다.

② 키보드로부터 찾는 점수를 입력받는다.

③ 찾는 점수가 몇 번째 위치에 있는지, 몇 번 만에 찾았는지 출력한다.

④ 찾지 못했을 때는 찾지 못했음을 알려준다.

결과 출력

1) 값을 찾았을 때

입력화면

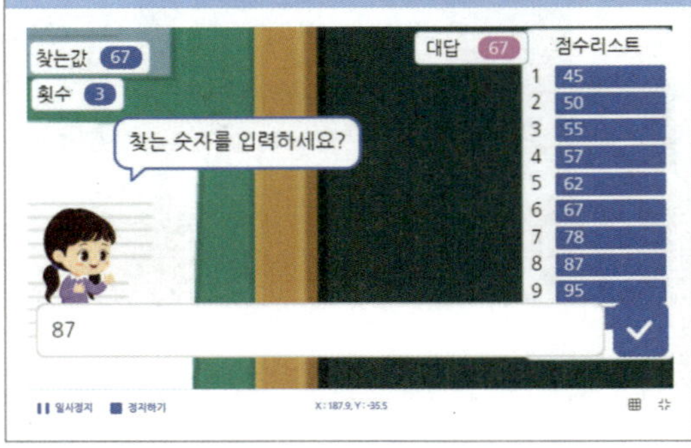

출력화면

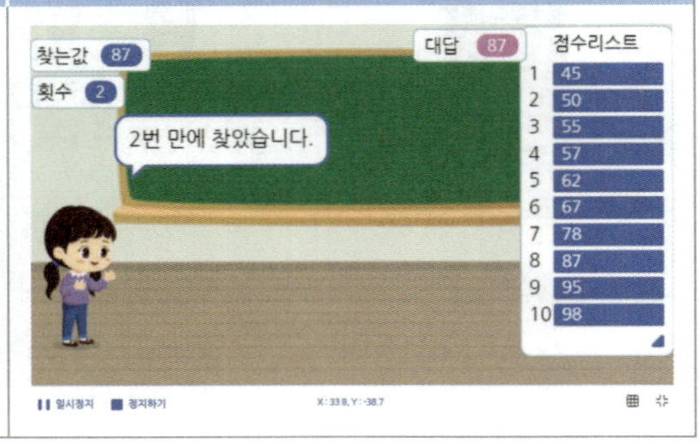

2) 값을 찾지 못했을 때

입력화면

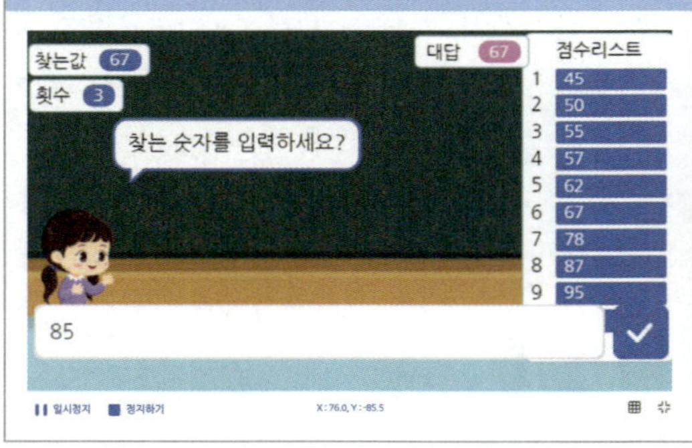

출력화면

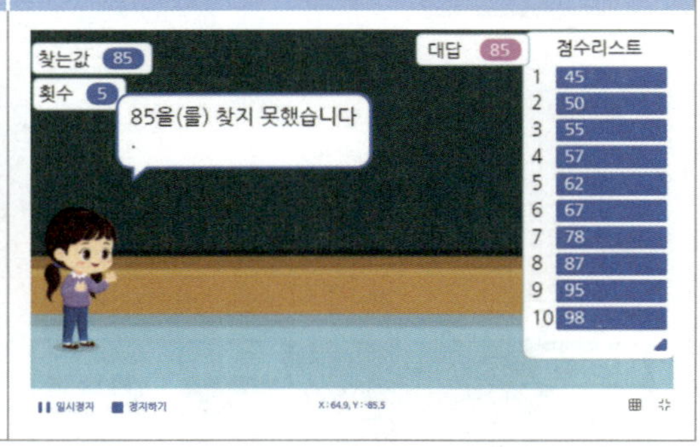

제7장
나누어서 문제 해결하기

1. 나누어 해결하기 개념

1.1. 나누어 해결하기의 필요성

아래 사진은 아이들이 있는 집에서 흔히 볼 수 있는 모습이다. 곧 중요한 손님이 온다는 연락이 와서 얼른 청소를 하긴 해야겠는데, 어디서부터 손을 대야 할지 엄마는 막막하기만 하다.

이 상황을 타개하기 위해 엄마는 전체를 한꺼번에 생각하지 않고 해야 할 일을 하나씩 나누어 생각하기로 했다. 방을 깨끗이 하기 위해서는 1) 물건 정리, 2) 가구 및 가전제품 손걸레질, 3) 진공 청소, 4) 바닥 물걸레질이 필요하다고 생각했다. 이 중에서 1)과 2)를 동시에, 3)과 4)를 동시에 할 수 있으므로, 먼저 자신과 아들이 물건을 정리하는 동안 남편과 딸이 손걸레질을 하고, 그 일들이 끝나면 자신이 진공청소기로 먼지를 빨아들인 바닥을 남편이 물걸레질하면서 뒤따라오도록 해야겠다고 결론 내렸다.

해결해야 하는 문제의 규모가 크고 복잡한 경우 전체 문제를 한꺼번에 해결하려 하다 보면 허둥지둥하게 되고 실수를 저지르기 쉽다. 이런 경우에는 위의 예처럼 전체 문제를 세부 구성 요소들로 잘게 나누고 각각을 차례대로 해결한 후 통합함으로써 보다 효율적으로 문제를 해결할 수 있다. 이러한 방식의 문제 해결 기법을 분할정복(divide and conquer), 즉 나누어 해결하기라고 한다.

또 다른 예도 있다. 위의 그림은 1970~80년대에 많이 하던 '오징어 달구지'라는 놀이이다. 공격편과 수비편으로 나누어 공격편은 달구지 바퀴 모양의 원 안에서 시작하고 수비편은 삼각형과 사각형으로 이루어진 오징어 모양 안에서 시작한다. 공격편은 원에서 밖으로 나와 한 발로 뛰어다니다가 사각형의 뚫린 입구로 들어가 오징어 모양을 통과하여 다시 원으로 돌아와야 이긴다. 반면 수비편은 공격편이 원으로 돌아가지 못하도록 삼각형과 사각형을 이루는 금 밖으로 밀어내야 하며 단 한 사람도 다시 원으로 복귀하지 못하게 해야 승리할 수 있다.

그런데 놀이가 끝나고 나서 얼마 전 학교에서 도형의 면적을 구하는 방법을 배운 한 친구가 바닥에 그린 오징어 달구지 모양이 차지하는 면적을 궁금해 했다. 같이 놀던 친구들은 모두 이 문제를 어떻게 해결할 수 있을까 고민하기 시작했다. 오징어 달구지 모양은 정형화된 모양이 아니기 때문에 한 번에 계산하기 어렵다. 대신 모양을 유심히 살펴보던 한 친구가 오징어 달구지가 원과 삼각형, 그리고 삼각형으로 이루어졌으니 각각을 계산해서 합하면 어떻겠냐고 제안했다. 이런 접근 방법이 바로 '나누어 해결하기'이다.

컴퓨터 프로그램 역시 해결해야 하는 문제들의 범위가 넓고 복잡해지면 그 문제를 해결하기 위해 작성해야 하는 프로그램도 커진다. 이 경우에도 분할정복 기법을 활용하여 전체 문제를 계산 가능한(또는 처리 가능한) 작은 문제들로 나누고 각각을 따로 해결한 후 통합하면 쉽게 문제를 해결할 수 있다. 이처럼 문제를 기능 또는 단계별로 나눈 후 각 단계를 따로따로 정복하고, 분할 처리했던 작은 단계들을 다시 결합함으로써 전체 문제를 해결하는 절차를 그림으로 나타내면 아래와 같다.

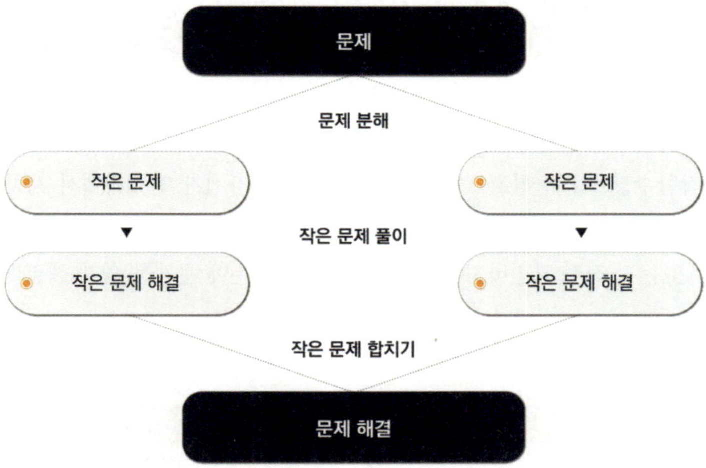

1.2. 나누어 해결하기와 함수(프로시저)

앞에서 설명했듯이 큰 문제는 작은 문제들로 나누어 해결함으로써 쉽게 해결할 수 있다. 이렇게 나누어 해결하는 일의 단위를 컴퓨터 프로그램에서는 함수(function) 또는 프로시저(procedure)라고 한다. 예를 들어 음료 자동판매기를 생각해 보자. 돈을 넣고 원하는 음료의 버튼을 누르면 자동판매기는 해당 음료수를 내어준다. 즉, 자동판매기는 사용자로부터 돈을 '입력'받고 음료수를 '출력'하는 반복되는 일을 수행한다. 자동판매기의 '입력'과 '출력'처럼 반복될 수 있는 일의 단위가 함수인 것이다. 정리하면, 함수는 일을 작게 나누어서 수행하는 단위이고 반복적으로 수행할 수 있는 단위이다. 따라서 자동판매기 프로그램은 각 처리 단위 함수의 결합으로 구현될 수 있다.

함수는 속이 보이지 않는 상자에 많이 비유한다. 함수의 내부 구조는 사용자에게 알려져 있지 않지만, 규칙에 맞게 입력을 주면 정해진 기능대로 처리해서 예상되는 결과를 돌려준다는 것은 알려져 있다.

컴퓨터 프로그래밍에서 함수를 만드는 일을 '함수 정의'라고 하는데, 이는 프로그래머가 생각한 기능을 새로운 컴퓨터 명령어로 추가하는 것과 같다. 보통 이런 '새로운 컴퓨터 명령어'는 몇 개의 기존 컴퓨터 명령어들을 묶어놓은 것이다. 예를 들어 '직진하기' 명령어와 '오른쪽으로 90도 돌기' 명령어를 필요한 만큼 나열하여 '사각형 그리기'라는 함수를 만들어 두면, 다음에 사각형을 실제로 그려야 할 때 '직진하기'나 '돌기' 등 명령어들을 여러 번 수행하는 대신 이 함수 하나만 호출함으로써 간단히 컴퓨터에게 사각형을 그리게 할 수 있다.

함수의 종류에는 사용자가 필요에 따라 직접 정의하는 사용자 정의 함수와 엔트리와 같은 프로그램 개발환경에 미리 만들어둔 라이브러리 함수가 있다. 라이브러리 함수는 여러 프로그램들에서 공통적으로 많이 쓰이는 기능들을 프로그래머가 도서관에서 책을 빌려보듯 바로 불러 쓸 수 있게 만든 함수들이다. 사실 엔트리에서 제공하는 많은 블록들 — 화면에 보이고, 숨기고, 소리를 재생하고, 그림을 그리고, 제곱과 삼각함수값을 계산하고, 시간 측정을 하는 — 자체가 엔트리에서 제공하는 라이브러리 함수들이라고 할 수 있다. 프로그램 개발자는 모니터 화면에 그림을 어떻게 나타낼 수 있는지, 소리를 어떻게 재생할 수 있는지 직접 고민하지 않아도 이 블록들 덕분에 문제를 쉽게 해결할 수 있다.

함수		기본 명령
사각형그리기( )	⇦	100만큼 직진하기 90도 오른쪽으로 돌기 100만큼 직진하기 90도 오른쪽으로 돌기 100만큼 직진하기 90도 오른쪽으로 돌기 100만큼 직진하기 90도 오른쪽으로 돌기

함수가 실행되도록 명령하는 것을 '함수 호출'이라고 한다. 즉, 함수를 호출하면 함수가 실행되고, 함수의 실행이 끝나면 호출한 곳으로 다시 돌아와서 다음 명령문을 수행한다. 아래 그림에 함수 호출에 의한 프로그램 명령어 수행 순서가 잘 표현되어 있다.

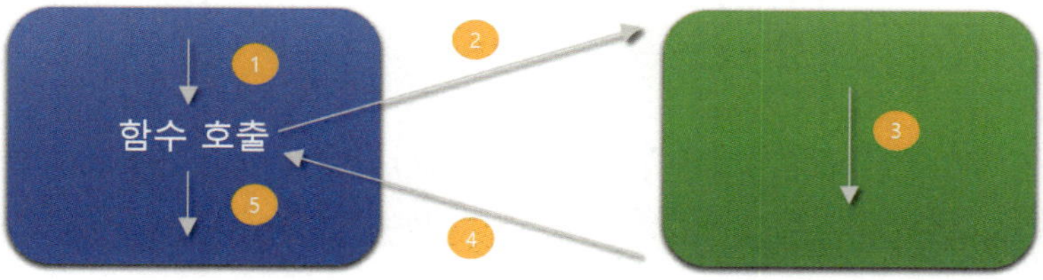

인수와 매개변수

함수가 임무를 완수하려면 외부로부터 특별한 정보를 받아야 할 때가 있다. 이렇게 함수에 전달하는 정보를 인수 또는 매개변수라고 한다. 아래는 함수 add의 정의와 함수 호출자의 관계를 보여준다. 오른쪽 '함수 부분'이 함수 정의 부분이고, '메인 부분'에서는 함수의 이름을 이용하여 함수를 호출한다. 이때 메인의 변수 n1, n2에 저장된 실제 값이 함수 정의부의 인수 n1, n2로 복사된다.

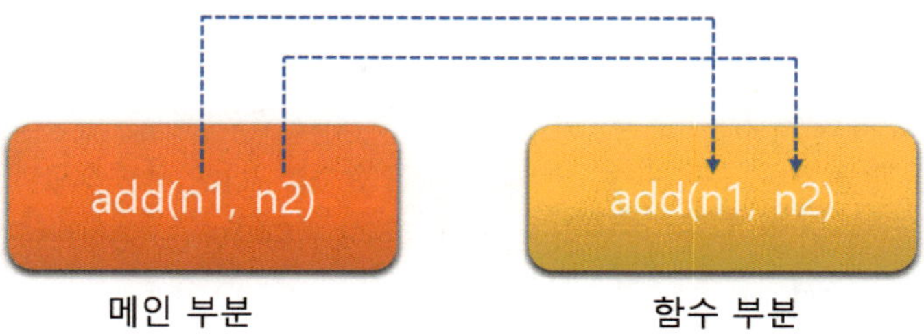

2. 성적 처리 프로그램

2.1. 문제 및 해결조건

● **문제**

어느 학생의 엑셀, 워드, 파워포인트 과목 점수에 대해서 총점과 평균, 등급을 구하는 성적처리 프로그램을 작성해보자.

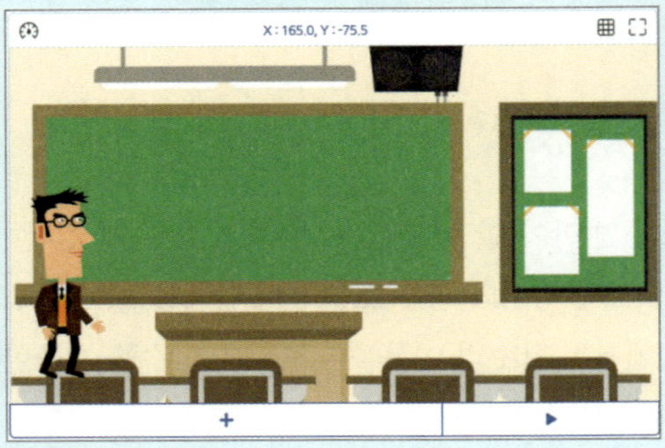

▶ **해결조건**

① 엑셀, 워드, 파워포인트 과목 점수를 사용자로부터 입력받는다.
② 총점 합산, 평균 계산, 등급 판정, 그리고 출력은 함수를 만들어서 수행한다.
③ 등급은 평균이 90점 이상이면 A, 80점대이면 B, 70점대이면 C, 60점대이면 D, 그 이하는 F 학점을 부여한다.
④ 등급 출력 시 배경을 바꾼다.
⑤ 엔트리의 오브젝트와 배경은 '선생님(1)'과 '교실_1', '교문_1'이다.

2.2. 문제 해결 전략

오브젝트 추가하기

사용할 오브젝트는 '선생님(1)'이고 기본 배경으로는 '교실' 오브젝트를 선택한다. 등급 출력 시 배경으로 사용하기 위해 '교실' 오브젝트의 [모양]-[모양 추가하기]를 눌러 '교문' 배경을 추가한다.

변수 만들기

사용할 변수의 목록은 다음과 같다.

변수	설명
엑셀	엑셀 점수를 저장할 변수
워드	워드 점수를 저장할 변수
파워포인트	파워포인트 점수를 저장할 변수
총점	총점을 계산하여 저장할 변수
평균	평균을 계산하여 저장할 변수
등급	등급을 판정하여 저장할 변수

신호 만들기

[속성] 탭의 [신호]-[신호 추가하기]에서 '배경바꾸기' 신호를 만든다. 이 신호는 성적처리를 다 끝내고 나면 성적 처리 결과를 보이는 화면으로 전환할 때 사용한다.

함수 만들기

1) [블록] 탭 아래 [함수] 선택

2) 함수 정의하기

[함수 만들기]를 선택하면 아래와 같이 함수를 정의하기 위한 블록조립소가 회색으로 표시되고, 함수 이름과 함수의 인수를 표현하는 데 사용할 블록들이 나타난다.

함수 정의를 위한 블록 설명은 다음과 같다.

블록	설명
이름	함수 이름을 지정하는 블록
문자/숫자값	함수에 전달할 값이 문자나 숫자인 경우 사용하는 블록
판단값	함수에 전달할 값이 참 또는 거짓인 판단값인 경우 사용하는 블록
함수	이름 블록으로 함수 이름을 지정하면 '함수' 자리에 그 이름이 나타남

위 블록들을 사용하여 함수명을 정하고 함수가 주어진 기능을 수행하는 데 필요한 인수들을 함수명 옆에 나열한 후에는 일반적인 코딩을 하듯이 다른 블록들을 이용하여 함수의 기능을 구현한다. 본 예제를 위한 총점, 평균, 등급, 출력 함수의 호출 형태는 다음과 같고, [함수] 꾸러미에 나타난다.

함수	설명
총점구하기 엑셀▾ 값 워드▾ 값 파워포인트▾ 값	세 과목의 점수를 인수로 전달받아 총점을 계산
평균구하기 총점▾ 값	총점을 인수로 전달받아 세 과목의 평균 계산
등급구하기 평균▾ 값	평균을 인수로 전달받아 등급 판정
출력하기 총점▾ 값 평균▾ 값 등급▾ 값	총점, 평균, 등급을 전달받아 결과 출력

만들어진 함수의 이름과 인수에 대한 정보는 [속성] 탭 [함수]에서도 볼 수 있다.

프로그램 설계

1) 프로그램 시작: 점수 입력

사용자로부터 엑셀, 워드, 파워포인트 점수를 입력받아 각각 변수에 저장한다.

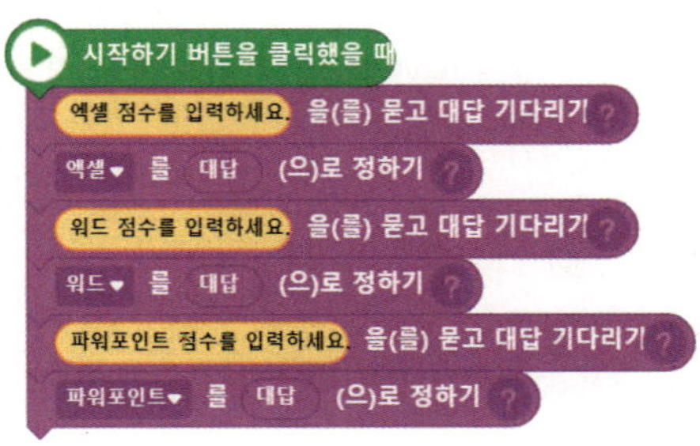

2) '총점구하기' 함수 정의

세 과목의 점수를 전달받아 총점을 계산한다.

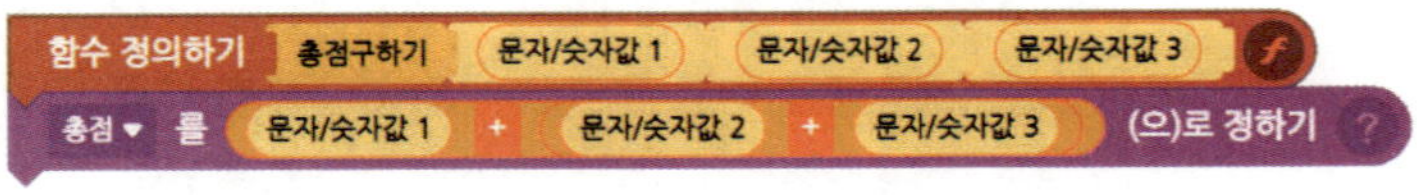

3) '평균구하기' 함수 정의

'총점'을 전달받아 세 과목의 평균을 계산한다.

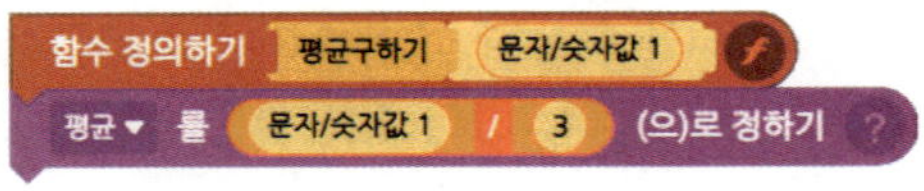

4) '등급구하기' 함수 정의

'평균'을 전달받아 그에 대한 등급을 판정한다.

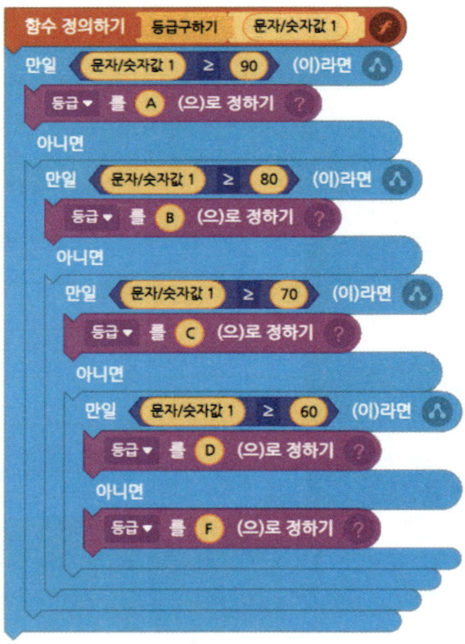

5) '출력하기' 함수 정의

총점과 평균, 등급을 전달받아 화면에 출력한다.

6) 함수 호출과 결과 보이기

'선생님(1)' 오브젝트는 '배경바꾸기' 신호를 보내 '교실' 오브젝트가 결과를 보일 화면으로 바꾸게 한 뒤 정의한 네 개의 함수를 차례로 호출하여 총점, 평균, 등급을 구하고 화면에 출력한다.

[선생님(1) 오브젝트]

[교실 오브젝트]

2.3. 조립해서 결과보기

1) 함수 블록

2) 메인 블록

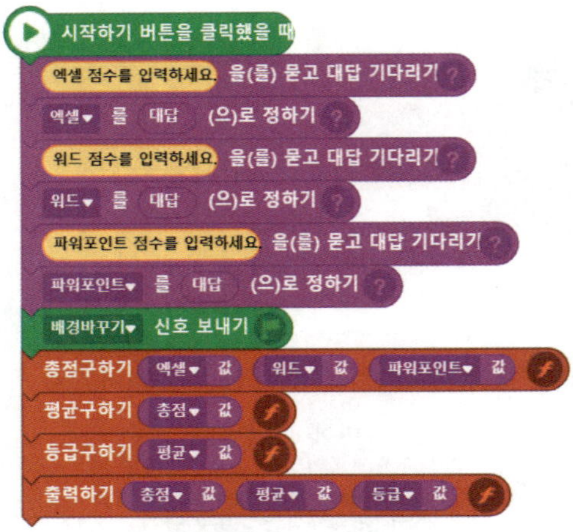

결과 출력

입력화면	출력화면

3. 나누어서 문제 해결하기 응용

3.1. 열대야 일 수와 최고 온도 구하기

문제 및 해결조건

● **문제**

한여름 10일간의 밤 최저 기온이 리스트에 저장되어 있다. 열대야(tropical night)를 기록한 날이 며칠이 되는지, 최고 온도는 얼마인지 함수를 이용하여 출력한다. 열대야란 밤 최저 기온이 25℃ 이상인 경우이다.

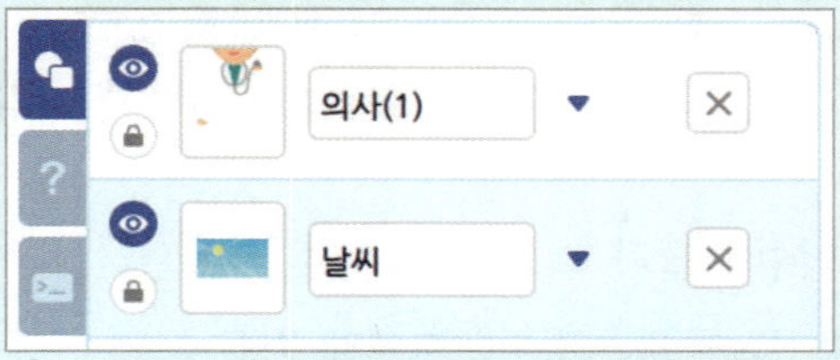

▶ **해결조건**

① 사용자로부터 임의로 열 개의 밤 최저 기온을 입력받아 리스트에 저장한다.

② 리스트의 내용을 처음부터 마지막 원소까지 차례대로 검색하면서 최고로 높은 온도를 찾아서 저장한다. 최고 온도는 함수를 만들어서 구한다.

문제 해결 전략

1) 오브젝트 추가하기

엔트리의 오브젝트와 배경은 ' 의사(1)'과 '날씨'이다.

2) 리스트와 변수 만들기

사용할 리스트와 변수들은 다음과 같다.

리스트와 변수	설명
최저기온목록	10일간의 밤 최저 기온을 저장할 리스트
열대야일수	열대야 일 수를 저장할 변수
최고온도	열대야를 기록한 날 중 최고 온도를 저장할 변수
위치	리스트 원소의 위치값을 저장할 변수

3) 함수 만들기

최고 온도를 찾을 함수는 다음과 같다.

함수	설명
최고온도구하기	열대야 온도 리스트를 검색하여 최고 온도를 구한다.

4) 신호 만들기

[속성] 탭의 [신호]-[신호 추가하기]에서 '배경바꾸기' 신호를 만든다. 이 신호는 사용자가 일 최저 기온 입력을 다 끝내고 나면 열대야 일 수와 최고 온도 결과를 보이는 화면으로 전환할 때 사용한다.

프로그램 설계

1) 프로그램 시작:변수 초기화

열대야 일 수와 리스트 내 최초 사용 위치를 초기화한다.

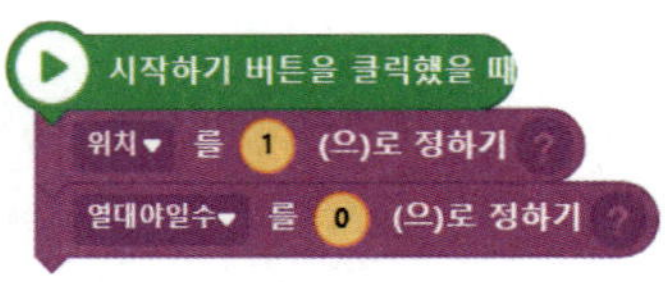

2) 최저 기온 입력받기

사용자로부터 10개의 밤 최저 기온을 입력받아 '최저기온목록' 리스트에 차례대로 저장한다.

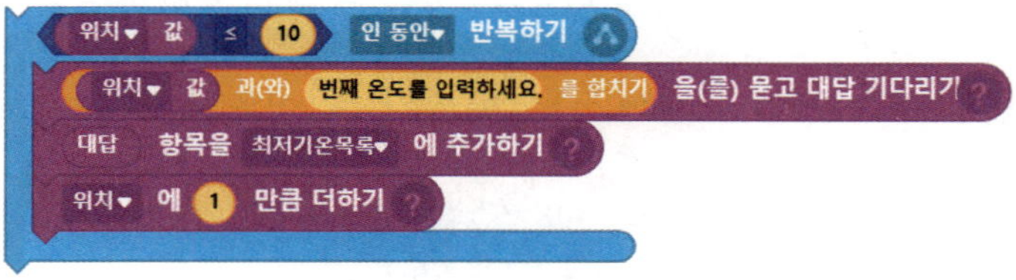

3) 열대야 일 수 구하기

'최저기온목록' 리스트를 처음부터 검색하여 온도가 25도 이상인 경우 '열대야일수' 변수에 누적한다.

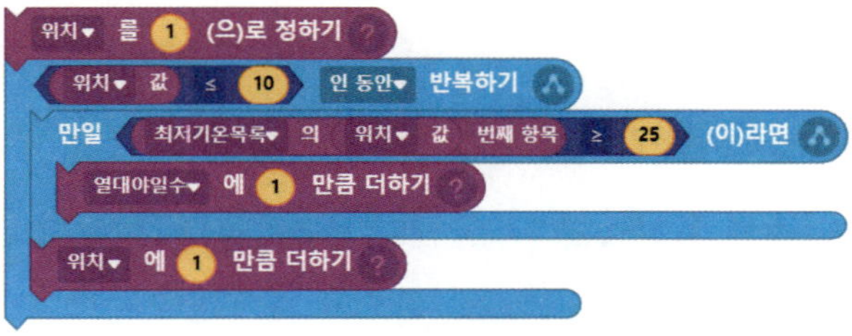

4) '최고온도구하기' 함수 정의

'최고온도구하기'는 리스트에 이미 저장된 값들 중에서 최댓값을 찾기 때문에 외부로부터의 인수 전달이 필요 없다. 최댓값을 구하려면 리스트 원소가 가질 수 있는 가장 작은 값으로 '최고온도' 변수를 초기화한 후 (여기에선 0으로 초기화했다) 리스트 원소를 순서대로 모두 살피면서 이전 최고온도보다 크면 '최고온도'를 갱신한다.

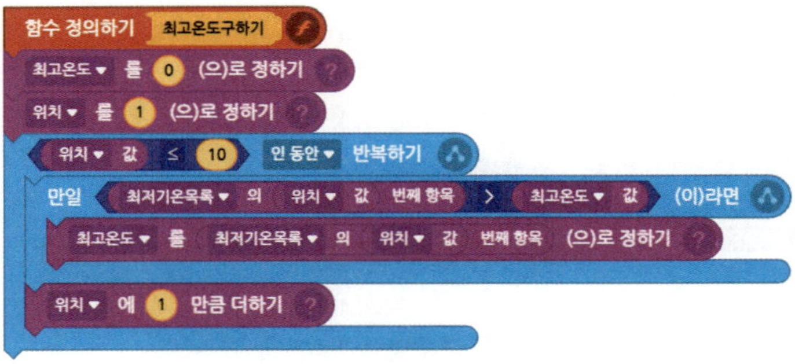

5) 함수 호출과 결과 보이기

'의사(1)' 오브젝트는 '최고온도구하기' 함수를 호출하고 '배경바꾸기' 신호를 보낸 후 열대야 일 수와 최고 온도를 출력한다. '날씨' 오브젝트는 '배경바꾸기' 신호를 받으면 배경을 '날씨_밤'으로 바꾼다.

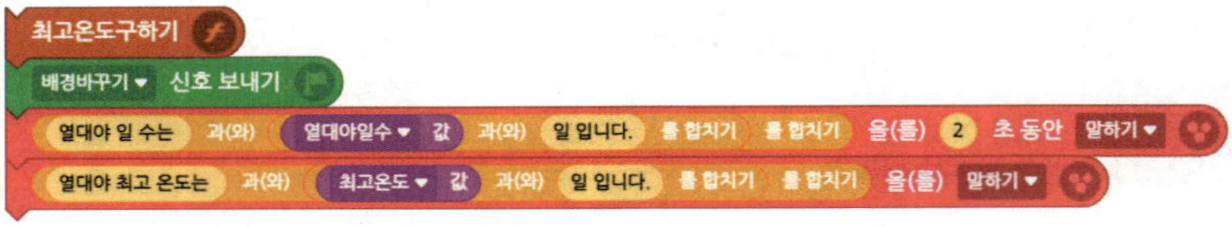

[의사(1) 오브젝트]

[날씨 오브젝트]

조립해서 결과보기

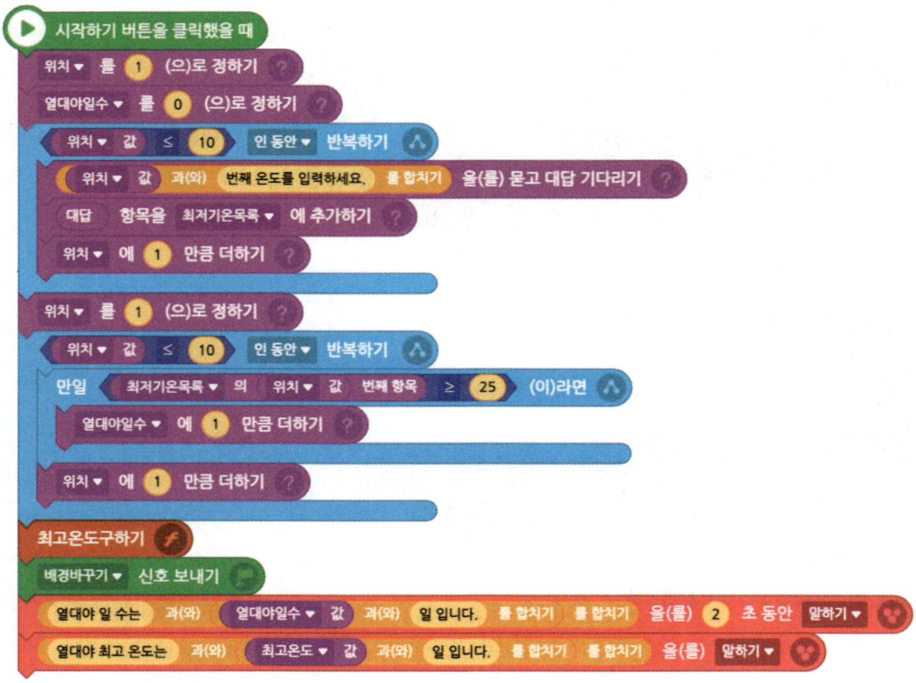

[의사(1) 오브젝트]

[날씨 오브젝트]

결과 출력

입력화면

결과화면

3.2. 도형 면적 구하기

문제 및 해결조건

● **문제**

원과 삼각형, 그리고 사각형의 면적을 구해보자. 각 도형의 면적을 계산하는 함수를 만들고 면적을 구하기 위해 필요한 값은 인수로 전달한다.

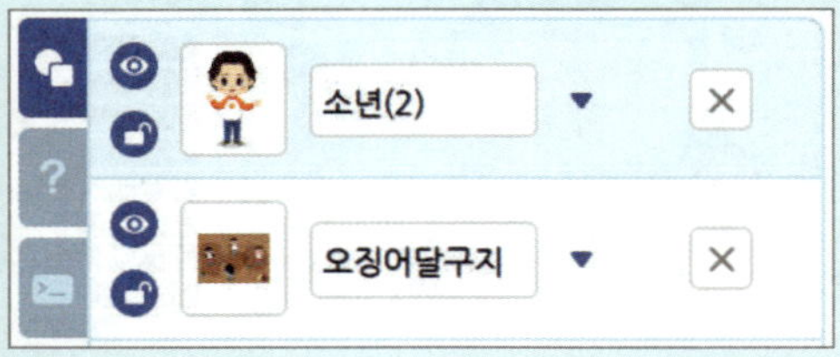

▶ **해결조건**

① 사용자로부터 면적을 계산할 도형 이름을 입력받는다. 선택 가능한 도형은 원과 삼각형, 사각형이다.

② 선택한 도형에 따라 면적 계산에 필요한 정보를 사용자에게서 입력받는다. 원, 삼각형, 사각형 이외의 도형이 선택된 경우는 해당 도형 면적은 계산할 수 없음을 말하고 종료한다.

③ 도형별로 면적을 구하는 함수를 작성한다. 배경을 바꾸고 함수가 계산한 결과를 출력한다.

문제 해결 전략

1) 오브젝트 추가하기

본 예제의 배경은 '오브젝트 추가하기' 페이지에서 [파일 올리기]를 선택하여 직접 그린 배경을 추가한다. 사용자와 대화할 오브젝트는 '소년(2)'이다.

2) 변수 만들기

사용할 변수들은 다음과 같다.

변수	설명
도형	면적을 구할 도형 이름을 저장할 변수
원의면적	원의 면적을 저장할 변수
삼각형의면적	삼각형의 면적을 저장할 변수
사각형의면적	사각형의 면적을 저장할 변수
반지름	입력받은 원의 반지름을 저장할 변수
밑변	입력받은 삼각형의 밑변 길이를 저장할 변수
높이	입력받은 삼각형의 높이를 저장할 변수
가로	입력받은 사각형의 가로 길이를 저장할 변수
세로	입력받은 사각형의 세로 길이를 저장할 변수

3) 함수 만들기

각 도형의 면적을 구할 함수의 이름과 인수들은 다음과 같다.

함수	설명
원의면적구하기 (반지름▾ 값)	반지름을 입력받아 원의 면적을 구한다.
삼각형의면적구하기 (밑변▾ 값) (높이▾ 값)	밑변과 높이를 입력받아 삼각형의 면적을 구한다.
사각형의면적구하기 (가로▾ 값) (세로▾ 값)	가로와 세로를 입력받아 사각형의 면적을 구한다.

4) 신호 만들기

[속성] 탭의 [신호]-[신호 추가하기]에서 '배경바꾸기' 신호를 만든다. 도형의 면적 계산 결과를 보이는 화면으로 전환할 때 사용한다.

프로그램 설계

1) 프로그램 시작: 도형 선택

사용자에게서 어떤 도형의 면적을 구할 것인지 입력받아 '도형' 변수에 저장한다.

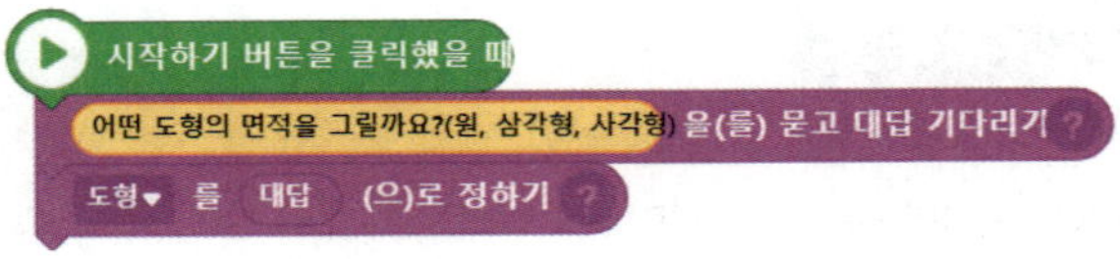

2) 원의 면적 구하기

선택한 도형이 원이라면 반지름을 입력받아 '원의면적구하기' 함수를 호출할 때 인수로 넘겨준다. 원의 면적을 출력하고 '배경바꾸기' 신호를 보낸다.

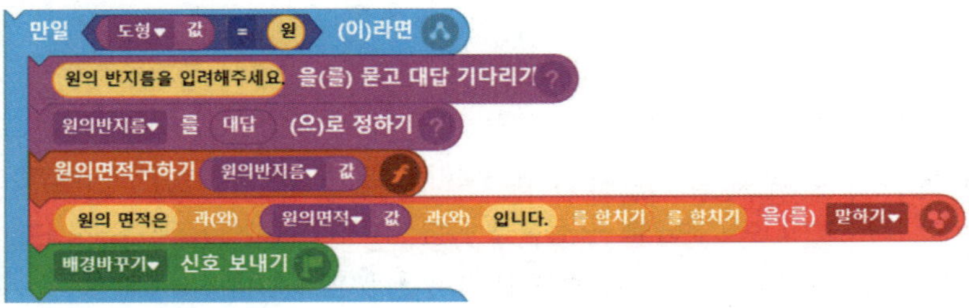

3) 삼각형 면적 구하기

선택한 도형이 삼각형이라면 밑변 길이와 높이를 입력받아 '삼각형면적구하기' 함수를 호출할 때 인수로 넘겨준다. 삼각형의 면적을 출력하고 '배경바꾸기' 신호를 보낸다.

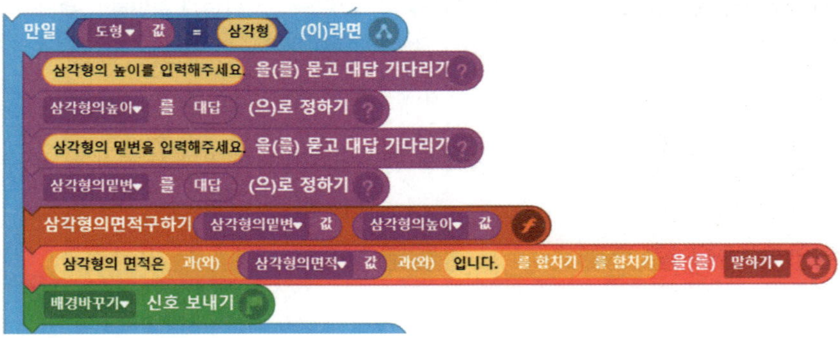

4) 사각형 면적 구하기

선택한 도형이 사각형이라면 가로와 세로 길이를 입력받아 '삼각형면적구하기' 함수를 호출할 때 인수로 넘겨준다. 사각형의 면적을 출력하고 '배경바꾸기' 신호를 보낸다.

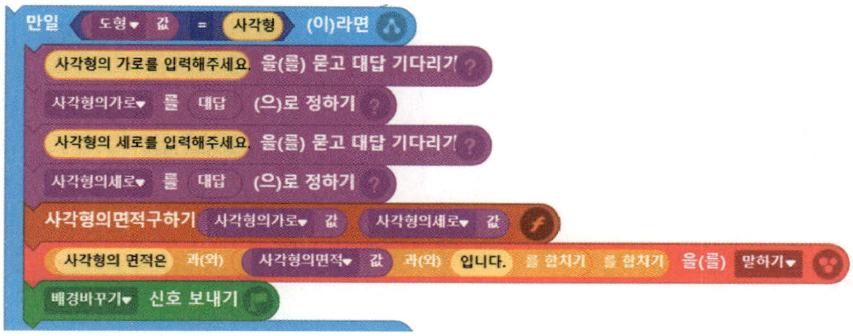

5) 오류 메시지 출력

면적 계산을 할 수 없는 도형이 입력되었을 때 오류 메시지를 출력한다.

6) 원의 면적 구하기 함수 정의

원의 면적 공식에 인수로 받은 반지름을 넣어 계산한 후 '원의면적' 변수에 저장한다.

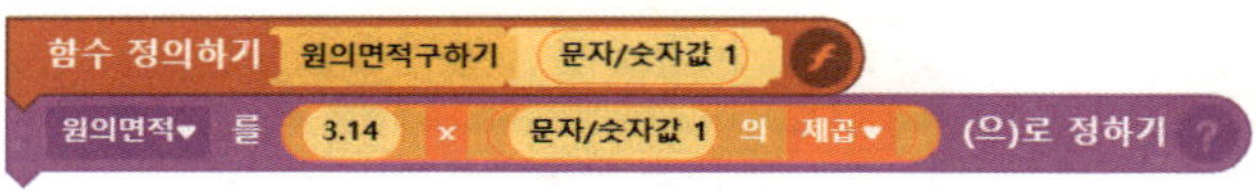

7) 삼각형의 면적 구하기 함수 정의

삼각형의 면적 공식에 인수로 받은 삼각형 밑변 길이와 높이를 넣어 계산한 후 변수에 저장한다.

8) 사각형의 면적 구하기 함수 정의

사각형의 면적 공식에 인수로 받은 사각형 가로와 세로 길이를 넣어 계산한 후 변수에 저장한다.

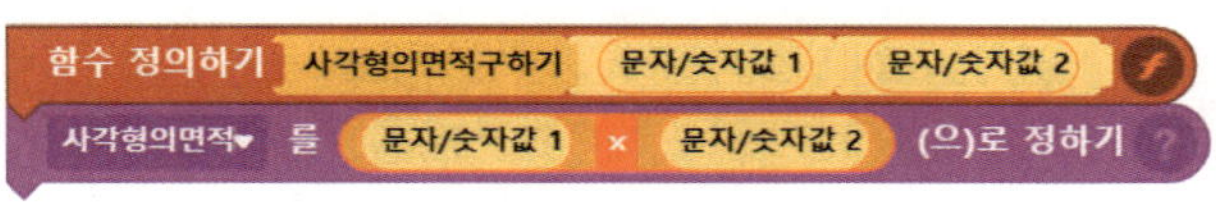

9) 결과 화면 배경 바꾸기

‘배경바꾸기’ 신호를 받은 ‘오징어달구지‘ 오브젝트는 배경 모양을 바꾼다.

조립해서 결과보기

1) 함수 블록

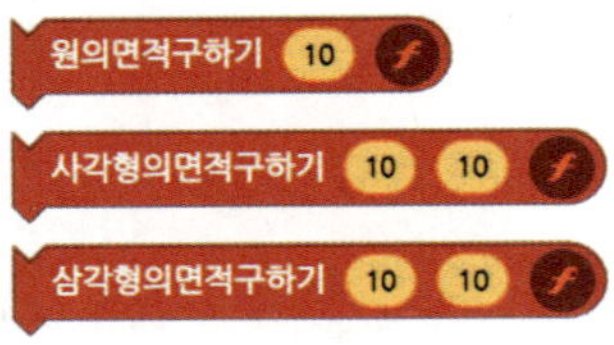

2) 메인 블록

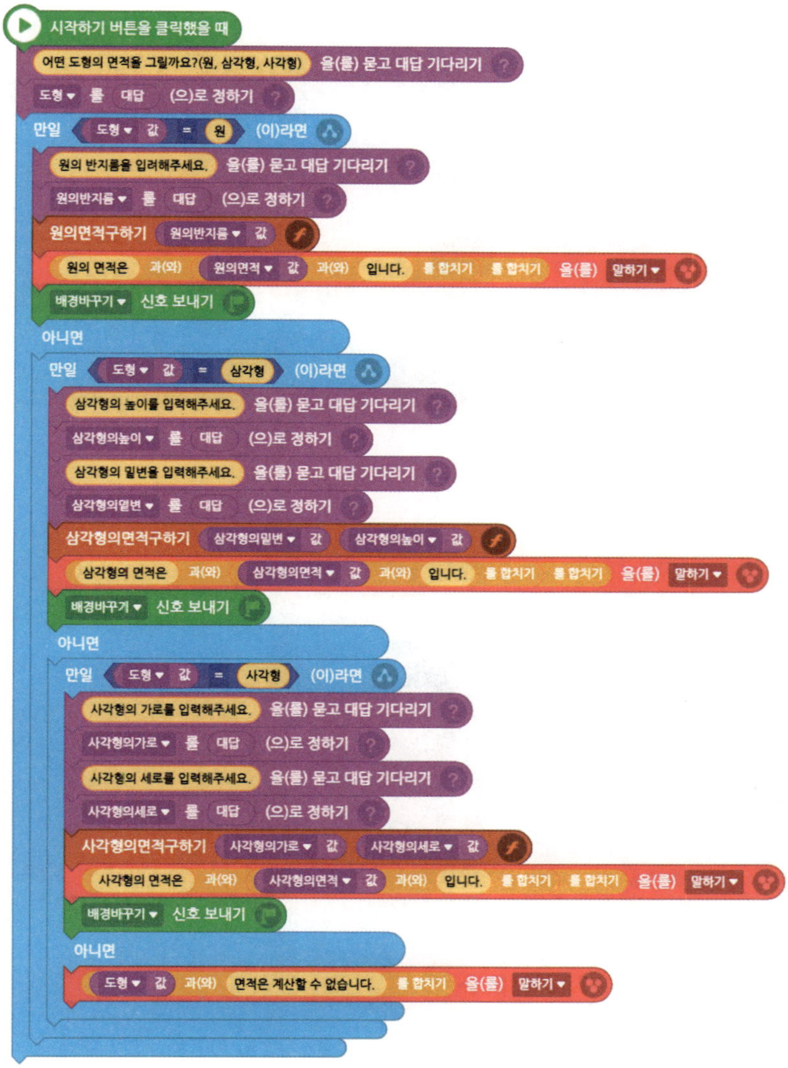

[소년(2) 오브젝트]

[오징어달구지 오브젝트]

결과 출력

1) 삼각형을 입력했을 때

입력화면	출력화면

2) 도형을 잘못 입력했을 때

입력화면	출력화면

4. 스스로 해결하기

4.1. 수 리스트에서 짝수 개수 구하기

문제 및 해결조건

● 문제

1~10 사이의 수 10개를 무작위로 생성해서 '수리스트'에 저장하고, 저장된 수 중에서 짝수가 몇 개 있는지 출력해보자.

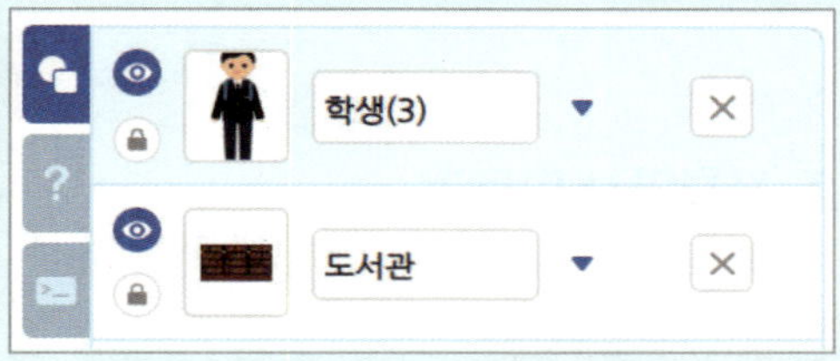

▶ 해결조건

① 1~10 사이의 수 10개를 무작위로 생성하여 '수리스트'에 저장한다.

② 리스트에 저장된 수 중에서 짝수를 찾아 별도의 리스트에 저장하고 짝수가 몇 개 있는지 출력한다.

③ 짝수의 개수는 구하기 위해 별도의 함수를 정의한다.

결과 출력

입력화면	출력화면
	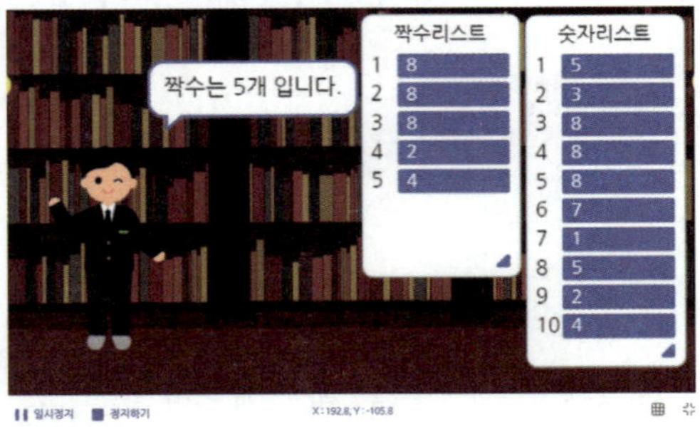

4.2. 사칙연산 만들기

문제 및 해결조건

● **문제**

사용자로부터 두 수와 연산자를 입력받아 사칙연산을 수행하는 프로그램을 만들어보자.

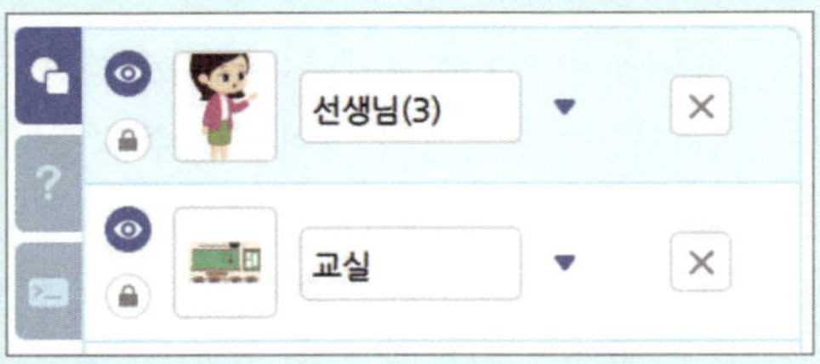

▶ **해결조건**

① 사용자로부터 두 수와 연산자(+,-,*,/) 한 개를 입력받는다.

② 연산자에 따라 사칙연산을 수행하고 결과를 출력한다.

③ 사칙연산은 함수를 이용하여 수행한다.

④ 연산자를 잘못 입력했을 경우 에러 메시지를 출력한다.

결과 출력

1) 연산자 입력 오류가 없을 때의 출력 결과

입력화면	출력화면

2) 연산자 입력 오류가 있을 때의 출력 결과

입력화면	출력화면

제8장
컴퓨터 시뮬레이션과 게임

1. 시뮬레이션과 게임

1.1. 컴퓨터 시뮬레이션

현실 세계에서 구현하기 힘든 문제나 사회현상을 해결하기 위해 실제와 비슷한 모형을 만들어 모의로 실험을 한 후 그 결과에 따라 의사결정을 하는 기법을 시뮬레이션이라고 한다. 가장 바람직한 것은 직접적인 방법으로 실험을 하고 분석하여 결과를 도출하는 것이지만 현실에선 여러 가지 제약으로 인해 모형을 이용한다. 시뮬레이션은 축소된 모형에 실제와 똑같은 환경과 여러 요인을 주고 실험을 진행한다. 시뮬레이션을 이용하여 도출된 실험 결과는 시스템을 평가하거나 새로운 시스템을 개발하는 데 매우 중요한 역할을 한다.

[에어버스 A320 비행 시뮬레이터]

시뮬레이션은 많은 곳에서 사용되고 있다. 항공기 조종사들이 실제 비행기와 똑같은 환경을 가진 시뮬레이터를 이용하여 비행 조종을 익히고, 비용이 많이 드는 미래의 자동차를 개발하기 위해 새로운 기술을 적용한 시뮬레이터 자동차를 운행하는 것을 예로 들 수 있다. 시뮬레이션은 과학 기술 분야에서도 많이 활용되고 있으며, 시뮬레이션을 위한 하드웨어와 소프트웨어는 더 정교해지고 있다.
이러한 시뮬레이션은 직접 해 보기 어려운 실험을 가상으로 수행하여 결과를 예측할 수 있게 해주기 때문에 시간과 비용을 줄일 수 있고, 혹시 있을지도 모르는 위험을 사전에 미리 예방할 수 있다. 이번 장에서는 엔트리의 수학 블록들을 이용하여 중, 고등학교 과학 시간에 배운 등속도 운동과 포물선 운동을 컴퓨터로 구현해보기로 한다. 특히 포물선 운동이 적용된 포트리스와 같은 게임은 사용자들에게 많은 사랑을 받고 있다.

등속도 운동

우리는 주변에서 수많은 물체의 이동을 볼 수 있다. 지구가 태양을 일정한 속도로 움직인다든지, 자동차가 고속도로를 일정한 속도나 가속을 하면서 움직인다든지, 조건과 환경은 달라도 자연의 물리적인 법칙에 따라 움직이고 있다. 등속도 운동은 물체가 일직선상을 일정한 속력으로 운동하고 있을 때를 말한다. 이러한 물체의 운동은 속력과 방향이 일정하므로 직선운동만 하고 이동한 거리는 시간에 비례한다. 따라서 물체가 일정한 속력 v로 시간 t동안 일직선상을 운동하였을 때 이동한 거리 s는 다음과 같다.

$$s = vt$$

아래는 등속도 운동을 하는 공의 위치를 일정한 시간 간격으로 나타낸 것이다. 등속도 운동이기 때문에 시간 간격이 같으면 위치 간격도 동일함을 알 수 있다.

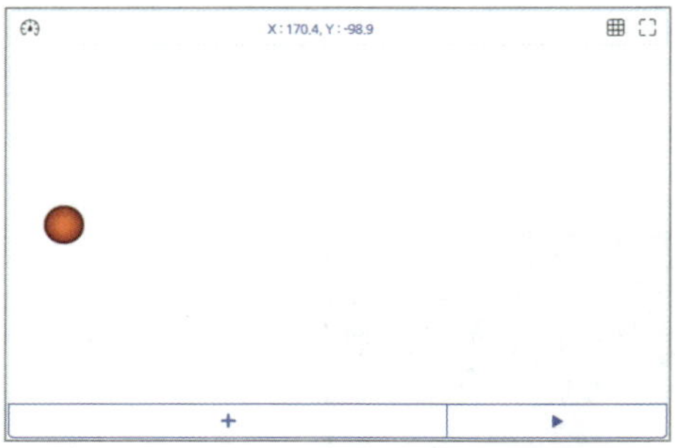

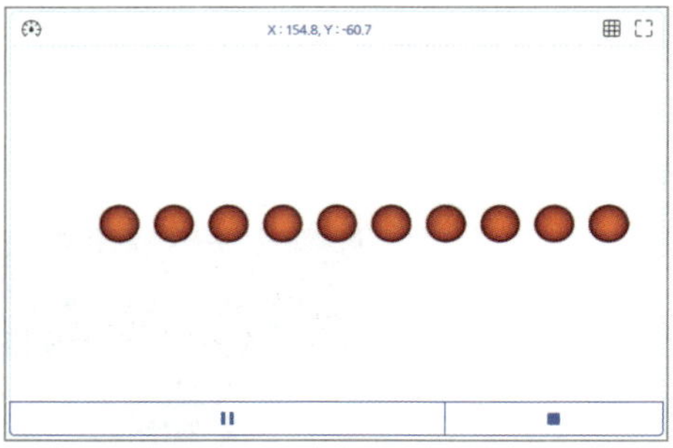

등가속도 운동

단위 시간에 따라 속도가 변하는 물리량을 가속도라고 한다. 따라서 속도를 v, 시간을 t라고 하면, 가속도 a는 다음 수식으로 표현할 수 있다.

$$a = \frac{dv}{dt}$$

일상생활에서 일어나는 가속도 운동은 자동차가 속도를 점점 높이는 경우나 야구에서 투수가 던진 공이 점점 느려지는 등 다양한 사례가 있다. 등가속도 운동을 하는 물체의 시간 t=0에서의 속도와 위치를 각각 v_0와 s_0라 할 때 시간 t이후의 속도 v와 s위치 는 다음과 같이 계산할 수 있다.

$$v = v_0 + at$$
$$s = s_0 + v_0 t + \frac{1}{2}at^2$$

다음은 등가속도 운동을 하는 공의 위치를 일정한 시간 간격으로 나타낸 것이다. 눈으로 관찰하긴 어렵지만 단위 시간 동안 이동하는 거리가 일정한 크기로 증가하고 있다.

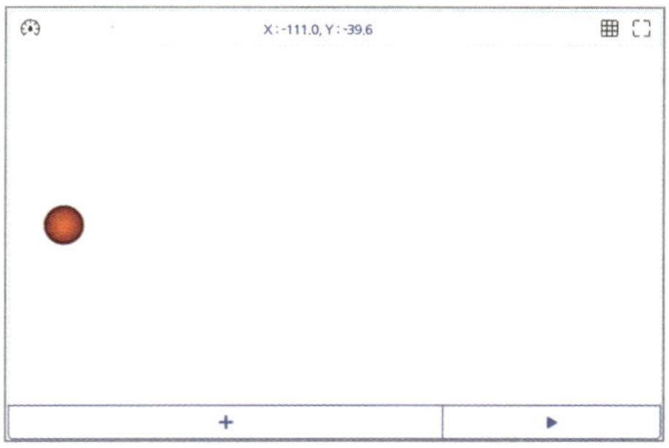

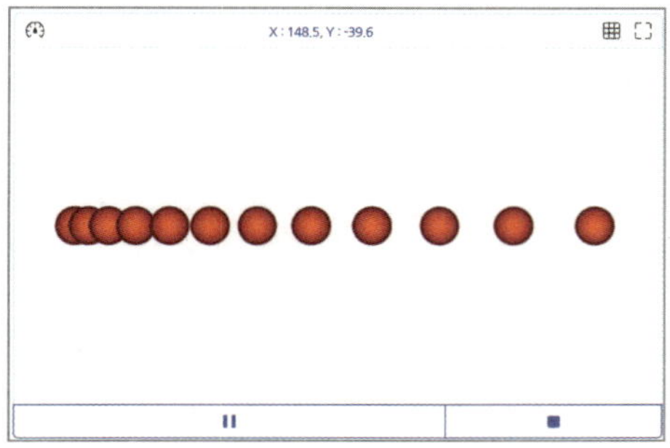

포물선 운동

포물선 운동은 대각선 방향으로 공을 던졌을 때 최고점에 도달했다가 중력 가속도의 영향을 받아 떨어지질 때 곡선 모양으로 이동하는 움직임의 형태를 말한다. 육상 경기 중 투포환 던지기나 창 던지기, 탱크가 포탄을 쏠 때 날아가는 형태가 포물선 운동이다.

포물선 운동에서 대각선 속도 v는 아래 그림과 같이 이동 방향의 x축 속도와 y축 속도로 분해할 수 있다. 만약 공기의 저항을 무시한다면 출발 시점의 속도와 비교하여 x축 속도는 끝까지 동일한 등속 운동을 하지만, y축 속도는 중력 가속도 의 g[1]영향을 받아 일정하게 줄어드는 등가속도 운동을 한다.

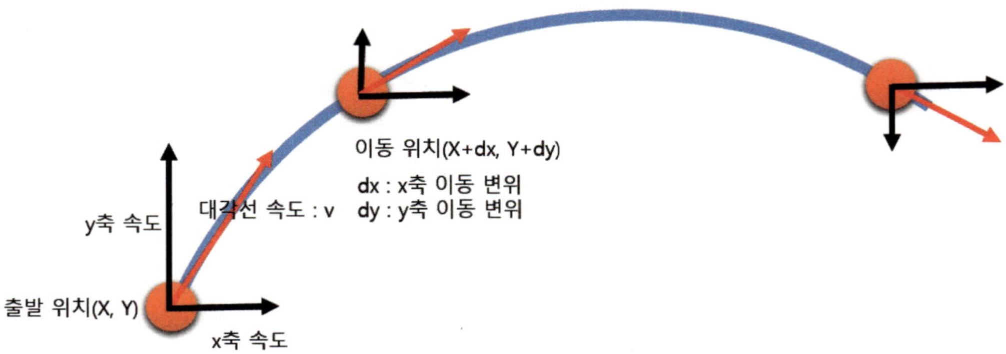

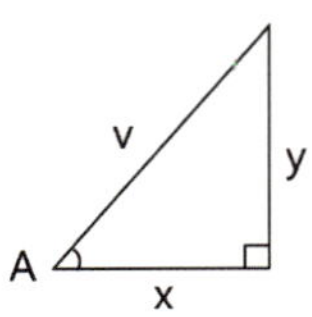

먼저 출발 시점의 속도를 구해보자. 지표면에서 출발 속도 v로, 각도 A 방향으로 출발했다면 삼각 함수 정의에 따라 x축 속도 v_x와 v_y는 다음과 같이 계산된다.

$$v_x = v \cdot \cos A$$
$$v_y = v \cdot \sin A$$

1) 일반적으로 지구 중력가속도 값은 $g = 9.80665\, m/s^2$ 이 사용된다.

그런데, 출발 시각으로부터 t초의 시간이 흐른 후에는 중력가속도 g의 영향으로 y축 속도만 다음과 같이 바뀐다.

$$v_x = v \cdot \cos A$$
$$v_y = v \cdot \sin A - gt$$

위의 공식을 엔트리 블록으로 작성하고 출발부터 물체가 땅에 떨어질 때까지 매시각마다 계산된 x축 속도와 y축 속도의 벡터합을 화면에 그리면 중력 가속도의 영향을 받는 포물선 운동을 관찰할 수 있다.

1.2. 기능성 게임 (Serious Game)

'게임'은 최근 각광 받는 컴퓨터 산업의 한 분야이다. 우리나라 게임 산업의 2020년 매출은 무려 17조 원에 이르며 우리 정부가 게임 산업을 4차 산업혁명 시대의 새로운 혁신성장 동력으로 집중 육성하기로 하면서 앞으로도 꾸준히 발전할 것으로 예상된다.

하지만 게임의 중독성에 대한 우려로 인해 게임에 대한 비판적 여론도 많다. 그러나 2010년을 전후해서 게임의 기본적인 특성—재미를 추구하고 사람들 간의 경쟁심을 자극하는—을 다른 분야에 적용하는 게이미피케이션(gamification) 개념이 등장하면서 게임은 새로운 가능성으로 주목받게 되었다. 예를 들어 마케팅 분야에서는 게임 형식을 차용해 브랜드를 홍보하는 사례가 많아졌고, S커피 체인점은 자사의 매장을 몇 군데 이상 방문한 고객들에게 특별한 기념품을 주거나 개별 매장별로 가장 자주 방문한 고객에게 할인을 제공하는 방식으로 브랜드에 대한 고객의 충성심을 유지하였다. 헬스케어 분야에서는 참여자에게 미션을 부여하여 이를 달성한 사람들에게 기념품을 제공하고 순위를 매김으로써 경쟁심을 자극하였고, 정치나 행정가들도 시민들에게 정책적 제안을 독려하기 위해 유사한 방식을 도입하였다. 또한 생명과학이나 천문학처럼 방대한 데이터 속에서 해답을 찾기 위해 상상력이 많이 필요한 과학 분야에서는 대중의 집단 지성을 활용할 목적으로 사람들에게 데이터를 제공하고 그 속에서 특이한 패턴을 찾아내는 게임 형식의 참여를 이끌어냈다.

이와 같이 게임의 긍정적 요소를 도입하는 분야들이 늘어나자 원래 엔터테인먼트 목적 위주였던 게임 자체에도 변화가 일어나 교육, 국방, 안전, 과학, 공학, 의학, 정치 등의 목적을 달성하기 위한 게임이 개발되었고 이러한 게임들을 기능성 게임(serious game)이라는 분야로 구별하게 되었다. 기능성 게임들의 대표적인 예는 다음과 같다.

1) **아동 교육:** 아동 교육은 보통 경제적 어려움 때문에 기본적인 언어 교육이나 수리 교육을 받지 못하는 전 세계 어린이들을 대상으로 한다. 아동 교육을 위한 기능성 게임에서 어린이들은 지속적으로 미션을 부여받게 되는데 이러한 미션은 게임 도중에 하나하나 배워 가는 지식으로 해결할 수 있다. 게임은 어린이들의 집중력을 유지하기 위해 미션 직전에 해당 미션을 해결할 수 있을 만큼만 가

르치며, 가르친 즉시 테스트를 해서 어린이들이 자신의 학습 성과를 스스로 확인해 볼 수 있게 하는 것이 특징이다.

[enuma KitKit School]

2) 성인 교육: 2003년 미국의 린든 랩(Linden Lab)은 '세컨드 라이프(Second Life)'라는 온라인 게임을 출시하였다. 온라인 게임이라고는 하지만 게임 내에서 '거주자'라고 불리는 사용자들 간에 승패의 개념은 없으며 게임 안에서 사용되는 가상의 화폐를 이용하여 주식 거래를 하고 부동산을 사고 파는 등 경제적 활동을 경험해 볼 수 있다.

3) 의료·건강: 의사들의 수술 훈련이나 전문 지식을 교육하는 데 활용되기도 하고, 환자들에게 제공되어 재활 프로그램이나 식단 조절 등에 도움을 주는 게임도 있다. 2020년 6월에는 미국 식품의약국(Food and Drug Administration; FDA)이 비디오 게임을 통한 ADHD 치료를 최초로 승인하기도 했다. 환자가 아닌 경우에도 운동과 결합된 형태의 게임을 통해 건강 증진이 가능하다.

4) 국방: 군인을 선발하고 훈련시키는 데에도 게임이 활용된다. 미 육군이 실제로 개발하고 배포한 America's Army라는 게임은 전투 현장을 실감할 수 있게 제작되었으며 이를 통해 병사들이 위험 상황, 전략 및 전술, 무기 등에 익숙해지도록 한다.

5) 사회 안전: 자연 재해나 테러 등의 위험을 방지하고 응급 상황 대비 훈련에 사용된다. 적은 비용과 위험으로 원하는 때 언제라도 실제 상황 발생 전에 훈련이 가능하므로 매우 유용하다. 하지만 위험 상황이 가상이라는 느낌이 강할수록 훈련의 효과가 약하므로 최대한 실제 상황과 가깝게 구현해야 한다.

6) 마케팅: 가상의 세계이지만 현실과 같은 사용 환경에서 소비자들에게 제품을 경험해 보게 하고 개선점을 피드백 받는다. 제품 사용법이나 고장을 직접 수리하는 방법을 교육할 수도 있다.

2. 포물선 운동 시뮬레이션

2.1. 문제 및 해결조건

● **문제**

포물선 운동을 하는 시뮬레이션 프로그램을 작성해보자.

► **해결조건**

① '속도'와 '각도'는 사용자로부터 직접 입력받아 저장한다. 물체를 추적하는 단위 시간은 0.1초로 한다.

② '중력가속도'는 9.8로 한다.

2.2. 문제 해결 전략

리스트와 변수 만들기

본 예제에서 사용할 변수는 다음과 같다.

변수	설명
속도	사용자로부터 속도를 입력받아 저장할 변수
각도	사용자로부터 각도를 입력받아 저장할 변수
단위시간	물체의 이동 궤적을 그리기 위한 시간 간격 (=0.1초)
중력가속도	중력가속도는 9.8로 초기화한다.
x방향속도	분해된 x방향의 속도를 저장할 변수
y방향속도	분해된 y방향의 속도를 저장할 변수
x좌표	이전 위치로부터 단위시간 후에 위치할 다음 위치의 x좌표
y좌표	이전 위치로부터 단위시간 후에 위치할 다음 위치의 y좌표

프로그램 설계하기

1) 프로그램 시작

물체를 시작 위치에 두고 사용자로부터 속도와 각도를 직접 입력받는다.

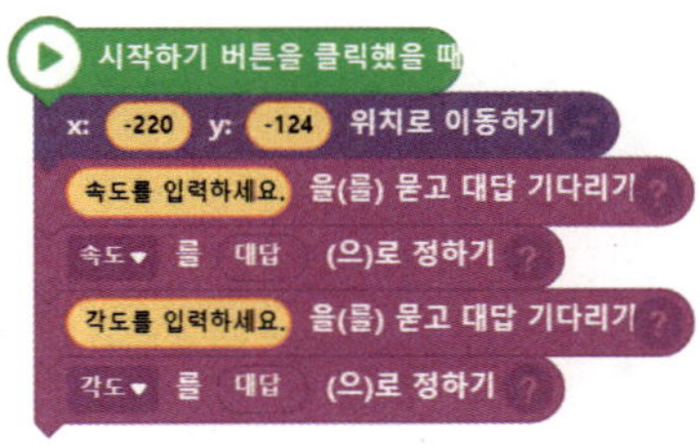

2) 최초 속도 계산

출발 위치에서의 대각선 속도를 x방향과 y방향으로 분해한다.

3) 이동 경로 그리기

물체의 이동 경로를 시각적으로 보이기 위하여 '그리기 시작하기' 블록을 사용한다.

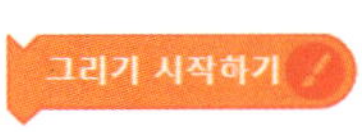

4) 물체의 포물선 이동

포물선 운동을 시뮬레이션 한다. 공기 저항은 무시하기 때문에 x축 속도는 변함이 없고, y축 속도는 수직 방향으로 작용하는 중력가속도의 영향으로 일정한 크기로 줄어든다. 출발 시점에 양의 값이던 y방향 속도는 시간이 흐를수록 점점 작아져서 0보다 작아지면 아래로 떨어지기 시작한다. 결국 y축 위치가 아래쪽 벽에 닿으면 종료한다.
반복문은 한 번 수행될 때마다 단위시간인 0.1초가 지난 것으로 가정하여 y축 속도를 0.1g만큼 감소시켰다. 그리고 그리기를 위한 공의 새로운 위치는 '이동거리=속도x시간'이므로 x좌표와 y좌표 모두 '현재 좌표 + 현재 속도 x 단위시간'으로 계산했다.

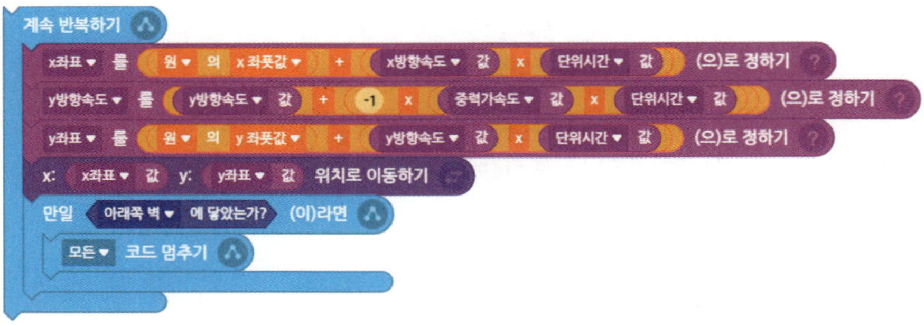

2.3. 조립해서 결과보기

결과 출력

① 속도 60, 각도 45일 때

입력화면	출력화면
	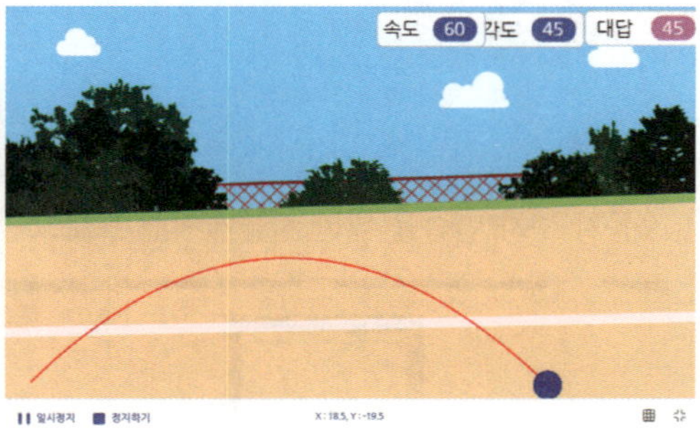

② 속도 50, 각도 30

입력화면	출력화면
	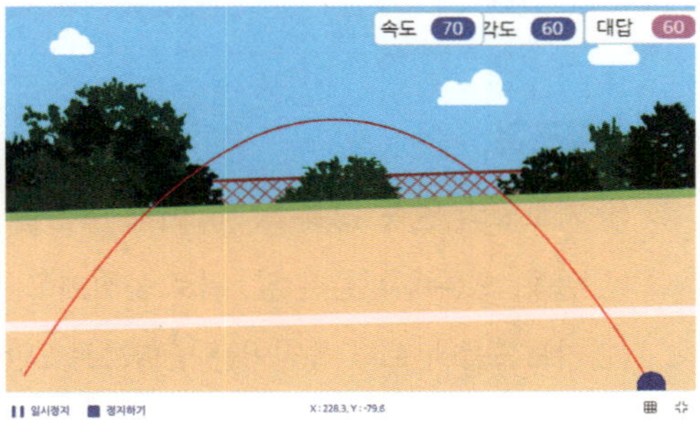

3. 시뮬레이터와 게임 제작

3.1. 주차 연습 시뮬레이션

문제와 해결조건

● **문제**

자동차 주차 연습을 위한 시뮬레이션 프로그램을 작성해보자.

▶ **해결조건**

① 키보드의 왼쪽, 오른쪽, 위, 아래 버튼을 눌러 자동차의 방향을 조종한다.

② 왼쪽, 오른쪽 버튼은 앞, 뒤로 움직이고, 위, 아래 버튼은 방향을 3도, -3도씩 움직인다.

③ 키보드를 누르면 움직이는 방향으로 2만큼 이동한다.

④ 주차선이나 벽에 부딪히면 '주차 실패!'를 출력하고 종료한다.

⑤ 파란색으로 된 합격선에 닿으면 '주차 성공!'과 시간을 출력하고 종료한다.

문제 해결 전략

1) 주차 시간 측정

주차가 완료된 시간을 측정하기 위해 시작과 동시에 초시계를 시작시킨다.

2) 자동차의 전진과 후진

자동차가 앞, 뒤로 움직일 수 있도록 한다. 자동차 운전자 입장에서 생각하여 위쪽 화살표를 누르면 전진, 아래쪽 화살표를 누르면 후진한다. 아래를 반복문으로 감싸면 누르고 있는 동안 계속 움직인다.

3) 자동차의 방향 설정

자동차는 제자리에서 회전하는 것이 아니라, 움직이면서 왼쪽, 오른쪽으로 회전할 수 있어야 한다. 오른쪽과 왼쪽 버튼, 위, 아래 버튼을 이용하여 시계방향과 시계 반대 방향으로 회전하도록 한다. 실제 자동차처럼 앞으로 가면서 운전대를 오른쪽으로 돌리거나 뒤로 가면서 왼쪽으로 돌리면 자동차 전면이 오른쪽으로 향한다. 반대의 경우엔 자동차 전면이 왼쪽으로 향한다. 회전 각도를 바꾸면 자동차의 회전 속도를 조절할 수 있다.

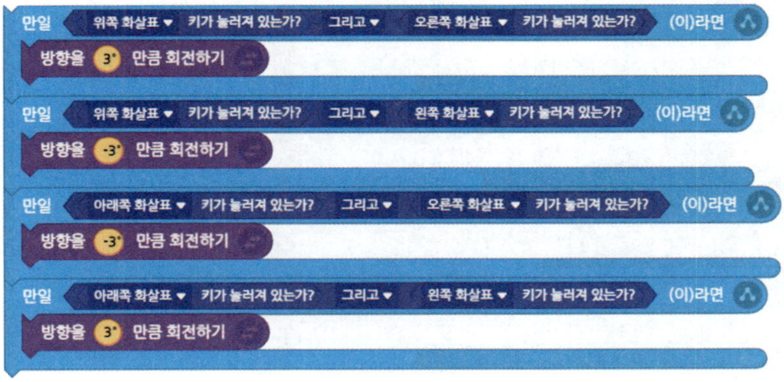

4) 주차하기 성공

주차하기 성공했으면 시계를 멈추고, 주차에 걸린 시간과 '주차 성공!'을 출력한다.

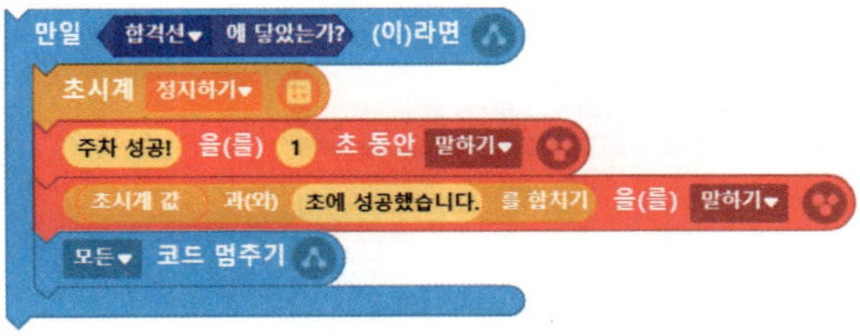

5) 주차하기 실패

주차하기가 실패했으면 시계를 멈추고 '주차 실패!'를 출력한다.

조립해서 결과보기

결과 출력

출력화면 1 - 주차 성공	출력화면 2- 주차 실패

3.2. 학교 상징물 알아보기

문제 및 해결조건

● 문제

학교 상징물에 대해 알아보자. 학교 상징물 글자를 잡으면 점수가 올라가고 잡지 못하면 점수가 내려간다. 점수가 높아지면 내려오는 속도로 조절해 보자.

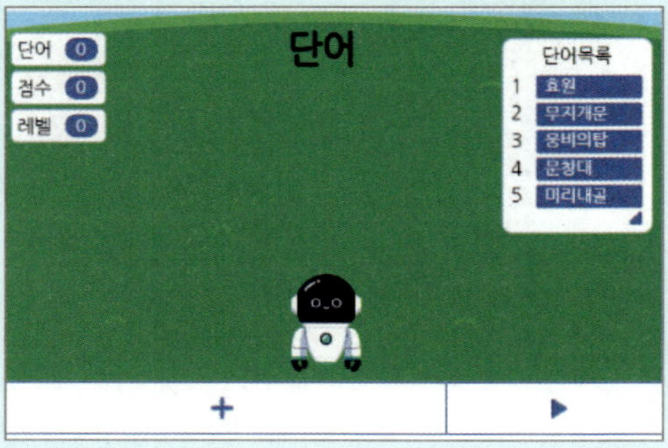

▶ 해결조건

① 로봇은 왼쪽 화살표와 오른쪽 화살표로 좌우로 움직일 수 있고 이동시에는 이동방향을 바라본다.

② 로봇이 이동하다가 왼쪽 벽이나 오른쪽 벽에 닿으면 정면을 바라본다.

③ 학교상징에 해당하는 단어는 화면 맨 위 랜덤 위치에서 아래로 내려온다.

④ 로봇이 아래로 내려오는 단어를 잡으면 소리가 나고 점수가 10점 올라간다.

⑤ 로봇이 아래로 내려오는 단어를 잡지 못해 단어가 바닥에 닿으면 점수가 10점 내려간다.

⑥ 점수가 50점이 넘으면 단어가 내려오는 속도가 빨라진다.

문제 해결 전략

1) 리스트와 변수 만들기

본 예제에서 사용할 리스트와 변수는 다음과 같다.

리스트와 변수	설명
단어목록	학교 상징에 해당하는 단어 목록 리스트
단어	'단어'오브젝트의 복제본에 표시할 단어를 단어목록에서 가져와서 저장
점수	단어를 잡았을 경우 10점 증가, 잡지 못한 경우 10점 감점
레벨	단어가 내려오는 속도를 제어하는 변수 (-1이거나 -5)

2) '로봇' 오브젝트 모양

'로봇' 오브젝트는 화살표 방향으로 모양을 변경하기 위해 왼쪽, 오른쪽 모양을 가지고 시작할 때와 벽에 부딪혔을 때를 위해 정면 모양을 가진다.

프로그램 설계

1) '로봇' 오브젝트 움직이기

'로봇' 오브젝트는 왼쪽과 오른쪽으로만 움직인다. 왼쪽으로 움직이면 왼쪽 모양으로 오른쪽으로 움직이면 오른쪽 모양을 보인다.

왼쪽 벽에 부딪히거나 오른쪽 벽에 부딪히면 정면을 보게 한다.

2) '단어' 오브젝트 복제본 만들기

글상자로 만들어진 '단어' 오브젝트는 화면에 계속해서 여러 개가 나타나야 한다. 이를 위해 하나의 '단어' 오브젝트를 이용하여 원본은 숨기고 복제본을 2초마다 한 번씩 만들어 사용한다. 이 복제본의 단어 내용은 이후 '복제본이 생성되었을 때' 코드에서 설정된다.

3) 복제본이 생성되었을 때

'단어' 오브젝트의 복제본이 생성되면 처음 위치를 정하고 '단어목록' 리스트에서 단어를 하나 추출하여 모양을 보인다.

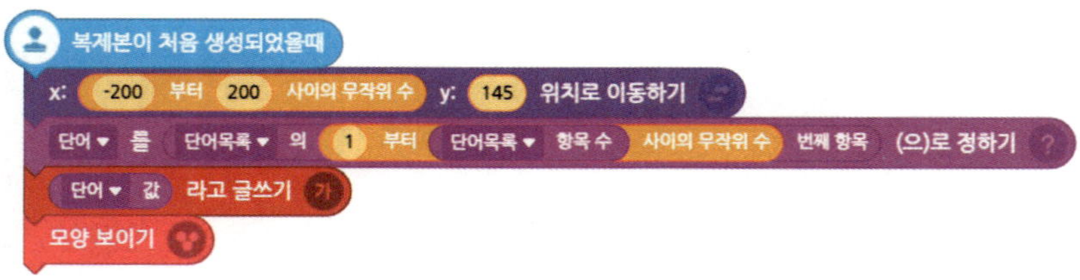

이후 복제된 오브젝트는 아래쪽 벽에 닿거나 로봇에 닿기 전까지 y좌표를 '레벨' 변수만큼씩 바꾸어 아래로 움직이도록 한다. 이때, 로봇에 닿게 되면 호루라기 소리를 내고 점수를 10점 올려준다. 만약 아래쪽 벽에 닿으면 점수를 10점 내려준다. 점수가 50보다 크게 되면 '레벨' 변수의 값을 -5로 정하여 단어가 내려오는 속도를 높인다. 복제된 오브젝트가 아래쪽 벽에 닿거나 로봇에 닿게 되면 이 복제본은 삭제한다.

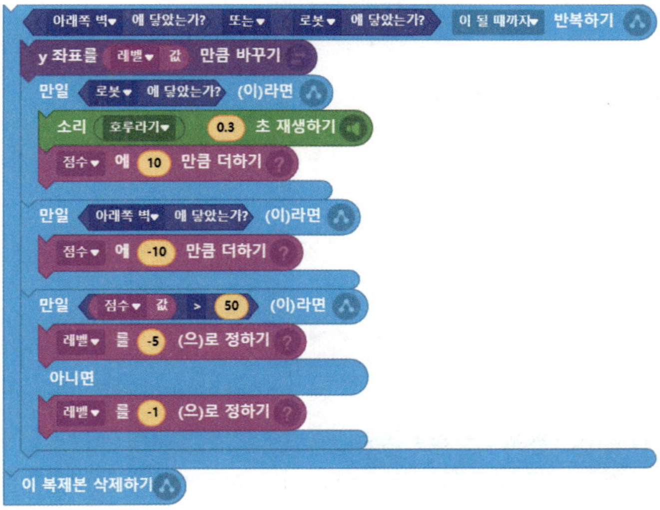

조립해서 결과보기

[로봇 오브젝트]

[단어 오브젝트]

결과 출력

왼쪽 움직이기	오른쪽 움직이기

4. 스스로 해결하기

4.1. 가위바위보 게임 만들기

문제 및 해결조건

● **문제**

가위바위보 게임을 만들어보자.

▶ **해결조건**

① '소녀(5)' 오브젝트는 컴퓨터가 무작위로 가위바위보를 내고, '소년(3)' 오브젝트는 사용자가 결정하도록 프로그래밍 한다.

② 컴퓨터와 사용자의 값을 비교하여 결과를 출력한다.

③ 승패는 가운데 '어린이' 오브젝트가 말하게 한다.

결과 출력

입력화면	출력화면

4.2. 코로나 극복하기

문제 및 해결조건

● **문제**

무작위로 움직이는 코로나를 잡는다. 잡은 코로나 수가 다섯 개가 되면 코로나 예방 수칙을 알려준다. 덕분에 그림을 클릭하면 다시 시작한다.

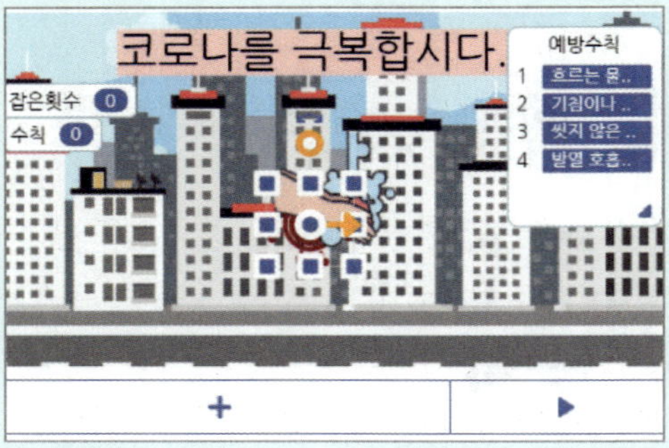

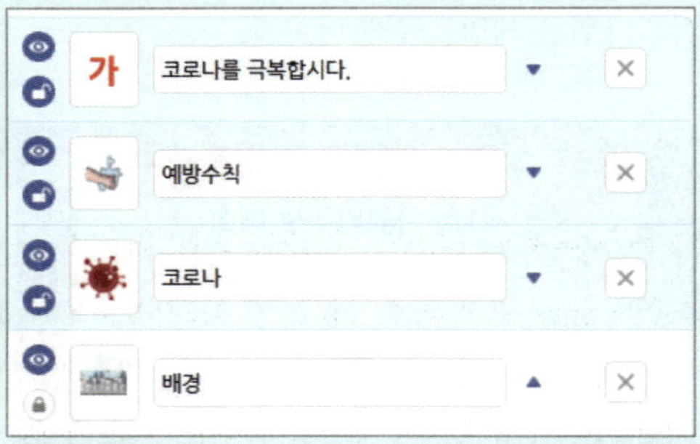

▶ **해결조건**

① 프로그램이 시작되면 '코로나' 오브젝트가 무작위 위치에서 나타나도록 한다.

② '코로나' 오브젝트를 다섯 번 잡으면 '코로나' 오브젝트를 숨기고 '예방수칙' 오브젝트를 보인다.

③ '예방수칙' 오브젝트의 모양은 '수칙1', '수칙2', '수칙3', '수칙4'가 순서대로 나타나면서 해당 예방수칙을 알려준다.

국민 예방수칙	
수칙1	흐르는 물에 비누로 꼼꼼하게 손씻기
수칙2	기침이나 재채기할 때 옷소매로 입과 코 가리기
수칙3	씻지 않은 손으로 눈·코·입 만지지 않기
수칙4	발열, 호흡기 증상자와의 접촉 피하기

④ '예방수칙' 오브젝트 마지막 모양인 '덕분에' 모양을 클릭하면 처음부터 다시 시작하도록 한다. 단, 다른 모양일 경우에는 클릭이 되지 않도록 한다.

출력 결과

코로나 잡기	예방수칙 보기

Part

III

빅데이터와 인공지능

20년 전만 해도 우리 사회는 여러 종류의 산업들이 개별적으로 발전을 추구해 왔다. 각 산업들은 하나하나가 레고 블록과 같았고 이들을 조립하여 전체 사회를 이루었다. 하지만 인터넷의 발달로 인해 의사소통이 빨라지고 다른 분야 간 지식의 공유가 쉬워지면서 분야별 경계는 허물어졌다. 다른 분야의 지식을 차용하여 우리 분야의 혁신을 꾀하는 일이 매우 자연스러워진 것이다. 지금의 사회는 더 이상 레고 블록의 조립 형태가 아니라 마치 아이들이 갖고 노는 색깔 찰흙처럼 서로 다른 분야들이 뒤섞여 특유의 색깔을 가진 새로운 분야를 만들어 내고 있다. 그리고 이러한 새로운 분야들로 완성해갈 새로운 시대를 우리는 '4차 산업혁명' 시대라고 한다.

4차 산업혁명의 핵심기술로는 흔히 AICBM이라고 줄여서 부르는 다섯 가지 기술, 즉 인공지능(artificial intelligence), 사물인터넷(internet of things), 클라우드(cloud), 빅데이터(big data), 이동통신(mobile)이 언급된다. 이 중, 사물인터넷과 클라우드, 이동통신은 그 자체로 독립적 시장을 가진 플랫폼 기술이지만, 빅데이터와 인공지능은 소프트웨어 중심의 기술로서 과거와 같이 정보통신 산업에 머물지 않고 다양한 학문 및 산업 분야와 결합하여 해당 분야의 혁신을 이끌고 있다. 과거와 같이 한 분야에 국한되지 않는 산업의 특성상 바른 의사결정을 위해 고려해야 할 사항들이 기하급수적으로 늘어나 수집해야 할 정보의 양 또한 개별 기관이 감당할 수 있는 수준을 넘어섰다. 이에 따라 이러한 빅데이터를 전문적으로 관리하는 기관이 생겨나고 이들의 서비스를 이용하는 산업체가 증가하고 있다. 또한 방대한 데이터에 담긴 뜻을 이해하고 향후 추세를 예측하거나 인간의 감정을 파악하여 사용자가 필요로 하는 서비스를 적재적소에 제공하기 위한 인공지능에 대한 연구도 활발하다. 이번 파트에서는 빅데이터와 인공지능에 대한 소개와 함께 기본적인 인공지능 기술들의 활용법을 경험해 본다.

제9장
빅데이터

1. 빅데이터(Big Data)

1.1. 빅데이터 개념

우리 생활 전반에 ICT(Information and Communication Technology) 기술이 접목되고 주변의 모든 것들이 연결된 인터넷이라는 가상공간에서 단위 시간당 생성되는 데이터의 양이 상상을 초월하게 되었다. 이는 시간이 갈수록 더욱 더 증가할 것으로 예상된다.

[출처: https://www.visualcapitalist.com/every-minute-internet-2020/]

빅데이터(Big Data)란 일차적으로는 이렇게 과거에 비해 엄청나게 증가한 양의 데이터를 의미한다. 하지만, 단순히 축적된 데이터만을 의미하는 게 아니라 대용량의 데이터를 빠르게 처리하기 위한 컴퓨팅 기술과, 얼핏 보기엔 관련이 없을 듯한 종류의 데이터를 종합하여 분석하고 결과를 도출하는 소프트웨어 기술을 말한다. 예를 들어, 이동통신사 고객들의 시간대별 이동 동선이나 체류 시간, 연령별 또는 성별 밀집 지역 등을 빅데이터 방법으로 분석하면, 공공부문에서는 효율적인 교통 시스템을 설계할 수도 있고 민간부문에서는 특정 지역에 적합한 서비스 업종을 추천하거나 시간대별 영업 전략을 세우는 데도 도움을 줄 수 있다. 또한 SNS 글을 분석하여 사람들이 특정한 시간대에 피로를 느껴 달콤한 음식을 많이 찾는다는 사실을 찾아내거나, 날씨와 매출의 상관관계 분석을 통해 날씨에 따른 판매량을 예측함으로써 부족하거나 버리는 제품이 없도록 마케팅에 활용하는 사례도 있다.

1.2. 빅데이터의 특징

가트너(Gartner)는 빅데이터의 특징을 3V로 정리하였는데, 이는 데이터의 규모(volume), 생성 속도(velocity), 형태의 다양성(variety)을 의미한다(De Mauro, Andrea; Greco, Marco; Grimaldi, Michele (2016). "A Formal definition of Big Data based on its essential Features". Library Review. 65: 122 - 135.).

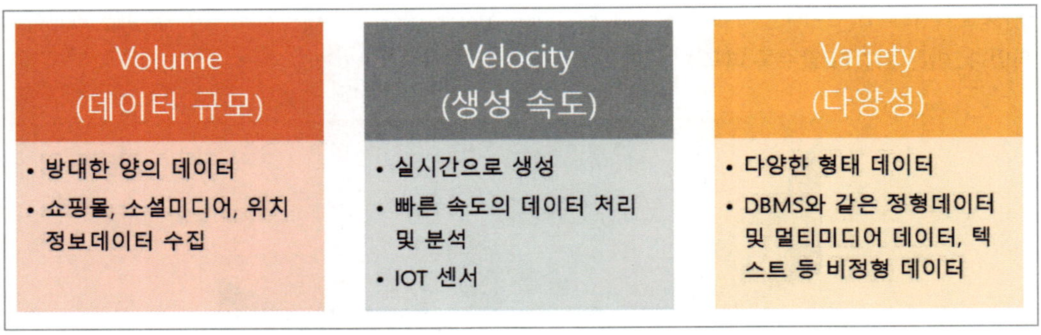

먼저, 규모 측면에서 살펴보면 사물인터넷 개념의 발달과 더불어 우리 주변의 모든 사물이 네트워크로 연결되고 사람들의 모바일 기기 사용이 늘어나면서 사람 및 사물들이 만들어 내는 데이터의 양도 기하급수적으로 증가하고 있다. 쇼핑을 예로 들어보면, 인터넷 쇼핑몰이 발달하기 전에는 사람들이 상점에서 물건을 살 때에만 데이터가 발생하였다. 이것도 주로 어떤 제품이 잘 팔리는지 파악하여 해당 제품의 생산과 공급을 원활히 하기 위한 정도로만 활용되었다. 하지만 인터넷 쇼핑몰이 급성장한 현재에는 모든 인터넷 쇼핑몰마다 방문자가 사이트 내를 돌아다닌 기록을 분석하여 실제 구매 여부와 상관없이 어떤 상품에 관심이 있는지 알아낼 수 있고, 사이트에 머문 시간 측정을 통해 해당 쇼핑몰에 대한 선호도 여부를 파악할 수 있다. 이러한 쇼핑 분야 외에도 사람들은 하루종일 인터넷을 통해 자료 및 뉴스 검색, 금융 사이트, 교육 서비스 등을 사용하면서 데이터를 생성하고 있고, 사물인터넷으로 연결된 사물들 또한 지속적으로 데이터를 교환하고 있다.

이러한 데이터들의 생성 속도는 점점 더 빨라지고 있어서 매년 생성되는 데이터의 양은 두 배씩 증가하고 있다. 그런데 생성되는 데이터가 사물 정보(센싱 및 모니터링) 등 실시간성을 가진 정보들이 많아 이들의 적절한 활용을 위해서는 생성 속도뿐만 아니라 처리 및 분석 속도 또한 실시간성을 가져야 한다. 이런 이유로 가트너는 3V로 요약했던 기존의 빅데이터 정의를, 이를 처리/분석하여 가치를 창출하는 기술까지 포함하는 것으로 확장하였다. 같은 이유로 삼성경제연구소는 빅데이터를 '기존의 관리 및 분석 체계로는 감당할 수 없을 정도의 거대한 데이터의 집합으로 대규모 데이터와 관계된 기술 및 도구(수집, 저장, 검색, 공유, 분석, 시각화 등)를 모두 포함하는 개념'으로 정의하였다. 이처럼 현재는 빅데이터라고 하면 양적인 의미를 뛰어넘어 분석과 활용을 포괄하는 개념으로 받아들여진다.

빅데이터는 정형화된 데이터 중심이던 과거와는 달리 비정형화 데이터까지 포함한다. 정형 데이터란 각종 센서나 장비의 측정값이나 통계 자료와 같은 수치화 되고 전달 포맷이 일정한 데이터를 말하고, 비정형화 데이터는 사용자가 제작하는 UCC, 유튜브 동영상, 그리고 CCTV 영상 등의 멀티미디어 데이터와 함께 SNS에서 생성되는 텍스트 기반 데이터를 의미한다. 비정형 데이터는 어떤 정보를 추출해야 하는지 미리 알 수 없기 때문에 처리가 어렵지만, 적절한 분석 기법을 적용한다면 콘텐츠 제작자 또는 문서 작성자의 성향 및 관심사뿐 아니라 이들의 친구 정보나 팔로워 정보를 활용하여 서로의 연결 관계 및 여론에 대한 영향력까지도 알 수 있다.

기존 데이터와 대비되는 빅데이터의 특징들은 데이터 처리 방식에도 뚜렷한 차이를 만든다. 〈표 1〉에는 기존 데이터와 빅데이터의 처리 방식의 차이를 정리했다. 비정형 데이터의 비중이 높은 빅데이터의 특징 덕분에 위치 정보에 기반한 사용자의 행동 분석과 SNS 데이터를 통한 사용자 여론 분석이 가능하게 되었다.

〈표 1〉 기존 데이터 처리 방식과 빅데이터 처리 방식의 차이점
[출처: (사)한국소프트웨어기술인협회 빅데이터전략연구소, 『빅데이터 개론』]

구분	기존 데이터 처리 방식	빅데이터 처리 방식
데이터 트래픽	• 테라 바이트[1] 수준	• 페타 바이트[2] 수준 • 장기간의 정보 수집 및 분석 • 방대한 데이터 처리량
데이터 유형	• 정형 데이터 중심	• 비정형 데이터 비중이 높음(SNS 데이터 로그 파일, • 클릭스트림 데이터[3], 콜센터 로그[4] 통신 등) • 처리의 복잡성 증대
프로세스 및 기술	• 단순한 프로세스 및 기술 • 정형화된 처리/분석 결과 • 원인/결과 규모 중심	• 다양한 데이터 소스 및 복잡한 로직 처리 • 데이터 처리 복잡도가 높아 분산 처리기술 필요 • 새롭고 다양한 처리 방법 개발 필요(정의된 데이터 모델/상관관계/절차 등이 없음) • 상관관계 규명 중심 • Hardoop, R, NoSQL 등 개방형 소프트웨어

1) 기가 바이트(GB)의 1,000배

2) 테라 바이트(TB)의 1,000배

3) 사용자가 클릭하는 순간부터 전송되기 시작하는 스트림 데이터

4) 콜센터 응대 기록

1.3. 빅데이터 활용사례

지난 2007년 빅데이터, 클라우드 컴퓨팅 등 여러 가지 기술 및 비즈니스 관련 문제에 대한 공개적인 토의를 위해 설립된 위키본(wikibon.org)에 따르면 전 세계 빅데이터 시장 규모는 2018년 420억 달러에서 2027년에는 1,000억 달러를 넘어설 것이고, 2018~2027년 연평균 성장률이 10.48%로 나타나며, 향후 10년간 두 자릿수 성장을 지속할 것으로 전망된다.

그렇다면 이러한 가치는 어디서 오는 걸까? 빅데이터는 여러 가지 산업 분야에서 기존에는 없던 데이터 활용의 패러다임 전환을 가져왔다. 먼저 경영 측면에서 고객분석을 통해 마케팅을 혁신할 수 있는 기반을 제공했다. 예를 들면, 1993년 IBM의 라케시 아그라왈(Rakesh Agrawal)은 영국 백화점 막스앤스펜서(Marks & Spencer)에서 고객 1,000명에 대한 구매 바스켓 분석을 실시하여 기저귀를 산 고객이 기저귀를 사지 않은 고객보다 맥주 구매 비율이 높다는 사실을 발견하였다. 기저귀처럼 부피가 큰 물건을 구매할 때는 남자가 동행하는 경우가 많고 이런 이유로 기저귀와 맥주의 동시 구매 비율이 높다고 판단한 백화점 측이 기저귀와 맥주를 패키지로 묶어 팔았더니 매출이 급성장했다고 한다.

이는 데이터 분석을 마케팅에 활용한 매우 유명한 예이지만, 이때까지는 불특정 다수 고객의 구매 행태와 선호를 파악하는 데 그쳤다면 이제는 개인별 선호도를 파악할 수 있다. 매장마다 고객 마일리지 제도를 도입하면서 고객의 나이, 성별과 같은 인적 사항과 구매 제품의 상관관계를 분석할 수 있고, 더 나아가 가족 단위로 공유하는 매장 마일리지보다 카드 사용 내역 등 금융 정보를 분석함으로써 선호도 및 관심사를 더욱 개인화하여 세분할 수 있다. 예를 들어 특정 개인의 기존 구매 분석을 통해 이 사람이 유기농 로컬 푸드, LED 전구처럼 친환경 제품에 관심이 많은 걸 알게 되었다면 자동차 회사 사이트에 접속했을 때도 하이브리드나 전기 자동차 등을 전면에 내세워 마케팅을 펼칠 수 있다. 미국의 뱅크오브아메리카는 소셜미디어 등 고객의 웹 사용 행적을 분석하여 금융 상품을 제안함으로써 이전에 비해 고객 유치 비용을 25% 절감함과 동시에 유치율과 수익성도 18% 정도 증가하는 성과를 가져왔다.

정리하면, 기존에는 제품의 판매 실적을 추적해서 제품의 생산과 공급 계획을 세우는 데 활용한 정도였지만, 이제는 빅데이터를 '아프리오리(Apriori) 알고리즘' 및 '디시전 트리(Decision Tree)' 기법으로 분석한 뒤 고객이 필요로 하는 시점에 필요한 혜택을 실시간으로 제공하는 마케팅이 가능하게 되었다.

교육 분야에서는 하버드의 경제학자 라지 체티(Raj Chetty)가 미국 국세청 정보와 과거 특정 도시 지역에 다녔던 학생 정보를 결합하여 교사의 효율성을 측정하는 데 활용했다. 특정 선생님과 공부한 학생들의 대학 진학률과 졸업 이후의 수입 등을 분석하여 좋은 선생님이 학생들에게 미치는 장기적인 영향을 분석할 수 있었다.

또한 네이트 실버(Nate Silver)는 빅데이터를 활용해 처음으로 미국 대통령 선거의 승자를 예측함으로써 큰 주목을 받았다. 그는 갤럽(Gallup), 라스무센(Rasmussen), CNN 등 많은 여론 조사 기관 또는 방송국에서 나온 통계 자료를 바탕으로 2008년 대선의 49개 주(州)의 승자를 정확히 예측하고 오바마의 당선을 예측했다. 예측이 틀린 하나의 주는 인디애나였는데, 이마저도 개선하여 2012년에는 모든 주의 승자를 맞췄고 90.9%의 확률로 오바마가 대통령에 재선될 것을 예측하였다.

미국의 질병통제예방센터(Centers for Disease Control and Prevention; CDC)는 질병의 전파를 조기에 파악하고 대응하는 역할을 맡고 있는데 이마저도 빅데이터에 기반한 구글의 독감 동향 서비스(google.org/flutrends)가 훨씬 더 빨리 새로운 독감의 유행을 알아낼 수 있음을 확인하였다. 제러미 긴스버그(Jeremy Ginsberg)가 이끄는 구글의 연구팀은 인플루엔자가 유행할 때 사람들이 그 증상과 치료약 등에 대해 더 많이 검색한다는 점에 착안하여 특정 지역의 사람들이 무엇을 검색하는지 들여다보고 독감의 유행 지역과 전파 방향 등을 예측하는 시스템을 개발한 것이다. 이 사이트는 이제 구글 트렌드(www.google.com/trends)라는 서비스로 확장되어 다양한 검색어의 동향을 제공한다. 아래 그림은 전 세계인들이 2020년 1월부터 1년간 'Covid-19'란 단어를 구글에서 얼마나 검색했는지 보여준다. 2020년 3월 마지막 주에 검색 횟수가 최고치를 보인 것으로 보아 당시에 코로나19의 세계 유행이 시작되었음을 유추할 수 있고, 8월 첫째 주에도 재확산이 심했음을 알 수 있다. 나라별로는 앙골라에서 가장 많은 검색이 일어났다.

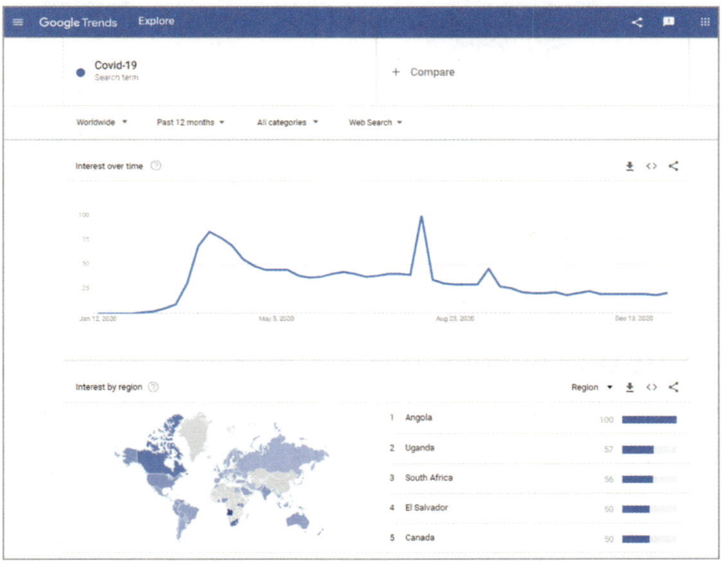

[구글 트렌드의 'Covid-19' 검색 결과]

구글 트렌드에서는 여러 단어의 검색 횟수를 서로 비교해 볼 수도 있다. 먼저 화면의 "Add a search term"란에 "Son Heung-min"을 입력하고, 오른쪽 "+Compare"란에 "Park Ji-sung"을 입력해 보자. 지역은 전 세계로, 기간은 두 선수의 활동 기간이 다르므로 지난 2004년부터 현재까지로 하면 아래와 같은 결과를 얻을 수 있다. 계속 박지성 선수의 검색 빈도가 높다가 2015년 3월을 기점으로 손흥민 선수의 검색 빈도가 높아졌는데 이 시기는 손흥민 선수의 잉글리시 프리미어 리그(English Premier League; EPL)로의 이적 협상이 시작되고 실제 이적이 이루어진 시점이다. 지역별로는 손흥민 선수는 유럽과 남미 지역에서의 검색 비율이 높았던 반면, 박지성 선수는 중국을 비롯한 아시아 국가에서의 검색 비율이 높았는데 이를 통해 아시아 선수가 유럽에서 활약하던 예가 별로 없던 시절 박지성 선수가 얼마나 많은 아시아인들의 관심을 한몸에 받았는지 알 수 있다.

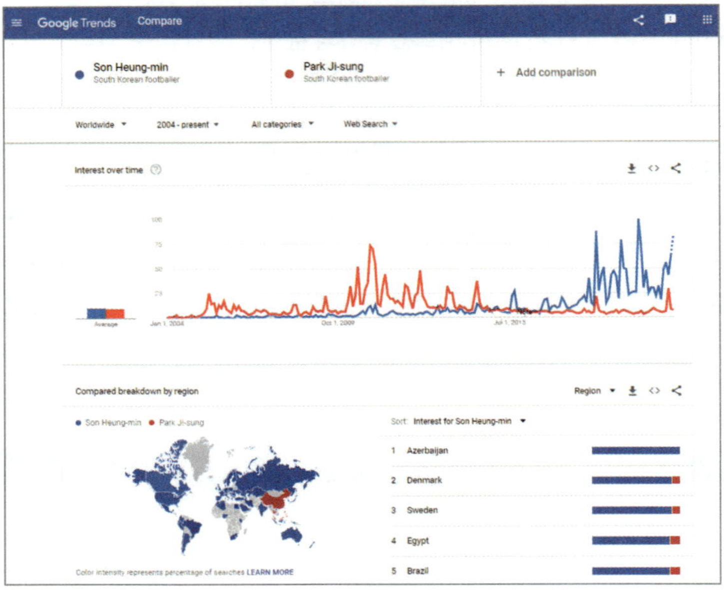

[구글 트렌드를 활용한 키워드 검색 횟수 비교]

한편, 우리나라에서는 서울시가 빅데이터를 심야버스 노선 결정에 활용한 예가 있다. 서울시는 시민들의 안전한 귀가와 교통 불편 해소를 위해 SNS를 통해 제안된 심야버스 운행 아이디어를 정책에 반영하면서, 가능한 많은 수의 이용객을 확보할 목적으로 유동인구가 많이 몰리는 역과 시간을 빅데이터로 분석했다. KT 기지국으로부터 받은 통화량 데이터를 분석하여 심야시간에 사람이 몰리는 지역을 확인하였고, 스마트카드사의 택시 승하차 데이터를 통해 사람들의 이동방향을 파악한 후 이 결과를 토대로 심야버스 노선을 조정하였다. 이외에도 교통사고 현황, 유동인구, 차량속도, 교통시설물을 분석하여 보행자 교통사고 원인을 찾아내어 문제점을 개선하고, 기상정보, 유동인구, 택시위치정보를 분석하여 택시를 어디에서 쉽게 잡을 수 있는지 택시 지도 서비스를 제공하고 있다.

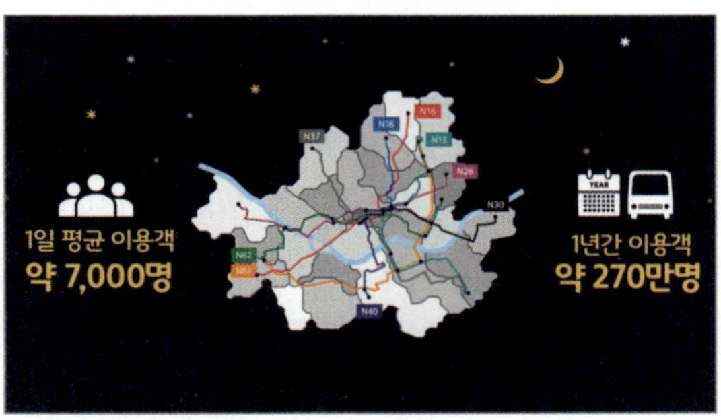

심야버스 수정 노선(빅데이터@서울2015)

2014년에 조류인플루엔자가 발생했을 때는 휴대전화 기지국의 교통 정보 분석을 통해 AI 감염경로를 파악하였다. 그 결과 축산 차량들이 도로를 이동하면서 조류인플루엔자 바이러스가 퍼졌다는 사실을 알게 되었다. 특히, 축산 관련 차량 중 가축 운반 차량과 사료 운반 차량 두 종류가 대부분의 감염을 발생시켰다는 것을 알게 되었고 이러한 예측을 통해 전국적인 확산 피해를 막는 데 활용하였다.

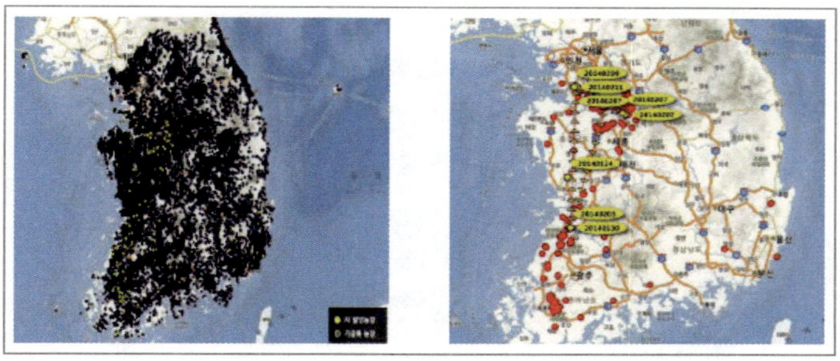

[조류인플루엔자 발병 지도 및 발생 농가와 고속도로의 관계, 2014년 4월 23일, 91차 신유통토론회]

지금까지 살펴봤듯이 빅데이터의 활용 분야는 공공부문, 민간부문 가릴 것 없이 무궁무진하다. 우리나라는 2013년 공공데이터법을 제정하여 공공기관의 데이터 개방 확대 유도를 통해 공공데이터 활용 사례를 발굴하고 공공데이터 활용 서비스를 개발하는 기업을 지원하는 정책을 시행하고 있다. 공공데이터란 공공기관이 일상적 업무수행의 결과물로 생성 또는 수집한 다양한 형태(텍스트, 수치, 이미지, 동영상, 오디오 등)의 자료 또는 정보로서 공공데이터 포털(http://www.data.go.kr)을 통해 통합적으로 제공된다. 이를 통해 미세먼지 알림 서비스, 대중교통 도착시간 확인 서비스, 날씨 서비스 등 다양한 서비스를 개발할 수 있다.

또한, 블로그, SNS와 같은 다양한 소셜미디어를 통해 생성되는 빅데이터를 통계화 및 시각화하여 전체를 통찰하는 정보를 도출하는 일련의 과정을 소셜 분석(social analysis)이라고 하는데, 아래 표의 사설 사이트들에서 제공하는 소셜 분석을 활용하면 다양한 사회현상에 실시간 대응이 가능하다.

〈표 2〉 소셜 분석 서비스

사이트	주소	특징
구글트렌드	https://trends.google.com	• 전세계의 데이터를 볼 수 있고 시각화 자료로 활용하기 좋음
썸트렌드	https://some.co.kr	• 연관어 맵과 같은 키워드와 연관된 키워드 활용
네이버데이터랩	https://datalab.naver.com	• 분야별 인기 검색어/급상승 검색어를 직관적으로 확인
오디피아	https://odpia.org/main.odpia	• 소셜 미디어에서 언급되는 주제별 단어들을 라이프 스타일에 맞춰 제공
블랙키위	https://blackkiwi.net	• 관심키워드가 언제 가장 많이 검색되고, 어떤 성향과 특징을 가지는지 확인 가능

소셜 분석의 한 예로 아래는 '빅데이터'와 관련한 대중들의 생각을 썸트렌드(https://some.co.kr)에서 분석한 결과이다. 빅데이터에 대해 대중들이 갖는 이미지 및 그 요인, 빅데이터의 연관어 등 다양한 분석 결과를 보여 준다.

2. 스마트폰 이용 횟수 분석

2.1. 문제와 해결조건

● **문제**

과학기술정보통신부에서는 학령(유치원, 초등, 중등, 고등, 대학)별로 주중과 주말에 스마트폰을 사용하는 평균 횟수에 대한 통계 자료를 제공한다. 2017년 일 평균 스마트폰 이용횟수 데이터를 이용하여 스마트폰 사용이 적당한지 분석한다.

▶ **해결조건**

① 일평균 스마트폰 이용 횟수를 분석한 데이터에서 2017년도 자료를 추출한 테이블을 성한다.
② 유치원생, 초등학생, 중학생, 고등학생, 대학생 오브젝트를 이용하여 학령을 선택한다.
③ 주말, 주중 오브젝트를 이용하여 주중과 주말을 선택한다.
④ 사용횟수를 입력받는다.
⑤ 결과를 체크하는 함수를 작성한다.
⑥ 힌트로 학령별 그래프를 보여준다.

2.2. 문제해결 전략

2017년도 자료 추출하여 테이블 만들기

[블록] 탭 아래의 [데이터분석]을 클릭하면 [테이블 불러오기]-[테이블 추가하기] 페이지로 이동할 수 있다. [테이블 선택] 메뉴에서 '일평균 스마트폰 이용 횟수' 데이터를 선택하여 추가한다.

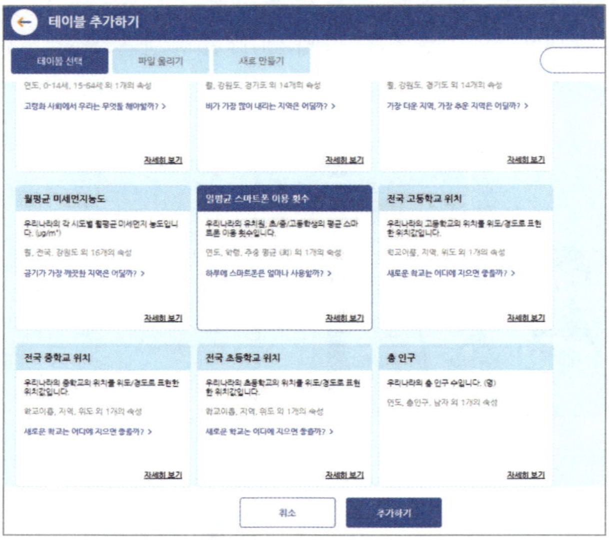

일평균 스마트폰의 이용 횟수 데이터는 연도, 학령, 주중 평균(회), 주말 평균(회)의 4개의 열과 12개의 행을 가지고 있는 테이블에 담겨있다.

	열	B	C	D
1	연도	학령	주중 평균 (회)	주말 평균 (회)
2	2016	소계	23.2	34.9
3	2016	유치원생	9.1	6.4
4	2016	초등학생	16.3	21.8
5	2016	중학생	22.9	33.9
6	2016	고등학생	22	32.6
7	2016	대학생	27.7	41.7
8	2017	소계	24.7	37.4
9	2017	유치원생	7	10
10	2017	초등학생	15	22.6
11	2017	중학생	24.3	37.1
12	2017	고등학생	23.1	35.2
13	2017	대학생	29.8	43.2

(행: 2번 행 표시)

행 번호 또는 알파벳 열 번호 위에 마우스 오른쪽 버튼을 클릭하면 행 또는 열 삭제가 가능하다. 2017년도 자료를 제외한 나머지 행을 삭제한 후 A열을 삭제한다. 삭제 후에 아래 오른쪽 그림과 같은 테이블이 수정되면 테이블 이름을 '학령별분석'이라고 변경하고 '저장하기' 버튼을 눌러 저장한다.

	A	B	C	D
1	연도	학령	주중 평균 (회)	주말 평균 (회)
2			23.2	34.9
3			9.1	6.4
4			16.3	21.8
5			22.9	33.9
6			22	32.6
7	2016	대학생	27.7	41.7
8	2017	소계	24.7	37.4
9	2017	유치원생	7	10
10	2017	초등학생	15	22.6
11	2017	중학생	24.3	37.1
12	2017	고등학생	23.1	35.2
13	2017	대학생	29.8	43.2

	A	B	C
1	학령	주중 평균 (회)	주말 평균 (회)
2	유치원생	7	10
3	초등학생	15	22.6
4	중학생	24.3	37.1
5	고등학생	23.1	35.2
6	대학생	29.8	43.2

오브젝트 추가하기

'오브젝트 추가하기' 페이지의 [배경]에서 '핸드폰 잠금화면' 오브젝트를 추가하고, [사람] 메뉴에서 학령별(대학생, 고등학생, 중학생, 초등학생, 유치원생) 모습에 어울리는 적당한 오브젝트 다섯 개를 추가한다. 주중과 주말 선택 버튼으로 사용할 적절한 모양의 오브젝트 두 개를 선택하거나 [글상자]를 이용하여 버튼을 그린다. 프로그램의 시작 화면과 결과 화면에 등장하여 사용법을 설명하고 결과를 알려 줄 안내로봇 오브젝트를 추가하고, 마지막으로 그래프 힌트를 요구할 수 있는 힌트 오브젝트도 하나 추가한다.

변수 만들기

학령을 저장하는 변수, 주중과 주말을 구분하는 변수, 함수 처리 결과를 저장하는 변수를 생성한다. 각 변수의 설명란에 기본값으로 지정할 값을 표시하였다.

변수 이름	설명
학령	유치원생(1)-기본값, 초등학생(2), 중학생(3), 고등학생(4), 대학생(5)
구분	주중-기본값, 주말
결과	1 : 사용량이 많음, 0 : 사용량이 적당-기본값

신호 만들기

오브젝트를 보이거나 숨기기 위한 신호와 결과확인을 위한 신호를 작성한다.

신호	설명
학령보이기	안내로봇은 숨기고 학령을 선택할 수 있는 오브젝트를 보임
주중주말보이기	학령을 선택한 후 학령 오브젝트를 숨기고 주중과 주말을 선택하는 오브젝트 보임
결과보기	결과확인 함수를 통해 결과를 받아서 사용패턴을 알려줌

프로그램 설계하기

1) 프로그램 시작: 안내로봇 등장

프로그램이 시작되면 화면에 보일 필요 없는 변수들을 숨기고, 안내로봇이 나타나 사용자 클릭을 기다린다. 안내로봇을 제외한 나머지 오브젝트들은 일단 숨겨둔다.

[안내로봇 오브젝트]

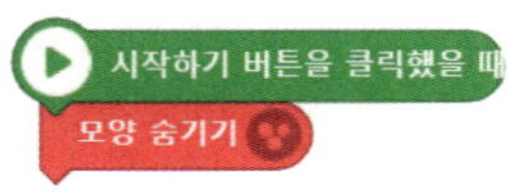

[학령 오브젝트 및 주중/주말 오브젝트들]

2) 안내로봇 오브젝트 선택

사용자가 안내로봇을 클릭하면 "학령을 선택해 주세요."를 말하고, 자신은 사라지면서 '학령보이기' 신호를 보낸다. 각 학령별 다섯 개의 오브젝트들(대학생, 고등학생, 중학생, 초등학생, 유치원생)은 신호를 받으면 화면에 나타난다.

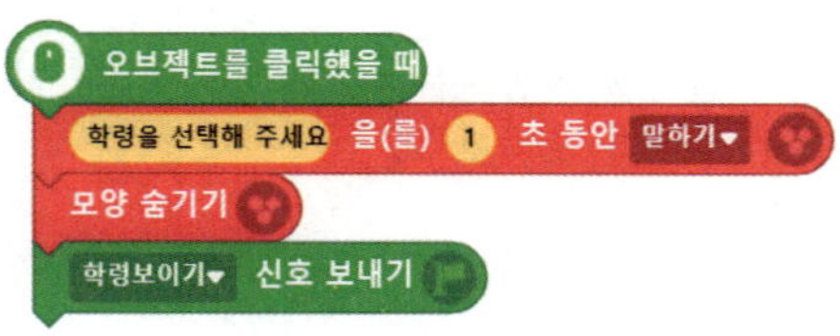

[안내로봇 오브젝트]

[학령 오브젝트들]

3) 학령 오브젝트 선택

다섯 개의 학령 오브젝트 중 하나만 선택될 것이다. 클릭된 오브젝트는 아래 왼쪽 코드처럼 '학령' 변수에 해당 학령에 해당하는 값(유치원생=1, 초등학생=2, 중학생=3, 고등학생=4, 대학생=5)을 저장하고 주중/주말 선택으로 넘어가기 위해 '주중주말보이기' 신호를 보낸다. '주중주말보이기' 신호를 받은 모든 학령 오브젝트는 모양을 숨긴다.

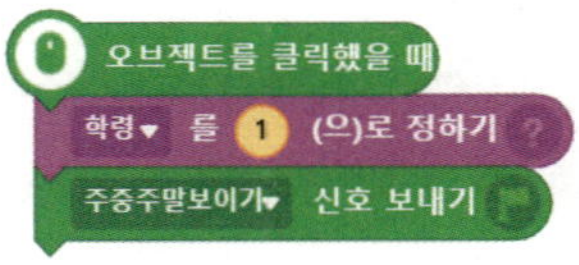

4) 주중/주말 오브젝트 선택

주중, 주말 오브젝트는 '주중주말보이기' 신호를 받으면 나타나서 사용자의 선택을 기다린다. 클릭된 오브젝트는 '구분' 변수에 자신의 오브젝트 이름에 따라 '주중' 또는 '주말'을 저장하고, '결과보기' 신호를 보낸다. 그 후 두 오브젝트는 '결과보기' 신호를 받고 사라진다.

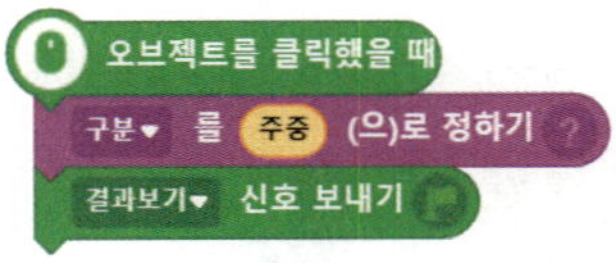

5) 결과 말해주기

'결과보기' 신호를 받으면 다시 안내로봇이 나타나 스마트폰 이용 횟수를 묻는다. 사용자가 입력하면 이 값을 '학령별분석' 테이블과 비교하여 스마트폰 사용이 과한지 적당한지 말해준다. 프로그램의 가독성을 높이기 위해 스마트폰 사용 과다와 적정을 판단하는 '결과확인' 함수는 따로 만든다. '결과확인' 함수의 응답에 따라 안내로봇의 모양을 달리한다.

6) '결과확인' 함수

코드를 함수로 모듈화하면 프로그램을 이해하기 쉽고 함수로 작성된 코드의 재사용률을 높일 수 있다. '결과확인' 함수는 사용자가 입력한 스마트폰 이용 횟수를 넘겨받아 '학령별분석' 테이블과 비교하고 그 결과에 따라 이용 횟수가 적당할 때 0, 과다할 때 1을 '결과' 변수에 저장한다.

7) 힌트 그래프 보이기

데이터 간의 관계를 차트로 그려 살펴보는 것을 시각화라고 한다. 시각화하면 많은 양의 데이터를 한 번에 파악할 수 있다. 사용자가 힌트를 요구하면 [데이터분석] 꾸러미에서 '테이블 ~의 ~차트 창 열기' 블록을 선택하여 미리 만들어 둔 차트를 보인다.

그럼 차트를 만드는 방법을 알아보자. 엔트리에서 제공하는 차트 종류에는 막대 차트, 선 차트, 원 차트, 점 차트가 있다. 막대 차트는 본 예의 학령과 같은 범주형 변수들에 대한, 주중 평균 스마트폰 이용 횟수와 같은 수치형 변수를 직관적으로 비교하기 좋고, 선 차트는 범주형 변수에 대해 수치형 변수가 시간의 흐름에 따라 달라지는 경우 알맞으며, 원 차트는 전체 중에서 각 범주형 변수가 차지하는 비율을 보기 쉽고, 점 차트는 두 가지 속성 간의 관계를 나타낼 때 주로 사용된다.

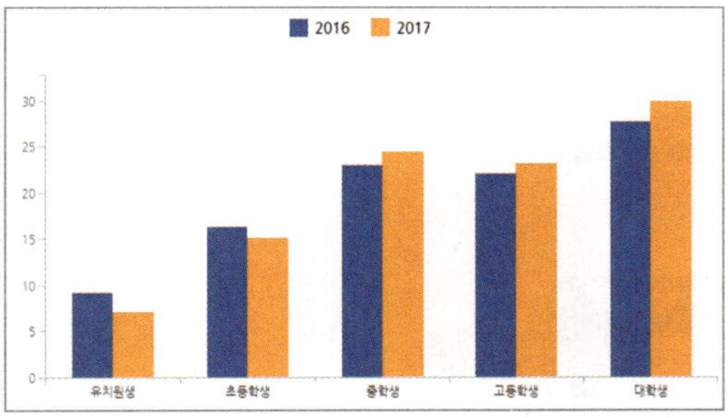

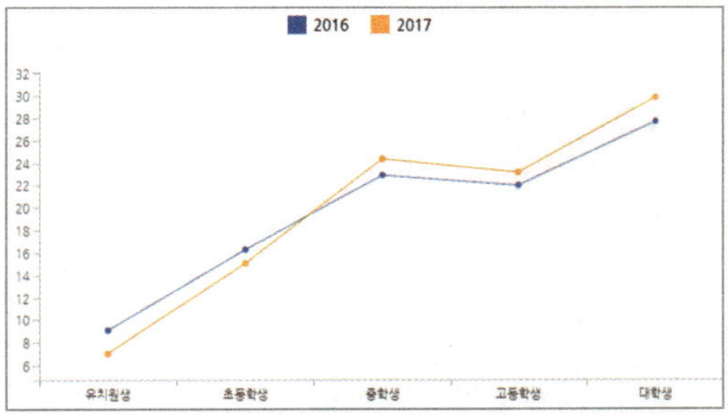

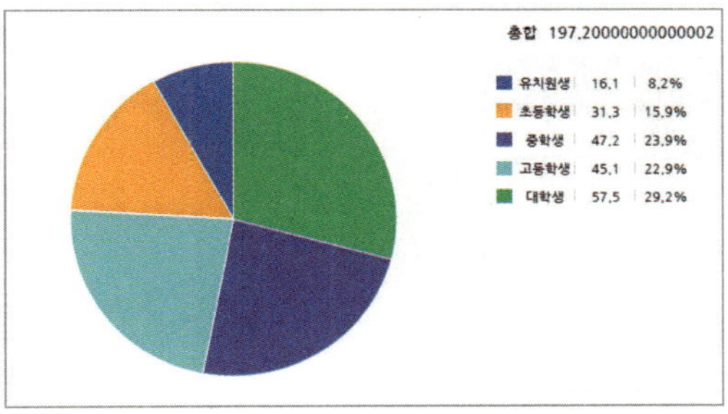

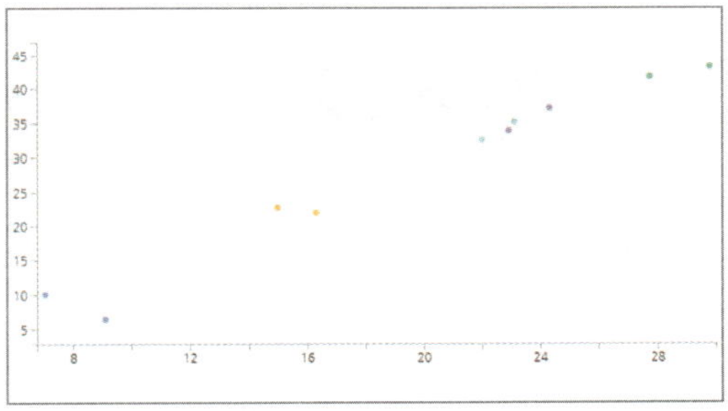

'학령별분석' 테이블에서 [차트]를 클릭한 후 '+' 버튼을 눌러 막대를 선택한다. 차트 제목을 '학령별분석_힌트' 변경하고, 가로축에 '학령'을, 계열에 '모두'를 선택하면 아래와 같은 차트를 볼 수 있다.

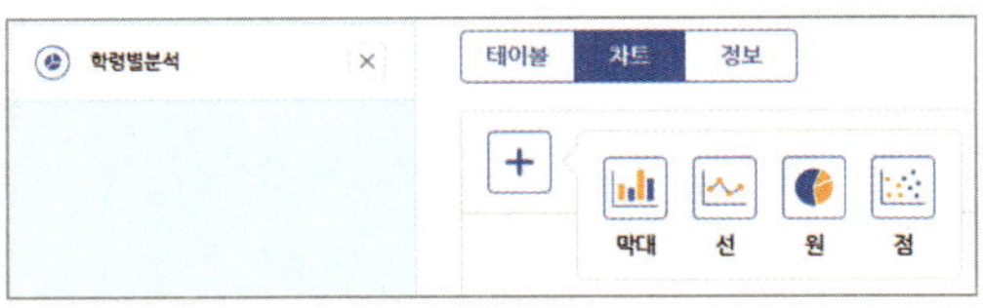

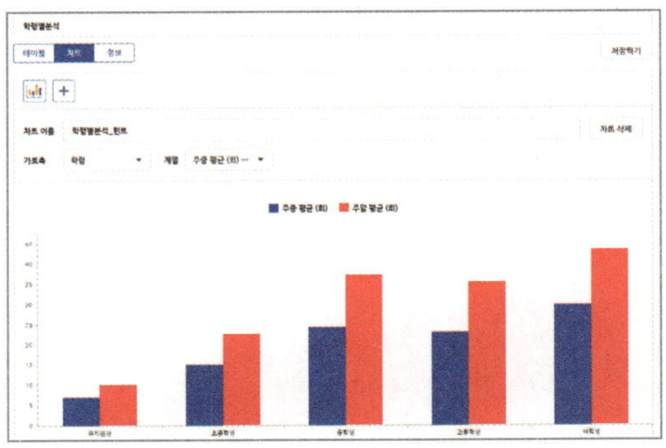

2.3. 조립해서 결과보기

초등학생 오브젝트와 주중 오브젝트, 안내로봇 오브젝트의 코드는 다음과 같다. 이 코드들을 참조해서 나머지 학령 오브젝트들과 주말 오브젝트를 구현해 보자.

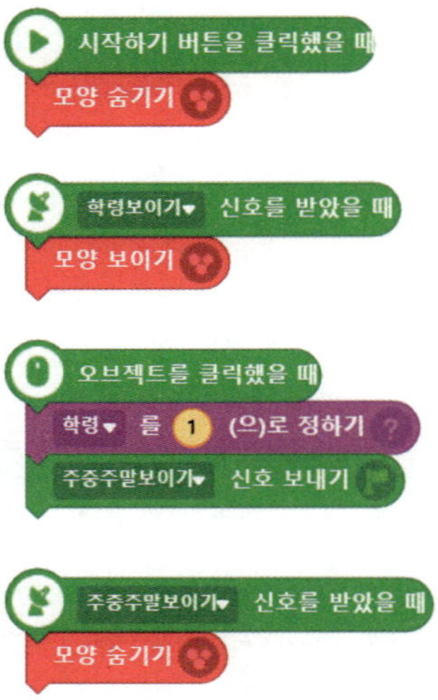

[유치원생 오브젝트]

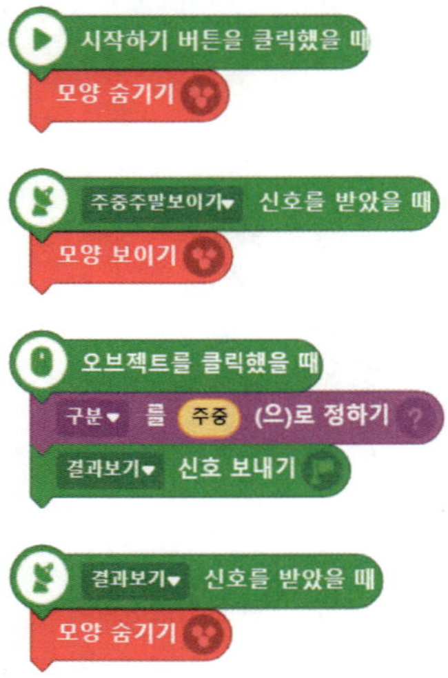

[주중 오브젝트]

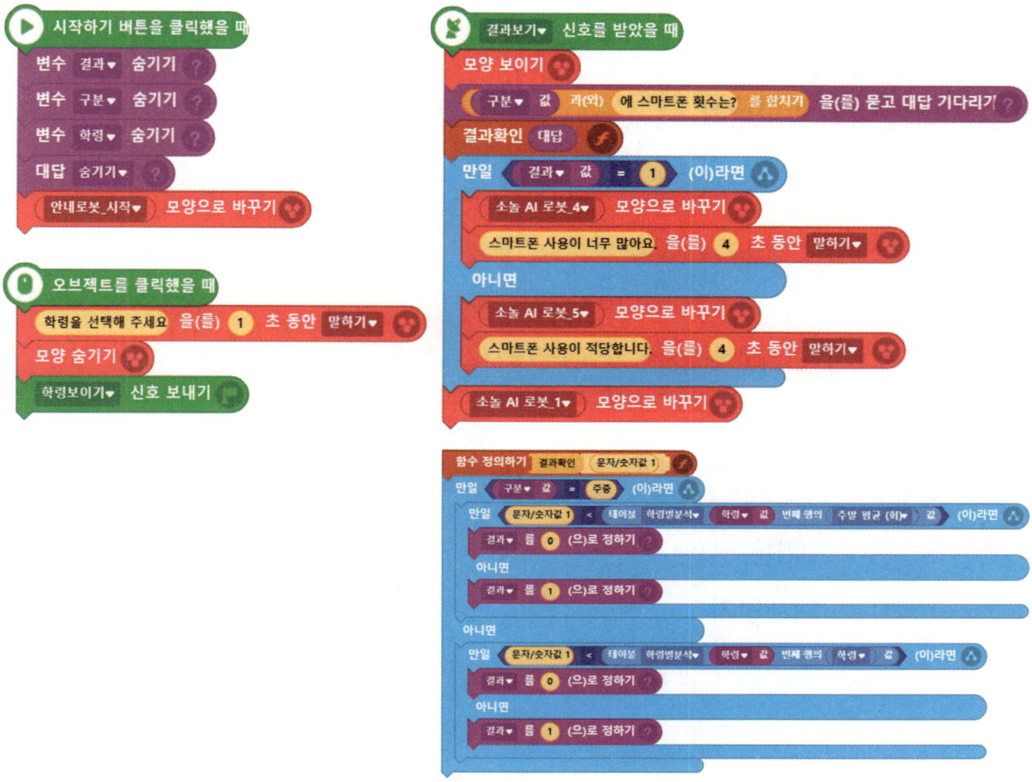

[안내로봇 오브젝트]

결과 출력하기

학령선택	결과화면

3. 데이터로 문제해결하기

3.1. 지역의 날씨 알아보기

문제와 해결조건

● **문제**

엔트리 날씨 확장블록에서 제공하는 실시간 지역의 날씨 정보를 표시하시오.

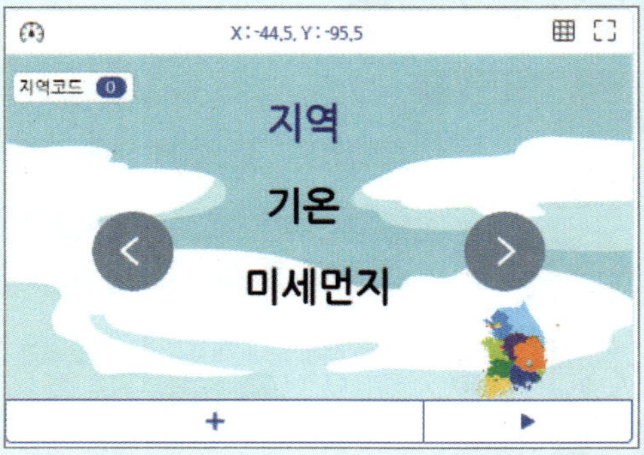

▶ **해결조건**

① 지역기온 테이블을 작성한다.

② 지역기온 테이블에서 각 지역의 기온, 미세먼지 실시간 정보를 수집한다.

③ 왼쪽, 오른쪽 화살표가 눌러지면 지역, 기온, 미세먼지가 순서대로 화면에 나타나도록 한다. [지역순 : 서울,강원,경기,경남,경북,광주,대구,대전,부산,세종,울산,인천,전남,전북,제주,충남,충북]

[미세먼지단계 : 좋음(0~30), 보통(31~80), 나쁨(81~150), 매우나쁨(151~)]

④ 지도 오브젝트를 선택하면 전지역의 기온과 미세먼지 정보를 그래프로 보여준다.

참고 확장블록

엔트리는 웨더아이, 국민안전처 , 한국관광공사로 부터 기온, 강수량, 미세먼지와 같은 날씨정보, 생활안전 국민행동요령, 자연재난 국민행동요령, 국내 지역별 다양한 행사 및 축제와 관련된 정보를 실시간으로 제공받아 블록으로 지원한다.

문제 해결 전략

1) 테이블 및 차트 만들기

웨더아이에서 실시간으로 제공되는 지역별 기온 및 미세먼지 정보를 저장할 테이블을 작성한다. 지역은 서울, 강원, 경기, 경남, 경북, 광주, 대구, 대전, 부산, 세종, 울산, 인천, 전남, 전북, 제주, 충남, 충북 순으로 제공되므로 [블록]-[데이터분석]-[데이터불러오기]-[테이블추가하기]를 선택하고 테이블 탭에서 다음과 같이 18행x3열 테이블을 작성한 후 테이블명을 '지역기온'으로 변경한다. 이때, 1행에는 각 열의 제목으로 지역, 기온, 미세먼지를 입력하고 2행부터 지역을 입력한다. 기온과 미세먼지 정보는 실시간으로 추가하므로 비워두거나 0으로 처리한다.

	A	B	C
1	지역	기온	미세먼지
2	서울	0	0
3	강원	0	0
4	경기	0	0
5	경남	0	0
6	경북	0	0
7	광주	0	0
8	대구	0	0
9	대전	0	0
10	부산	0	0
11	세종	0	0
12	울산	0	0
13	인천	0	0
14	전남	0	0
15	전북	0	0
16	제주	0	0
17	충남	0	0
18	충북	0	0

테이블을 생성한 후 차트 탭을 눌러 가로축은 '지역'을, 계열은 '모두'를 선택하여 막대 차트를 작성하고 '지역기온_차트'로 이름을 변경한다.

2) 확장 블록 불러오기

[블록]-[확장]-[확장 블록 불러오기]-[날씨]를 선택하여 날씨 확장블록을 추가한다.

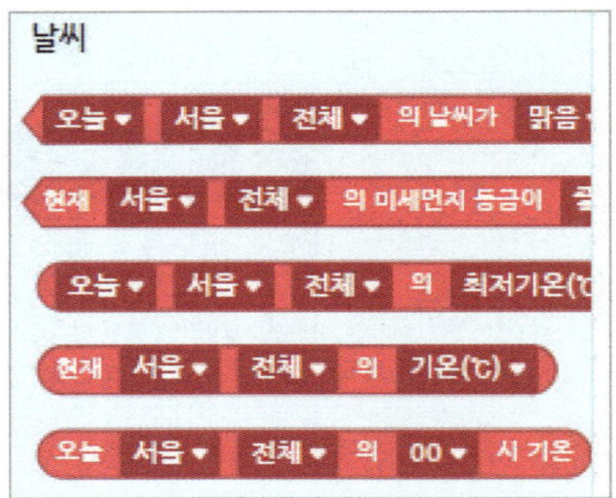

2) 변수 만들기

'지역기온' 테이블에서 자료를 가져오기 위해 행번호를 기억할 '지역코드' 변수를 작성한다.

변수	설명
지역코드	지역기온 테이블의 행 번호 제어변수

3) 신호 만들기

화면에 지역, 기온, 미세먼지를 표시하도록 신호를 작성한다.

신호	설명
지역보기	기온, 미세먼지 오브젝트에서 결과를 표시할 신호

프로그램 설계

1) 배경 오브젝트: '지역기온' 테이블 내용 채우기

프로그램이 시작되면 '지역기온' 테이블의 2행부터 데이터를 가져오기 위해 '지역코드' 변수를 1로 초기화하고 프로그램이 수행되는 동안 실시간 자료를 가져와서 테이블에 계속해서 채워준다.

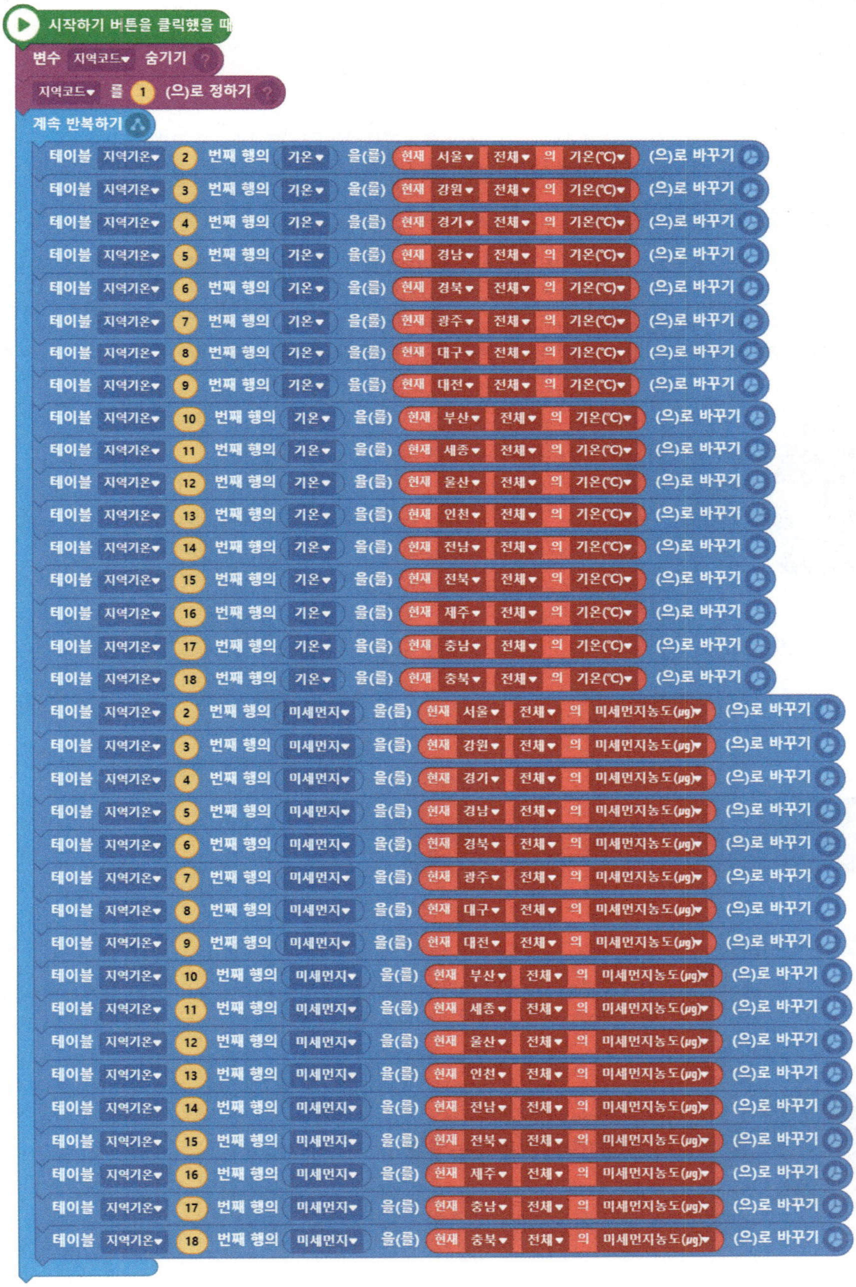

2) 오른쪽화살표 오브젝트 : 한 행씩 증가

'지역기온' 테이블에서 화면에 보이는 다음 지역의 내용을 가져오기 위해 '지역코드' 변수의 값을 1 더해준다. 이때, 18행이 테이블의 마지막 행이므로 '지역코드'가 18이면 더 이상 증가하지 않도록 주의한다. '지역보기' 신호를 보내 지역, 기온, 미세먼지 오브젝트에서 결과를 표시할 수 있도록 한다.

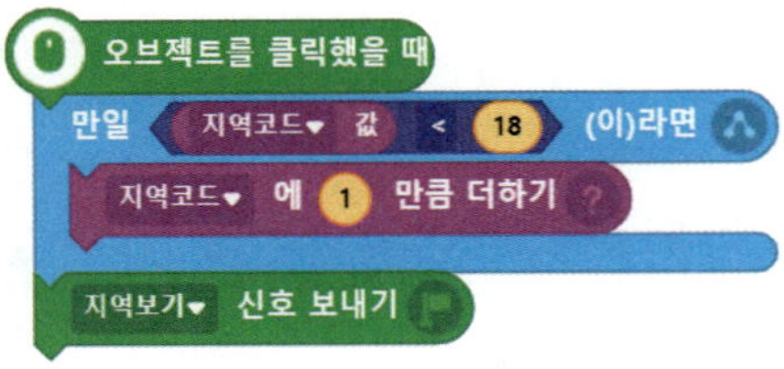

3) 왼쪽화살표 오브젝트 : 한 행씩 감소

'지역기온' 테이블에서 화면에 보이는 이전 지역의 내용을 가져오기 위해 '지역코드' 변수의 값을 -1 더해준다. 이때, 2행이 테이블에서 지역 정보의 첫 행이므로 더 이상 내려가지 않도록 주의한다. '지역보기' 신호를 보내 지역, 기온, 미세먼지 오브젝트에서 결과를 표시할 수 있도록 한다.

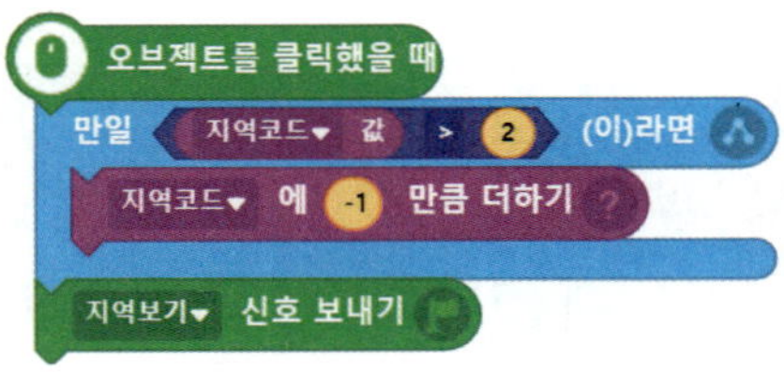

4) 지역 오브젝트 : 지역표시

'지역보기'신호를 받으면 '지역기온' 테이블에서 '지역코드'에 해당하는 행의 '지역' 열의 값을 가져와서 표시한다.

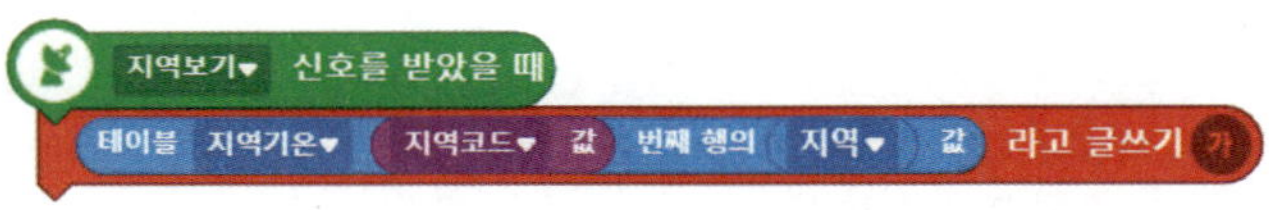

5) 기온 오브젝트 : 기온표시

'지역보기'신호를 받으면 '지역기온' 테이블에서 '지역코드'에 해당하는 행의 '기온' 열의 값을 가져와서 표시하고 ℃기호를 추가로 표시한다.

6) 미세먼지 오브젝트 : 미세먼지 단계 표시

'지역보기'신호를 받으면 '지역기온' 테이블에서 '지역코드' 변수 값에 해당하는 행의 '미세먼지' 열 값을 가져와서 단계와 수치를 표시한다. 미세먼지 단계는 좋음(0~30), 보통(31~80), 나쁨(81~150), 매우나쁨(151~)으로 표시하고 색깔도 변경해준다.

7) 지도 오브젝트 : 그래프 표시

'지역기온' 테이블의 '지역기온_차트'를 확인한다.

조립해서 결과보기

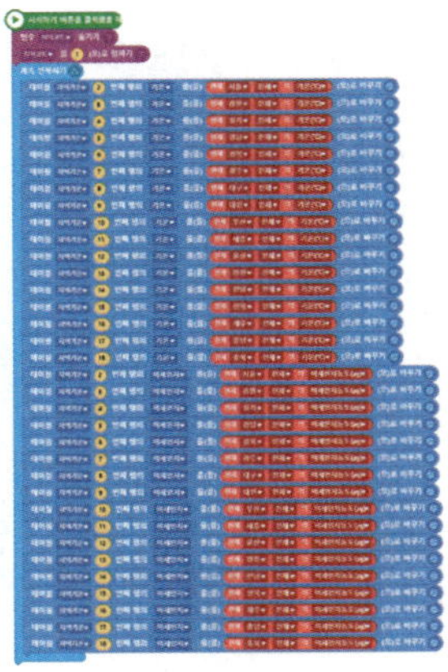

[배경 오브젝트]

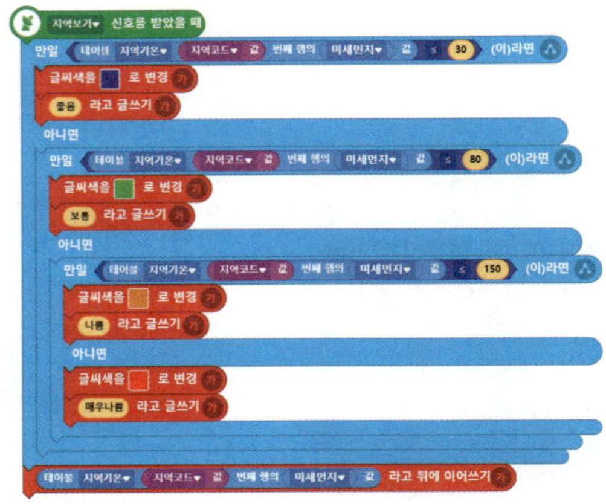

[미세먼지 오브젝트]

[지역 오브젝트]

[기온 오브젝트]

[왼쪽화살표 오브젝트]

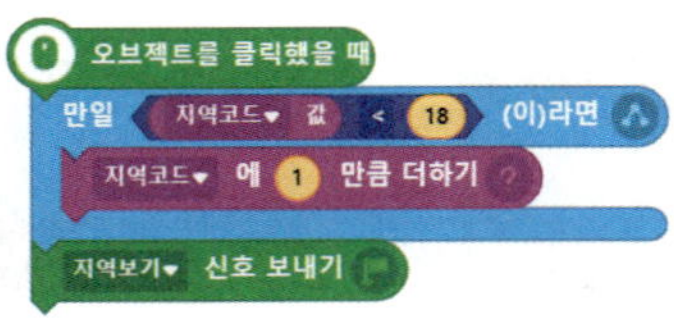

[오른쪽화살표 오브젝트]

[지도오브젝트]

결과 출력하기

지역보기	차트보기
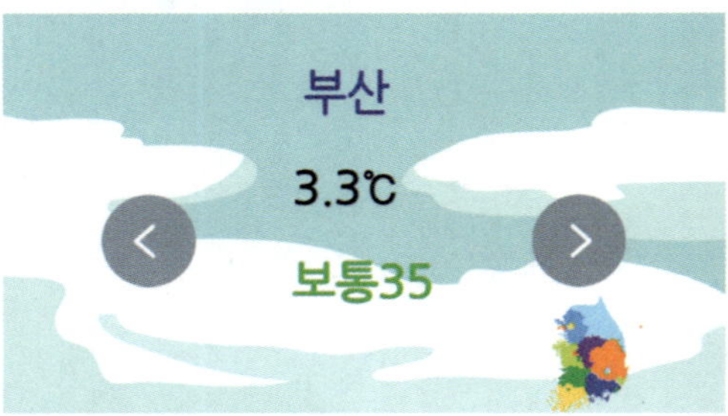	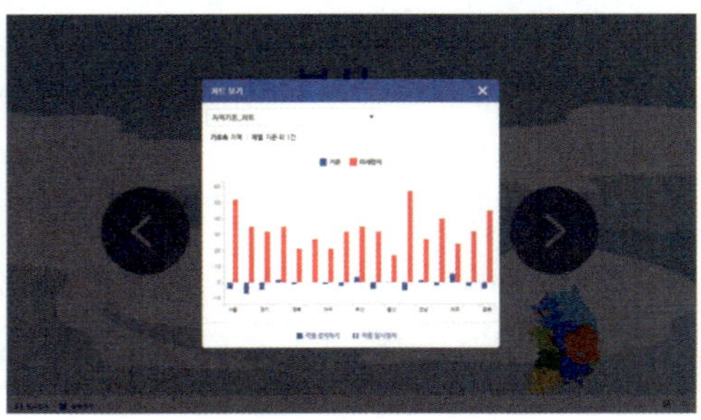

3.2. 기후변화 알아보기

문제와 해결조건

● 문제

기상청에서 제공하는 46년간의 계절별 기온 변화 데이터를 이용하여 연평균 및 봄, 여름, 가을, 겨울의 평균기온을 시각화하여 기후변화를 분석한다. 힌트를 통해 그래프를 확인하고 연평균 기온이 상승되고 있는지 질문하여 답을 구한다.

▶ 해결조건

① 지구 오브젝트를 클릭하면 '연평균 기온은 상승되고 있을까요?' 라고 질문한다.
② O(맞음), X(틀림)를 선택하여 결과를 확인한다.
③ 해 오브젝트가 클릭되면 힌트로 그래프를 보여준다.

문제 해결 전략

1) 테이블 및 차트 만들기

[블록]-[데이터분석]-[데이터불러오기]-[테이블선택]에서 '계절별 기온' 테이블을 추가하고 테이블 명을 '연평균기온'으로 변경한다. 차트 탭에서 선 차트를 선택하고 가로축을 '연도' 계열을 '연평균'을 선택하여 차트를 그린다.

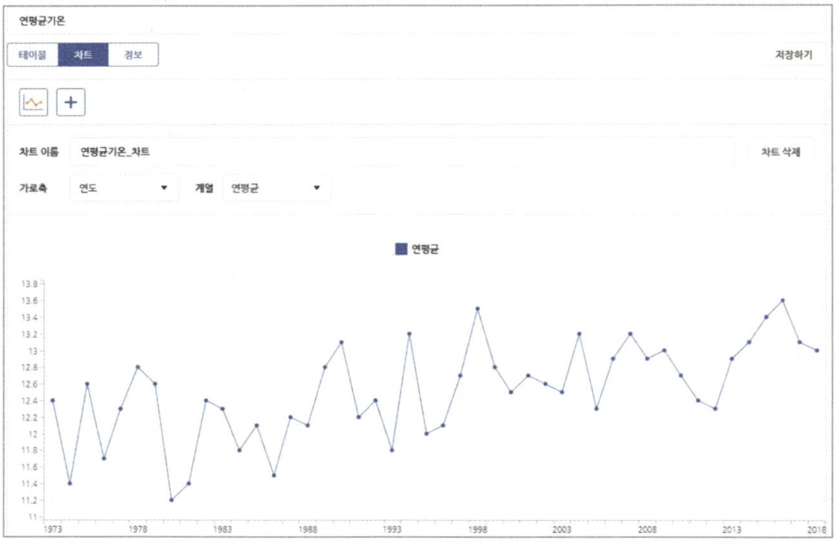

2) 변수 만들기

물음에 대해 맞음 오브젝트나 틀림 오브젝트를 선택했을 때 저장하는 변수를 작성한다.

변수	설명
선택	맞음(O)을 선택하면 1, 틀림(X)을 선택하면 0

3) 신호 만들기

맞음이나 틀림 오브젝트가 화면에 보이거나 보이지 않도록 제어하기 위한 신호를 작성한다.

신호	설명
대답하기	맞음(O), 틀림(X) 오브젝트가 신호를 받아 모양 보임
결과보기	맞음(O), 틀림(X) 오브젝트가 신호를 받아 모양 숨기고 결과 표시

프로그램 설계

1) 지구 오브젝트: 질문하기

프로그램 시작과 함께 대답과 변수를 숨긴다. 지구 오브젝트를 클릭하면 '연평균 기온은 상승되고 있을까요?'라고 질문한 후 '대답하기' 신호를 보내 맞음(O), 틀림(X) 오브젝트가 나타나도록 한다.

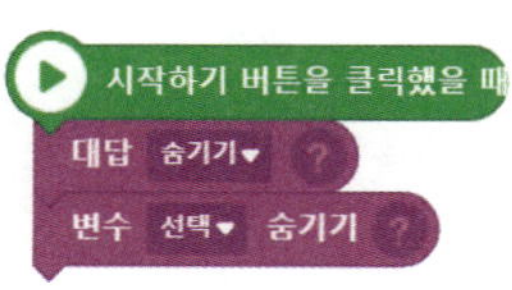

2) 맞음(O), 틀림(X) 오브젝트

프로그램 시작 시 모양을 숨기고 '대답하기' 신호를 받으면 모양을 보인 후 사용자 선택을 기다린다.

오브젝트가 클릭되면 맞음(O)오브젝트와 틀림(X) 오브젝트는 '선택' 변수에 각각 1과 0을 저장한다. '결과보기' 신호를 받으면 화면 전환을 위해 모양을 다시 숨긴다.

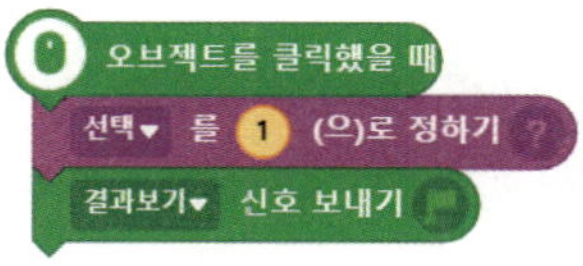

3) 지구 오브젝트: 결과 말하기

'결과보기' 신호를 받으면 '선택' 변수의 값이 1인 경우는 '맞았습니다.', 0인 경우는 '연평균 기온은 상승하고 있습니다.'는 메시지를 표시한 다음 마지막으로 그래프를 보여준다.

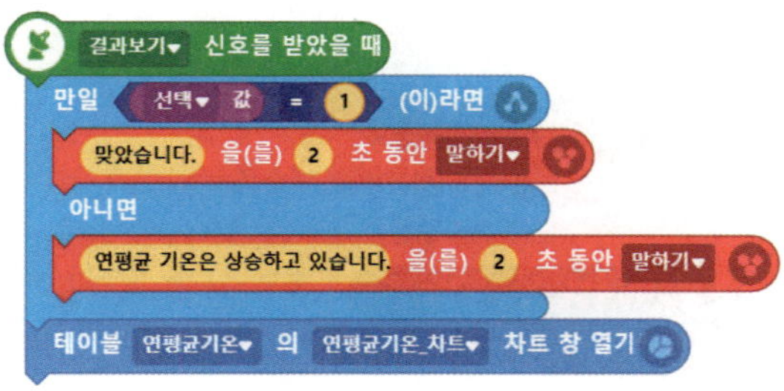

4) 힌트 보기

해 오브젝트가 클릭되면 미리 만들어둔 연평균 기온 막대 차트를 보여준다.

조립해서 결과보기

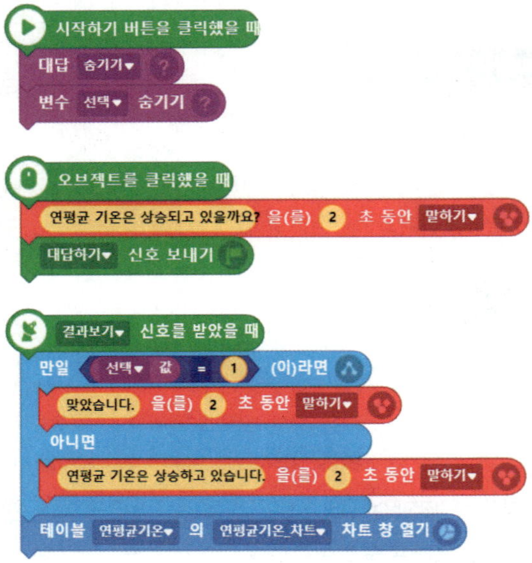

[지구 오브젝트]

[힌트 오브젝트]

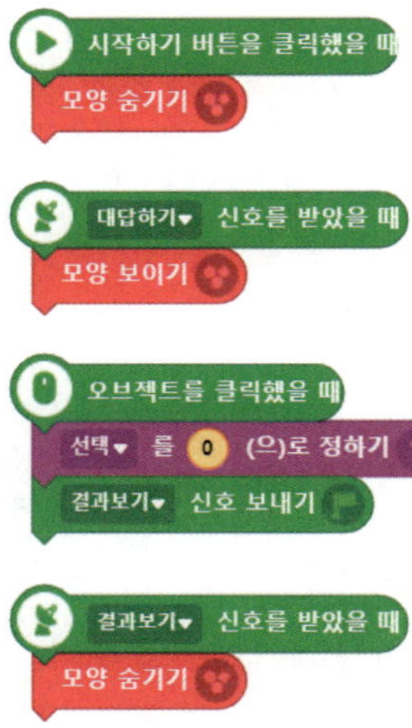

[틀림 오브젝트]

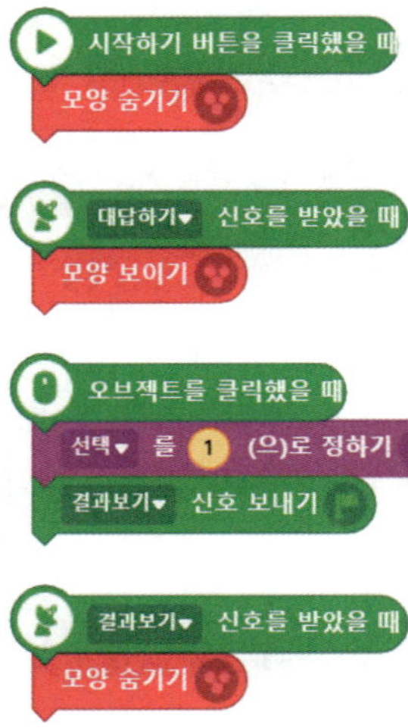

[맞음 오브젝트]

결과 출력

질문하기	힌트보기
	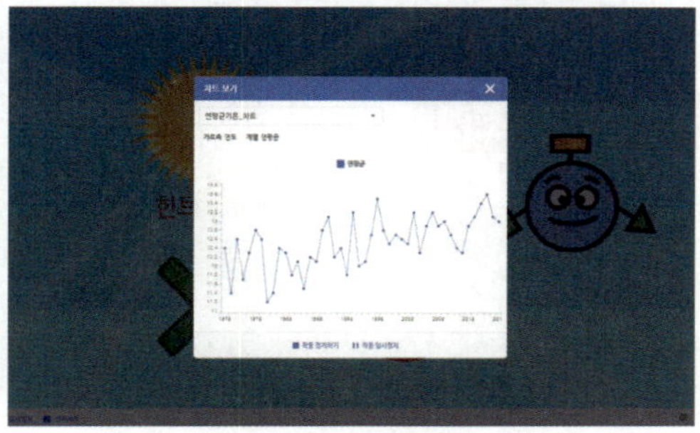

4. 스스로 해결하기

4.1. 장르별 재생수 비교하기

문제와 해결조건

● 문제

네이버 VIBE에서 2019년에 가장 많이 재생된 500곡을 장르별로 묶은 다음, 월별로 장르별 재생 수 자료를 제공하고 있다. '네이버 VIBE 장르별 재생 수' 테이블을 선택하여 2019년 1월에서 12월까지의 장르별 재생 수를 이용하여 특정 월에 사용자가 선택한 2개의 장르 중에서 어느 장르가 더 많이 재생되었는지 분석하시오.

▶ 해결조건

① 몇 월의 재생 수를 비교할지 물어본다.

② 대답을 하면 장르(발라드, 댄스, 팝, 힙합, 락) 오브젝트를 보여주고 2개 장르를 선택할 수 있도록 한다.

③ 2개의 장르가 선택이 되면 '네이버 VIBE 장르별 재생 수' 테이블의 재생 수를 가져와서 어느 장르가 더 많이 재생되었는지 알려준 후 그래프를 표시해 준다.

결과 출력하기

질문하기	결과보기

질문하기

결과보기

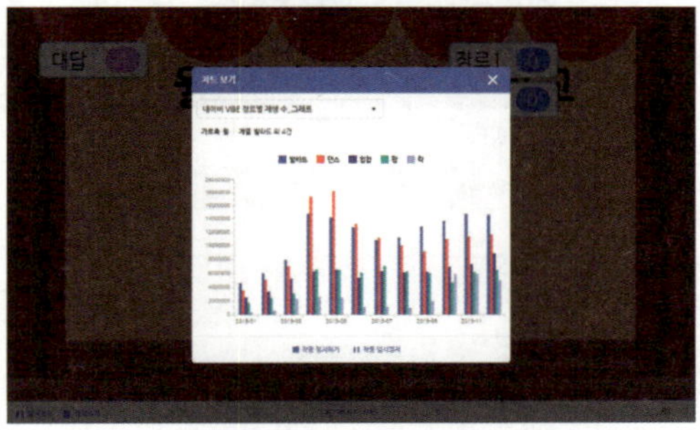

4.2. 구구단 학습결과 보기

문제와 해결조건

● 문제

무작위로 생성되는 구구단 문제를 맞히는 게임을 만들어 보자.

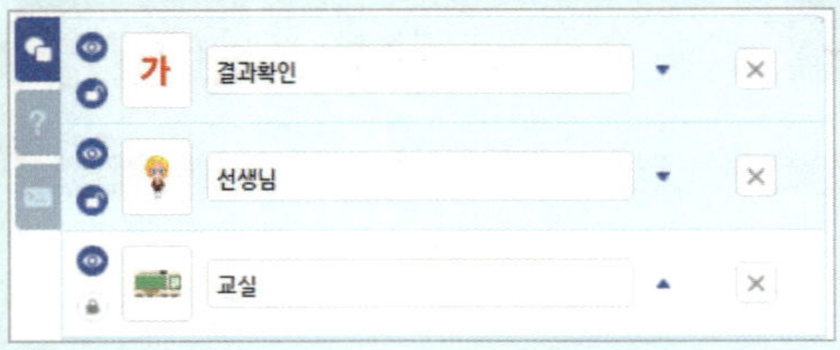

▶ 해결조건

① 선생님 오브젝트를 클릭하면 구구단 문제를 무작위로 보여준다.

② 사용자가 대답을 입력하면 테이블에 문제, 대답, 결과를 저장한다.

③ 결과확인 오브젝트를 클릭하면 지금까지 풀었던 문제와 결과를 2초 간격으로 보여주고, 마지막에는 정답을 맞힌 총 횟수를 보여준다.

결과 출력하기

구구단 문제보기	결과보기

제10장
인공지능 기초

1. 인공지능의 발전과 원리

1.1. 인공지능의 발전

일단 우리가 모두 아는 얘기, 하나. 지난 2016년 3월 9일부터 15일까지 벌어진 알파고(AlphaGo)와 이세돌 9단의 바둑 대결에서 대부분 사람의 예상을 깨고 알파고가 4승 1패로 승리하였다. 대국 전까지 70% 가까운 사람들이 이세돌 9단의 승리를 예상하였고 이들 중 많은 이들은 5전 전승 또는 못해도 4승 1패 정도를 기대하였으나 결과는 정반대였다. 첫판의 결과가 나온 3월 9일 오후에는 마치 외계인의 침공으로 인류가 심각한 위기에 빠진 듯한 충격과 침통한 분위기가 팽배하였고, "인공지능, 넘을 수 없는 벽인가"와 같은 절망적인 느낌의 기사도 넘쳐났다. 대국 전 "한 판이라도 지면 알파고가 이긴 것과 마찬가지"라며 자신만만하던 이세돌 9단도 11일엔 "한 판이라도 이기겠다"라며 마음을 다잡았고 실제로 며칠 뒤 한 판을 승리했을 때는 외계인의 침공을 물리친 양 나라 전체가 들썩였다. 이후 알파고의 두뇌는 1,202개나 된다며 애초에 불공정한 경기였다는, 인간의 패배를 합리화하는 기사도 나오기 시작했고 "인간과 기계를 비교하려 하지 마라"는 기계의 입장에서는 매우 도발적인(스스로 생각할 수 있는 기계가 있다면 말이지만) 주장으로 마무리되었다. 알파고에 대한 우리의 예측이 왜 어긋났고 바둑에서의 패배가 왜 그렇게 큰 충격이 되었는지를 인공지능의 출현과 발전 과정을 살펴봄으로써 알아보자.

인공지능(AI; Artificial Intelligence)의 개념을 처음 제시한 사람은 '컴퓨터의 아버지'라 불리는 앨런 튜링(Alan Turing, 1912~1954)이다. 튜링은 1930년대에 현대 컴퓨터의 모델이 된 '튜링 머신'이라는 가상 컴퓨터 개념을 발표하면서 "기계가 주어진 일을 스스로 처리한다면 이 기계는 지능을 가지고 있다고 정의할 수 있다"는 '기계지능' 개념을 처음 제시하였다. 이 개념이 현재 인공지능 개념의 시초라고 할 수 있다.

[튜링 머신 개념도 (그림출처: https://sciencenonfictiondotorg.files.wordpress.com/)]

추상적 모델이었던 인공지능은 1956년 존 매카시(John McCarthy, 1927~2011)에 의해 다트머스 회의에서 처음으로 학문적 연구의 대상이 된 이후로 몇 번의 부흥과 쇠퇴를 반복하였다. 1960년대 전자식 컴퓨터의 개발과 활용이 본격화될 무렵 인간의 신경망에서 영감을 얻은 퍼셉트론 이론(인공신경망)이 개발되면서 인공지능 컴퓨터에 관한 관심이 증가하였으며, 이를 이용하여 서로 다른 언어 간의 번역을 수행하려는 '기계번역' 연구가 시작되었다. 그러나 천문학적인 연구비가 투입되었음에도 의미 있는 성과를 보이지 못하자 1966년 기계번역 연구는 중단되었으며, 인공지능에 대한 비관론이 확산되었다. 이로 인해 1980년대까지 인공지능에 대한 연구는 쇠퇴기를 맞이한다. 그러다 1980년대에 전문가의 지식과 경험을 저장한 지식 데이터베이스를 기반으로 사용자에게 전문가 수준의 정보를 제공하는 전문가 시스템에 대한 연구가 활발하게 진행되었고, 전문가 시스템의 필수 기능인 추론 기능에 인공지능 기술이 요구됨으로써 인공지능 분야는 다시 주목을 끌게 되었다. 그러나 이러한 전문가 시스템의 높은 가격은 1980년대 중반부터 급속하게 성장한 개인용 컴퓨터(Personal Computer: PC)의 저렴한 가격 앞에 경쟁력을 상실하게 된다. 이에 투자는 감소되었고 두 번째 쇠퇴기를 맞이하여 1990년대 초까지 다시 침체를 겪다가, 1990년대 후반 검색 엔진 등을 통해 방대한 데이터를 수집하고 이 빅데이터를 분석할 수 있는 하드웨어의 발달과 스스로 학습할 수 있는 머신러닝의 개발에 힘입어 다시 한 번 중흥기를 맞이하게 된다. 이후 지속적인 컴퓨터 하드웨어 기술의 발전은 인공지능 기술을 처리할 수 있는 하드웨어 비용을 크게 줄여주었으며, 구글, IBM 등 세계 주요 기업의 관심으로 2000년대 들어서는 다양한 분야에서 의미 있는 결과를 보여 주고 있다. 특히 2012년 이미지 인식 경진대회인 이미지넷(IMAGENET)에서 인간의 뇌를 모방한 신경망 네트워크(neural networks) 구조를 가진 딥러닝 기반 알고리즘 알렉스넷(AlexNet)이 우승한 이후로 인공지능 시대가 본격화되기 시작했다.

컴퓨터가 인간과 비슷한 방식으로 학습하고 생각할 수 있음을 증명하기 위해 인공지능 연구자들이 시도한 일은 체스나 바둑과 같이 다양한 수를 가진 경기에서 컴퓨터가 인간을 얼마나 따라왔는지 보여주는 일이었다. 딥블루(Deep Blue)는 IBM이 체스 게임 용도로 만든 컴퓨터이다. 1996년 2월, 당시 세계 체스 챔피언이었던 게리 카스파로프(Garry Kasparov, 1963~)와의 첫 번째 대국에서는 딥블루가 이겼으나 나머지 다섯 번의 대국에서 세 번 지고 두 번 비겨 최종적으로는 2-4의 점수로 패했다. 이후 딥블루에 엄청난 성능향상 작업이 있었고 1997년 5월에 다시 맞붙었다. 성능이 향상된 새로운 컴퓨터의 비공식적인 별명은 '디퍼블루'(Deeper Blue)였다. 여섯 번의 대국 결과 3.5-2.5의 점수로 딥블루가 승리했다. 이로써 딥블루는 시간제한이 있는 정식 체스 토너먼트에서 세계 챔피언을 꺾은 최초의 컴퓨터가 되었다. 딥블루는 가능한 모든 경우를 조사하여 다음 수를 결정하기 때문에 엄청난 병렬처리 능력이 필요하였다.

IBM은 딥블루의 선전에 고무되어 인간의 언어를 이해하는 인공지능 개발을 시작했다. 왓슨(Watson)은 인간의 언어를 이해하고 판단하는 데 최적화된 인공지능 슈퍼컴퓨터이다. 왓슨은 2011년 2월, 미국 제퍼디(Jeopardy) 퀴즈쇼에 참가해서 당시 전설적인 퀴즈의 달인들을 물리치고 우승을 차지했다. 왓슨은 이중 삼중으로 꼬여있는 문장의 형태로 주어진 문제를 이해해서 정답을 맞힘으로써 복잡하고 방대한 인간의 언어를 이해하고 각 단어의 상관관계를 추론해서 답을 도출해 내는 능력을 갖추고 있음을 증명하였다.

인공지능의 이러한 발전에도 불구하고 바둑은 알파고의 등장 전까지 인공지능 연구자들에게 엄청난 도전의 영역으로 여겨졌다. 체스에 비해 탐색 공간이 광범위한 데다 한 수 한 수의 위치나 게임의 진행을 예측하기가 어렵기 때문이다. 체스는 전체 칸의 수가 64개인 데 비해 가로와 세로가 각각 19줄인 바둑판은 돌을 놓을 수 있는 점이 361개나 되어 두 대국자가 번갈아 가며 바둑돌을 놓아 진행될 수 있는 게임의 경우의 수가 무려 361!이다. 이는 약 10의 150제곱에 해당하는 수로 우주 전체에 있는 원자의 수보다 많다. 앞서 언급한 딥블루처럼 모든 가능한 경우를 조사하여 다음 수를 결정한다면 바둑의 경우의 수는 현재의 슈퍼컴퓨터가 수가 십억 년을 계산해도 다 파악할 수 없을 정도로 매우 큰 수이다. 이런 이유로 시간제한이 있는 경기의 특성상 인공지능 시스템이 프로 바둑기사를 이기는 일은 요원하다는 것이 연구자들 사이의 '상식'이었기 때문에 알파고가 판후이 2단을 5-0으로 이겼다는 소식은 인공지능 연구의 새로운 장이 열렸음을 알리는 중요한 소식이었다.

[제퍼디 쇼에 출연한 IBM 왓슨]

그러나 이 소식이 알려진 뒤에도 "2단이니까 그럴 수 있지."라는 생각이 곧 팽배하였다. 어차피 모든 수를 다 조사할 수는 없을 테고 범위를 임의로 좁혀서 검사할 텐데, 이런 방식으로는 2단 수준은 이길 수 있을지 몰라도 뛰어난 직관과 수많은 경험에 기반한 판단 능력을 갖춘 최고의 바둑 기사를 능가할 수는 없을 것이라 생각한 것이다. 알파고를 개발한 딥마인드의 CEO 하사비스조차도 승부는 반반이라고 조심스레 자신하면서도 인공지능이 인간에 도달하려면 수십 년이 더 걸릴 것이라고 말한 이유이다. 하지만 이러한 예상은 이세돌 9단과의 대국을 통해 무참히 깨졌고 우리가 모르고 있었던 인공지능의 발달은 큰 충격을 주었다. 심지어 이세돌 9단과의 대결 이후 더 강해진 알파고는 2017년 10월에 인간의 기보 입력 없이 자체 학습이 가능한 알파고 제로 (알파고 2.0)로 발전하였고, 그해 12월에는 알고리즘을 일반화시켜 다른 게임에도 적용할 수 있는 알파 제로로 탈바꿈되었다. 이제 사람들은 기계의 능력에 놀라움을 넘어 두려움을 느끼게 되었다.

그렇다면 미래의 인공지능은 어떤 모습일까? 인공지능 연구자들은 인공지능의 개념을 '강한' 인공지능과 '약한' 인공지능으로 나누고 있다. 약한 인공지능은 앞에서 언급한 딥블루, 왓슨, 알파고처럼 "특정한 문제를 인간처럼 풀기"를 목표로 하는 인공지능 연구 분야를 말한다. 그에 반해 강한 인공지능은 사람과 똑같이 자유로운 사고를 할 수 있는 인공지능 시스템으로서 스스로 목표를 설정하고 스스로 학습한다.

위에서 보았다시피 약한 인공지능 분야는 인간의 능력을 거의 따라잡거나 오히려 능가하는 수준에 다다랐지만, 강한 인공지능으로 분류할 수 있는 시스템의 예는 아직 현실에서는 찾아보기 힘들다. 대신 '인공지능'에 대한 일반적인 관념은 강한 인공지능에 가까워서 공상과학 영화 속에서는 쉽게 그 예를 찾을 수 있다. 터미네이터(1984년, 1991년), 아이로봇(2004년), 프로메테우스(2012년) 등의 영화에 등장하는 로봇들은 모두 인간처럼 호기심을 가지고 인간처럼 생각하며, 인간의 감정을 느끼는 강한 인공지능을 가진 기계로 묘사되어 있다. 이러한 영화 속 인공지능 시스템이 실제로 언제 나타날 수 있을지는 미지수지만, 이를 지향하는 현재의 기술들은 마이크로소프트와 일본 소프트뱅크가 각각 2015년에 내놓은 '코타나(Cortana)'와 로봇 '페퍼(Pepper)', 그리고 도요타가 2017년 1월 CES(Consumer Electronics Show)에 선보인 '콘셉트-愛(Ai)'에서 살펴볼 수 있다. 이들 모두 사람의 표정과 목소리를 인식하여 감정을 판별할 수 있는데, 코타나의 경우 음성 자동 인식과 실시간 번역에 강점이 있고 API를 공개하여 약간의 프로그래밍 기술만 있으면 누구나 활용할 수 있도록 했다. 페퍼는 키가 120cm 정도 되며 클라우드 기반의 인공지능을 구현하고 있다. 즉, 본체에는 기초적인 언어 능력과 반사적 반응을 위한 데이터만 두고 고도화된 인공지능 기능은 클라우드로 옮겨 수행한다. 마지막으로 콘셉트카 아이는 운전자의 표정을 인식하고 운전자가 SNS에 올린 글 등을 찾아 감정 상태를 추정하여 운전자가 행복감이나 편안함을 느낄 수 있는 주행 경로를 제안한다.

[소프트뱅크의 페퍼(Pepper)]

1.2. 인공지능의 원리

인공지능은 인간의 지적 능력-학습, 추론, 지각, 논증, 자연어 이해력 등을 모방하여 구현하는 학문 또는 기술을 의미한다. 앞서 나열하였듯이 인간의 지적 능력은 여러 능력이 결합되어 있어서 인공지능을 만드는 방법도 다양한 분야로 나누어 연구되고 있다. 일반적으로 인공지능 연구에서는 문제해결과 탐색, 추론, 학습, 그리고 인식 분야를 다루고 있다.

문제해결과 탐색(Searching)

탐색을 통한 문제해결에서는 문제해결을 위해 정답을 찾는 과정을 시작 상태에서 목적 상태까지 가는 여러 갈래의 경로 중에서 가장 효율적인 경로를 찾는 것으로 여긴다. 예를 들면 바둑의 문제해결이란, 바둑알이 아무것도 없는 상태(시작 상태)에서 내가 승리하는 상태(목표 상태)에 도달하는 가장 효율적인 방법을 탐색하는 과정이다. 알파고도 기본적으로 탐색을 통해 승리를 위한 최적의 수를 결정하지만, '정책망(policy network)'과 '가치망(value network)'을 통해 탐색 과정을 최소화한다. 정책망은 롤아웃(rollout) 정책망, 지도학습 정책망(supervised learning), 강화학습(reinforcement learning) 정책망으로 더욱 세분하여 사람이 어떤 일을 배우는 과정을 따르도록 하였다.

우선, 롤아웃 정책망에는 기본 규칙인 바둑의 정석을 학습하여 정보가 쌓이도록 하였으며, 지도학습 정책망은 다른 사람들의 바둑 경기 과정을 저장한 기보를 학습하고 특정한 상황에서 사람이 다음에 어디에 두었는지 맞히는 문제를 푸는 방식으로 학습 정보가 축적되도록 하였다. 마지막으로 강화학습 정책망에는 기보에 없는 수를 둘 때 어떻게 되는지, 어떤 수를 둬야 이길 확률이 높은지 정하기 위해 하루에 수천 만 번씩 스스로 바둑을 두는 자율학습을 수행하고 그 결과를 축적하였다. 이를 통해 다음에 둘 몇 지점을 직감으로 정하는 프로 바둑 기사들처럼 알파고 역시 인간의 직관력을 흉내낸 정책망에 축적된 정보를 이용하여 다음에 둘 몇몇 후보 지점들을 선택한다.

이렇게 선택된 후보 지점 중 어느 곳이 가장 유리한지 결정하기 위하여 프로기사는 가상으로 게임을 진행해보는 수읽기 과정을 통해 유불리를 결정한다. 그러나 모든 경우의 수를 다 진행해 볼 수 없으므로 프로 바둑 기사들은 몇십 수의 수읽기 이후 직관적으로 유리하다고 판단되는 지점을 선택한다. 알파고의 결정 방식도 이와 유사하다. 모든 수를 다 시험해 보는 것이 아니라 정책망을 통해 추려낸 몇몇 후보 지점들에 대해 가치망이라는 또 다른 신경망을 통해 승률을 추정하여 최종 지점을 선택한다. 바둑판에서 한 점에 돌을 놓으면 그다음에 돌을 놓을 수 있는 다양한 여러 점들이 쭉 나열되며, 이는 마치 하나의 가지에서 다른 가지가 계속 갈라지는 나무(트리) 모양이 된다. 가치망은 이와 같은 가지 중 일부를 선택하는 '몬테카를로 검색 트리(Monte Carlo Search Tree)'라는 방식을 사용하여 여러 경우의 수 중 일부만을 무작위로 시뮬레이션해 본 뒤 이를 근거로 승률을 계산함으로써 현재 상황에서 자신의 유·불리를 파악한다. 정책망과 가치망을 활용해 알파고는 아무리 상대방이 최선의 수를 둬도 그보다 더 승률을 높이는 지점을 선택할 수 있다.

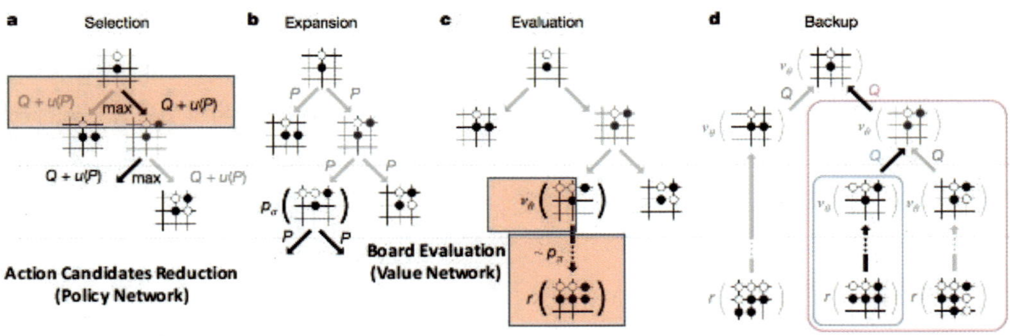

[알파고 가치망의 몬테카를로 검색 트리]

바둑 외에도 탐색을 통해 문제를 해결하는 예로는 체스나 오목, 스도쿠 같은 게임, 내비게이션의 실시간 경로 찾기 등이 있다.

논리적 추론(Reasoning)

논리적 추론이란, 인간의 논리적인 추론 과정을 컴퓨팅 모델로 만드는 것이다. 인간은 새롭게 입력된 정보와 우리가 이미 알고 있는 지식을 바탕으로 연쇄적인 추론을 통해 새로운 사실을 끌어낸다. 예를 들어, 어떤 학생이 OO학교의 교복을 입은 것만 보고도 우리는 그 학생이 OO학교의 학생이라는 것을 추론할 수 있다.

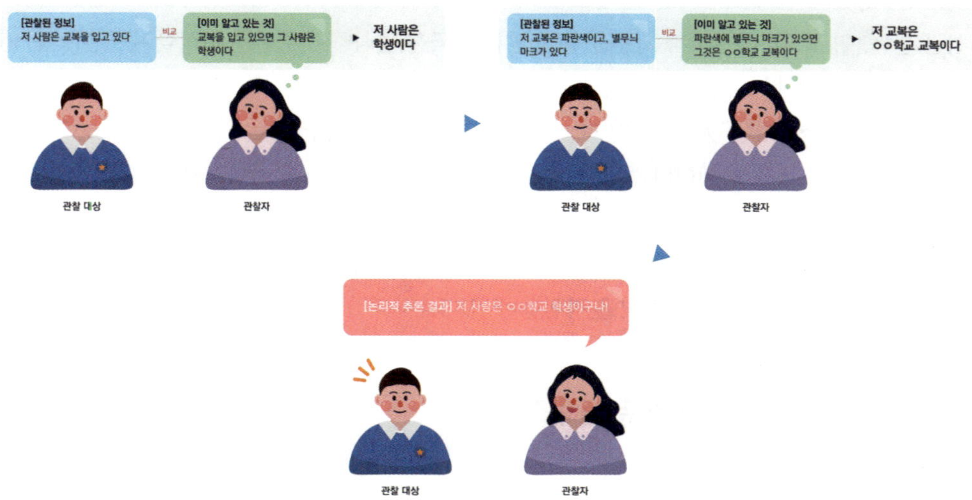

[인간의 논리적 추론 과정 (그림출처: 소프트웨어야 놀자)]

인간의 이러한 논리적 추론 과정을 모방하려면 사람의 지식을 기호 형태로 표현한 다음 그 기호들을 이용하여야 한다. 이러한 과정으로 인해 논리적 추론에 기반을 둔 인공지능을 '기호적 인공지능(symbolic AI)'이라고도 한다. 논리적 추론을 통해 만든 인공지능 시스템으로는 전문가 시스템이 있으며, 11장에서 상세히 소개한다.

학습(Learning)

학습은 컴퓨터가 데이터로부터 유의미한 규칙을 찾아내는 것을 말한다. 데이터로 학습을 하면 분류, 예측, 군집 등의 일을 할 수 있으며, 데이터가 많을수록 학습이 더 정확하게 잘 된다. 사람의 학습과 구분하고자 인공지능의 학습을 머신러닝(machine learning)이라고 한다. 논리적 추론에 기반을 둔 전문가 시스템에서는 사람의 지식을 일일이 기호 형태로 표현하였다면, 학습에 기반한 인공지능 시스템은 데이터로부터 지식을 자동으로 습득한다. 전통적인 머신러닝에서는 사람의 지식을 바탕으로 데이터에서 특징을 추출하는 전처리 작업이 중요하였다면, 최근에는 머신러닝의 한 종류인 딥러닝(deep learning)이 발전하면서 전처리 작업이 없더라도 소리, 이미지 등 다양한 데이터에 대한 학습이 가능하게 되었다. 머신러닝에 이용되는 데이터를 학습데이터라고 하며, 학습데이터의 형태에 따라 머신러닝은 지도학습(supervised learning), 비지도학습(unsupervised learning), 강화학습(reinforcement learning)으로 구분할 수 있다. 각각에 대해서는 12장에서 상세히 소개한다.

인식(Recognition)

사람의 지각 능력은 감각 기관이 받는 정보를 포착하고, 처리하고, 적극적으로 이해할 수 있는 능력이다. 사람은 눈, 귀, 코와 같은 감각 기관을 통해 받는 자극을 인식하여 주변을 해석할 수 있다. 즉, 인공지능 분야에서 인식이란 사람이 눈을 통해 세상을 보고 특정 대상을 인식하고, 귀를 통해 특정 소리를 듣고 어떤 소리를 구분하는 것을 모방한다. 이 분야의 인공지능 역시 각종 기기나 센서를 통해 입력되는 오디오 데이터나 비디오 데이터 등을 처리하여 어떤 소리인지, 어떤 이미지인지 등을 판단하는 것이 가능하다. 또한, 사람의 시각과 청각 능력과 밀접한 관련이 있는 언어 능력도 인식에서 다뤄진다. 엔트리에서는 4가지 인공지능 활용 블록-오디오 감지, 읽어 주기, 비디오 감지, 번역을 제공하고 있으며, 이를 통해 인공지능을 이용한 인식을 경험할 수 있다.

1.3. 인공지능 기술을 이용한 문제해결

앞 절에서 살펴보았듯이 인공지능이란 인간이 지능을 가지듯 인간처럼 학습하고, 사고하여, 문제를 해결하는 능력을 가진 컴퓨터 시스템이다. 인간이 시각, 촉각, 청각 등의 다양한 감각 기관을 통해 정보를 인식하고 그것을 두뇌에서 사고하여 주어진 문제를 해결하는 것과 같이 인공지능 시스템은 단순한 계산만 하는 것이 아니라 생각하는 과정을 통해 주어진 문제를 해결할 수 있도록 고안된 시스템이다. 이러한 인공지능 시스템 덕분에 이전에는 불가능했던 새로운 형태의 검색이나 이미지 인식 기술의 획기적인 도약의 계기가 마련되고 있다.

시맨틱 검색

광주에 사는 영희-철수 부부가 아이들과 함께 해운대로 여행을 오게 되었다. 호텔에 여장을 풀고 얼마 후 저녁 시간이 되어 부부는 식사를 어떻게 해결할까 고민하기 시작하였다. 철수 씨는 아이들에게 광주에서 맛볼 수 없는 부산 최고의 맛을 보여주리라 다짐하고 휴대폰을 꺼내 우리나라 최대 포털사이트인 네○버에 접속하여 '해운대 맛집'이라는 검색어를 입력해 보았다. 총 180,296건의 식당 목록이 나왔지만 아이들이 먹을 만한 음식은 많지 않아 쉽게 결정을 내리지 못했다.
반면 영희 씨의 방법은 간단했다. 호텔 프런트에 내려가서 주변 식당들에 대해 가장 많이 알고 있는 직원을 찾은 후 "여섯 살, 세 살 아이들과 같이 갈만한, 붐비지는 않지만 맛있는 주변 식당을 추천해 주세요."라고 부탁했다. 그러자 직원은 적당한 식당 두 곳을 추천하면서 그중 한 곳은 직접 전화 예약도

해줄 수 있다고 했고 영희 씨는 "그럼 부탁드릴게요. 고맙습니다."라고 말한 게 영희 씨가 식당 검색을 위해 쏟은 노력의 전부였다! 철수 씨와 영희 씨의 '검색' 방법의 차이가 느껴지는가? 철수 씨의 방법은 현재 대부분 검색 엔진이 사용하는 방법이고 영희 씨의 방법은 검색 엔진의 미래로 예상되는 '시맨틱(semantic) 검색'의 형태이다.

현재 웹에서의 검색은 키워드 검색이 기본이며 몇 가지 한계점을 가진다. 우선, 동음이의어로 인한 혼란을 피할 수 없다. 예를 들어 '파리'를 검색했을 때 컴퓨터는 곤충 파리를 의미하는지 프랑스 수도 파리를 의미하는지 알 수 없어 곤충 관련 자료와 도시에 관련된 자료를 두서없이 모두 늘어놓는다. 또한 키워드 검색으로는 유사어를 포함한 자료는 검색이 되지 않는다. 예를 들어 어느 지역의 '음식점'을 검색한 경우 '식당'이라는 단어를 포함하는 결과는 나오지 않기 때문에 사용자가 직접 유사어들을 몇 개씩 넣어보고 검색해야만 한다.

반면에 검색문의 의미와 사용자 의도를 알아차리는 검색인 시맨틱(의미기반) 검색은 월드와이드웹을 처음으로 제안했던 팀 버너스-리(Tim Berners-Lee)가 1999년에 주창한 시맨틱웹(semantic web)에 기반을 둔 검색 방식이다. 기존의 월드와이드웹은 사람이 읽고 이해할 수 있는 웹이지만, 시맨틱웹은 컴퓨터가 내용을 읽고 이해할 수 있는 웹이다. 컴퓨터는 아직 사람만큼의 지능이 없고 자연어를 해석할 수 있는 능력이 없으므로, 시맨틱웹에서는 온톨로지(ontology)라는 기술을 이용하여 개념들을 정형화하고 명시적인 방법으로 명세하여야 하며 개념들 간의 상호관계를 설정해 주어야 한다. 예를 들면 온톨로지 상에서 '감기'를 '기침'과 '콧물'의 '인과 관계(cause-OF)'로 명세함으로써 사용자가 '감기'라는 질의어만 입력해도 '감기'가 포함된 페이지뿐 아니라 '기침에 좋은 약', '콧물 멈추는 민간요법'과 같은 페이지까지 검색 결과로 제공된다.

참고 **온톨로지(Ontology)**

온톨로지는 라틴어의 'on(존재)'과 'logos(학문)'가 합쳐진 'ontologia'에서 온 말로 철학에서는 '존재론'이라는 의미로 사용된다. 이 세상에 존재하는 모든 구성 요소들에 대하여 명확하게 이해하려는 학문이다. 근래에는 사물들에 대해 사람들이 서로 합의하여 개념을 만들고 이 개념들 간의 관계를 컴퓨터에서 다룰 수 있는 형태로 정의하는 기술을 일컫는 말로도 사용된다. 개념 및 사물들 간의 관계는 다음과 같은 네 가지 형태로 표현한다.

- is-A 관계: 요소들의 개념을 일반화, 예) 사자 is-A 동물
- instance-OF 관계: 개념을 실체로 구체화, 예) 광안대교 instance-OF 다리
- cause-OF: 원인과 결과를 연결, 예) 졸음 cause-OF 교통사고
- part-OF: 부분이 모여 전체를 완성, 예) 엔진 part-OF 자동차

이미지 인식

인간은 사진을 보고 개와 고양이를 쉽게 판별할 수 있지만 현재까지의 프로그램 기법으로는 사람처럼 인식하는 응용 프로그램을 구현할 수 없었다. 그러나 인공지능 시스템의 도입은 컴퓨터의 이미지 인식 능력에 새로운 전기를 마련하였다.

이러한 이미지 인식 시스템을 구현하기 위해서는 먼저 인공지능 소프트웨어에게 개와 고양이에 대한 학습을 시켜야 한다. 학습의 기본은 대상을 분류하는 것부터 시작한다. 많은 영상 자료를 통해 인공지능 시스템에게 개인지 고양이인지를 알려주게 되면 누적된 결과를 통해 인공지능 시스템은 새로운 입력에 대하여 개와 고양이를 구별할 수 있게 된다. 이와 같이 많은 데이터를 입력받아 인공지능 시스템 스스로 패턴을 찾아내 유사점을 가진 것들끼리 분류한 후 이 분류를 기반으로 개를 개로, 고양이를 고양이로 판독하도록 지속적으로 훈련시키는 과정이 앞서 소개한 머신러닝이다.

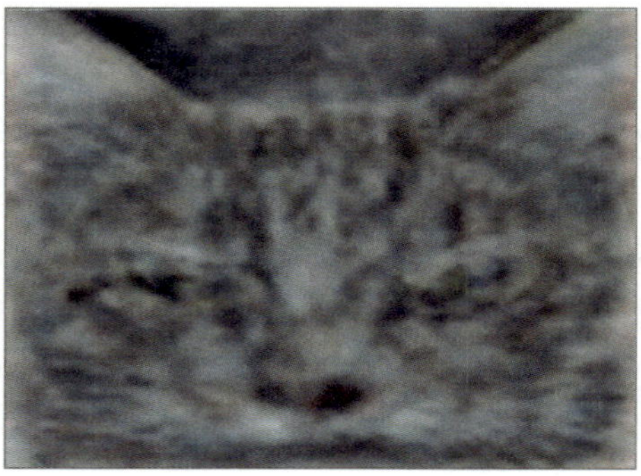

세계에서 가장 많은 사용자를 보유한 페이스북은 '딥 페이스'란 이름의 얼굴 인식 알고리즘을 공개하였다. 페이스북에 사진을 올리면 알고리즘이 알아서 사진 속 인물의 이름을 알아낸다. 딥 페이스의 정확도가 97.25%라고 하니 사람의 실제 인식률이 97.53%라는 점을 고려하면 매우 높은 인식률이라 할 수 있다. 페이스북 사용자는 사진 속 인물의 이름을 직접 지정해 줄 필요 없이 딥 페이스가 찾아준 결과에 대하여 맞는지 틀린지만 확인하면 되고, 이 확인 결과는 다시 학습 자료로 사용되며, 횟수가 반복될수록 딥 페이스의 정확성은 높아지게 된다.

딥 페이스의 얼굴인식 과정은 다음과 같다.

(a) 사진에서 얼굴 부분을 인식
(b) 인식한 얼굴 부분을 별도 추출
(c) 얼굴의 주요 부분 67곳에 점을 찍어 삼각 분할법으로 얼굴의 윤곽을 나눔
(d) 나눠진 조각을 컴퓨터 작업을 거쳐 3차원으로 변환
(e) 얼굴 특징의 중요도에 따라 밝기를 조절

(f) 67개의 점을 기준으로 3차원 얼굴을 다시 2차원으로 변환
(g) 정면을 바라보는 표준 사진 이미지를 생성

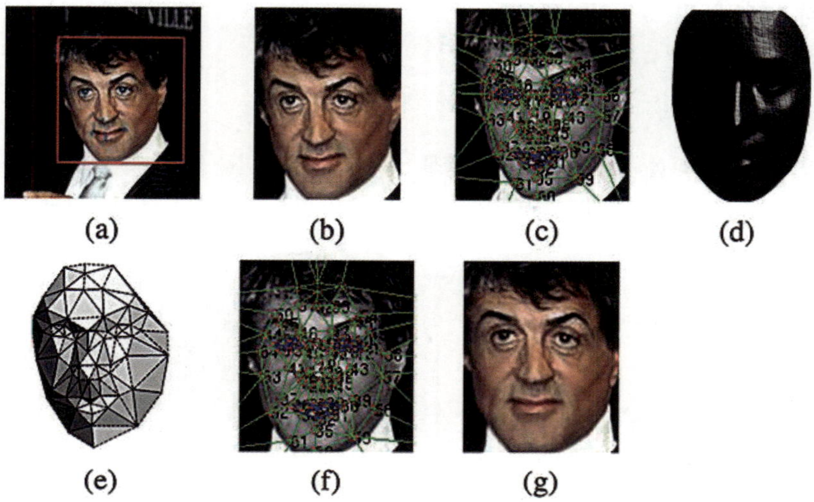

생성된 표준 사진 이미지를 페이스북에 쌓여 있는 사진과 비교하여 가장 유사한 얼굴을 찾아낸다. 이후 이에 대한 사용자의 확인 정보를 활용하여 다시 학습하도록 함으로써 인식의 정확도를 향상시킨다. 이와 같은 과정을 통해 딥 페이스는 사람 얼굴이 어둡게 찍혀도, 카메라에서 멀리 있거나 옆을 보고 있어도 대상의 얼굴을 정확히 인식할 수 있다.

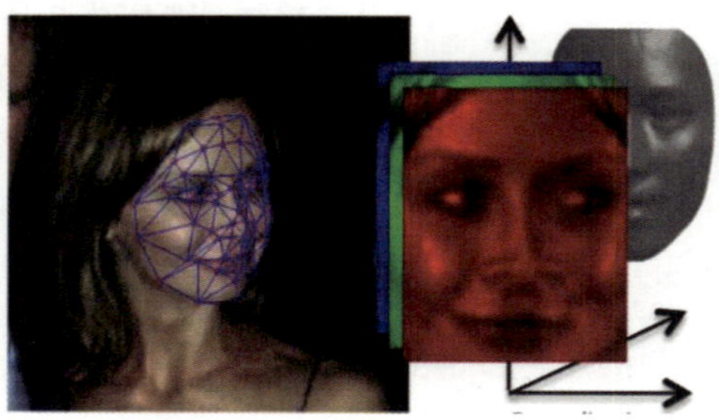

페이스북은 향후 이 딥 페이스를 활용해 맞춤형 사진 분류, 광고 등 다양한 분야에 적용할 계획이다. 얼굴 인식은 공공 감시, 출입 통제 시스템으로 활용도가 높으며, 개인의 식별 정보를 필요로 하는 스마트폰, 컴퓨터, 인터넷 공간, 사이버 금융 거래 등에 널리 쓰일 수 있다.

2. 엔트리 속 인공지능 활용 블록 알아보기

2.1. 문제와 해결조건

● **문제**

컴퓨터와 연결된 카메라를 통해 사용자의 얼굴을 인식한 다음 가면을 씌우는 프로그램을 만들어 보자. 마이크를 통해 입력된 한국어를 영어로 번역한 다음 인식된 사용자 성별에 맞는 목소리로 재생하는 기능도 추가해보자.

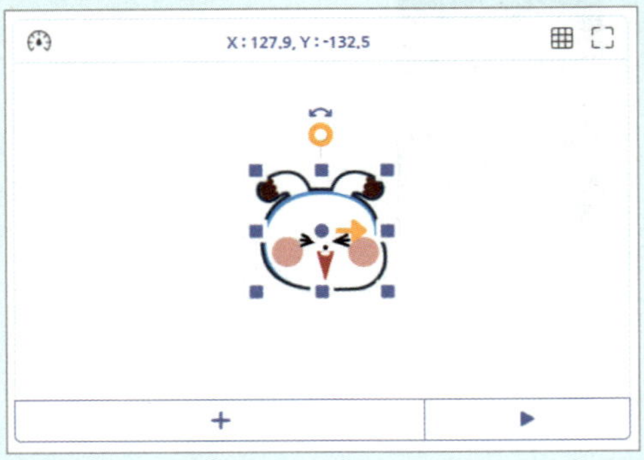

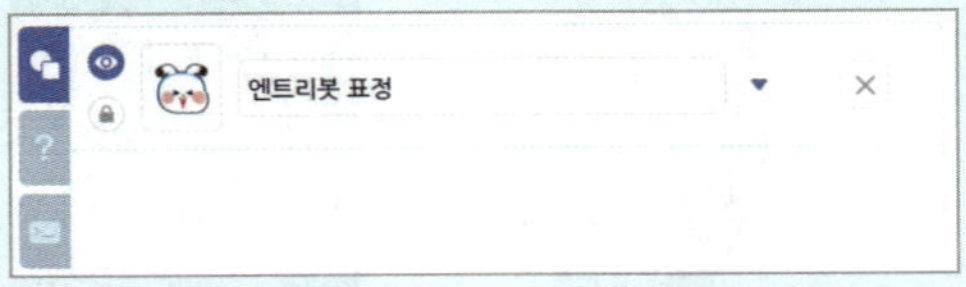

▶ **해결조건**

① 카메라를 통해 입력되는 영상에서 사람의 얼굴을 인식한다.
② '엔트리봇 표정' 오브젝트의 크기를 인식된 얼굴 크기에 맞게 조정하여 얼굴에 덧씌운다.
③ 영상 속 사람이 입을 벌리면, '엔트리봇 표정'도 웃는 모양으로 변경한다.
④ 마우스를 클릭하면 음성인식을 시작한다. 이때, 한국어 음성만 입력된다고 가정한다.
⑤ 인식된 음성을 문자로 바꾼 다음 영어로 번역하여 읽어준다. 이때, 인식된 얼굴이 남자라면 남자의 목소리로, 여자라면 여자의 목소리로 읽어준다.

2.2 문제 해결 전략

인공지능 블록 불러오기

엔트리는 인공지능을 활용해 다양한 문제를 해결하는 프로그램을 만들 수 있도록 인공지능 확장 블록을 제공한다. 인공지능 확장 블록에는 사람이 말하는 음성언어를 컴퓨터가 해석해 그 내용을 문자 데이터로 바꾸는 음성인식(speech recognition), 문자 데이터를 해석해 그 내용을 음성 언어로 만들어

내는 음성합성(speech synthesis), 한국어나 영어와 같이 인간이 사용하는 자연어를 원래 언어와는 다른 언어로 번역하는 기계번역(machine translation), 그리고 사진 또는 영상을 분석하여 분석 대상에 담겨 있는 유용한 정보를 추출하는 컴퓨터 비전(computer vision)이 있다.

엔트리 프로그램에서 인공지능 블록을 사용하기 위해 [블록] 탭 아래의 [인공지능]-[인공지능 블록 불러오기]를 선택한다. [번역], [비디오 감지], [오디오 감지], [읽어주기]를 모두 선택하고, 제일 아래의 [추가]를 눌러 인공지능 블록을 불러온다. 인공지능 블록은 인터넷이 연결되어 있어야 정상적으로 동작함에 주의한다.

오브젝트 추가하기

'오브젝트 추가하기' 페이지의 [엔트리봇 친구들]에서 '엔트리봇 표정'을 선택하고 추가한다. 배경 오브젝트를 추가하면 해당 배경이 카메라 영상을 가리게 되므로 추가하지 않는다.

프로그램 설계하기

1) 프로그램 시작

프로그램을 시작하면 '엔트리봇 표정'의 모양을 '엔트리봇_표정_기본'으로 바꾸고 모양을 숨긴다.

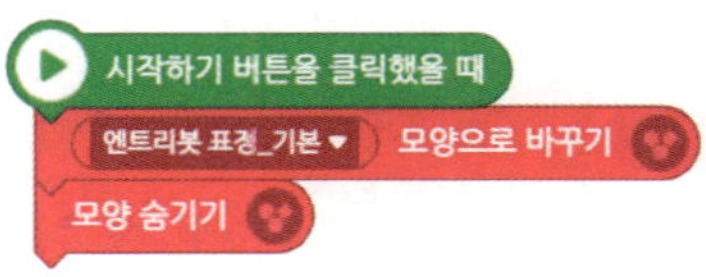

2) 얼굴 인식 시작하기

비디오가 연결되었는지 확인하고 연결되었다면, 비디오 화면이 보이게 한 다음 얼굴 인식을 시작한다. 엔트리의 비디오 감지는 ‘사람’, ‘얼굴’, ‘사물’의 감지가 가능하므로 목적에 맞게 변경하여야 한다.

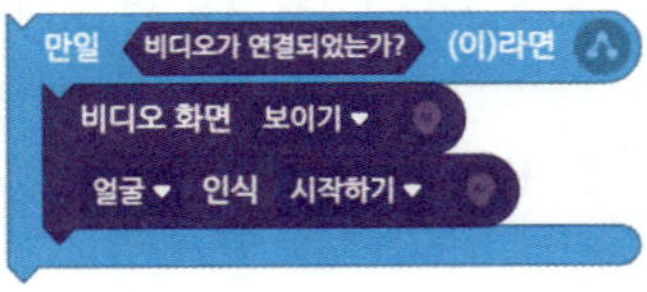

3) 얼굴 인식 처리하기

프로그램이 동작하는 동안 얼굴을 계속 인식할 수 있도록 반복하기를 통해 얼굴이 인식되었는지 확인하고, 얼굴이 인식되었다면 ‘엔트리봇 표정’ 오브젝트가 보이게 한다.

4) 오브젝트 크기와 위치 조정하기

‘엔트리봇 표정 ’ 오브젝트가 인식된 얼굴을 가릴 수 있도록 크기와 위치를 조정한다. 비디오 감지 블록 중 [1 번째 얼굴의 왼쪽 눈 의 x 좌표] 블록은 인식된 얼굴의 눈, 코, 입꼬리, 입술 좌표를 확인할 때 사용한다. 인식된 얼굴의 크기는 ‘양쪽 눈 사이 간격 + 2α’로 한다. 즉, ‘오른쪽 눈의 x 좌표에 α를 더한 값’에서 ‘왼쪽 눈의 x 좌표에서 α를 뺀 값’과의 차로 설정한다. α가 클수록 오브젝트의 크기가 인식된 얼굴보다 커지게 되어 완전히 가리게 된다. 예제에서는 α=40 픽셀로 설정했다.

오브젝트는 얼굴 정중앙에 위치할 수 있도록 코의 좌표를 기준으로 이동한다.

5) 입모양 처리하기

'엔트리봇 표정' 오브젝트의 기본 표정은 입을 다물고 있다. 인식된 얼굴이 입을 벌리면 '엔트리봇 표정_웃는' 모양으로 바꾼다. 인식된 얼굴이 입을 벌렸는가는 윗입술과 아랫입술의 위치로 추정한다. 기본 표정일 때는 윗입술의 y좌표와 아랫입술의 y좌표가 거의 일치하지만, 입을 벌리게 되면 두 좌표의 차이가 커진다.

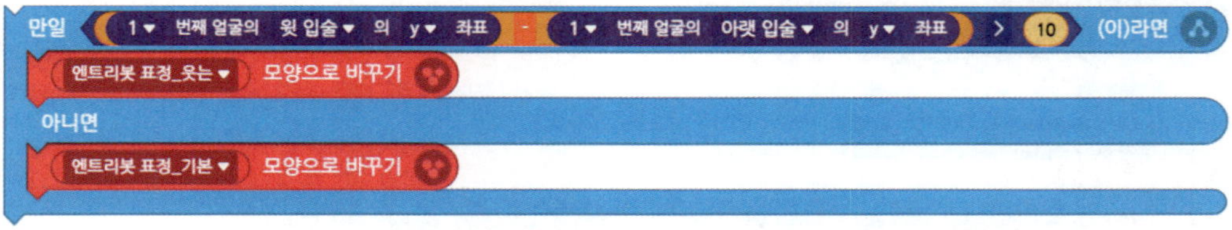

6) 음성 인식하기

마우스를 클릭했을 때 오디오 감지 기능을 이용하여 음성을 인식한다. 이때, 음성인식 결과를 확인할 수 있도록 [생김새]의 '말하기' 블록을 사용하여 인식 결과를 화면에 표시한다.

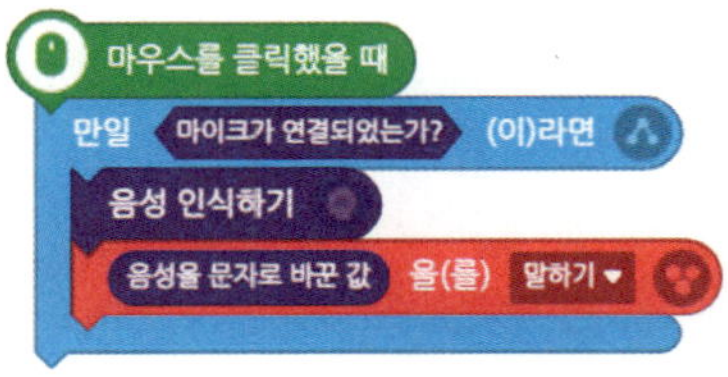

7) 영어로 번역해서 말하기

한국어 인식 결과를 영어로 번역한 다음 '읽어주기' 블록을 이용하여 읽어준다. 이때, 사용자의 성별에 따라 남성이나 여성 목소리로 말할 수 있도록, 비디오 감지 기능의 1 ▾ 번째 얼굴의 성별 ▾ 을 활용한다. 읽어주기 블록에는 '읽어주고 기다리기'와 '읽어주기' 가 있는데, '읽어주기' 블록은 음성이 재생되는 중에 다음 블록이 실행되어 오동작을 일으킬 수 있으므로 '읽어주고 기다리기' 블록을 사용한다.

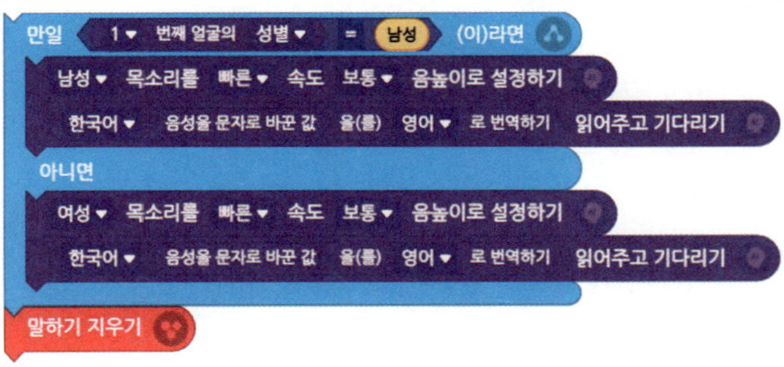

2.3. 조립해서 결과보기

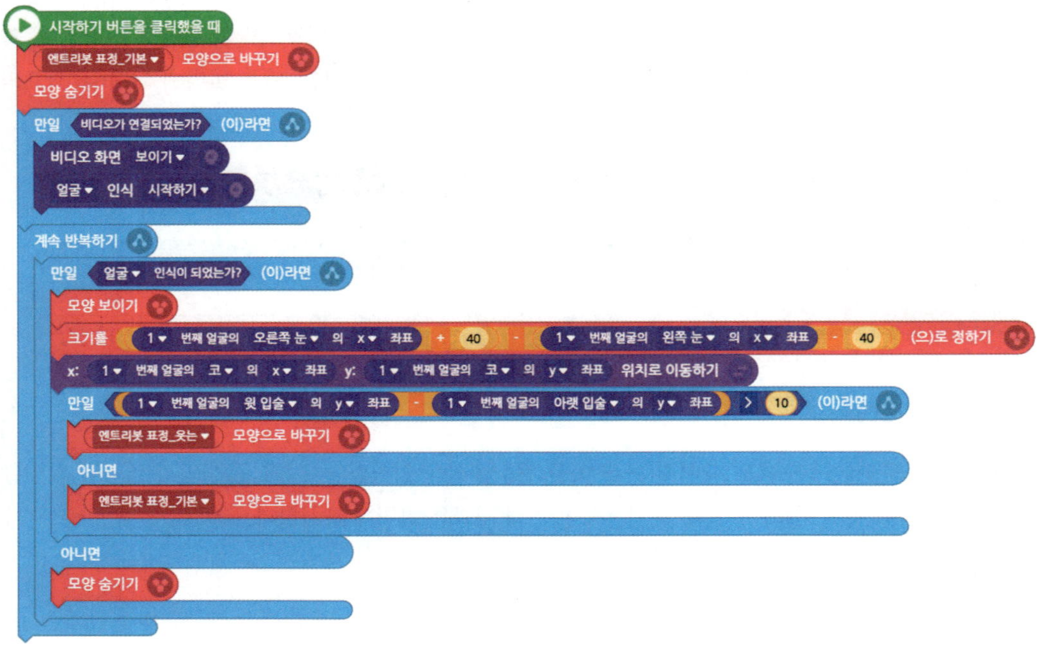
시작하기 버튼을 클릭했을 때
엔트리봇 표정_기본 모양으로 바꾸기
모양 숨기기
만일 비디오가 연결되었는가? (이)라면
비디오 화면 보이기
얼굴 인식 시작하기
계속 반복하기
만일 얼굴 인식이 되었는가? (이)라면
모양 보이기
크기를 1 번째 얼굴의 오른쪽 눈 의 x 좌표 + 40 - 1 번째 얼굴의 왼쪽 눈 의 x 좌표 - 40 (으)로 정하기
x: 1 번째 얼굴의 코 의 x 좌표 y: 1 번째 얼굴의 코 의 y 좌표 위치로 이동하기
만일 1 번째 얼굴의 윗 입술 의 y 좌표 - 1 번째 얼굴의 아랫 입술 의 y 좌표 > 10 (이)라면
엔트리봇 표정_웃는 모양으로 바꾸기
아니면
엔트리봇 표정_기본 모양으로 바꾸기
아니면
모양 숨기기

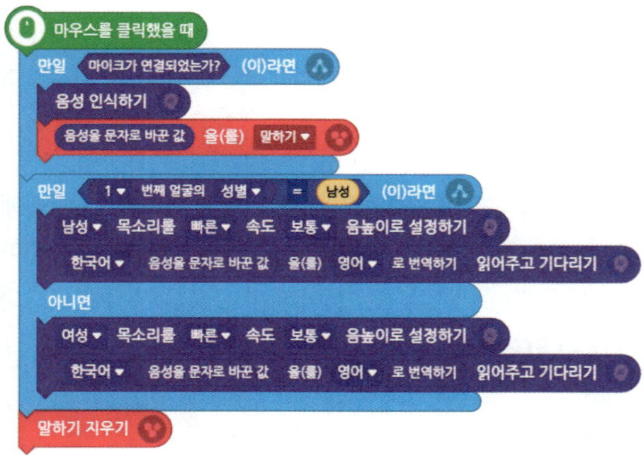
마우스를 클릭했을 때
만일 마이크가 연결되었는가? (이)라면
음성 인식하기
음성을 문자로 바꾼 값 을(를) 말하기
만일 1 번째 얼굴의 성별 = 남성 (이)라면
남성 목소리를 빠른 속도 보통 음높이로 설정하기
한국어 음성을 문자로 바꾼 값 을(를) 영어 로 번역하기 읽어주고 기다리기
아니면
여성 목소리를 빠른 속도 보통 음높이로 설정하기
한국어 음성을 문자로 바꾼 값 을(를) 영어 로 번역하기 읽어주고 기다리기
말하기 지우기

결과 출력하기

얼굴 인식 후 가리기	한국어 음성을 듣고 영어로 번역하기

3. 인공지능 블록 활용하기

3.1. 강아지 훈련하기

문제와 해결조건

● 문제

엔트리 인공지능 블록 중 오디오 감지 블록을 활용하여 사용자의 음성 명령대로 따라 하는 강아지 훈련하기 프로그램을 만들어보자.

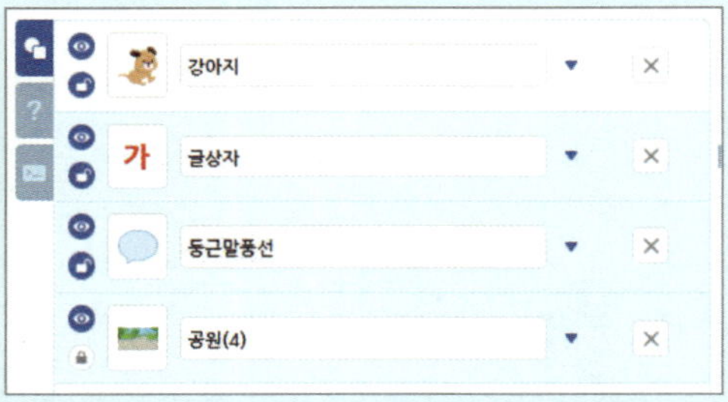

▶ 해결조건

① 강아지는 사용자가 음성으로 내리는 세 가지 명령어인 '앉아', '기다려', '손 줘'를 이해하고 명령에 따른 행동을 한다.
② 각각의 명령에 따른 행동은 오브젝트 모양 바꾸기를 통하여 실행한다.
③ 사용자의 명령이 음성 인식 기능을 통해 바르게 인식되었는지는 '글상자'를 통해 확인할 수 있도록 한다.
④ 작품이 시작된 후 정지하기 전까지 반복해서 음성 명령을 내릴 수 있으며, 하나의 명령이 내려진 후 다음 명령을 내리기 위해서는 '스페이스 키'를 눌러야 한다.
⑤ 미리 정해진 세 가지 명령어가 아닌 다른 명령어가 인식된 경우에는 '강아지 짖는 소리'를 재생한다.

문제 해결 전략

1) 오브젝트 추가하기

'오브젝트 추가하기' 페이지의 [동물]에서 '강아지' 오브젝트를, [배경]에서 '공원(4)' 오브젝트를, [인터페이스]에서 '둥근말풍선' 오브젝트를, 그리고 '글상자'를 선택하여 추가한다.

오브젝트	설명
강아지	대표 오브젝트. 음성인식 후 강아지 훈련동작을 실행함
글상자	음성인식 결과를 보여주는 오브젝트. 강아지 오브젝트에서 보내는 '인식완료' 신호에 반응함
둥근말풍선	작품을 꾸미기 위한 오브젝트로서 블록을 가지고 있지 않음
공원(4)	배경

2) 속성 추가하기

작품의 주요 기능은 강아지 오브젝트에 의해 처리된다. 그러나 강아지 오브젝트에서 실행한 음성인식 결과를 글상자에 표시할 수 있도록 '인식결과' 변수와 '인식완료' 신호를 추가한다.

변수	설명
인식결과	음성인식 결과를 저장하는 변수. 강아지 오브젝트와 글상자 오브젝트에서 사용함

신호	설명
인식완료	글상자에서 인식결과를 표시하기 위해 사용하는 신호

3) 강아지 오브젝트 모양 추가하기

강아지 오브젝트는 '기다려', '앉아', '손 줘'라는 세 가지 음성 명령에 반응해야 한다. 강아지 오브젝트의 반응은 모양 바꾸기를 통해 나타낸다. '기다려' 명령은 기존에 존재하는 '강아지_1' 모양을 사용하면 되지만, '앉아'와 '손 줘' 명령은 상황에 맞는 모양이 존재하지 않으므로 새로운 모양을 추가한다.

기본적으로 모든 오븐젝트는 1개 이상의 모양으로 이루어져 있다. 그리고 엔트리에서 제공하는 오브젝트들 중에  표시를 부착하고 있는 오브젝트는 여러 개의 작은 그림조각이 1개의 모양을 구성하고 있는 벡터 이미지이므로 수정이 쉽다.

'강아지 오브젝트'를 선택하고 [모양] 탭에서 '강아지_3' 모양을 선택한 다음 마우스 오른쪽 버튼을 클릭하면 나오는 메뉴에서 '복제'를 선택한다. '강아지_3'의 복제본인 '강아지_4'에서 머리를 제외한 몸통, 꼬리, 발을 선택 후 회전하여 강아지가 앉은 모습이 되도록 수정한다.

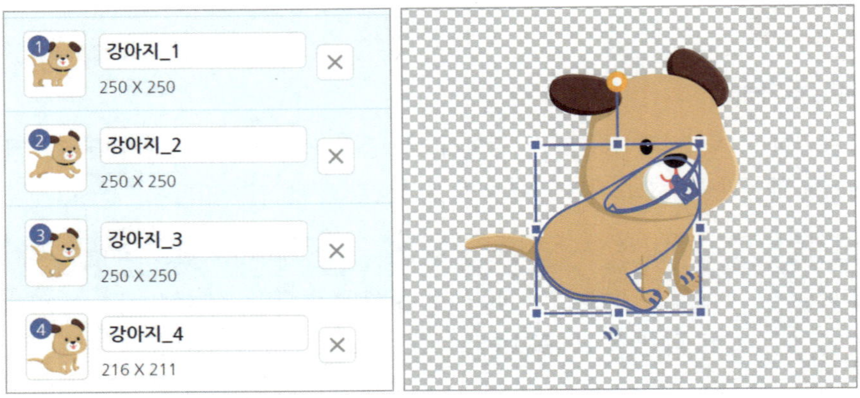

같은 방법으로 '강아지_4' 모양을 복제하여 '강아지_5'를 추가한 다음, 발을 선택 후 회전하여 앞발을 든 모습이 되도록 수정한다.

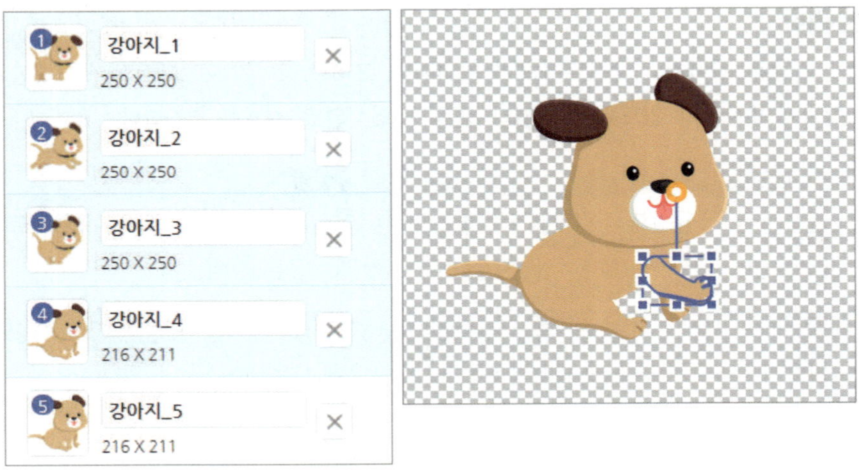

4) 인공지능 블록 불러오기

음성인식 기능을 활용하기 위해 [블록]-[인공지능]-[인공지능 블록 불러오기]에서 '오디오 감지' 기능을 추가한다.

프로그램 설계

1) 프로그램 시작

프로그램이 시작되면 '글상자'와 '둥근말풍선'은 모양을 숨겼다가 '인식완료' 신호를 받으면 나타나도록 한다.

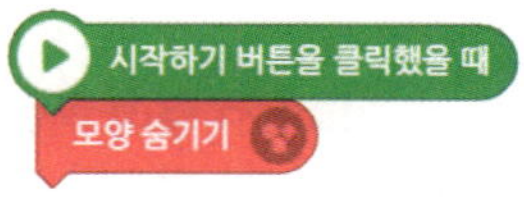

[글상자 오브젝트]

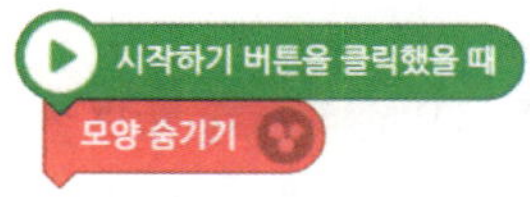

[둥근말풍선 오브젝트]

2) 음성인식하기

강아지 오브젝트는 시작하기 버튼을 클릭했을 때 마이크 연결을 확인한 후 음성인식을 시작한다. 인식된 결과는 '인식결과' 변수에 저장하여 '글상자' 오브젝트에서 표시할 수 있도록 한다. 인식이 끝나면 '인식완료' 신호를 보내 '글상자' 오브젝트와 '둥근말풍선' 오브젝트가 화면에 보이도록 한다. 잠시 보인 다음 다시 숨기기 위해 '2초 기다리기' 블록을 추가한다.

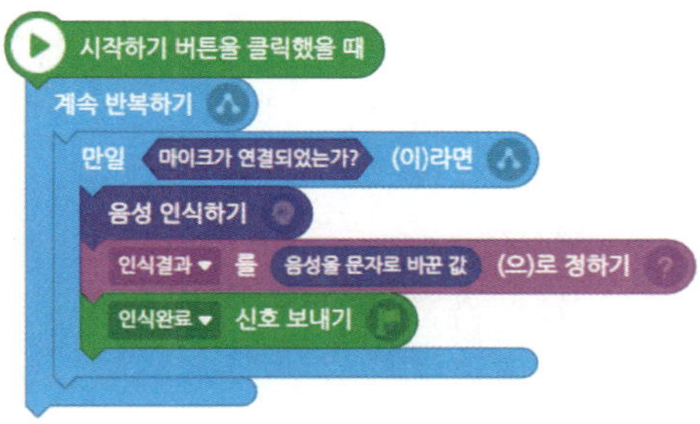

[강아지 오브젝트]

[글상자 오브젝트]

[둥근말풍선 오브젝트]

3) 음성명령에 반응하기

'음성을 문자로 바꾼 값'을 이용하여 각 음성 명령에 맞는 동작을 수행하도록 한다. '앉아' 명령이 인식되었을 때는 '강아지_4' 모양으로 바꾸고, '기다려' 명령이 인식되었을 때는 '강아지_1' 모양으로 바꾸고, '손 줘' 명령이 입력되었을 때는 '강아지_5' 모양으로 바꾸도록 한다. 반복하기를 통해 연속해서 음성인식을 할 수 있도록 스페이스 키가 눌러질 때까지 기다리는 기능을 추가한다. 마지막으로, 미리 정해둔 명령어가 아닌 다른 명령어가 인식되었거나 혹은 음성 인식의 오류로 정확한 명령어가 인식되지 않았을 경우에는 '강아지 짖는 소리'를 재생하도록 한다.

조립해서 결과보기

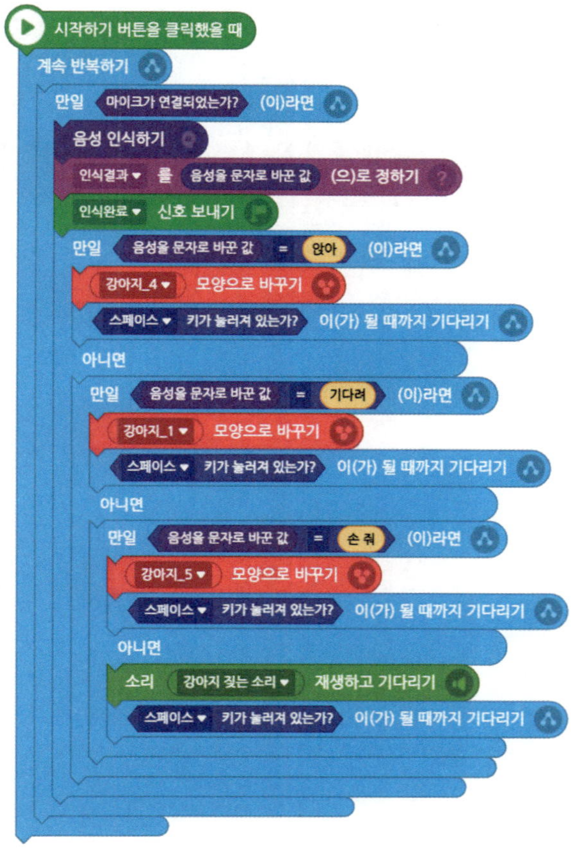

[강아지 오브젝트]

[글상자 오브젝트]

[둥근말풍선 오브젝트]

결과 출력하기

음성인식	음성명령에 따른 강아지 행동

3.2. 외국인과 대화하기

문제와 해결조건

● **문제**

엔트리 인공지능 블록 중 번역 블록을 활용하여 외국인과 대화하는 프로그램을 만들어보자.

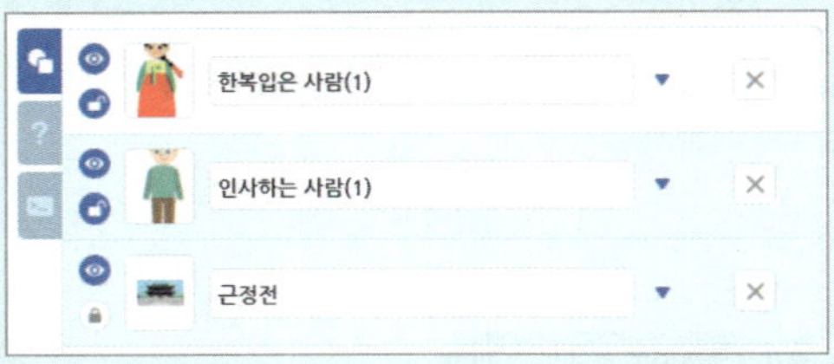

▶ **해결조건**

① 외국인이 사용하는 언어는 1부터 5사이의 무작위 수에 의해 결정된다.

② 외국인은 결정된 언어로 "안녕하세요, 혹시 00어를 할 줄 아시나요?"로 인사한다.

③ 한국인은 외국인의 언어를 인식한 다음 해당 언어로 인사를 한다.

문제 해결 전략

1) 오브젝트 추가하기

[사람] 카테고리에서 '한복입은 사람(1)' 오브젝트와 '인사하는 사람(1)' 오브젝트를, [배경] 카테고리에서 '근정전' 오브젝트를 선택하여 추가한다.

오브젝트	설명
인사하는 사람(1)	1부터 5사이의 숫자 중 무작위로 하나를 선택한 다음 선택된 숫자에 따라 사용하는 언어가 결정됨
한복입은 사람(1)	외국인(인사하는 사람(1))의 인사를 분석해 자동으로 언어를 감지하고, 해당 언어에 맞는 인사를 함
근정전	배경 오브젝트

2) 속성 추가하기

'인사하는 사람(1)' 오브젝트는 외국인이 되고 '한복입은 사람(1)' 오브젝트는 한국인이 되어 서로 질문하고 대답하는 상황이다. 이를 위해 3개의 변수와 1개의 신호가 사용된다.

변수	설명
무작위 수	1부터 5까지의 숫자 중 무작위로 선택된 번호가 저장되는 변수
질문	무작위 수(1=영어, 2=스페인어, 3=독일어, 4=러시아어, 5= 프랑스어)에 의해 결정된 언어로 번역된 질문이 저장되는 변수
언어	외국인의 언어를 자동으로 감지하여 어떤 언어인지 저장하는 변수

신호	설명
답변하기	외국인의 질문이 끝나면 답변하기 위해 '한복입은 사람(1)'에게 전달되는 신호

3) 인공지능 블록 불러오기

번역 기능을 활용하기 위해 [블록]-[인공지능]-[인공지능 블록 불러오기]에서 '번역' 기능을 추가한다.

4) 번역

번역 블록에는 한국어▾ 엔트리 을(를) 영어▾ 로 번역하기 와 같이 입력한 텍스트를 다른 언어로 번역하는 블록과 엔트리 의 언어 와 같이 입력한 텍스트가 어떤 언어로 작성되었는지를 알려주는 블록이 있다.

프로그램 설계

1) 프로그램 시작하기: 외국인 오브젝트

프로그램이 시작되면 '인사하는 사람(1)' 오브젝트는 1부터 5사이의 무작위 수를 '무작위 수' 변수에 저장한다.

2) 선택된 언어에 따라 번역하기: 외국인 오브젝트

무작위 수는 외국인이 사용하는 언어를 결정한다((1=영어, 2=스페인어, 3=독일어, 4=러시아어, 5= 프랑스어). 무작위 수에 의해 외국인이 사용하는 언어가 결정이 되면, 번역 블록을 사용하여 "안녕하세요, 혹시 00어를 할 줄 아시나요?"라는 문장을 해당 언어로 번역한다. 번역된 결과는 '질문' 변수에 저장됨과 동시에 [생김새] 카테고리의 '말하기' 블록을 통해 표시된다. 2초 동안 말하기가 끝나고 나면 '한복입은 사람(1)'이 해당 질문에 맞는 대답을 하도록 하기 위해 '답변하기' 신호를 보낸다.

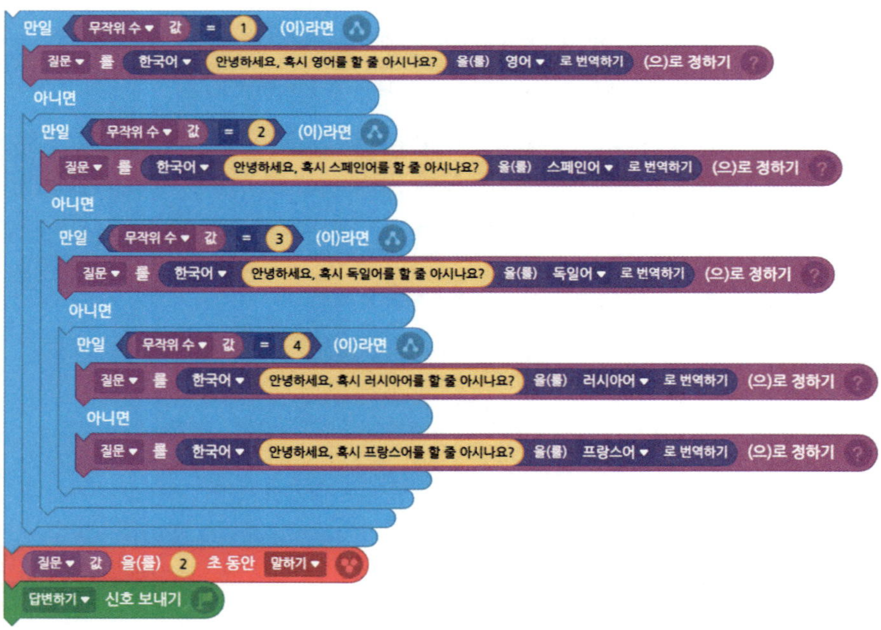

3) 외국인이 사용한 언어 알아내기: 한국인 오브젝트

'한복입은 사람(1)' 오브젝트는 외국인의 질문에 대답하는 한국인이다. '질문' 변수에 저장된 외국인의 질문을 이용하여 외국인이 사용한 언어를 알아낸다. 앞서 설명한 (엔트리 의 언어) 를 사용하면 언어의 종류를 알아낼 수 있다.

4) 외국인의 질문에 적절한 대답하기: 한국인 오브젝트

외국인이 사용한 언어에 맞는 적절한 인사를 한다.

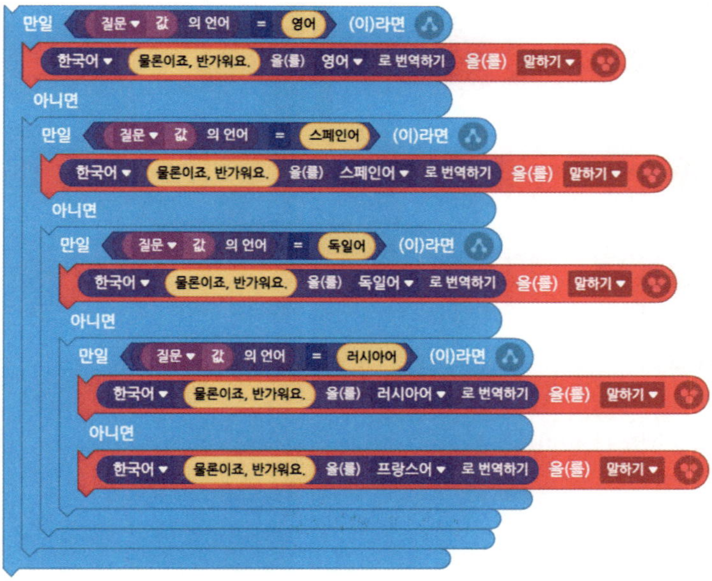

조립해서 결과보기

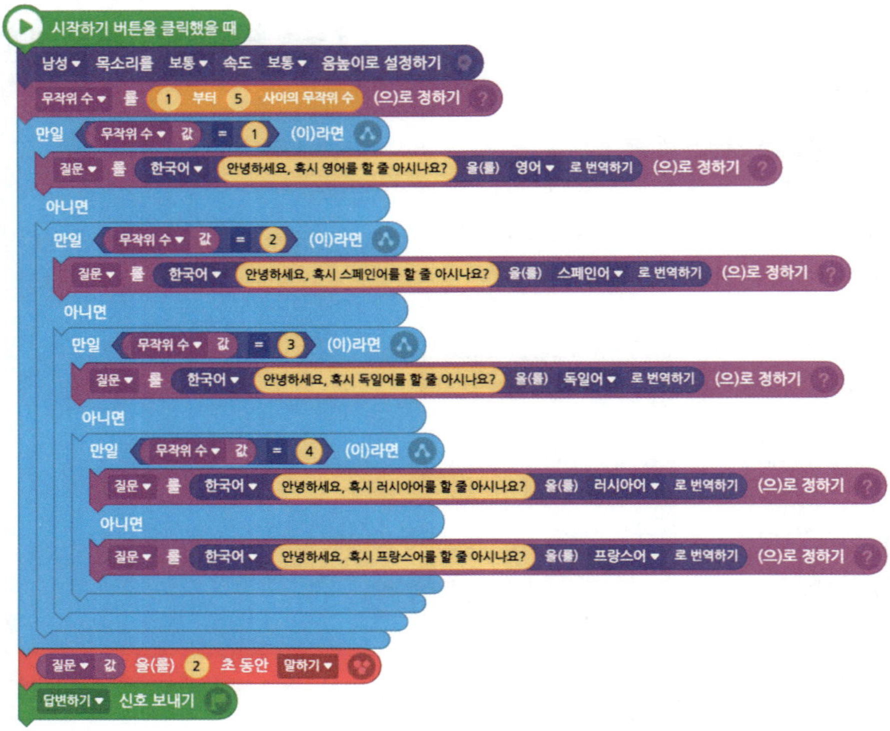

[인사하는 사람(1) 오브젝트]

[한복입은 사람(1) 오브젝트]

결과 출력하기

질문하기	대답하기

4. 스스로 해결하기

4.1. 표정 연기 연습하기

문제와 해결조건

● **문제**

엔트리는 인식한 얼굴에서 감정을 분석하는 비디오 감지 블록을 제공한다. 오브젝트가 요구하는 감정에 따라 해당 표정이 인식되었는지 판단하는 프로그램을 작성해보자.

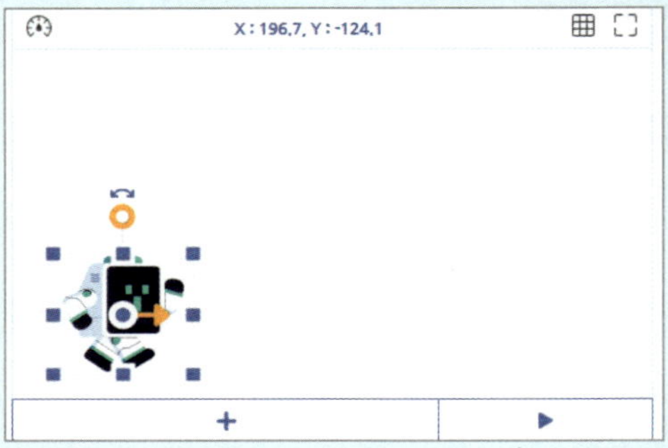

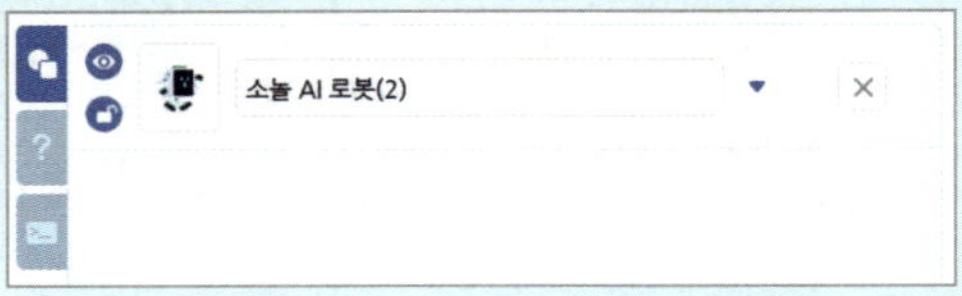

▶ **해결조건**

① 오브젝트는 '지시에 따라 다양한 표정 연기를 해보세요'라고 말한다.

② 오브젝트는 '행복한 표정을 연기해보세요', '슬픈 표정을 연기해보세요', '놀란 표정을 연기해보세요'라고 차례로 지시한다.

③ 비디오 감지 블록 중 '0번째 얼굴의 감정' 블록을 사용하여 지시에 따라 해당 표정이 인식되었는지 판단한다.

④ 지시에 맞는 표정이 인식되는 경우에만 '잘하셨어요!'라고 말하고 다음 지시로 넘어갈 수 있으며, 그렇지 않은 경우에는 지시문이 계속 표시되어야 한다.

결과 출력하기

표정 지시하기	지시에 맞는 표정연기를 한 경우
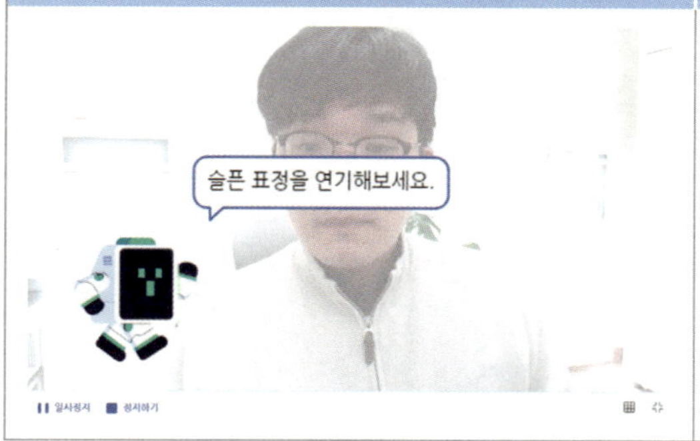	

4.2. 받아쓰기 연습 프로그램

문제와 해결조건

● 문제

엔트리의 인공지능 활용 블록 중 읽어주기 블록을 활용하여 받아쓰기 문제를 읽어 주고, 사용자가 입력한 결과와 정답을 비교하는 받아쓰기 연습 프로그램을 만들어보자.

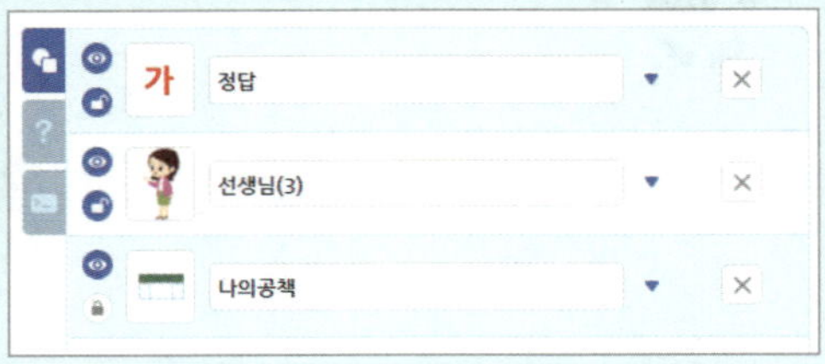

▶ 해결조건

① '문제' 리스트에 받아쓰기 문제를 2개 이상 입력한다.

② 프로그램이 시작되면 '문제' 리스트에서 순차적으로 문제를 읽어주고, 사용자의 입력을 기다린다.

③ 사용자의 입력이 끝나면 '정답' 글상자에서 정답을 보여주고, 사용자가 입력한 결과와 비교한다.

④ 사용자가 문제에 맞게 바르게 입력하였다면, "맞았습니다."라고 읽어주고, 틀렸다면 "틀렸습니다."라고 읽어준다.

결과 출력하기

답안작성을 기다리는 장면	답안작성이 끝난 장면
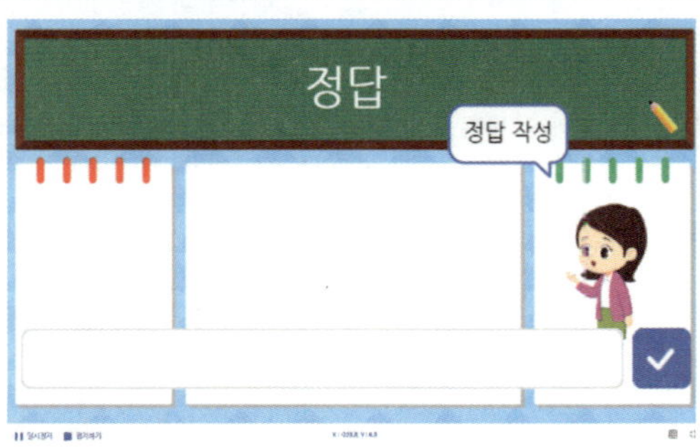	

제11장
규칙을 통한 문제해결

1. 규칙이란?

1.1. 전통적인 지식 표현 방법

우리는 어떤 문제를 해결하고자 할 때 지식을 활용한다. 그럼 지식이란 무엇일까? 이를 명확히 설명하기 위해 아래 그림과 같이 데이터(data), 정보(information), 지식(knowledge), 지혜(wisdom)의 관계를 보여주는 데이터 피라미드를 살펴보자.

[DIKW 피라미드]

데이터 피라미드의 가장 아래는 데이터(data)이다. 데이터는 특정 분야에서 관측되거나 수집된 사실로서 별도의 가공을 하지 않은 순수한 값의 집합이다. 정보는 데이터를 목적에 따라 가공하여 의미를 갖도록 한 것으로서 데이터 간 연관 관계 속에서 의미가 도출된다. 지식은 정보를 취합하고 분석한 다음 가치를 부여한 것으로서 문제해결을 위한 단서가 된다. 이때의 가치는 특정상황에서 발생하기 때문에 모든 정보가 지식이 될 수 있는 것은 아니며 문제해결에 도움이 되는 방향으로 정보의 취합이 이루어진다.

인공지능에서 지식은 '경험이나 교육을 통해 얻어진 전문적인 이해와 체계화된 문제 해결 능력', '어떤 주제나 분야에 대한 이론적 또는 실제적인 이해', '현재 알려진 사실과 정보의 모음' 등을 의미한다. 문제해결에 이러한 지식을 사용하려면, 컴퓨터가 쉽게 처리할 수도 있도록 정형화된 형태로 표현하여야 하며 크게 사실이나 주장을 주로 표현하는 선언적(declarative) 모델과 행동이나 절차를 주로 표현하는 절차적(procedural) 모델로 구분할 수 있다. 선언적 모델의 예로 의미망(semantic network), 술어논리(predicate logic), 프레임(frame) 등이 있으며, 절차적 모델의 예로 규칙(rule)이 있다.

의미망

의미망은 노드와 간선으로 이루어진 방향 그래프를 이용하여 사물이나 개념 간의 관계를 나타내는 방법이다. 의미망에서 노드는 사물, 개념 등을 표현하며, 이들 간의 관계는 간선에 의해 표현된다.

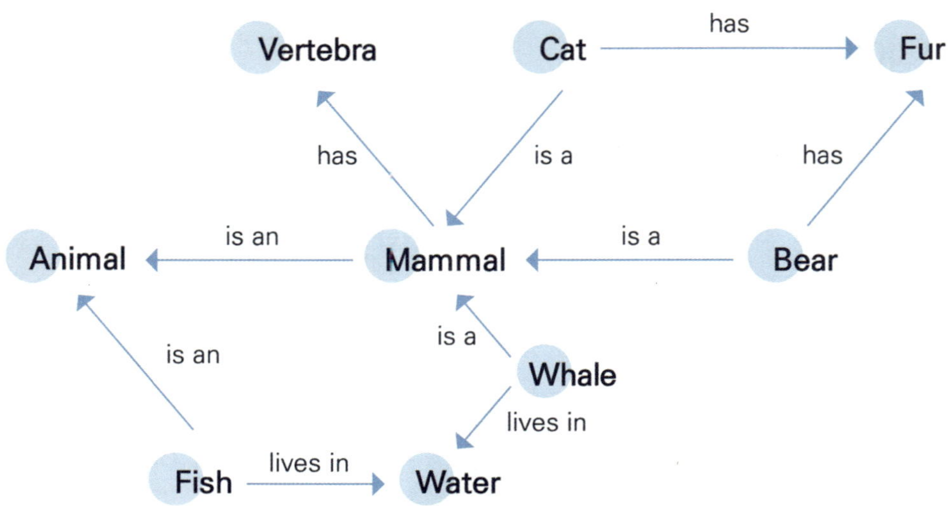

[의미망 (출처:https://ko.wikipedia.org/wiki/시맨틱_네트워크)]

두 개의 노드는 간선에 의해 'A는 B의 일종이다(is-a 관계)', 'A는 B를 가지고 있다(has 관계)' 등의 관계로 정의된다. 의미망은 그래프도 표현된다는 특성상 개념이나 인과 관계를 잘 표현할 수 있지만, 표현해야 하는 지식의 양이 방대해질수록 너무 복잡해져서 처리하기가 어렵다는 단점도 있다.

프레임

프레임은 '인공지능의 아버지'로 불리는 마빈 민스키(Marvin Minsky, 1927~2016) 미국 매사추세츠공대(MIT) 교수가 1970년대에 제안한 것으로 의미망과 유사하지만 그래프가 아닌 표의 형태로 개념과 객체를 표현하는 지식표현 방법이다.

프레임은 특정 객체 또는 개념에 대한 전형적인 지식을 슬롯(slot)의 집합으로 표현한다. 여기서 슬롯은 속성(attribute)을 나타낸다. 예를 들어, '컴퓨터'는 CPU, 운영체제, 저장공간 등의 속성을 가질 수 있으며, '울트라 슬림 노트북'은 '컴퓨터'의 한 종류이다. 하나의 프레임은 그 자체로는 그다지 큰 효용가치가 없으며, 일반적으로 프레임으로 표현된 여러 개념이나 객체가 의미망처럼 연결되어 지식을 표현한다.

frame-name	Computer	
frame-type	Class	
CPU	default	Intel
	data-type	string
	require	Intel AMD ARM SPARC
OS	default	Windows
	data-type	string
memory	data-type	integer
warranty	default	3years
HDD	default	1TB
price	data-type	integer
stock	default	in-stock

frame-name	Ultra-Slim-Notebook	
frame-type	instance (class Computer)	
CPU	value	ARM
OS	value	Android
memory	value	4G
warranty	value	3years
HDD	value	512GB
price	if-needed	look-up-the-list
stock	if-needed	ask-for-vendor

[프레임]

술어논리

우리가 수학 시간에 배웠던 논리도 지식을 표현하는 방법 중 하나로서 주로 명제 논리와 술어 논리가 사용된다. 명제는 참이나 거짓을 판별할 수 있는 문장을 말하며, 명제 논리에서는 이러한 명제를 알파벳으로 표현한다. 술어 논리는 명제 논리와 달리 하나의 명제가 객체와 술어로 나누어지기 때문에 명제 논리와 비교하여 훨씬 더 구체적으로 지식을 표현할 수 있다. 술어 논리는 컴퓨터 프로그래밍 언어 중 하나인 프롤로그(PROLOG)의 기초가 되었다.

프롤로그(PROLOG)라는 이름은 '논리 프로그래밍'을 의미하는 프랑스어: PROgrammation en LOGique에서 온 것이다. 논리식을 토대로 하여 객체와 객체 간의 관계(relationship)를 기술하기 위해 사용한다. 예를 들어, "John은 책을 가지고 있다"는 문장은 John이라는 객체와 책이라는 또 다른 객체간의 소유관계를 선언하고 있다. 이러한 내용을 논리식으로 표현 가능하게 되어있기 때문에 인공지능이나 계산 언어학 분야, 특히 프롤로그가 만들어진 목적이었던 자연언어 처리 분야에서 많이 사용된다.

프롤로그 프로그래밍은 다음과 같은 단계들로 되어 있다.

① 사실(Facts)의 선언

② 규칙(Rules)의 정의

③ 질의(Questions)

프롤로그는 사실(facts)과 규칙(rules)들을 제공하여 데이터베이스를 만들고, 이 데이터베이스에 질의

(questions)를 함으로써 프로그램을 수행하게 된다. 프롤로그에서는 어떤 하나의 사실을 '참'(true)으로 정의하는 것이 가장 기본적인 동작이다. 하나의 사실은 다음과 같은 형태의 서술식으로 표현된다.

<table>
<tr><td>사실
규칙</td><td>sibling(X,Y) :- parent(Z,X), parent(Z,Y).
father(X,Y) :- parent(X,Y), male(X).
mother(X,Y) :- parent(X,Y), female(X).
parent(trude, sally).
parent(tom, sally).
parent(tom, erica).
parent(mike, tom).
male(tom).
female(trude).
male(mike)</td></tr>
<tr><td>질의</td><td>?- sibling(sally, erica)
yes.</td></tr>
</table>

위의 서술에서 X와 Y가 동기(sibling) 간이려면 둘의 부모(parent)가 Z로 동일해야 하고, X가 Y의 아버지(father)이려면 X는 Y의 부모이면서 남자(male)여야 한다고 되어 있다. 이와 같이 처음 세 문장은 일반적인 개념을 표현하고 있고, 나머지 문장은 Trude, Sally, Tom, Mike, Erica 다섯 사람의 관계, 즉 사실을 나열하고 있다. 이러한 사실에 기반하여 질의는 Sally와 Erica가 자매간인지를 묻는다.

1.2. 규칙 기반 시스템

규칙은 '~이면, ~이다' 또는 '~하면, ~하다'와 같은 조건적인 지식을 표현한 IF-THEN 형태의 문장이다. 규칙으로 표현된 지식은 사람도 쉽게 이해할 수 있다는 장점이 있다 . 예를 들어, '신호등이 녹색일 때는 횡단보도를 건널 수 있고, 빨간색일 때는 건너지 말아야 한다.'라는 지식이 있다고 할 때, 이를 규칙으로 표현하기 위해서는 먼저 대상, 속성, 행동이나 판단의 정보를 추출해야 한다. 위의 예에서는 대상으로 '신호등', 대상의 속성으로 '녹색', '빨간색', 행동이나 판단으로 '건너다', '멈추다'를 뽑아낼 수 있다. 이들 정보를 사용하여 이 지식을 규칙 형태로 나타내면 다음과 같다.

IF 신호등이 녹색이다 THEN 행동은 건너다
IF 신호등이 빨간색이다 THEN 행동은 멈추다

실제 프로그램에서 규칙을 사용하기 위해서는 '신호등', '녹색', '빨간색', '행동', '건너다', '멈추다'와 같은 지식 표현에 사용된 단어에 대응하는 기호를 정해야 한다. 다음은 위의 규칙을 보다 정형화하여 표현한 것이다.

IF trafficLight = green THEN action = cross
IF trafficLight = red THEN action = stop

IF-THEN 규칙에서 IF 부분은 주어진 정보나 사실에 대응되는 조건을 나타내므로 조건부라고 하고, THEN 부분은 조건부가 만족할 때의 행동이나 판단을 나타내므로 결론부라고 한다. 이때, 규칙의 조건부는 다음과 같이 둘 이상의 조건을 AND 또는 OR로 결합하여 구성할 수 있다.

IF 〈조건1〉 AND 〈조건2〉 AND … THEN 〈결론〉
IF 〈조건1〉 OR 〈조건2〉 OR … THEN 〈결론〉

규칙 기반 시스템(rule-based system)은 지식을 규칙의 형태로 표현하고, 주어진 문제에 적용될 수 있는 규칙들을 사용하여 문제의 답을 찾는 지식 기반 시스템이다. 규칙 기반 시스템에서는 미리 구축된 규칙과 주어진 데이터나 정보를 이용하여 가설을 검증하거나, 새로운 사실을 이끌어 내거나, 또는 관련된 정보를 유추하는데 이것을 추론이라고 한다.
규칙 기반 시스템은 특정 문제에 대해서 전문가 수준의 답을 찾아주는 전문가 시스템(expert system)을 구현하는 가장 일반적인 방법이다. 전문가 시스템은 사람 전문가가 가지고 있는 지식을 규칙의 형태로 만들어 컴퓨터에 저장해 놓고, 문제가 주어졌을 때 그 지식을 사용해 답을 찾는다. 전문가 시스템을 활용하면 비전문가도 전문가처럼 문제를 해결할 수 있지만, 이러한 전문가 지식을 모두 규칙 형태로 표현하여 저장하는 것은 간단한 일이 아니다. 또한, 하나의 문제에 대해 전문가마다 가지고 있는 지식이 다른 경우도 많아 이를 하나의 규칙으로 표현하는 것도 어렵다.

대화 시스템 엘리자

엘리자는 1964년에 개발된 대화 시스템으로서 엘리자와 사람이 한 문장씩 주고받을 수 있다. 엘리자는 사람이 '안녕'이라고 말하면 '만나서 반가워'라고 대답하는데, 이는 '상대방이 안녕이라고 말하면, 만나서 반가워라고 답한다'라는 규칙이 저장되어 있기 때문이다. 따라서 엘리자는 상대방이 입력한 말이 규칙에 없는 말일 경우에는 엉뚱한 대답을 하게 된다.

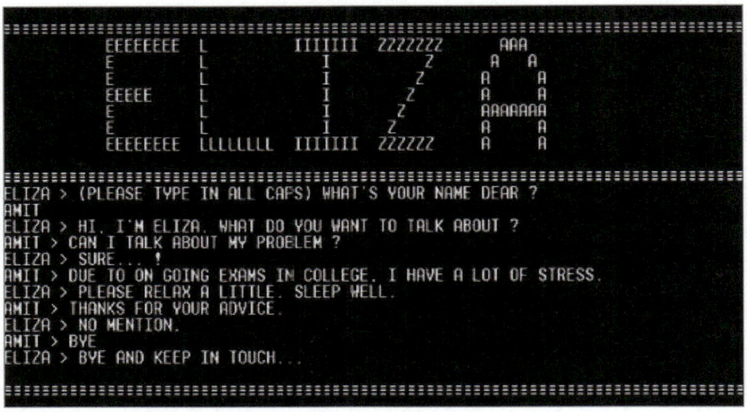

[1966년 개발된 첫봇 엘리자(Eliza) (출처: Afflictor.com)]

스탠포드 대학교의 마이신

1970년대 초에 만들어진 전문가 시스템인 마이신은 환자의 병을 진단하고 약을 처방해주는 의료 인공지능이다. 마이신에는 특정 질병에 대한 의사들의 지식을 규칙 형태로 약 500개 정도 저장되어 있다. 마이신은 환자에게 질문을 하여 답을 입력받으면, 저장된 규칙에 따라 그 환자가 병에 걸렸는지를 판단하고 약을 처방해 준다. 마이신은 약 69% 정도의 정확도를 보여준다.

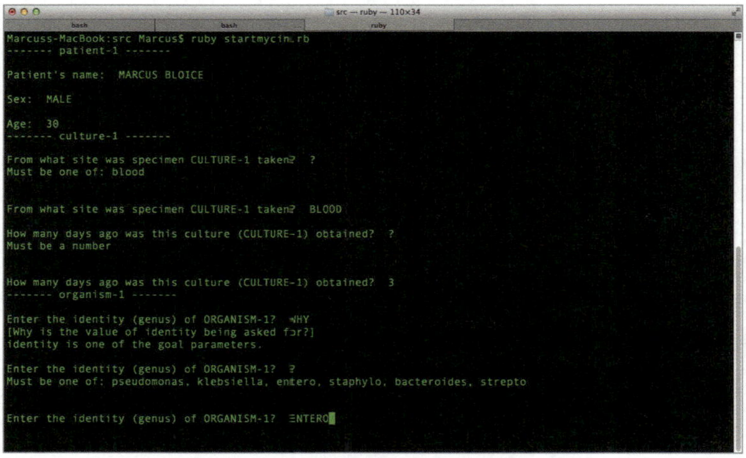

[스탠포드 대학교의 전문가 시스템 마이신(MYCIN) (출처: user.medunigraz.at)]

부산대학교 한국어 맞춤법/문법 검사기

부산대학교 컴퓨터공학과에서 개발한 한국어 맞춤법/문법 검사기는 사용자가 입력한 문장을 분석하여 해당 문장에 맞춤법/문법 오류가 있다면 대치어를 제시해주는 인공지능 프로그램이다. 이 프로그램은 특정 단어가 사용될 수 있는 주변 문맥을 규칙으로 표현하여 사용자가 입력한 단어가 바른지를 판단하다. 예를 들어, '병'과 '낳다'가 함께 사용되었다면, '낳다'를 '낫다'로 수정하라는 규칙을 통해 '병이 낳다'를 오류로 판단하고 '병이 낫다'로 수정한다.

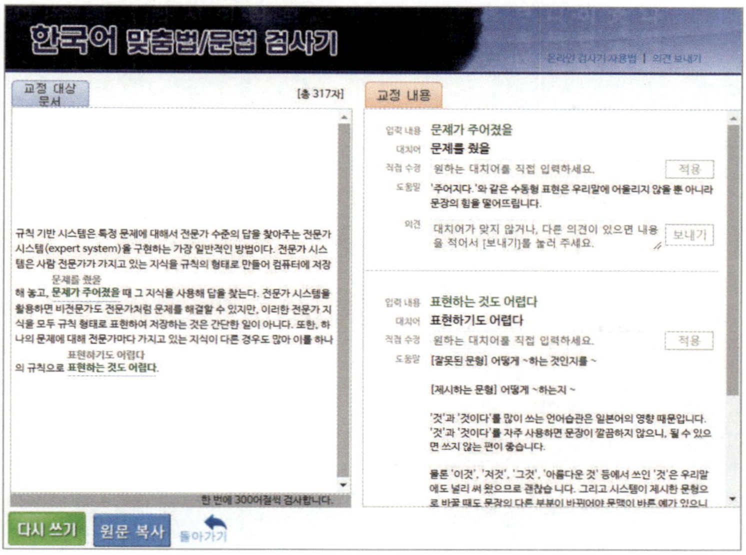

[부산대학교의 한국어 맞춤법/문법 검사기 (출처: speller.cs.pusan.ac.kr)]

인공지능 비서

지능형 가상 비서(intelligent virtual assistant)라고도 불리는 인공지능 비서는 개인 비서처럼 사용자가 요구하는 작업을 처리하고 특정 서비스를 제공하는 인공지능 프로그램이다. 음성인식과 음성합성 기술을 바탕으로 사용자와의 대화를 통해 일기예보, 일정 관리, 이메일 전송 등 여러 작업을 수행한다. 최근에는 휴대전화와 같은 각종 스마트 가전기기나 차량에 기본적으로 탑재되는 등 그 응용 범위가 더욱 확장되고 있다. 이러한 인공지능 비서에는 다양한 최신 인공지능 기술이 적용되고 있지만, 사용자의 요구에 적절한 답변이나 행동을 하기 위한 규칙 기반 질의응답 기술도 일부 사용되고 있다.

[애플 Siri (출처: speller.cs.pusan.ac.kr)]

2. 인공지능 비서 프로그램

2.1. 문제정의 및 해결조건

● **문제**

사용자에게 날씨와 시간을 알려주는 인공지능 비서 프로그램을 만들어보자.

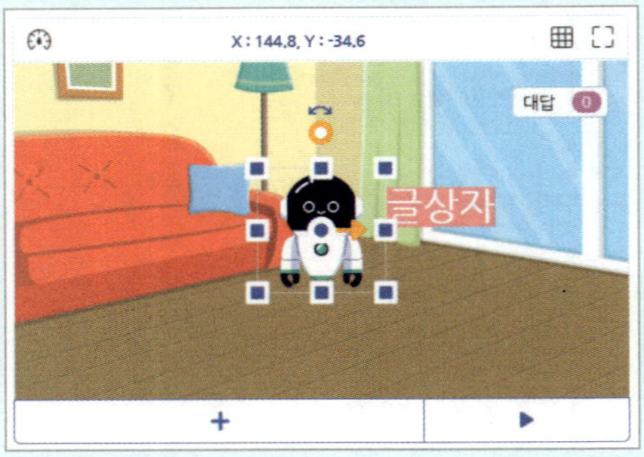

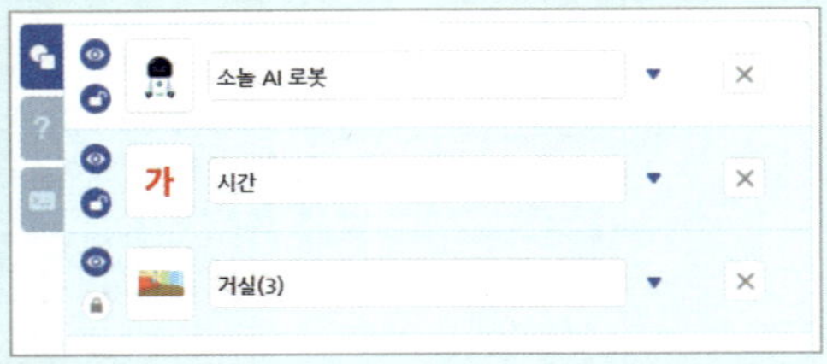

▶ **해결조건**

① 프로그램을 시작하면 인사를 한다. 이때, 사용자가 엔트리에 로그인 한 상태라면 사용자의 아이디를 불러준다.

② 사용자의 질문이 '날씨 어때?', '오늘 날씨 어때?'와 같이 '날씨'라는 단어를 포함하고 있으면 부산 지역 전체의 날씨와 미세먼지 농도를 알려준다.

③ 사용자의 질문이 '지금 몇 시야?', '지금 시간은?'과 같이 '시간'이나 '몇 시'를 포함하고 있으면 현재 시간을 알려준다.

④ 프로그램은 사용자가 '잘가'라고 얘기할 때까지 반복해서 질문에 응답해야 하며, 대답할 수 없는 질문에는 '제가 대답할 수 없는 질문입니다'라고 답한다.

2.2. 문제해결 전략

확장 블록 불러오기

엔트리는 날씨, 생활안전, 자연재난, 행사 정보와 관련된 확장 블록을 제공한다. 특히, 날씨 확장 블록은 지정한 지역의 기온, 강수량, 미세먼지 농도 등을 실시간으로 받아올 수 있다. 이번 문제에서는 사용자가 날씨와 관련된 질문을 하였을 때 답할 수 있도록 [블록] 탭 아래의 [확장]-[확장 블록 불러오기]-[날씨]를 선택하고, 제일 아래의 [추가]를 눌러 확장 블록을 불러온다. 확장 블록도 인공지능 블록과 마찬가지로 인터넷이 연결되어 있어야 정상적으로 동작함에 주의한다.

오브젝트 추가하기

'오브젝트 추가하기' 페이지의 [엔트리봇 친구들]에서 '소놀 AI 로봇'을, [배경]에서 '거실(3)'을 , 그리고 '글상자'를 선택하여 추가한다.

오브젝트	설명
소놀 AI 로봇	대표 오브젝트. 음성인식 후 사용자의 질문에 반응함
글상자	현재 시간을 보여주는 오브젝트. '소놀 AI 로봇 오브젝트'에서 보내는 '시간 알려주기' 신호에 반응함
거실(3)	배경

속성 추가하기

작품의 주요 기능은 '소놀 AI 로봇' 오브젝트에 의해 처리된다. 그러나 시간 알려주기는 글상자를 통해 현재 시간을 표시할 수 있도록 '시간 알려주기' 신호를 추가한다.

신호	설명
시간 알려주기	글상자에서 현재 시간을 표시하기 위해 사용하는 신호

프로그램 설계하기

1) 프로그램 시작: 인사하기

프로그램을 시작하면 사용자가 입력한 결과를 보여주는 '대답'을 숨기고, 사용자에게 인사를 한다. 엔트리 [계산] 블록 중에는 '사용자이름' 블록이 있는데 엔트리 페이지(https://playentry.org)에 현재 로그인 한 계정명이 자동으로 저장된다. 만약, 사용자가 로그인을 하지 않은 상태에서 프로그램을 만들고 있는 상태라면, 해당 블록에는 공백문자(글자 수 1개로 판단됨)가 저장되어 있다. 사용자가 로그인을 한 상태라면 '안녕하세요 000님!'이라고 인사를 하고, 로그인을 하지 않은 상태라면 '안녕하세요!'라고 구분하여 인사를 할 수 있도록 블록을 추가한다.

2) 사용자 질문 이해하기

반복해서 사용자 질문에 응답할 수 있도록 반복하기 블록을 사용한다. 날씨와 관련된 질문, 시간과 관련된 질문, 작별 인사에 반응할 수 있도록 처리한다. 실제로 서비스되고 있는 인공지능 가상 비서는 복잡한 규칙을 사용하여 '오늘 날씨는 어때?', '내일 날씨는 어때?', '내일 부산의 날씨는 어때?' 등의 유사한 질문들을 정확하게 구분하지만, 본 예제는 프로그램을 단순화하기 위해 특정 키워드를 포함하고 있으면 무조건 해당 질문으로 판단한다.

엔트리의 [계산] 블록 중 '00에서 00의 시작 위치'는 특정 키워드를 포함하고 있는지 확인하기 위해 사용할 수 있다. 예를 들어 '날씨는 어때?'라는 문장에는 '날씨'라는 키워드가 1의 위치에서 처음 나타나기 때문에 시작 위치가 1이 된다. 하지만 해당 키워드를 포함하고 있지 않다면 이 블록은 시작 위치 값을 0으로 돌려준다. 따라서 [대답 에서 날씨 의 시작 위치] 가 0이라면 '대답'이 '날씨'라는 키워드를 포함하고 있지 않다는 것을 의미한다.

3) 날씨 질문에 응답하기

사용자가 날씨와 관련된 질문을 하였다면 날씨 확장 블록을 사용하여 부산 지역 전체의 기온과 미세먼지 농도를 알려준다. 미세먼지 농도의 경우 미세먼지 경보의 기준에 따라 미세먼지 농도가 0~30㎍/㎥ 이면 좋음, 31 ~ 80㎍/㎥ 이면 보통, 81 ~ 150㎍/㎥ 이면 나쁨, 150㎍/㎥ 을 초과하면 매우나쁨으로 대답한다.

전체 블록을 한눈에 볼 수 있도록 날씨 응답 블록을 위와 같이 함수로 만들고, 아래처럼 메인 블록의 날씨 대답 영역에 삽입한다. '소놀 AI 로봇' 오브젝트의 표정도 바꿔서 동적인 효과를 줄 수 있다.

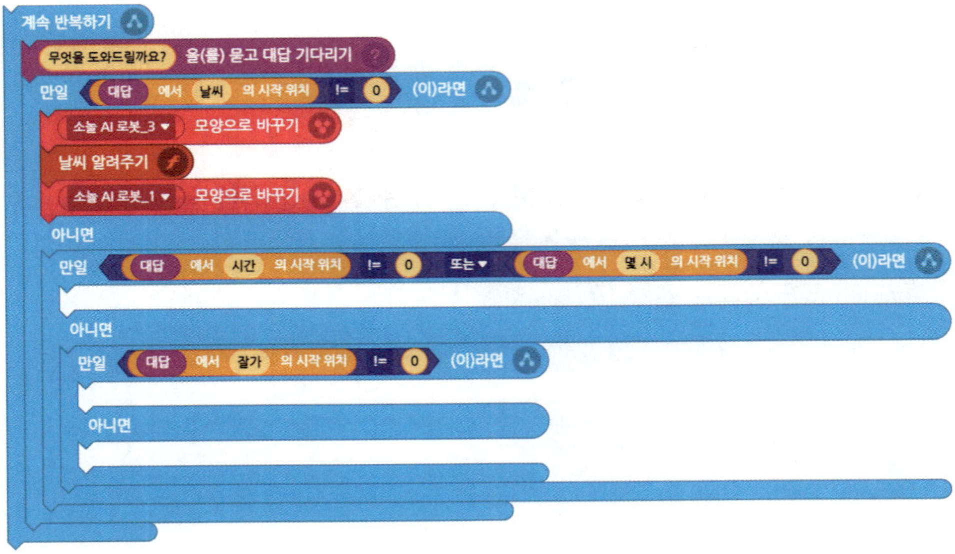

실제로 서비스되고 있는 인공지능 가상 비서는 '오늘 날씨 어때?'와 같이 질문하였을 때, 질문 속에 지역과 관련된 정보가 없다고 하더라도 GPS 위치 정보를 바탕으로 사용자가 위치한 곳의 날씨를 알려주거나, '어느 지역의 날씨를 알고 싶으신가요?'와 같이 추가 정보를 얻기 위한 질문을 한다.

4) 시간 질문에 응답하기

사용자가 시간과 관련된 질문을 하였다면 [계산] 블록 중 시간 블록을 사용하여 현재 시간을 알려준다. 글상자에 시간 정보를 표현할 수 있도록 '소놀 AI 로봇' 오브젝트에 '시간 알려주기' 신호를 보내고, 글상자 오브젝트에서 신호를 받아 현재 시간을 표시한다. 시간 블록은 연도, 시각(시), 시각(분)을 각각 제공하기 때문에 합치기 블록을 사용하여 '00시 00분'의 형태로 표현한다.

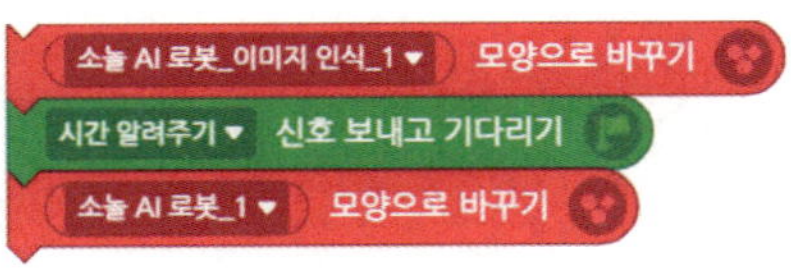

[소놀 AI 로봇 오브젝트]

[글상자 오브젝트]

5) 작별 인사하기와 예외 상황 처리하기

사용자가 '잘가'라고 얘기하면 '네, 반가웠어요!'라고 말한 다음, 프로그램을 종료할 수 있도록 블록을 추가한다. 그리고 날씨, 시간, 작별인사 외의 질문을 하였을 때는 '제가 대답할 수 없는 질문입니다.'라고 대답한다.

2.2. 조립해서 결과보기

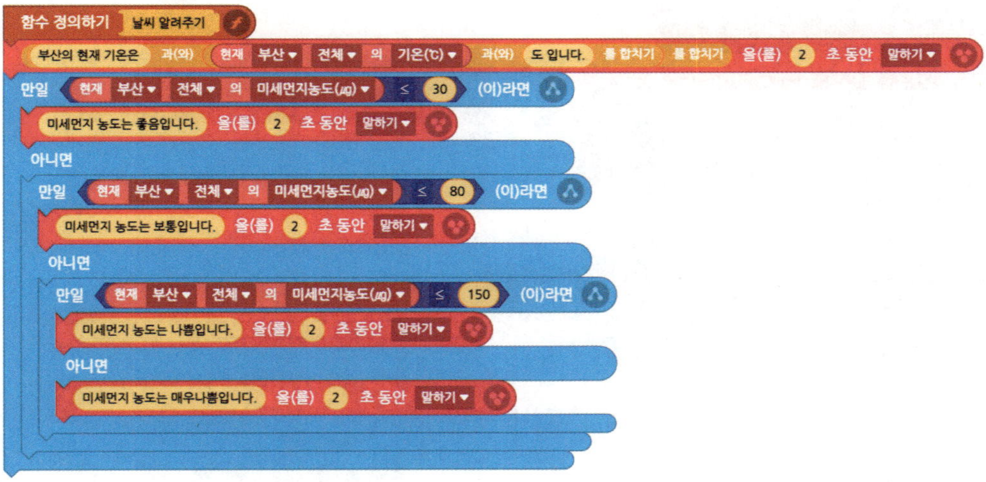

[날씨 알려주기 함수]

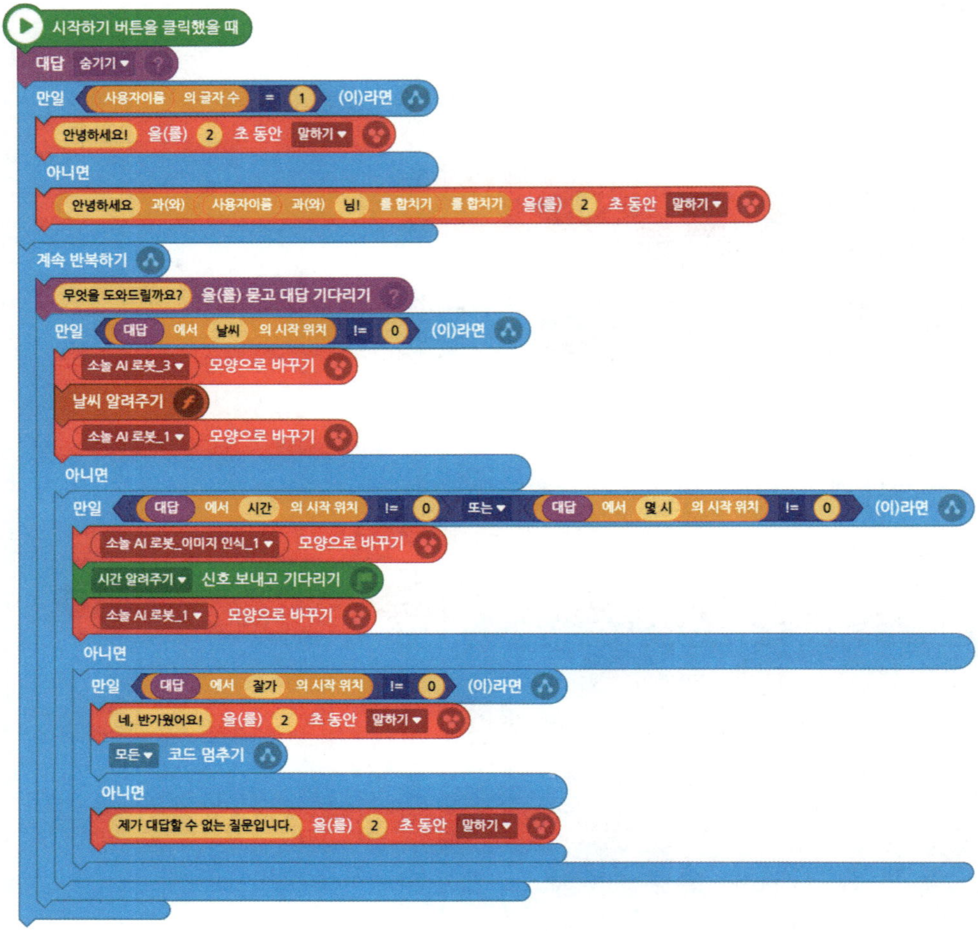

[소놀 AI 오브젝트]

[글상자 오브젝트]

결과 출력하기

날씨 질문에 대한 응답장면	시간 질문에 대한 응답장면

3. 규칙으로 문제해결하기

3.1. 우울증 자가 진단 프로그램

문제와 해결조건

● **문제**

우울증 자가 진단도구인 한국판 CES-D를 이용하여 우울증 진단을 위한 자가 진단 프로그램을 만들어보자.

▶ **해결조건**

① 한국판 CES-D는 20개의 문항으로 구성되어 있으며, 각각의 문항에 지난 일주일 동안 어떻게 느끼고 행동하였는지를 4개의 보기(극히 드물다, 가끔 그렇다, 자주 그렇다, 대부분 그렇다) 중에서 선택한다.

문항번호	나는 지난 일주일 동안	극히 드물다	가끔 그렇다	자주 그렇다	대부분 그렇다
1	평소에는 아무렇지도 않던 일들이 괴롭고 귀찮게 느껴진다	0	1	2	3
2	먹고 싶지 않고, 식욕이 없었다	0	1	2	3
3	어느 누가 도와준다 하더라도 나의 울적한 기분을 떨쳐버릴 수 없을 것 같았다	0	1	2	3
4	무슨 일을 하든 정신을 집중하기가 힘들었다	0	1	2	3
5	비교적 잘 지냈다	3	2	1	0
6	상당히 우울했다	0	1	2	3
7	모든 일들이 힘들게 느껴졌다	0	1	2	3
8	앞일이 암담하게 느껴졌다	0	1	2	3
9	지금까지의 내 인생은 실패작이라는 생각이 들었다	0	1	2	3
10	적어도 보통 사람들만큼의 능력은 있었다고 생각한다	0	1	2	3
11	잠을 설쳤다(잠을 잘 이루지 못했다)	0	1	2	3
12	두려움을 느꼈다	0	1	2	3
13	평소에 비해 말수가 적었다	0	1	2	3
14	세상에 홀로 있는 듯한 외로움을 느꼈다	0	1	2	3
15	큰 불만 없이 생활 했다	3	2	1	0
16	사람들이 나에게 차갑게 대하는 것 같았다	0	1	2	3
17	갑자기 울음이 나왔다	0	1	2	3
18	마음이 슬펐다	0	1	2	3
19	사람들이 나를 싫어하는 것 같았다	0	1	2	3
20	도무지 뭘 해 나갈 엄두가 나지 않았다	0	1	2	3

② 각 문항의 선택에 따른 점수(극히 드물다 = 0점, 가끔 그렇다 = 1점, 자주 그렇다 = 2점, 대부분 그렇다 = 3점, 5번과 15번 문항은 반대)를 합산하여 25점 이상은 심한 우울증, 16점 ~ 24점은 자연스러운 우울증, 15점 이하는 정상으로 진단한다.

문제 해결 전략

1) 오브젝트 추가하기

[오브젝트 추가하기]의 검색에서 '소놀 AI 로봇(3)' 오브젝트를, [배경] 카테고리에서 '교실' 오브젝트를 추가한다. 4개의 글상자 오브젝트를 추가하고, 각각의 이름을 '극히 드물다', '가끔 있었다', '종종 있었다', '대부분 그랬다'로 변경한다.

오브젝트	설명
소놀 AI 로봇	대표 오브젝트. 우울증 자가 진단을 문항을 표시하고, 사용자의 선택을 받기 위해 '답변하기' 신호를 보냄
글상자 (극히 드물다)	각 문항에 대한 사용자의 응답을 받기 위한 오브젝트. 5번과 15번 문항은 3점, 그 외 문항은 총점에 0점을 더함
글상자 (가끔 있었다)	각 문항에 대한 사용자의 응답을 받기 위한 오브젝트. 5번과 15번 문항은 2점, 그 외 문항은 총점에 1점을 더함
글상자 (종종 있었다)	각 문항에 대한 사용자의 응답을 받기 위한 오브젝트. 5번과 15번 문항은 1점, 그 외 문항은 총점에 2점을 더함
글상자 (대부분 그랬다)	각 문항에 대한 사용자의 응답을 받기 위한 오브젝트. 5번과 15번 문항은 0점, 그 외 문항은 총점에 3점을 더함
교실	배경 오브젝트

2) 속성 추가하기

문항의 표시와 총점에 따른 우울증 진단 결과의 안내는 '소놀 AI 로봇(3)'에 의해 이루어진다. '소놀 AI 로봇(3)'이 특정 문항을 표시하고 '글상자'가 현재 사용자 응답이 어떤 문항에 대한 응답인지 알기 위해 사용하는 '문항' 변수, 사용자 답변이 입력되었는지 파악하는 '답변완료' 변수, 그리고 진단 질문을 담은 '진단 문항' 리스트를 사용한다. 문항의 표시 이후 '소놀 AI 로봇'은 '답변하기' 신호를 보내고, 이 신호를 받은 4개의 글상자에 의해 점수가 계산된다.

변수	설명
문항	현재 표시되고 있는 문항 번호를 저장하고 있는 변수
답변완료	답변완료 여부를 저장하고 있는 변수. 이 값이 1이면 글상자는 화면에 표시되지 않음
점수	각 문항에 의해 부여받은 점수의 합을 저장하고 있는 변수. 모든 문항에 대한 응답이 끝나면 우울증 진단 결과에 활용됨

신호	설명
답변하기	문항의 응답을 받기 위해 글상자에게 보내지는 신호

리스트	설명
진단 문항	우울증 자가 진단도구인 한국판 CES-D의 20개 문항을 저장하고 있는 리스트 *1. 평소에는 아무렇지도 않던 일들이 괴롭고 귀찮게 느껴진다* *2. 먹고 싶지 않고, 식욕이 없었다* *3. 어느 누가 도와준다 하더라도 나의 울적한 기분을 떨쳐버릴 수 없을 것 같았다* *4. 무슨 일을 하든 정신을 집중하기가 힘들었다* *5. 비교적 잘 지냈다* *6. 상당히 우울했다* *7. 모든 일들이 힘들게 느껴졌다* *8. 앞일이 암담하게 느껴졌다* *9. 지금까지의 내 인생은 실패작이라는 생각이 들었다* *10. 적어도 보통 사람들만큼의 능력은 있었다고 생각한다* *11. 잠을 설쳤다(잠을 잘 이루지 못했다)* *12. 두려움을 느꼈다* *13. 평소에 비해 말수가 적었다* *14. 세상에 홀로 있는 듯한 외로움을 느꼈다* *15. 큰 불만 없이 생활 했다* *16. 사람들이 나에게 차갑게 대하는 것 같았다* *17. 갑자기 울음이 나왔다* *18. 마음이 슬펐다* *19. 사람들이 나를 싫어하는 것 같았다* *20. 도무지 뭘 해 나갈 엄두가 나지 않았다*

프로그램 설계

1) 프로그램 시작하기

프로그램이 시작되면 모든 글상자 오브젝트는 모양을 숨기도록 한다. 모든 글상자 오브젝트는 '답변하기' 신호를 받았을 때 화면에 나타난다. '소놀 AI 로봇(3)' 오브젝트는 '대답'을 숨기고, '문항' 변수의 값을 1로 초기화하며, 안내 메시지를 표시한다.

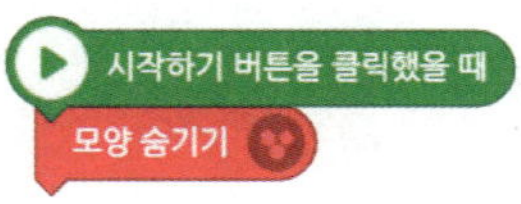

[모든 글상자 오브젝트]

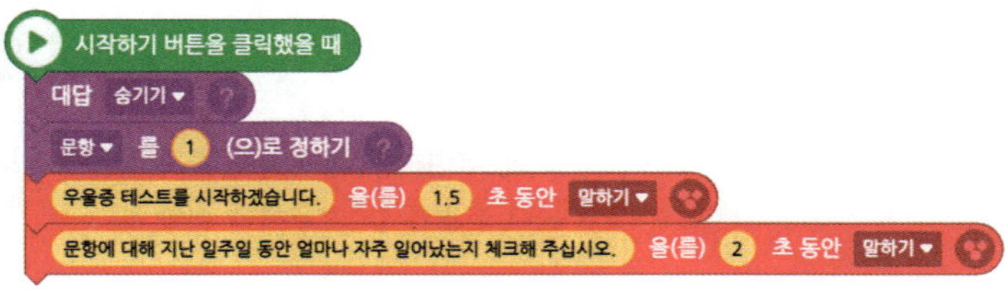

[소놀 AI 로봇(3) 오브젝트]

2) 문항 표시하기

'소놀 AI 로봇(3)' 오브젝트는 '진단 문항' 리스트의 각 항목을 순서대로 표시하면서 사용자로부터 응답을 받는다. 사용자의 응답은 4개의 글상자를 통해 이루어지기 때문에 글상자를 화면에 표시하기 위해 '답변하기' 신호를 보낸다.

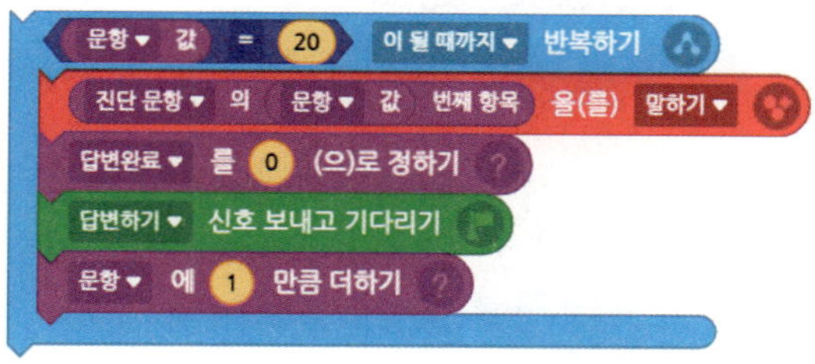

3) 글상자를 통한 답변받기

4개의 글상자 오브젝트는 '답변하기' 신호를 받았을 때 화면에 표시된다. 그리고 답변이 완료되면 모든 글상자가 숨겨져야 한다. 4개의 글상자를 동시에 숨기기 위해 신호를 통해 동기화할 수도 있지만, '답변완료' 변수의 값을 통해 실행 흐름을 제어함으로써 '모양 숨기기' 블록이 실행되는 시점을 맞출 수도 있다.

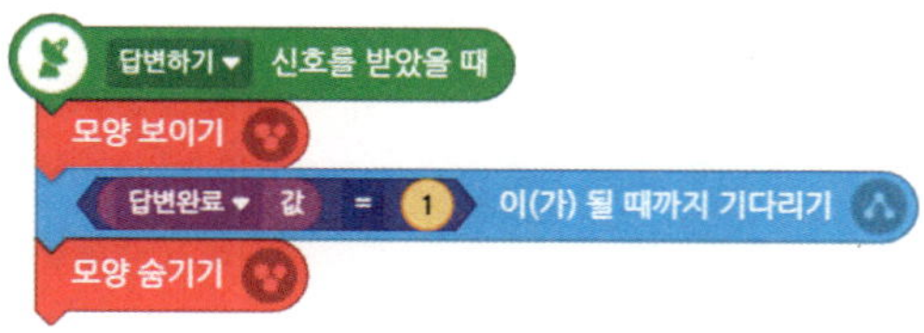

[모든 글상자 오브젝트]

'오브젝트를 클릭했을 때' 블록을 사용하여 사용자가 글상자를 클릭했을 때 각 응답에 맞는 점수를 '점수' 변수에 더한다. 이때, 5번과 15번 문항은 다른 문항과 다르게 점수를 더해야 함에 주의한다. 점수를 더하고 나면 '답변완료' 변수의 값을 1로 설정하여 모든 글상자가 숨겨지도록 한다.

[극히 드물다 글상자 오브젝트]

4) 점수에 의한 우울증 진단하기

모든 문항에 대한 응답이 끝나고 나면 '점수' 변수에 저장된 최종 점수를 표시한다. 그리고 점수에 따라 진단 결과를 구분하여 표시한다.

조립해서 결과보기

[소놀 AI 로봇(3) 오브젝트]

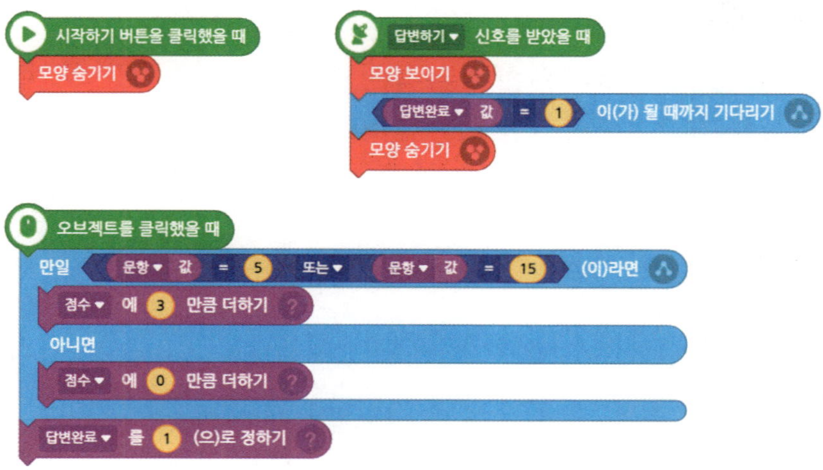

[극히 드물다 글상자 오브젝트]

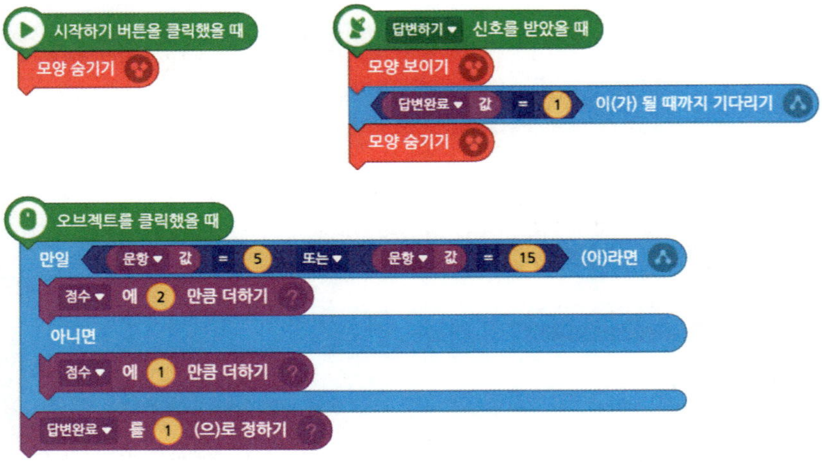

[가끔 있었다 글상자 오브젝트]

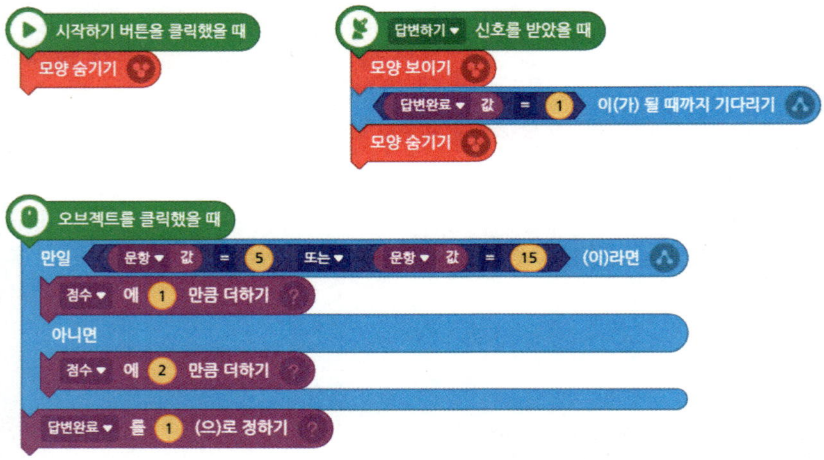

[종종 있었다 글상자 오브젝트]

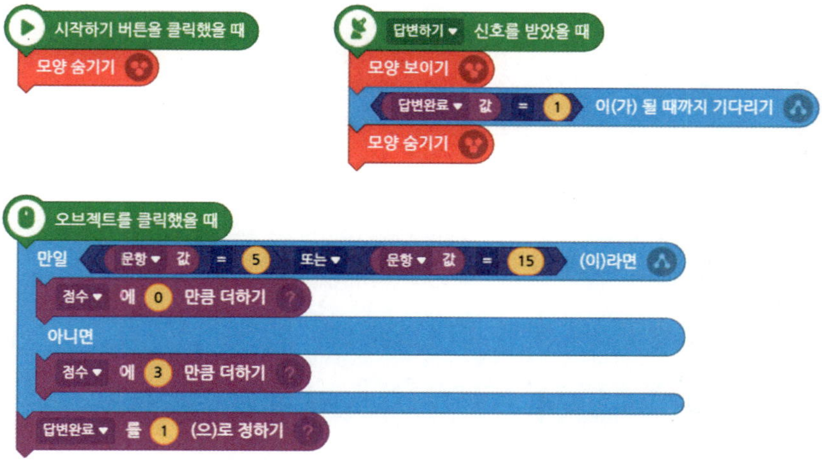

[대부분 그랬다 글상자 오브젝트]

결과 출력하기

진단문항 화면 표시	진단결과 화면 표시

3.2. 동물 추론하기

문제와 해결조건

● 문제

논리적인 추론을 통해 부엉이, 판다, 상어, 독수리, 고양이, 고슴도치를 추론하는 프로그램을 만들어보자.

▶ 해결조건

① 사용자가 마음속으로 생각한 동물을 추론하기 위해 동물의 특징에 대한 5개의 질문을 한다.

- 다리가 4개인가요?
- 가시가 있나요?
- 채식동물인가요?
- 날 수 있나요?
- 야행성인가요?

② 각 동물의 특징이 저장된 지식베이스와 질문에 대한 결과를 비교하여 사용자가 마음속으로 생각한 동물을 추론한다.

문제 해결 전략

1) 오브젝트 추가하기

[오브젝트 추가하기]의 [동물] 카테고리에서 '부엉이', '상어(1)', '독수리(2)', '고양이', '고슴도치' 오브젝트를, [물건] 카테고리에서 '판다인형' 오브젝트를, [배경] 카테고리에서 '뒷동산' 오브젝트를, 검색에서 '소놀 AI 로봇' 오브젝트를, 그리고 2개의 글상자 오브젝트를 추가한다. 글상자 오브젝트는 각각 '네', '아니오'로 한다.

오브젝트	설명
소놀AI 로봇	대표 오브젝트. 추론을 위한 질문을 표시하고, 사용자의 선택을 받기 위해 '답변하기' 신호를 보냄
글상자 (네)	각 문항에 대한 사용자의 응답을 받기 위한 오브젝트. 추론결과에 1을 설정함
글상자 (아니오)	각 문항에 대한 사용자의 응답을 받기 위한 오브젝트. 추론결과에 0을 설정함
뒷동산	배경 오브젝트
부엉이, 상어(1), 독수리(2), 고양이, 고슴도치, 판다인형	단순히 화면에 표시하기 위한 오브젝트

2) 속성 추가하기

질문의 표시와 답변에 따른 추론 결과의 안내는 '소놀 AI 로봇'에 의해 이루어진다. '소놀 AI 로봇'이 질문을 표시하기 위해 '질문번호' 변수, '답변완료' 변수, '질문목록' 리스트를 사용한다. 문항의 표시 이후 '소놀 AI 로봇'은 '답변하기' 신호를 보내고, 이 신호를 받은 2개의 글상자에 의해 답변결과가 저장된다. 모든 질문에 대한 답변이 끝나면 지식베이스와 답변결과를 비교하여 동물을 추론한다.

변수	설명
질문번호	현재 표시되고 있는 질문번호를 저장하고 있는 변수
답변완료	답변완료 여부를 저장하고 있는 변수. 이 값이 1이면 글상자는 화면에 표시되지 않음
답변결과	각 질문에 의해 응답받은 결과를 저장하고 있는 변수. '합치기' 블록을 이용하여 각 질문에 의한 응답을 하나의 변수에 저장함

신호	설명
답변하기	질문의 응답을 받기 위해 글상자에게 보내지는 신호

리스트	설명
질문목록	동물의 특징에 대한 5자기 질문을 저장하고 있는 리스트 *1. 다리가 4개인가요?* *2. 가시가 있나요?* *3. 채식동물인가요?* *4. 날 수 있나요?* *5. 야행성인가요?*
동물번호	동물의 이름을 저장하고 있는 리스트 *1. 고슴도치* *2. 판다* *3. 고양이* *4. 부엉이* *5. 독수리* *6. 상어*
지식베이스	동물의 특징을 저장하고 있는 리스트. 동물번호 리스트의 각 항목번호와 일치하는 위치에 해당 동물의 특징을 저장하고 있음. 예를 들어, 지식베이스 1번 항목은 고슴도치의 특징이므로 아래와 같이 저장되어 있음 *다리가 4개인가요? → 네* 1 *가시가 있나요? → 네* 1 *채식동물인가요? → 아니오* 0 *날 수 있나요? → 아니오* 0 *야행성인가요? → 아니오* 0 ——————————— *지식베이스에 저장된 값* 11000

프로그램 설계

1) 프로그램 시작하기

프로그램이 시작되면 모든 글상자 오브젝트는 모양을 숨기도록 한다. 모든 글상자 오브젝트는 '답변하기' 신호를 받았을 때 화면에 나타나도록 한다.

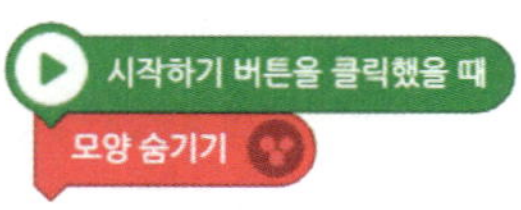

[네 글상자 오브젝트]

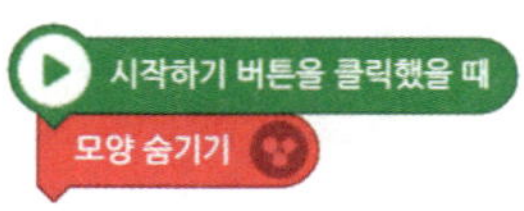

[아니오 글상자 오브젝트]

2) 질문 표시하기

'소놀 AI 로봇' 오브젝트는 '질문목록' 리스트의 각 항목을 순서대로 표시하면서 사용자로부터 응답을 받는다. 사용자의 응답은 네/아니오 글상자를 통해 이루어지기 때문에 글상자를 화면에 표시하기 위해 '답변하기' 신호를 보낸다.

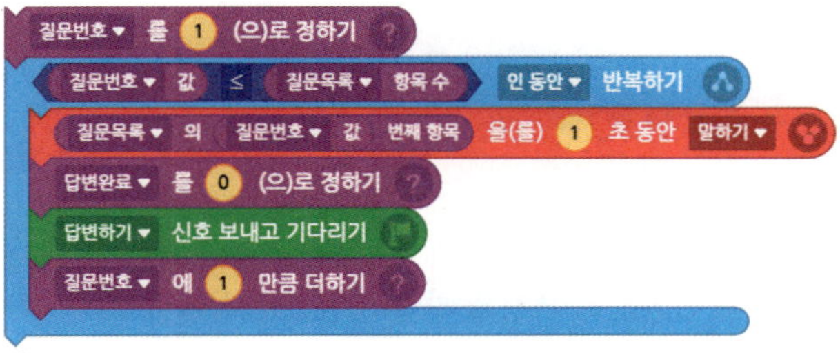

3) 글상자를 통한 답변받기

네/아니오 글상자 오브젝트는 '답변하기' 신호를 받았을 때 화면에 표시된다. 그리고 답변이 완료되면 모든 글상자를 숨긴다. 2개의 글상자를 동시에 숨기기 위해서는 신호를 통해 동기화할 수도 있지만, '답변완료' 변수의 값을 통해 실행 흐름을 제어함으로써 '모양 숨기기'의 실행 시점을 맞출 수도 있다.

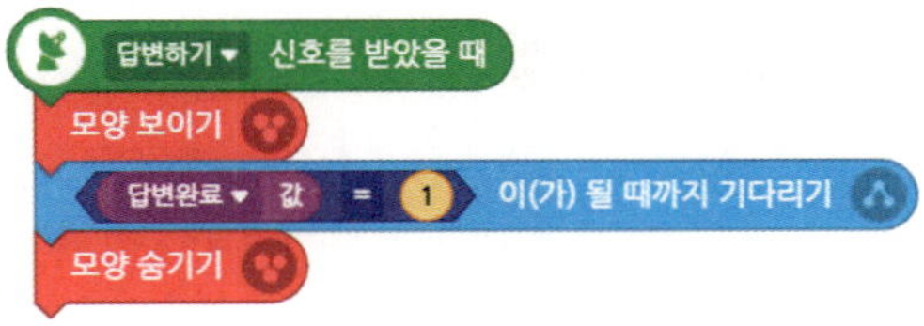

[네/아니오 글상자 오브젝트]

'오브젝트를 클릭했을 때' 블록을 사용하여 사용자가 글상자를 클릭했을 때 각 응답에 맞는 답변결과(네 글상자의 경우에는 1을 저장하고 아니오 글상자의 경우에는 0을 저장함)를 '답변결과' 변수에 저장한다. 이때, 추론 과정에서 지식베이스의 동물별 특징 정보와 비교하기 위해 '합치기' 블록을 이용하여 모든 질문에 대한 결과를 하나의 변수에 저장한다. 첫 번째 질문에 대한 답변일 경우에만 '합치기' 블록을 사용하지 않는다.

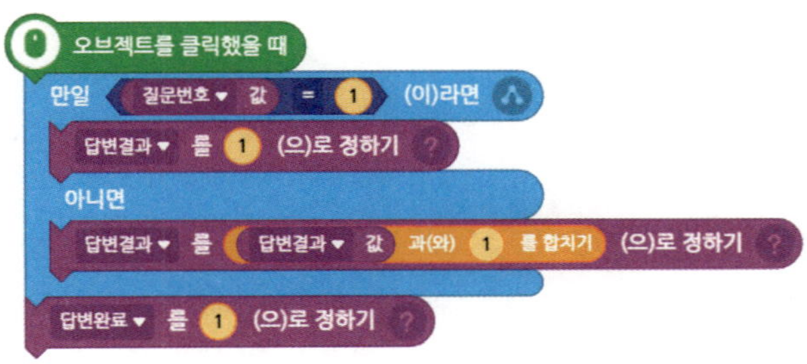

[네 글상자 오브젝트]

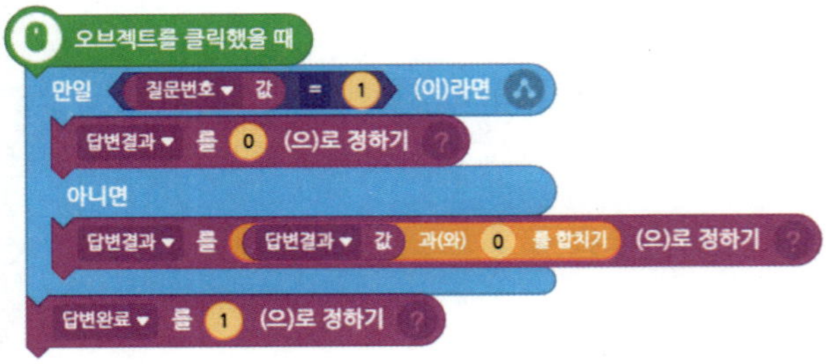

[아니오 글상자 오브젝트]

4) 동물 추론하기

모든 질문에 대한 답변이 끝나고 나면 답변결과와 일치하는 특징을 가진 동물을 지식베이스에서 찾아 표시한다. 지식베이스의 1번 항목부터 차례대로 비교를 하면서 일치하는 동물이 나타날 경우에 해당 동물을 표시하고 '모든 코드 멈추기'를 실행하여 프로그램을 끝낸다. 만약, 일치하는 동물이 없다면 '잘 모르겠어요...'라고 표시한다.

조립해서 결과보기

[소놀 AI 로봇 오브젝트]

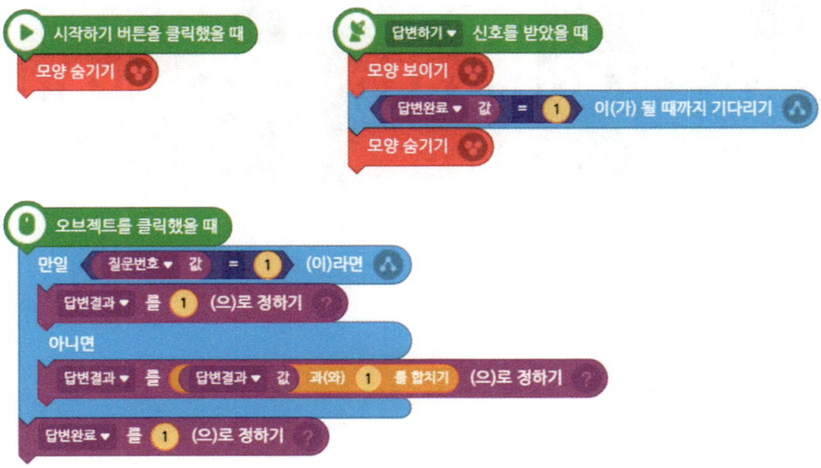

[네 글상자 오브젝트]

[아니오 글상자 오브젝트]

결과 출력하기

특징에 대한 질문하기

동물 추론결과 표시하기

4. 스스로 해결하기

4.1. 대인기피증 자가 진단 프로그램

문제와 해결조건

● **문제**

3절의 '우울증 자가 진단 프로그램'을 참고하여 '대인기피증 자가 진단 프로그램'을 만들어보자.

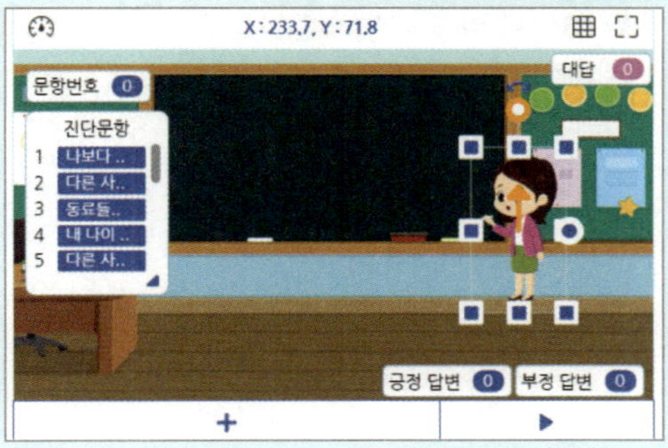

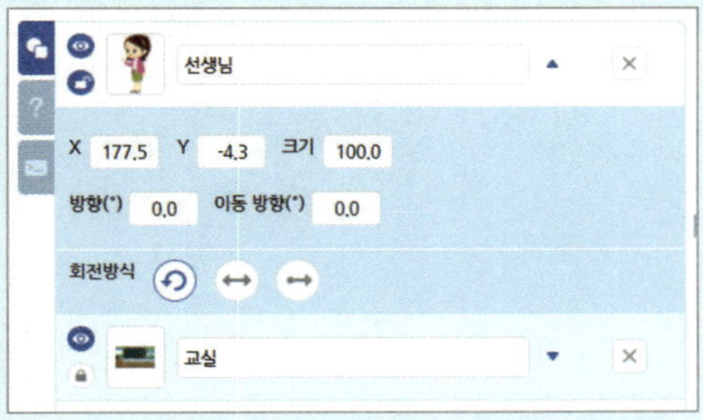

▶ **해결조건**

① 총 10개의 진단문항으로 구성된다.

나보다 높은 지위에 있는 사람과 대화할 때면 긴장된다.
다른 사람들과 눈을 마주치기 어렵다.
동료들과 편안하게 어울리는 것이 어렵다.
내 나이 또래 친구들을 사귀기 어렵다.
다른 사람과 단 둘이 있는 상황에서 긴장된다.
매력적인 이성과 이야기 하는 것이 어렵다.
여러 사람들과 어울려 이야기 할 때 무시당할까봐 걱정하곤 한다.
대화 도중 부적절한 말을 할 것 같다.
잘 알지 못하는 사람에게 인사를 해야 할지 망설인다.
여러 사람들과 어울릴 때 긴장한다.

② 각 문항에 대해 '네', '아니오'로만 답을 받아야 하며 '네'로 답한 문항이 6개 이상인 경우에 '사회적인 상황에서 불안을 느끼는 상태입니다'라고 진단한다.

결과 출력하기

진단 문항에 대한 답변 받기	진단 결과 안내하기

4.2. 친구의 동생 추론하기

문제와 해결조건

● **문제**

3절의 '동물 추론하기'를 참고하여 친구의 동생을 추론하는 프로그램을 만들어보자.

▶ **해결조건**

① 친구의 동생을 추론하기 위한 특징에 대한 질문을 만들고, 해당 질문의 답변을 이용하여 친구의 동생을 찾는다.

② 3절의 '동물 추론하기'를 참고하여 지식베이스를 구축한 후 답변결과와 일치하는 사람을 동생으로 추론하거나, 혹은 지식베이스의 구축 없이 '만약 ~라면' 블록만 중 사용하여 동생을 찾도록 프로그램을 만들 수도 있다.

③ 추론 결과가 맞다면 해당 오브젝트의 크기를 반복해서 확대/축소하여 다른 오브젝트와 구분할 수 있게 한다.

결과 출력하기

특징에 대한 질문하기	동생을 찾은 경우

제12장
학습을 통한 문제해결

1. 머신러닝(Machine Learning)

1.1. 머신러닝이란

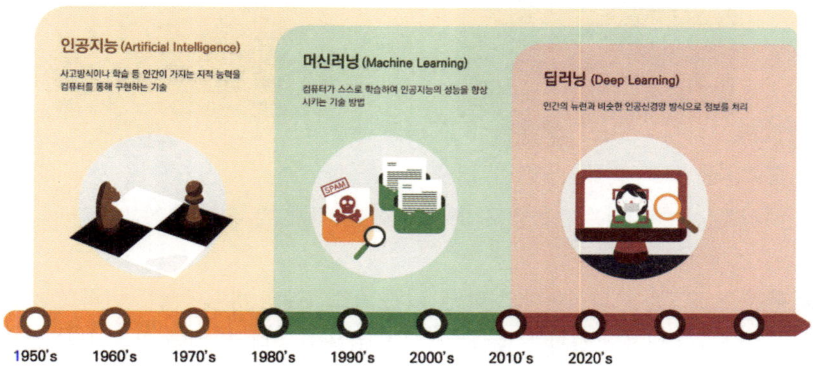

10장에서 설명했듯이 인공지능은 1956년 다트머스 회의를 통해 처음으로 학문적 연구의 대상이 된 이후 추론과 탐색에 대한 연구를 중심으로 두 차례의 발전과 침체기를 거치다가, 1990년대 후반 빅데이터를 수집할 수 있는 검색 엔진 기술의 발전과 이 빅데이터를 분석할 수 있는 하드웨어의 발달, 그리고 무엇보다도 스스로 학습할 수 있는 머신러닝(machine learning)의 개발에 힘입어 중흥기를 맞이하게 된다.

머신러닝, 즉 기계학습은 기계가 학습을 통해서 스스로 새로운 규칙을 생성할 수 있을 것이라는 생각에서 시작된 인공지능의 한 방법이다. 머신러닝은 1959년, IBM에서 체커 게임을 개발하던 아서 사무엘(Arthur L. Samuel, 1901~1990)이 "일일이 코드로 명시하지 않은 동작을 기계가 데이터로부터 스스로 학습하여 실행할 수 있도록 하는 알고리즘을 개발하는 연구 분야"라고 최초로 정의하였다. 이후 1986년, 카네기 멜론 대학의 톰 미첼(Tom Mitchell, 1951~) 교수는 "컴퓨터 프로그램이 작업(T)을 수행할 때 경험(E)으로부터 성능(P)만큼 개선되었다면 그 컴퓨터 프로그램은 작업(T)과 성능(P)에 대한 경험(E)을 학습했다고 할 수 있다.[1]"라고 정의를 내렸다.

---

1) "A computer program is said to learn from experience E with respect to some class of tasks T and performance measure P, if its performance at tasks in T, as measured by P, improves with experience E."

머신러닝은 프로그래머가 일일이 코드로 동작을 지시하던 기존 프로그램 방식에서 벗어나, 사람이 학습하는 것처럼 제공된 데이터를 스스로 학습하여 내포된 수식이나 패턴을 찾아 결과를 유추할 수 있는 모델을 만들고 이 모델을 통해 새로운 입력에 대한 결과를 예측한다.

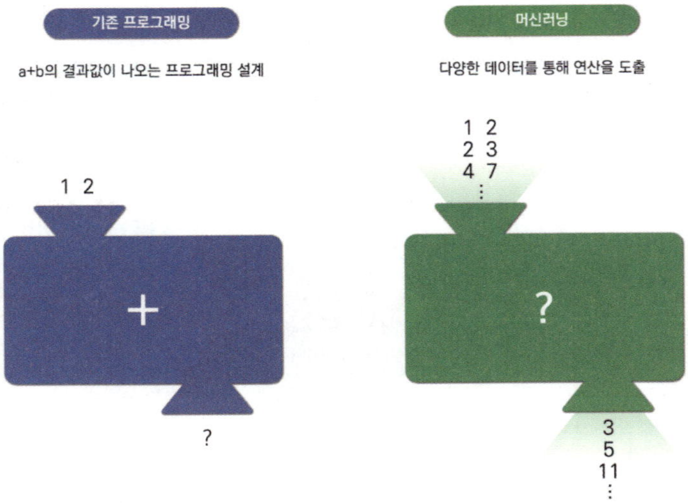

예를 들어 더하기 프로그램을 작성한다고 하면, 기존 프로그래밍 방식에서는 입력으로 2개의 숫자를 받아서 더하기 연산을 수행하고 결과를 출력하라고 명령을 내린다. 반면에 머신러닝 프로그래밍은 입력이 되는 2개의 숫자와 이 값들의 더한 결과인 정답을 컴퓨터에 주어 학습시킨다. 이를 통해 컴퓨터는 두 값의 덧셈에 해당하는 연산 모델을 만들고, 이후 학습했던 데이터 이외의 새로운 값이 입력되면 그 값들의 합을 이 입력의 결과로 예측해 낸다. 간단하게 예를 들었지만, 머신러닝 모델을 생성하기 위해서는 많은 양의 학습 데이터가 필요하다. 우리가 공부를 할 때 문제와 정답을 활용하듯이 머신러닝 모델 생성을 위한 학습 데이터도 입력 데이터와 그에 대한 정답으로 구성된다. 학습에 필요한 입력 데이터는 '특징(feature)'이라고 하고 정답은 '레이블(label)'이라고 한다.

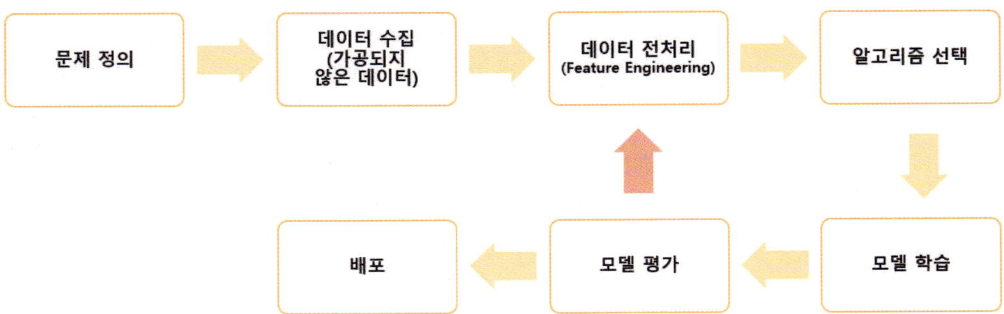

머신러닝의 단계를 살펴보자. 먼저 머신러닝을 적용할 수 있도록 문제를 정의하고 데이터를 수집한다.

가공되지 않은 원시 데이터가 수집이 되면 머신러닝 모델에 적합한 형식으로 변환하는 전처리 작업을 거치게 된다. 어떤 경우는 데이터가 먼저 주어지고 문제를 정의할 수도 있다. 다음으로 문제에 맞는 알고리즘을 선택하여 데이터를 적용하여 모델을 학습시킨 후 모델을 평가한다. 평가를 통해 결과가 적절하지 않은 경우는 다시 전처리 작업부터 수행하고 적절한 평가 결과가 도출되면 결과를 배포한다.

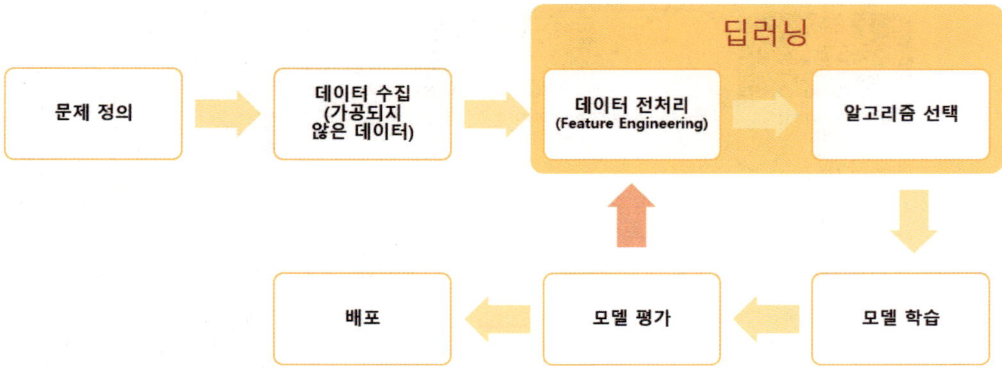

한편, 독자들도 많이 들어봤을 딥러닝(deep learning)의 단계도 크게 다르지 않다. 딥러닝은 머신러닝의 한 분야로 인공신경망(artificial neural network)을 사용하여 데이터를 스스로 학습한다. 기존 머신러닝은 데이터의 여러 특징 중에서 어떤 특징을 사용할지 사람이 직접 분석하고 판단하는 반면에, 딥러닝은 기계가 자동으로 학습할 데이터에서 특징을 추출한다. 딥러닝은 훨씬 복잡하고 고도화된 모델을 대규모의 데이터를 활용하여 자동화된 방식으로 학습하고 추론할 수 있다는 점에서 이전의 머신러닝과 구분된다.

머신러닝과 딥러닝은 대용량의 데이터를 처리하고 분석하는 산업에서 적극적으로 활용되고 있다. 금융 산업 분야에서는 머신러닝 기법을 활용하여 고위험 특징을 가지는 고객을 식별하거나 사이버 감시를 이용하여 사기 전조 징후를 파악할 수 있다. 의료 서비스 분야에서는 웨어러블 장치와 센서를 통해 환자의 건강 상태 데이터를 실시간으로 분석하여 환자를 진단하고 치료 개선에 활용하고 있다. 마케팅 분야에서는 구매자의 구매 이력을 분석하여 상품 추천이나 홍보에 활용하고 있으며, 공공 행정분야에서는 공공 데이터를 활용하여 대중교통 노선과 배차 간격을 조정하거나 기후 정보를 활용하여 방역 시기를 예측하는 등에 활용되고 있다. 특히 음성인식, 자연어처리, 이미지 인식 등 데이터의 특징이 매우 복잡한 경우에는 딥러닝 방식이 적용된다.

1.2. 머신러닝 분류

머신러닝은 학습 방식에 따라 지도학습(supervised learning)과 비지도학습(unsupervided learning), 그리고 강화학습(reinforcement learning)으로 나눌 수 있다.

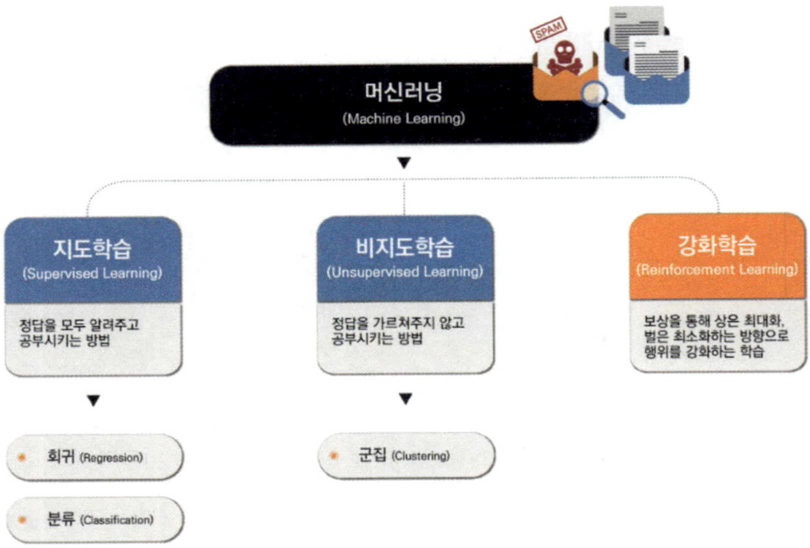

지도학습은 레이블 즉, 정답이 있는 데이터를 학습시켜 결과를 예측한다. 정답을 통해 개별 데이터에 대한 올바른 답을 계속 찾아갈 수 있기 때문에 분류(classification)와 회귀(regression) 문제에 유용하게 사용된다. 분류 문제란 개와 고양이를 분류하는 경우나 스팸메일인지 아닌지 구분하는 경우와 같이 예측되는 레이블이 목록(카테고리)형인 문제이고, 회귀 모델은 주택가격이나 중고차 가격을 예측하는 경우와 같이 레이블이 연속형인 경우이다.

비지도 학습은 레이블 없이 학습 데이터가 가지고 있는 규칙이나 유사성을 추출하여 데이터에 내재하는 구조를 파악하는 것이다. 예를 들면, 백화점 고객의 구매 데이터를 분석하여 유사한 구매 성향을 가진 고객들을 군집화 함으로써 새로이 출시될 제품의 판촉 대상을 결정할 수 있다. 이처럼 비지도학습은 정답을 예측하는 용도로 사용되기보다는 데이터의 특성을 파악하여 사람이 의사결정을 하는 데 도움을 준다.

한편, 강화학습은 지도학습, 비지도학습과는 조금 다른 개념이다. 행동 심리학에서 나온 이론으로 행동에 따라 잘한 정도에 대한 보상(reward)을 주면서 보상을 최대화하는 방향으로 학습을 진행한다. 게임을 예로 들면 많은 온라인 게임에서 참여자들은 자신의 점수와 능력치를 높이는 방법을 이리저리 찾아가며 행동한다. 강화학습은 이전부터 존재했던 학습 방법이지만 딥러닝 등장 이후에 딥 강화학습(deep reinforcement learning)으로 발전하여 바둑이나 자율주행차와 같은 복잡한 문제에 적용할 수 있게 되었다. 고전적인 강화학습 알고리즘은 고려할 특징이 매우 많은 복잡한 문제에 대해서 보상에 대한 계산을 수행하기가 현실적으로 불가능했지만, 최근 정확한 보상값 대신 인공신경망을 통해 근삿값을 구함으로써 해결할 수 있게 되었다.

머신러닝의 각 학습방법마다 아래 그림과 같이 아주 많은 알고리즘들이 개발되어 있다. 학습 데이터 구조 또는 원하는 결과를 고려하여 적합한 알고리즘을 선택하면 된다.

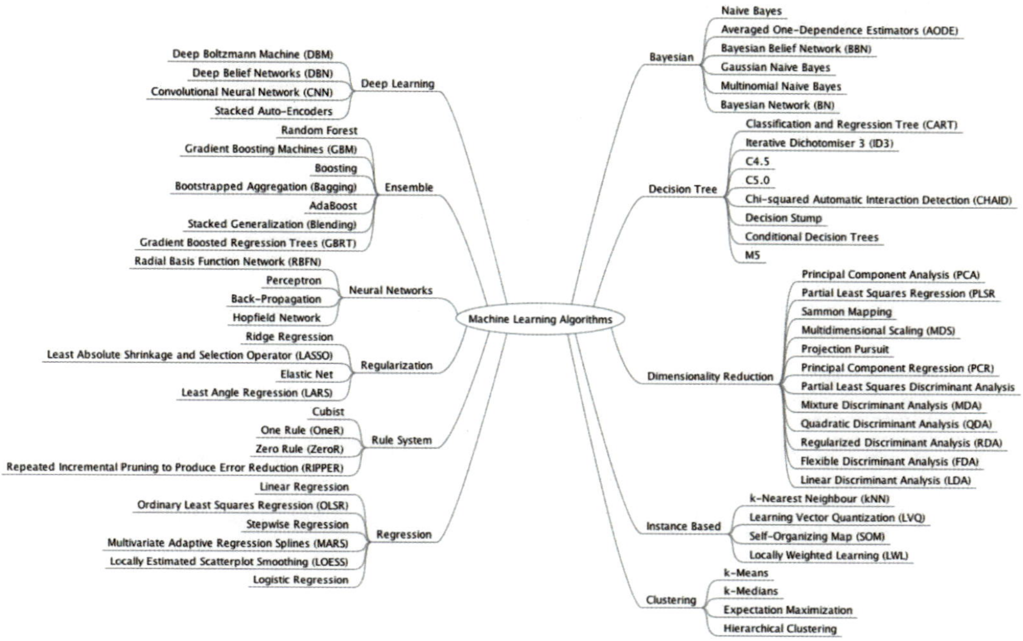

https://www.datasciencecentral.com/profiles/blogs/a-tour-of-machine-learning-algorithms-1

머신러닝은 데이터를 기반으로 학습하고 결과를 도출하므로 양질의 데이터를 대량으로 확보하는 것이 매우 중요하다. 그러나 2015년 구글 포토 서비스는 이미지 분류에서 흑인을 고릴라로 분류하면서 알고리즘의 정확성 이외에도 인종 차별의 비난[2] 을 받고 서비스가 중단되었다. 2016년 마이크로소프트가 개발한 챗봇 테이는 트위터에서 사용자들과 대화를 나누면서 욕설과 인종 및 성차별 발언을 학습하여 16시간 만에 서비스가 중단됐다. 또, 2016년에는 미국 법원에서 사용하는 콤파스(COMPAS)가 흑인의 경우 백인보다 2배 정도의 높은 재범 가능성을 예측함으로써 무고한 흑인들이 많이 수감되었음이 탐사보도를 통해 밝혀졌다.[3]

이러한 사회적, 윤리적 문제들은 학습 데이터의 부족, 편향성, 사용된 알고리즘의 왜곡과 편향으로 인해 지속적으로 발생되고 있는데, 이를 해결하기 위해 인공지능 윤리기준과 가이드라인이 제시되고 있다. 우리나라 과학기술정보통신부는 2020년 12월 23일, 윤리적 인공지능을 실현하기 위해 정부·공공기관, 기업, 이용자 등 모든 사회구성원이 함께 지켜야 할 주요 원칙과 핵심 요건으로 '사람 중심의 인공지능'을 위한 3대 기본원칙과 10대 핵심요건을 제시하였다.[4] '인간성(Humanity)'을 구현하기 위해

2) https://www.bbc.com/news/technology-33347866

3) https://spri.kr/posts/view/22898?code=industry_trend

4) https://www.msit.go.kr/bbs/view.do?sCode=user&mId=113&mPid=112&pageIndex=&bbsSeqNo=94&nttSeqNo=3179630&searchOpt=ALL&searchTxt=

인공지능의 개발 및 활용과정에서 3대 기본원칙인 ① 인간의 존엄성 원칙, ② 사회의 공공선 원칙, ③ 기술의 합목적성 원칙을 지켜야 한다.

① 인간 존엄성 원칙

- 인간은 신체와 이성이 있는 생명체로 인공지능을 포함하여 인간을 위해 개발된 기계제품과는 교환 불가능한 가치가 있다.
- 인공지능은 인간의 생명은 물론 정신적 및 신체적 건강에 해가 되지 않는 범위에서 개발 및 활용되어야 한다.
- 인공지능 개발 및 활용은 안전성과 견고성을 갖추어 인간에게 해가 되지 않도록 해야 한다.

② 사회의 공공선 원칙

- 공동체로서 사회는 가능한 한 많은 사람의 안녕과 행복이라는 가치를 추구한다.
- 인공지능은 지능정보사회에서 소외되기 쉬운 사회적 약자와 취약 계층의 접근성을 보장하도록 개발 및 활용되어야 한다.
- 공익 증진을 위한 인공지능 개발 및 활용은 사회적, 국가적, 나아가 글로벌 관점에서 인류의 보편적 복지를 향상시킬 수 있어야 한다.

③ 기술의 합목적성 원칙

- 인류의 삶에 필요한 도구인 인공지능 기술은 사용자의 목적과 의도에 따른 고유한 목적과 수단적 가치를 지닌다.
- 인공지능은 궁극적으로 인간에게 도움이 되어야 한다는 목적에 맞도록 개발 및 활용되어야 한다.
- 인류의 삶과 번영을 위한 인공지능 개발 및 활용을 장려하여 진흥해야 한다.

그리고 이러한 3대 기본원칙을 실천하고 이행할 수 있도록 인공지능 개발~활용 전 과정에서 ① 인권보장, ② 프라이버시 보호, ③ 다양성 존중, ④ 침해금지, ⑤ 공공성, ⑥ 연대성, ⑦ 데이터 관리, ⑧ 책임성, ⑨ 안전성, ⑩ 투명성의 10대 핵심 요건이 충족되어야 한다.

2. 학습을 통한 색상 구분

2.1. 문제와 해결조건

● **문제**

업로드 되거나 카메라로 촬영된 이미지의 색상을 빨강, 노랑, 초록으로 분류하고 그 결과에 따라 신호등 불의 색을 표시하는 프로그램을 작성하라. 자동차는 신호등 색상에 따라 멈추거나 지정 위치로 이동한다.

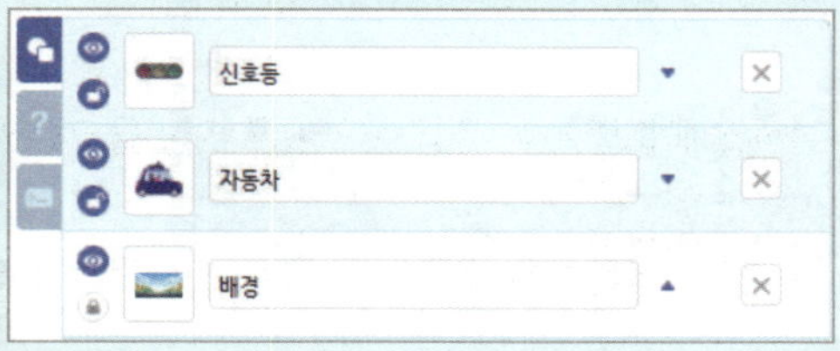

▶ **해결조건**

① 인공지능 이미지 학습을 통해 빨강, 노랑, 초록 색상을 분류하는 모델을 작성한다.

② 처음엔 신호등이 꺼짐 상태로 있다가 신호등 오브젝트를 클릭하면 사용자에게 이미지 업로드나 카메라 촬영을 요구한다. 해당 이미지를 미리 학습한 모델로 분류하고 분류 결과에 따라 신호등은 초록색, 노란색, 빨간색 중 하나를 켠다.

③ 자동차 오브젝트는 신호등이 인식한 색상별로 다음과 같이 움직인다. 단, 자동차 오브젝트의 시작위치는 항상 x=-160, y=-70으로 동일하다.

- '초록신호' : 2초 동안 x=100이 되도록 움직인다. y 좌표는 변하지 않는다.
- '노란신호' : 1초 동안 x=-50이 되도록 움직인다. y 좌표는 변하지 않는다.
- '빨간신호' : 시작위치에 멈춰 있다.

2.2. 문제해결 전략

색상 분류 학습모델 만들기

1) [블록]-[인공지능]-[인공지능 모델학습하기] 버튼을 누른다.

2) [새로만들기]-[이미지] 버튼을 누른다.

3) 이미지 모델을 학습한다.

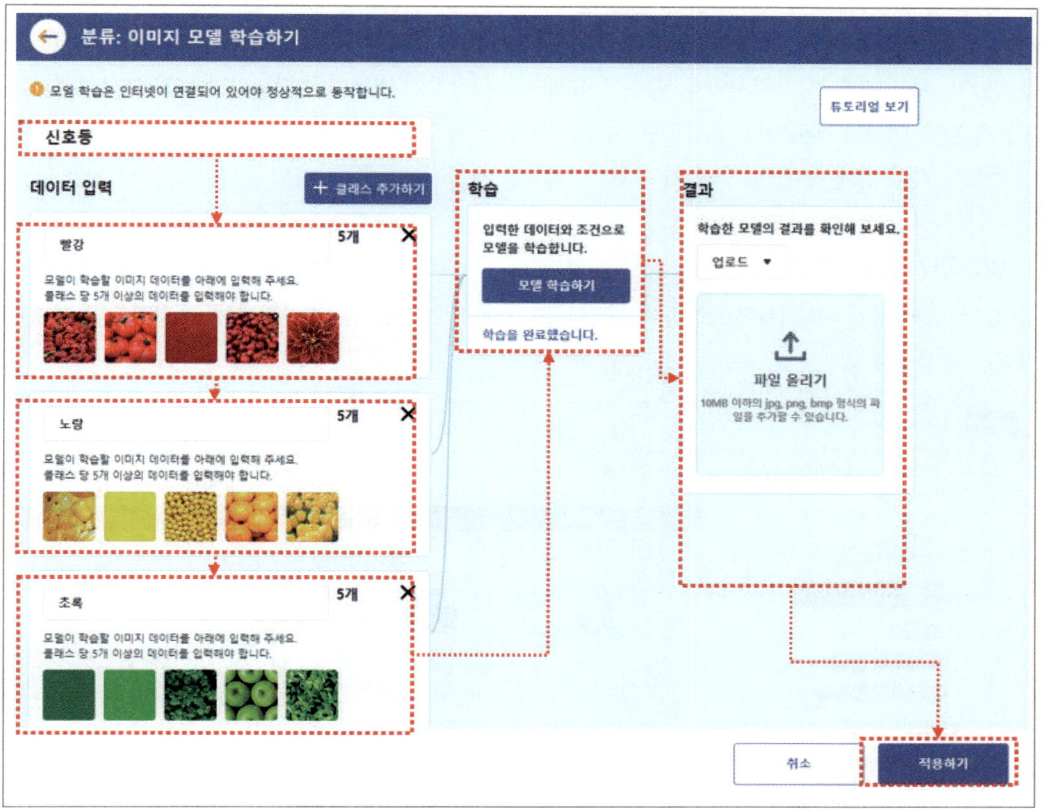

① 모델 이름을 입력한다.

② 클래스 이름으로 '빨강'을 입력하고, 업로드나 웹캠을 이용하여 촬영한 빨간색 이미지를 등록한다.

③ 클래스 이름으로 '노랑'을 입력하고, 업로드나 웹캠을 이용하여 촬영한 노란색 이미지를 등록한다.

④ 상단의 '클래스 추가하기' 버튼으로 클래스를 추가하고, 클래스 이름으로 '초록'을 입력한다. 업로드나 웹캠을 이용하여 촬영한 초록색 이미지를 등록한다.

⑤ '모델 학습하기' 버튼을 눌러 학습을 진행한다.

⑥ 학습된 모델을 평가하기 위해 결과 영역에서 테스트할 이미지를 업로드하거나 촬영하여 인식결과를 확인한다.

⑦ 하단의 '적용하기' 버튼을 누른다. [블록] 탭 아래 [인공지능] 꾸러미를 보면 원래는 비어있던 꾸러미에 오른쪽그림과 같이 학습에 의해 생성된 학습모델 관련 블록들이 추가되어 있음을 확인할 수 있다.

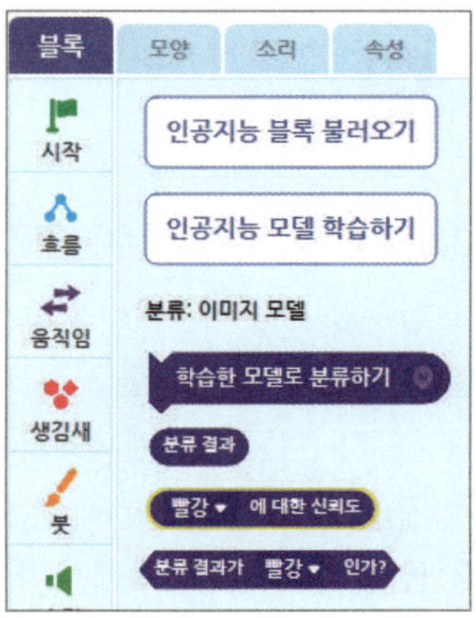

함수 만들기

자동차 오브젝트는 처음 프로그램이 시작될 때와 신호등 색상이 결정될 때마다 항상 동일한 위치에서 출발한다. 이를 위해 '시작위치이동' 함수를 작성하고 시작하기 버튼이 클릭되거나 신호등 오브젝트의 신호를 받을 때마다 호출한다. 호출되는 시점에 따라 '시작'이라는 말 또는 신호등 색상을 음성으로 읽어 주도록 하기 위해 매개변수를 둔다.

1) 읽어주기 블록 생성

음성으로 읽어주기 위해 [블록]-[인공지능]-[인공지능블록 불러오기]-[읽어주기]를 추가하여 읽어주기 블록을 생성한다.

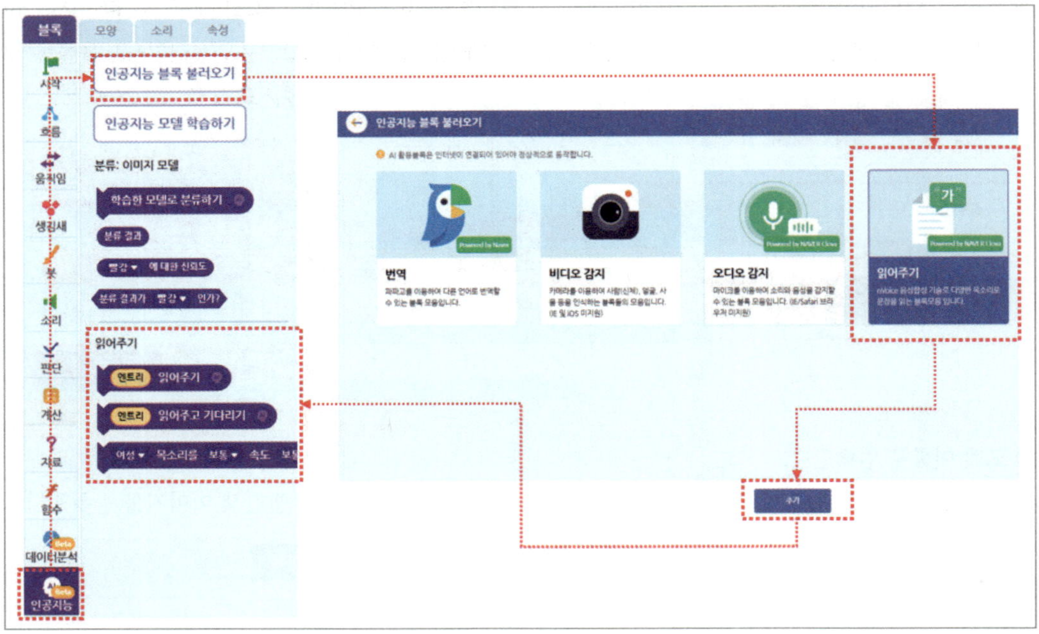

2) [블록]-[함수]-[함수만들기]

① 함수명 을 '시작위치이동'으로 한다.

② '문자/숫자값' 블록을 드래그하여 함수명 뒤에 끼워 넣는다.

③ [블록]-[인공지능] 블록에서 읽어주기 영역의 읽어주기 블록을 선택하고 '엔트리' 글자 영역에 '문자/숫자값' 블록을 끼워 넣는다.

④ [블록]-[움직임] 블록에서 자동차 오브젝트의 시작 위치가 (-160, -70)이 되도록 한다.

⑤ 하단의 '확인'버튼을 눌러 함수를 완성한다.

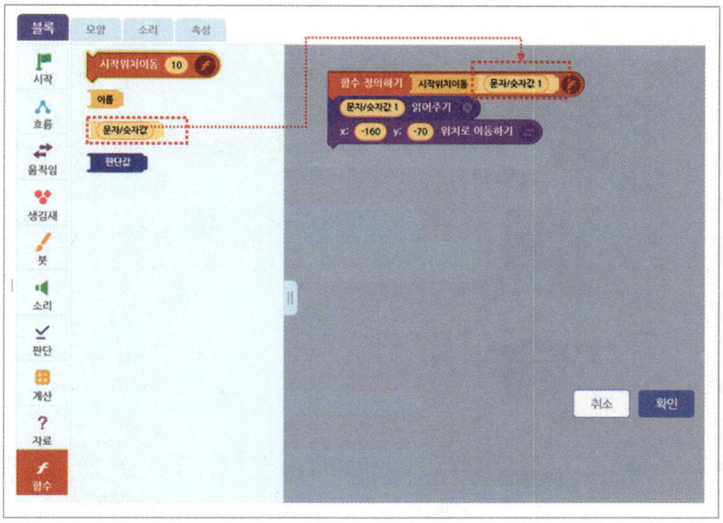

신호 만들기

신호등 오브젝트가 색상 분류 모델을 이용하여 이미지를 인식한 결과를 자동차 오브젝트로 신호를 보내기 위해 각 인식결과에 해당하는 신호를 만들어 준다.

신호	설명
초록신호	인식 결과가 초록인 경우
노란신호	인식 결과가 노랑인 경우
빨간신호	인식 결과가 초록인 경우

프로그램 설계하기

1) 신호등 오브젝트 : 학습모델 인식하기

① [블록]-[인공지능]에서 추가된 '분류:이미지모델' 블록에서 '학습한 모델로 분류하기' 블록을 추가한다. 이 블록이 실행되면 이미지를 인식한다.

② 이미지 색상 분류 결과에 따라 해당하는 신호등 모양으로 바꿔주고 신호를 보낸다.

2) 자동차 오브젝트 : 인식결과에 따라 움직이기

① 프로그램이 시작되면 '시작위치이동' 함수 블록을 호출한다. '시작'을 읽어 주기 위해 인수로 시작을 넣어 준다.

② 문제의 해결조건에서 기술한 대로 자동차가 신호등의 신호를 받으면 무조건 고정된 시작위치로 갔다가 초록 신호에는 2초 동안 x좌표=100의 위치로, 노란 신호에는 1초 동안 x좌표=-50의 위치로 이동한다. 빨간 신호에는 시작위치에 머문다. 수평으로 이동하므로 y의 좌표는 현재 y값을 그대로 사용한다.

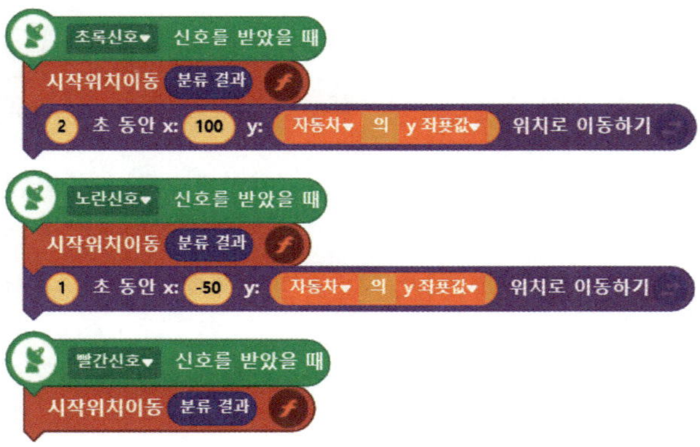

2.3. 조립해서 결과보기

신호등 오브젝트와 자동차 오브젝트의 코드는 다음과 같다.

[신호등 오브젝트]

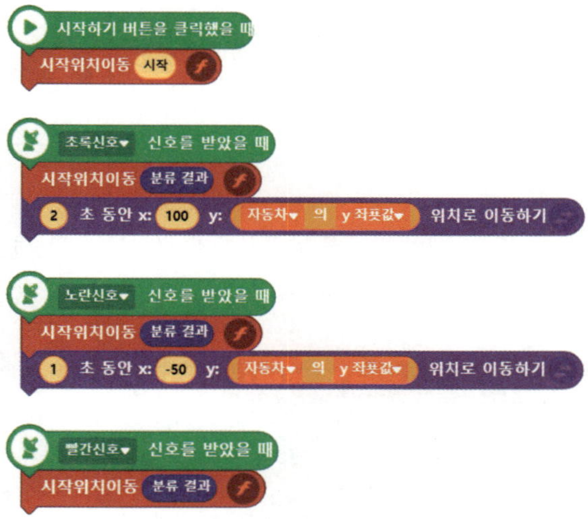

[자동차 오브젝트]

결과 출력하기

인식하기	결과화면

3. 학습을 통한 문제 해결하기

3.1. 가위바위보 게임

문제와 해결조건

● **문제**

가위, 바위, 보 이미지를 학습시켜 가위바위보를 구분하는 모델을 만든다. 이 모델을 이용하여 컴퓨터와 가위바위보 게임을 해 본다.

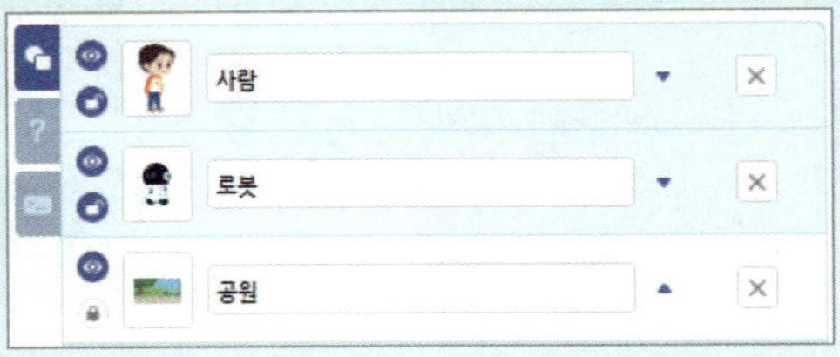

▶ **해결조건**

① 이미지 학습을 통해 가위바위보 이미지를 분류하는 모델을 작성한다.

② 사람 오브젝트를 클릭하면 가위바위보 이미지를 인식하여 사람이 선택한 가위바위보를 결정한다.

③ 로봇 오브젝트는 랜덤으로 가위바위보를 결정한다.

④ 사람과 로봇이 선택한 가위바위보를 값을 이용하여 승패를 결정한다.

문제 해결 전략

1) 가위바위보 이미지 모델 학습하기

웹캠을 이용하여 각 20개씩의 이미지를 촬영하여 학습모델로 작성한다.

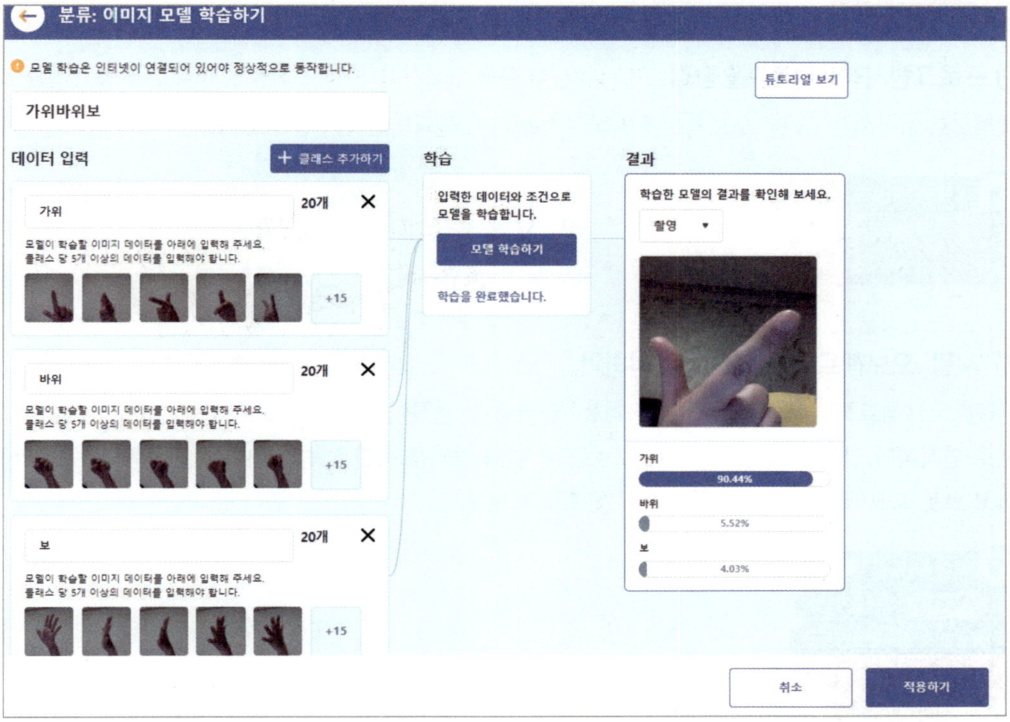

2) 변수 만들기

본 예제에서 가위, 바위, 보는 각각 1, 2, 3이라는 값으로 대응해서 저장되는데, '사람' 오브젝트가 학습모델을 통해 인식한 손 모양에 해당하는 값을 저장하기 위한 '사람선택' 변수와 '로봇' 오브젝트가 무작위로 선택한 값을 저장하기 위한 '로봇선택' 변수를 추가한다. '로봇' 오브젝트는 가위, 바위, 보를 '1부터 3사이의 무작위수' 블록을 이용하여 결정한다.

변수	설명
사람선택	학습모델의 인식결과 가위, 바위, 보인 경우 각각 1, 2, 3으로 저장
로봇선택	1부터 3사이에서 무작위로 생성된 숫자 저장

3) 신호 만들기

'사람' 오브젝트가 학습한 모델을 인식하고 변수에 값을 저장한 후 '로봇' 오브젝트의 가위바위보를 결정하기위해 '로봇가위바위보' 신호를 작성한다.

신호	설명
로봇가위바위보	학습모델로 사람의 손모양을 인식한 후 로봇에게 신호를 보냄

프로그램 설계

1) 프로그램시작 시 변수를 숨김

배경으로 사용되는 '공원' 오브젝트에 시작하기 버튼이 클릭되면 변수를 숨긴다.

2) '사람' 오브젝트 가위바위보 인식하기

'사람' 오브젝트를 클릭하면 먼저 인공지능 '읽어주기' 블록이 '가위바위보'라고 읽어준다. 학습한 모델로 인식하여 인식된 결과를 화면에 보여준다. 인식 결과를 숫자로 변환하여 '사람선택' 변수에 저장하고 로봇 오브젝트에 '로봇가위바위보' 신호를 보낸다.

3) '로봇' 오브젝트 가위바위보 결정

'로봇' 오브젝트가 '로봇가위바위보' 신호를 받으면 '로봇선택' 변수에 1부터 3사이의 무작위수를 정한다. 정해진 수에 따라 '가위', '바위', '보'를 글자로 보여 주고 '평가하기' 함수를 호출하여 승패를 결정한다.

4) '평가하기' 함수

평가하기 함수를 만들어 사람 오브젝트가 선택한 숫자와 로봇 오브젝트가 선택한 숫자를 비교하여 승패를 결정하고 결과를 읽어준다. 승패 결정을 위해 [판단] 꾸러미의 블록들을 사용했다.

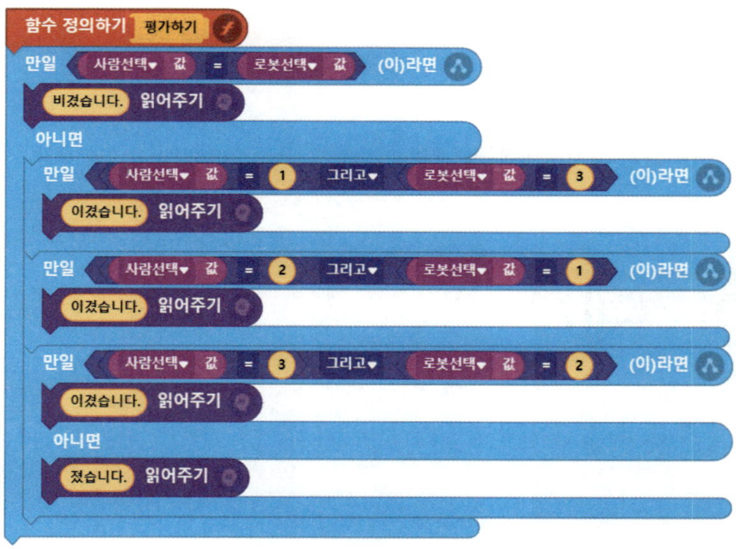

결과보기

학습화면	결과화면

3.2. 남성과 여성 음성 구분하기

문제와 해결조건

● **문제**

남성과 여성의 음성을 구분하여 남성 음성이면 남자 오브젝트를 움직이고 여성 음성이면 여자 오브젝트를 움직인다.

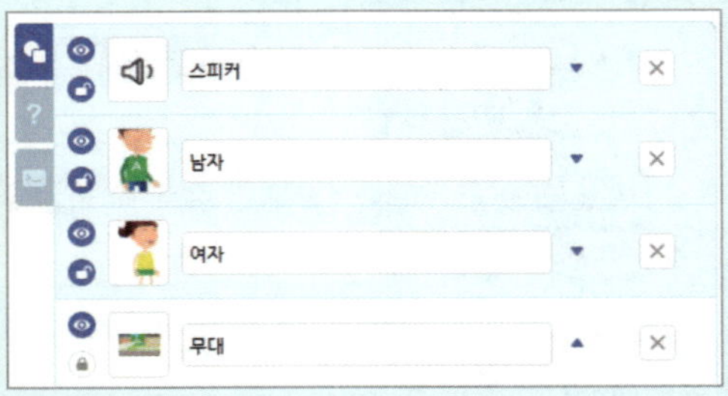

▶ **해결조건**

① 음성 학습을 통해 남성과 여성 음성을 분류하는 모델을 작성한다.

② 스피커 오브젝트를 클릭하면 음성 파일을 입력 받아 남성 음성인지 여성 음성인지 분류한다.

③ 인식 결과가 남성 음성이면 남성만 움직이고 여성 음성이면 여성만 움직인다.

문제 해결 전략

1) 남성 음성과 여성 음성 학습하기

남성과 여성의 음성 파일을 이용하거나 녹음을 통해 음성 학습 모델을 만들어 준다.

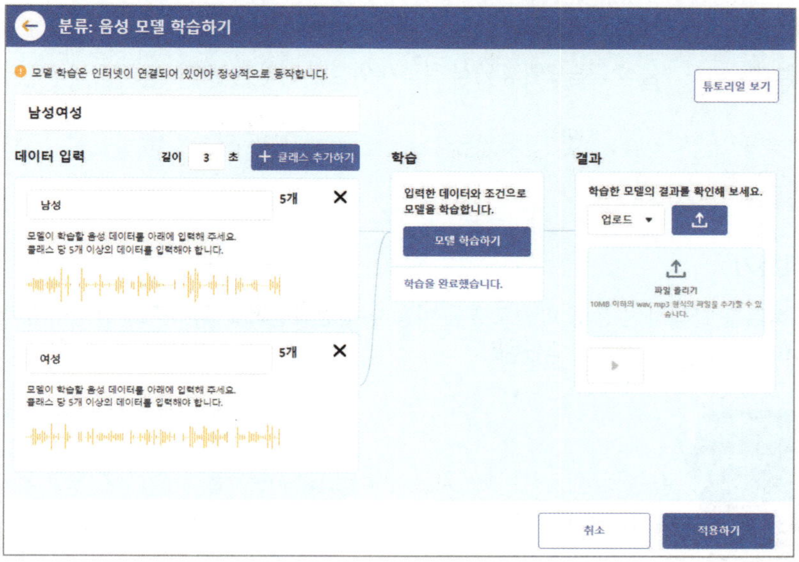

참고 남성과 여성 음성 모델에 사용한 음성

CLOVA Voice (https://clova.ai/voice)와 같은 음성 더빙 사이트를 활용하여 음성자료를 수집할 수 있다.

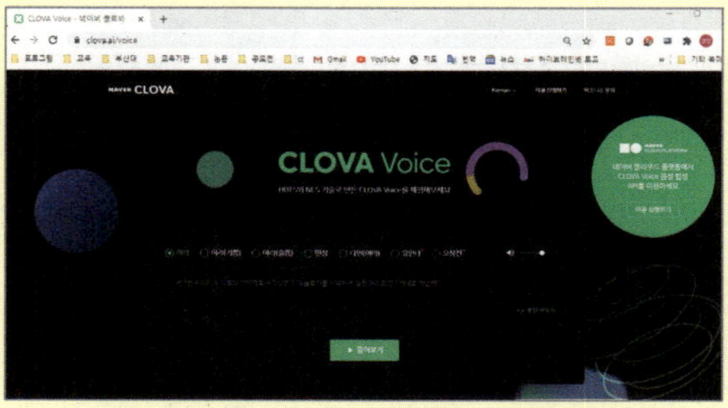

2) 신호 만들기

'남성걷기' 신호와 '여성걷기' 신호를 추가한다. 이 신호는 스피커 오브젝트에서 인식 결과를 통보할 때 사용한다.

신호	설명
남성걷기	음성 학습모델의 인식 결과가 남성인 경우 사용
여성걷기	음성 학습모델의 인식 결과가 여성인 경우 사용

프로그램 설계

1) 음성인식하기

스피커 오브젝트를 클릭하면 음성 학습모델를 이용하여 인식결과를 읽어주고 남성이면 '남성걷기' 신호를, 여성이면 '여성걷기' 신호를 보낸다.

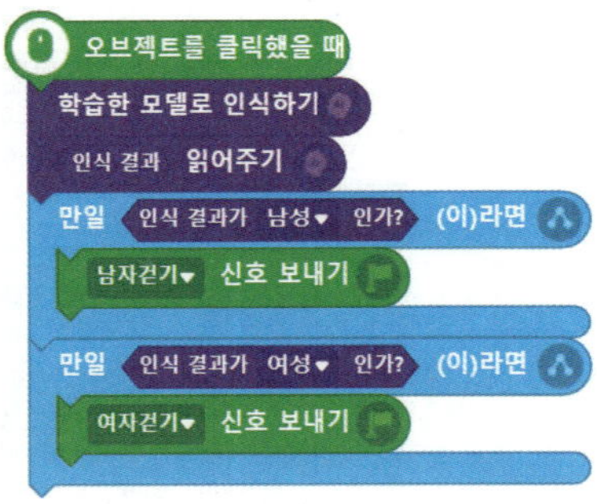

2) 오브젝트 움직이기

걷는 모양을 표시하기 위해 4개의 모양을 추가한다.

시작할 때나 '남자걷기' 또는 '여자걷기' 신호를 받으면 초기 위치에서 첫 번째 모양으로 바꾼다.

'남자' 오브젝트와 '여자' 오브젝트는 동일하게, 신호를 받으면 초기 위치에서 스피커 오브젝트까지 이동하기 위해 모양을 바꾸며 10만큼씩 이동하기를 반복한다.

조립해서 결과보기

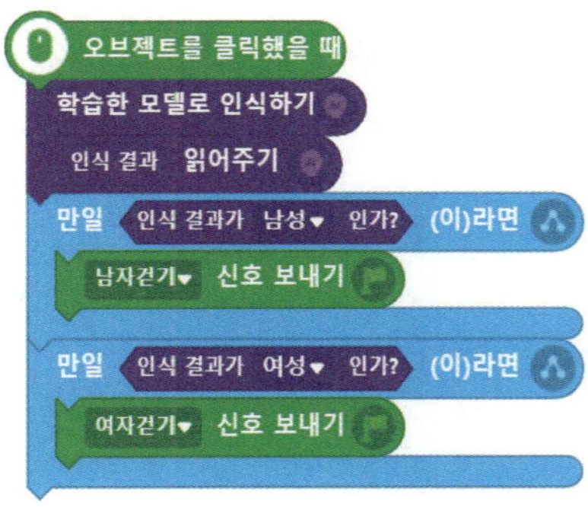

[스피커 오브젝트]

[여자 오브젝트]

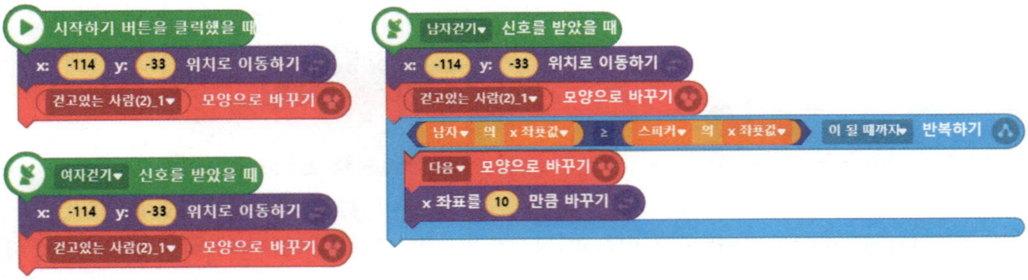

[남자 오브젝트]

결과보기

학습화면	결과화면
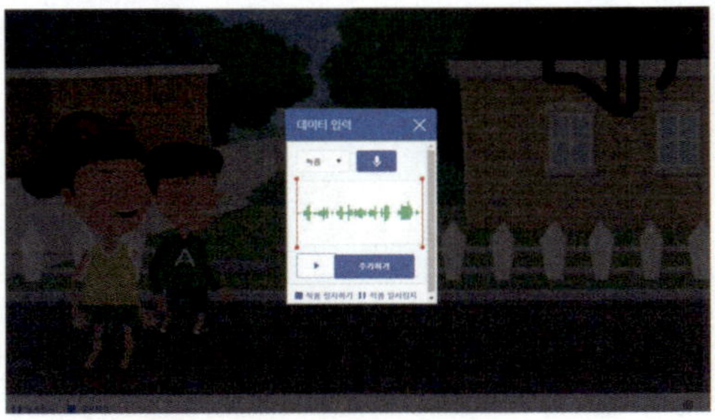	

4. 스스로 해결하기

4.1. 선플 악플 구분하기

문제와 해결조건

● **문제**

코로나19 응원메시지를 입력받아 선플인지 악플인지 구분해 본다.

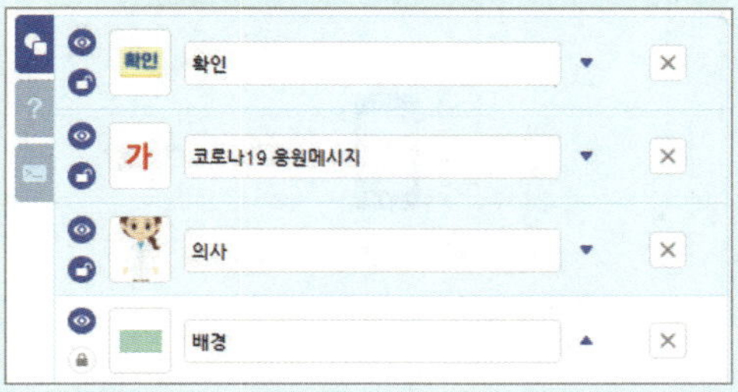

▶ **해결조건**

① 텍스트를 학습하여 선플과 악플을 분류하는 모델을 작성한다.

② 의사 오브젝트를 클릭하면 메시지를 입력 받는다.

③ 입력 받은 값을 텍스트 학습 모델을 이용하여 선플인지 악플인지 구분한다.

④ 선플 수와 악플 수를 저장하여 확인 오브젝트를 누르면 각각 몇 건인지 읽어 준다.

결과보기

학습화면	결과화면

4.2. 동물 분류하기

문제와 해결조건

● **문제**

물고기와 육상 동물을 이미지 학습모델을 이용하여 분류해 본다.

▶ **해결조건**

① 이미지 학습을 통해 물고기와 육상동물을 분류하는 모델을 작성한다.

② 핸드폰 오브젝트를 클릭하여 이미지를 입력받는다.

③ 입력받은 이미지를 동물분류 모델을 이용하여 분류하고 배경을 변경한다.
물고기로 분류되면 배경을 바다, 육상동물로 분류되면 배경을 육지로 변경한다.

결과보기

물고기 인식화면	육상동물 인식화면

부록 1. 엔트리(ENTRY)

시작 블록
흐름 블록
움직임 블록
생김새 블록
붓 블록
글상자 블록
소리 블록
판단 블록
계산 블록
자료 블록
데이터 분석 블록
인공지능 블록

01.	시작 블록	
01-01	시작하기 버튼을 클릭했을 때	시작하기 버튼을 클릭하면 아래에 연결된 블록들을 실행합니다.
01-02	q▾ 키를 눌렀을 때	선택한 키를 누르면 아래에 연결된 블록들을 실행합니다.
01-03	마우스를 클릭했을 때	마우스를 클릭했을 때 아래에 연결된 블록들을 실행합니다.
01-04	마우스 클릭을 해제했을 때	마우스 클릭을 해제했을 때 아래에 연결된 블록들을 실행합니다.
01-05	오브젝트를 클릭했을 때	오브젝트를 클릭했을 때 아래에 연결된 블록들을 실행합니다.
01-06	오브젝트 클릭을 해제했을 때	오브젝트 클릭을 해제했을 때 아래에 연결된 블록들을 실행합니다.
01-07	대상 없음▾ 신호를 받았을 때	선택한 신호를 받으면 아래에 연결된 블록들을 실행합니다.
01-08	대상 없음▾ 신호 보내기	선택한 신호를 보냅니다.
01-09	대상 없음▾ 신호 보내고 기다리기	선택한 신호를 보내고, 해당 신호를 받는 블록들의 실행이 끝날 때 까지 기다립니다.
01-10	장면이 시작되었을 때	장면이 시작되면 아래에 연결된 블록들을 실행합니다.
01-11	장면 1▾ 시작하기	선택한 장면을 시작합니다.
01-12	다음▾ 장면 시작하기	이전 또는 다음 장면을 시작합니다.

02.	흐름	흐름 블록
02-01	2 초 기다리기	입력한 시간만큼 기다린 후 다음 블록을 실행합니다.
02-02	10 번 반복하기	입력한 횟수만큼 감싸고 있는 블록들을 반복 실행합니다.
02-03	계속 반복하기	감싸고 있는 블록들을 계속해서 반복 실행합니다.
02-04	참 이 될 때까지▾ 반복하기	판단값에 따라 블록의 반복여부를 결정합니다. 이 될 때까지: 판단이 참이 될 때까지 감싸고 있는 블록들을 반복 실행합니다. 인 동안: 판단이 참인 동안 감싸고 있는 블록들을 반복 실행합니다.
02-05	반복 중단하기	이 블록을 감싸는 가장 가까운 반복 블록의 반복을 중단합니다.
02-06	만일 참 (이)라면	만일 판단이 참이라면, 감싸고 있는 블록들을 실행합니다.
02-07	만일 참 (이)라면 아니면	만일 판단이 참이라면 첫 번째 감싸고 있는 블록들을 실행하고, 거짓이면 두 번째 감싸고 있는 블록들을 실행합니다.
02-08	참 이(가) 될 때까지 기다리기	판단이 참이 될 때까지 실행을 멈추고 기다립니다.
02-09	모든▾ 코드 멈추기	블록이 실행을 멈춥니다. 현재 실행중인 동작을 멈추는 블록이며, 프로그램을 종료하지 않습니다. 모든: 작품의 모든 블록이 실행을 멈춥니다. 자신의: 해당 오브젝트의 모든 블록이 실행을 멈춥니다. 이 코드: 이 블록이 포함된 블록들이 실행을 멈춥니다. 자신의 다른 코드: 해당 오브젝트 중 이 블록이 포함된 블록들을 제외한 모든 블록이 실행을 멈춥니다. 다른 오브젝트의: 다른 오브젝트의 모든 블록이 실행을 멈춥니다.

02-10	처음부터 다시 실행하기	작품을 처음부터 다시 실행합니다.
02-11	복제본이 처음 생성되었을때	해당 오브젝트의 복제본이 새로 생성되었을 때 아래에 연결된 블록들을 실행합니다.
02-12	자신▾ 의 복제본 만들기	선택한 오브젝트의 복제본을 생성합니다.
02-13	이 복제본 삭제하기	'복제본이 처음 생성되었을 때' 블록과 함께 사용되며, 연결된 블록들이 실행되고 있는 복제본을 삭제합니다.
02-14	모든 복제본 삭제하기	해당 오브젝트의 모든 복제본을 삭제합니다.

03.	움직임 블록	
03-01	이동 방향으로 (10) 만큼 움직이기	입력한 값만큼 오브젝트의 이동 방향 화살표가 가리키는 방향으로 움직입니다.
03-02	화면 끝에 닿으면 튕기기	오브젝트가 실행화면 끝에 닿으면 튕겨 나옵니다.
03-03	x 좌표를 (10) 만큼 바꾸기	오브젝트의 x 좌표를 입력한 값만큼 바꿉니다.
03-04	y 좌표를 (10) 만큼 바꾸기	오브젝트의 y 좌표를 입력한 값만큼 바꿉니다.
03-05	(2) 초 동안 x: (10) y: (10) 만큼 움직이기	오브젝트가 입력한 시간에 걸쳐 x와 y 좌표를 입력한 값만큼 바꿉니다.
03-06	x: (10) 위치로 이동하기	오브젝트가 입력한 x 좌표로 이동합니다.(오브젝트의 중심점이 기준이 됩니다.)
03-07	y: (10) 위치로 이동하기	오브젝트가 입력한 y 좌표로 이동합니다.(오브젝트의 중심점이 기준이 됩니다.)
03-08	x: (0) y: (0) 위치로 이동하기	오브젝트가 입력한 x와 y 좌표로 이동합니다.(오브젝트의 중심점이 기준이 됩니다.)
03-09	(2) 초 동안 x: (10) y: (10) 위치로 이동하기	오브젝트가 입력한 시간에 걸쳐 입력한 x와 y 좌표로 이동합니다.(오브젝트의 중심점이 기준이 됩니다.)
03-10	엔트리봇▾ 위치로 이동하기	오브젝트가 선택한 오브젝트 또는 마우스 포인터의 위치로 이동합니다.(오브젝트의 중심점이 기준이 됩니다.)
03-11	(2) 초 동안 엔트리봇▾ 위치로 이동하기	오브젝트가 입력한 시간에 걸쳐 선택한 오브젝트 또는 마우스 포인터의 위치로 이동합니다.(오브젝트의 중심점이 기준이 됩니다.)
03-12	방향을 (90°) 만큼 회전하기	오브젝트의 방향이 입력한 각도만큼 시계방향으로 회전합니다.(오브젝트의 중심점을 기준으로 회전합니다.)
03-13	이동 방향을 (90°) 만큼 회전하기	오브젝트의 이동 방향이 입력한 각도만큼 시계방향으로 회전합니다.(오브젝트의 중심점을 기준으로 회전합니다.)

03-14	2 초 동안 방향을 90° 만큼 회전하기	오브젝트의 방향이 입력한 시간에 걸쳐 입력한 각도만큼 시계 방향으로 회전합니다.(오브젝트의 중심점을 기준으로 회전합니다.)
03-15	2 초 동안 이동 방향 90° 만큼 회전하기	오브젝트의 이동 방향이 입력한 시간에 걸쳐 입력한 각도만큼 시계 방향으로 회전합니다.(오브젝트의 중심점을 기준으로 회전합니다.)
03-16	방향을 90° (으)로 정하기	오브젝트의 방향을 입력한 각도로 정합니다.
03-17	이동 방향을 90° (으)로 정하기	오브젝트의 이동 방향을 입력한 각도로 정합니다.
03-18	엔트리봇▾ 쪽 바라보기	해당 오브젝트가 방향을 회전하여 선택한 오브젝트 또는 마우스 포인터 쪽을 바라봅니다.
03-19	90° 방향으로 10 만큼 움직이기	오브젝트가 입력한 각도 방향으로 입력한 값만큼 움직입니다.(실행화면 위쪽이 0도를 나타내며, 시계방향으로 갈수록 각도가 증가합니다.)

04.	생김새 블록	
04-01	모양 보이기	오브젝트를 실행화면에 보이게 합니다.
04-02	모양 숨기기	오브젝트를 실행화면에 보이지 않게 합니다.
04-03	안녕! 을(를) 4 초 동안 말하기▾	오브젝트가 입력한 내용을 입력한 시간 동안 말풍선으로 말한 후 다음 블록을 실행합니다.
04-04	안녕! 을(를) 말하기▾	오브젝트가 입력한 내용을 말풍선으로 말하는 동시에 다음 블록을 실행합니다.
04-05	말하기 지우기	오브젝트가 말하고 있는 말풍선을 지웁니다.
04-06	엔트리봇_걷기1▾ 모양으로 바꾸기	오브젝트를 선택한 모양으로 바꿉니다.(내부 블록을 분리하고 모양의 번호를 입력하여 모양을 바꿀 수 있습니다.)
04-07	다음▾ 모양으로 바꾸기	오브젝트의 모양을 이전 또는 다음 모양으로 바꿉니다.
04-08	색깔▾ 효과를 10 만큼 주기	오브젝트에 선택한 효과를 입력한 값만큼 줍니다.
04-09	색깔▾ 효과를 100 (으)로 정하기	오브젝트의 효과를 입력한 값으로 정합니다. 색깔: 0~100을 주기로 반복됩니다. 밝기: -100~100 사이의 범위로 설정할 수 있습니다.(-100 이하는 -100으로 100 이상은 100으로 처리됩니다.) 투명도: 0~100 사이의 범위로 설정할 수 있습니다.(0 이하는 0으로, 100 이상은 100으로 처리됩니다.)
04-10	효과 모두 지우기	오브젝트에 적용된 효과를 모두 지웁니다.
04-11	크기를 10 만큼 바꾸기	오브젝트의 크기를 입력한 값만큼 바꿉니다.
04-12	크기를 100 (으)로 정하기	오브젝트의 크기를 입력한 값으로 정합니다.

04-13	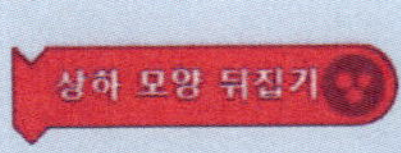	오브젝트의 상하 모양을 뒤집습니다.
04-14	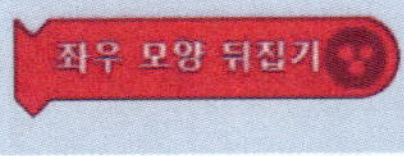	오브젝트의 좌우 모양을 뒤집습니다.
04-15		오브젝트가 실행화면에 보이는 순서를 변경합니다. 맨 앞으로: 해당 오브젝트를 실행화면의 가장 앞쪽으로 가져옵니다. 앞으로: 해당 오브젝트를 한 층 앞쪽으로 가져옵니다. 뒤로: 해당 오브젝트를 한 층 뒤쪽으로 보냅니다. 맨 뒤로: 해당 오브젝트를 실행화면의 가장 뒤쪽으로 보냅니다.

05.	붓 블록	
05-01	도장 찍기	오브젝트의 모양을 도장처럼 실행화면 위에 찍습니다.
05-02	그리기 시작하기	오브젝트가 이동하는 경로를 따라 선이 그리기 시작합니다.(오브젝트의 중심점이 기준이 됩니다.)
05-03	그리기 멈추기	오브젝트가 선 그리는 것을 멈춥니다.
05-04	붓의 색을 ■ (으)로 정하기	오브젝트가 그리는 선의 색을 선택한 색으로 정합니다.
05-05	붓의 색을 무작위로 정하기	오브젝트가 그리는 선의 색을 무작위로 정합니다.
05-06	붓의 굵기를 (1) 만큼 바꾸기	오브젝트가 그리는 선의 굵기를 입력한 값만큼 바꿉니다.
05-07	붓의 굵기를 (1) (으)로 정하기	오브젝트가 그리는 선의 굵기를 입력한 값으로 정합니다. 1~무한의 범위로 설정할 수 있습니다.(1이하는 1로 처리합니다.)
05-08	붓의 투명도를 (10) % 만큼 바꾸기	해당 오브젝트가 그리는 붓의 투명도를 입력한 값만큼 바꿉니다.
05-09	붓의 투명도를 (50) % 로 정하기	해당 오브젝트가 그리는 붓의 투명도를 입력한 값으로 정합니다. 0~100의 범위로 설정할 수 있습니다.(0 이하는 0, 100 이상은 100으로 처리합니다.)
05-10	모든 붓 지우기	해당 오브젝트가 그린 선과 도장을 모두 지웁니다.

06.	가 글상자 **글상자 블록**	
06-01	글상자 부산대학교▾ 의 내용	선택한 글상자에 입력된 텍스트 값입니다. 내용에 줄바꿈이 포함되면 띄어쓰기로 반환합니다.
06-02	엔트리 라고 글쓰기 가	글상자의 내용을 입력한 값으로 고쳐 씁니다.
06-03	엔트리 라고 뒤에 이어쓰기 가	글상자의 내용 뒤에 입력한 값을 추가합니다.
06-04	엔트리 라고 앞에 추가하기 가	글상자의 내용 앞에 입력한 값을 추가합니다.
06-05	텍스트에 가로줄▾ 효과 켜기▾ 가	글상자에 선택한 텍스트 효과를 켜거나 끕니다.
06-06	글씨체를 바탕체▾ 로 변경 가	글상자를 선택한 글씨체로 변경합니다.
06-07	글씨색을 ■ 로 변경 가	글상자를 선택한 글씨색으로 변경합니다.
06-08	배경색을 ■ 로 변경 가	글상자를 선택한 배경색으로 변경합니다.
06-09	텍스트 모두 지우기 가	글상자의 내용을 모두 지웁니다.

07.	소리 블록	
07-01	소리 (강아지 짖는 소리▾) 재생하기	해당 오브젝트가 선택한 소리를 재생하는 동시에 다음 블록을 실행합니다.
07-02	소리 (강아지 짖는 소리▾) (1) 초 재생하기	해당 오브젝트가 선택한 소리를 입력한 시간 만큼 재생하는 동시에 다음 블록을 실행합니다.
07-03	소리 (강아지 짖는 소리▾) (1) 초 부터 (10) 초까지 재생하기	해당 오브젝트가 선택한 소리를 입력한 구간을 재생하는 동시에 다음 블록을 실행합니다.
07-04	소리 (강아지 짖는 소리▾) 재생하고 기다리기	해당 오브젝트가 선택한 소리를 재생한 후 다음 블록을 실행합니다.
07-05	소리 (강아지 짖는 소리▾) (1) 초 재생하고 기다리기	해당 오브젝트가 선택한 소리를 입력한 시간 만큼 재생한 후 다음 블록을 실행합니다.
07-06	소리 (강아지 짖는 소리▾) (1) 초 부터 (10) 초까지 재생하고 기다리기	해당 오브젝트가 선택한 소리를 입력한 구간을 재생한 후 다음 블록을 실행합니다.
07-07	소리 크기를 (10) % 만큼 바꾸기	작품에서 재생되는 모든 소리의 크기를 입력한 값만큼 바꿉니다.
07-08	소리 크기를 (10) % 로 정하기	작품에서 재생되는 모든 소리의 크기를 입력한 값으로 정합니다.
07-09	모든 소리 멈추기	재생중인 모든 소리를 멈춥니다.

08.	판단 **판단 블록**	
08-01	마우스를 클릭했는가?	마우스를 클릭한 경우 '참'으로 판단합니다.
08-02	q▾ 키가 눌려져 있는가?	선택한 키가 눌려져 있는 경우 '참'으로 판단합니다.
08-03	마우스포인터▾ 에 닿았는가?	해당 오브젝트가 선택한 항목과 닿은 경우 '참'으로 판단합니다.
08-04	10 = 10	입력한 두 값을 비교합니다. =:왼쪽에 위치한 값과 오른쪽에 위치한 값이 같은 경우 '참'으로 판단합니다. !=:왼쪽에 위치한 값과 오른쪽에 위치한 값이 같지 않은 경우 '참'으로 판단합니다. 〉:왼쪽에 위치한 값이 오른쪽에 위치한 값보다 큰 경우 '참'으로 판단합니다. 〈:왼쪽에 위치한 값이 오른쪽에 위치한 값보다 작은 경우 '참'으로 판단합니다. ≥:왼쪽에 위치한 값이 오른쪽에 위치한 값보다 크거나 같은 경우 '참'으로 판단합니다. ≤:왼쪽에 위치한 값이 오른쪽에 위치한 값보다 작거나 같은 경우 '참'으로 판단합니다.
08-05	10 != 10	
08-06	10 > 10	
08-07	10 < 10	
08-08	10 ≥ 10	
08-09	10 ≤ 10	
08-10	참 그리고▾ 참	그리고:두 판단이 모두 참인 경우 '참'으로 판단합니다.
08-11	참 또는▾ 거짓	또는:두 판단 중 하나라도 참이 있는 경우 '참'으로 판단합니다.
08-12	참 (이)가 아니다	해당 판단이 참이면 거짓, 거짓이면 참으로 만듭니다.

09. 계산 블록

번호	블록	설명
09-01	10 + 10	입력한 두 수의 사칙연산 값입니다. +: 입력한 두 수를 더한 값입니다. -: 입력한 두 수를 뺀 값입니다. *: 입력한 두 수를 곱한 값입니다. /: 입력한 두 수를 나눈 값입니다.
09-02	10 - 10	
09-03	10 x 10	
09-04	10 / 10	
09-05	0 부터 10 사이의 무작위 수	입력한 두 수 사이에서 선택된 무작위 수 값입니다.(두 수 모두 정수를 입력한 경우 정수가, 두 수 중 하나라도 소수를 입력한 경우 소숫점 둘째 자리의 소수 값이 선택됩니다.)
09-06	마우스 x▾ 좌표	마우스 포인터의 x 또는 y 좌푯값입니다.
09-07	엔트리봇▾ 의 x 좌푯값▾	선택한 오브젝트의 각종 정보 값입니다.(x 좌표, y 좌표, 방향, 이동방향, 크기, 모양번호, 모양이름)
09-08	소릿값	작품에 설정된 소리의 크기 값입니다.
09-09	10 / 10 의 몫▾	입력된 두 수를 나눈 결괏값입니다. 몫: 앞의 수에서 뒤의 수를 나누어 생긴 몫의 값입니다. 나머지: 앞 의 수에서 뒤의 수를 나누어 생긴 나머지 값입니다.
09-10	10 의 제곱▾	입력한 수에 대한 다양한 수학식의 계산값입니다.(제곱, 루트, 사인값, 코사인값, 탄젠트값, 아크사인값, 아크코사인값, 아크탄젠트값, 로그값, 자연로그값, 소수점 부분, 소수점 버림값, 소수점 올림값, 소수점 반올림값, 펙토리얼값, 절대값)
09-11	초시계 값	이 블록이 실행되는 순간 초시계에 저장된 값입니다.

09-12	초시계 시작하기▾	초시계의 상태를 결정합니다. 시작하기: 초시계를 시작합니다. 정지하기: 초시계를 정지합니다. 초기화하기: 초시계의 값을 0으로 초기화합니다.
09-13	초시계 숨기기▾	초시계 창을 실행화면에서 숨기거나 보이게 합니다.
09-14	현재 연도▾	현재 연도, 월, 일, 시각과 같이 시간에 대한 값입니다.
09-15	엔트리봇▾ 까지의 거리	해당 오브젝트와 선택한 오브젝트 또는 마우스 포인터 간의 거릿값입니다.
09-16	강아지 짖는 소리▾ 소리의 길이	선택한 소리의 길이(초) 값입니다.
09-17	사용자이름	작품을 실행하고 있는 사용자의 이름값입니다.
09-18	엔트리 의 글자 수	입력한 값의 공백을 포함한 글자 수입니다.
09-19	안녕! 과(와) 엔트리 를 합치기	입력한 두 값을 결합한 값입니다.
09-20	안녕 엔트리! 의 1 번째 글자	입력한 값에서 입력한 숫자 번째의 글자 값입니다.(공백을 포함합니다.)
09-21	안녕 엔트리! 의 2 번째 글자부터 5 번째 글자까지의 글자	입력한 값에서 입력한 범위 내의 글자 값입니다.(공백을 포함합니다.)
09-22	안녕 엔트리! 에서 엔트리 의 시작 위치	입력한 값에서 지정한 값이 처음으로 등장하는 위치 값입니다.(공백을 포함합니다.)
09-23	안녕 엔트리! 의 안녕 을(를) 반가워 로 바꾸기	입력한 값에서 지정한 값을 찾아 추가로 입력한 값으로 모두 바꾼 값입니다.(영문 입력 시 대소문자를 구분합니다.)
09-24	Hello Entry! 의 대문자▾	입력한 영문의 모든 알파벳을 대문자 또는 소문자로 바꾼 값입니다.

10.	? 자료 **자료 블록**	
10-01	안녕! 을(를) 묻고 대답 기다리기	오브젝트가 입력한 문자를 말풍선으로 묻고, 대답을 입력받습니다.(이 블록이 실행되면 실행화면에 '대답 창'이 생성됩니다.)
10-02	대답	사용자가 '대답창'에 입력한 값입니다.
10-03	대답 숨기기▾	'대답 창'을 실행화면에서 숨기거나 보이게 합니다.
10-04	변수▾ 값	선택한 변수에 저장된 값입니다.
10-05	변수▾ 에 10 만큼 더하기	선택한 변수에 입력한 값을 더합니다.
10-06	변수▾ 를 10 (으)로 정하기	선택한 변수의 값을 입력한 값으로 정합니다.
10-07	변수 변수▾ 보이기	선택한 변수의 '변수 창'을 실행화면에 보이게 합니다.
10-08	변수 변수▾ 숨기기	선택한 변수의 '변수 창'을 실행화면에서 숨깁니다.
10-09	리스트▾ 의 1 번째 항목	선택한 리스트에서 입력한 순서에 있는 항목 값입니다.
10-10	10 항목을 리스트▾ 에 추가하기	입력한 값을 선택한 리스트의 마지막 항목에 추가합니다.
10-11	1 번째 항목을 리스트▾ 에서 삭제하기	선택한 리스트의 입력한 순서에 있는 항목을 삭제합니다.
10-12	10 을(를) 리스트▾ 의 1 번째에 넣기	입력한 값을 선택한 리스트의 입력한 순서의 항목으로 추가합니다.(입력한 항목 뒤에 있는 항목들은 순서가 하나씩 밀려납니다.)
10-13	리스트▾ 1 번째 항목을 10 (으)로 바꾸기	선택한 리스트에서 입력한 순서에 있는 항목의 값을 입력한 값으로 바꿉니다.

10-14	리스트▾ 항목 수	선택한 리스트가 보유한 항목의 개수입니다.
10-15	리스트▾ 에 10 이 포함되어 있는가?	선택한 리스트가 입력한 값을 가진 항목을 포함하는 경우 '참'으로 판단합니다.
10-16	리스트 리스트▾ 보이기	선택한 리스트의 '리스트 창'을 실행화면에 보이게 합니다.
10-17	리스트 리스트▾ 숨기기	선택한 리스트의 '리스트 창'을 실행화면에서 숨깁니다.

11.	데이터분석 **데이터 분석 블록**	
11-01	테이블 계절별 기온▾ 에 행▾ 추가하기	선택한 테이블의 마지막에 행(열)을 추가합니다. 추가된 행(열)의 모든 셀 값은 0입니다.
11-02	테이블 계절별 기온▾ 1 번째에 행▾ 추가하기	선택한 테이블의 입력한 순서에 행(열)을 추가합니다. 추가된 행(열)의 모든 셀 값은 0입니다. 추가된 행(열) 뒤에 있는 행(열)들은 순서가 하나씩 밀립니다.
11-03	테이블 계절별 기온▾ 1 번째 행▾ 삭제하기	선택한 테이블의 입력한 순서에 있는 행(열)을 삭제합니다.
11-04	테이블 계절별 기온▾ 1 번째 행의 연도▾ 을(를) 10 (으)로 바꾸기	선택한 테이블에서 입력한 행의 속성을 입력한 값으로 바꿉니다.
11-05	테이블 계절별 기온▾ 의 행▾ 개수	선택한 테이블의 행(열) 개수입니다.
11-06	테이블 계절별 기온▾ 1 번째 행의 연도▾ 값	선택한 테이블에서 입력한 행의 속성 값입니다. 속성 값 블록 대신 (행을 의미하는) 값 블록을 결합해 사용할 수도 있습니다.
11-07	테이블 계절별 기온▾ 마지막 행의 연도▾ 값	선택한 테이블에서 마지막 행의 선택한 속성 값입니다. 속성 갑 블록 대신 (행을 의미하는) 값 블록을 결합해 사용할 수도 있습니다.
11-08	테이블 계절별 기온▾ 연도▾ 의 합▾	선택한 테이블에서 선택한 속성들에 대한 요약통계량입니다. (합, 최댓값, 최솟값, 평균값, 표준편차)
11-09	테이블 계절별 기온▾ 의 대상 없음▾ 차트 창 열기	선택한 테이블의 차트창을 엽니다.
11-10	테이블 차트 창 닫기	열려있는 테이블 차트 창을 닫습니다.

12.	인공지능 블록	
12-01	마이크가 연결되었는가?	컴퓨터에 마이크가 연결되어 있는 경우 '참'으로 판단합니다. (IE/Safari 브라우저 지원하지 않음)
12-02	음성 인식하기	마이크에 입력되는 사람의 목소리를 텍스트로 변환합니다. (IE/Safari 브라우저 지원하지 않음)
12-03	음성을 문자로 바꾼 값	사람의 목소리를 문자로 바꾼 값입니다. 목소리가 입력되지 않거나, 음성인식 도중 오류가 발생한 경우 무조건 0 값을 갖습니다. (IE/Safari 브라우저 지원하지 않음)
12-04	마이크 소리크기	마이크에 입력되는 소리의 크기 값입니다. (IE/Safari 브라우저 지원하지 않음)
12-05	엔트리 읽어주기	입력한 문자값을 설정된 목소리로 읽습니다. 입력은 2500자까지 가능합니다. 인터넷에 연결되어 있지 않거나 인터넷 환경이 불안할 경우, 해당 블록이 실행되지 않고 다음 블록으로 넘어갈 수 있습니다.
12-06	엔트리 읽어주고 기다리기	입력한 문자값을 읽어준 후 다음 블록을 실행합니다.
12-07	여성▾ 목소리를 보통▾ 속도 보통▾ 음높이로 설정하기	선택한 목소리가 선택한 속도와 선택한 음높이로 설정됩니다.
12-08	한국어▾ 엔트리 을(를) 영어▾ 로 번역하기	입력한 문자값을 선택한 언어로 번역합니다. 입력은 3000자까지 가능합니다. *번역 가능한 언어 - 한국어→영어, 중국어 간체, 중국어 번체, 베트남어, 스페인어, 인도네시아어, 태국어, 프랑스어 - 영어→일본어, 프랑스어, 한국어 - 중국어 간체, 중국어 번체, 베트남어, 스페인어, 인도네시아어, 태국어, 프랑스어→한국어 - 일본어→영어 - 프랑스어→영어
12-09	엔트리 의 언어	입력된 문자값의 언어를 감지합니다. 입력은 문장 형태로 3000자까지 가능합니다.

12-10	비디오 화면 보이기▾	컴퓨터에 연결된 카메라에 촬영되는 화면을 실행화면에서 보이게하거나 숨깁니다.(IE 및 ios 미지원)
12-11	대상 없음▾ 카메라로 바꾸기	촬영하는 카메라를 변경합니다.
12-12	비디오가 연결되었는가?	컴퓨터에 카메라가 연결되어 있는 경우 '참'으로 판단합니다.
12-13	비디오 화면 좌우▾ 뒤집기	촬영되는 화면을 좌우 혹은 상하로 뒤집습니다.(IE 및 ios 미지원)
12-14	비디오 투명도 효과를 (0) 으로 정하기	촬영되는 화면의 투명도 효과를 입력한 값으로 정합니다. 0~100 사이의 범위로 설정할 수 있습니다.(0이하는 0으로 100 이상은 100으로 처리됩니다.).(IE 및 ios 미지원)
12-15	자신▾ 에서 감지한 움직임▾ 값	선택한 오브젝트 혹은 실행화면 위에서 감지되는 움직임 혹은 방향 값입니다.(움직임:움직임이 크고 빠를수록 값이 커집니다. 방향:오른쪽 혹은 위쪽으로 움직일 때 양수, 왼쪽 혹은 아래쪽으로 움직일 때 음수가 됩니다.).(IE 및 ios 미지원)
12-16	사람▾ 인식 시작하기▾	선택한 인식 모델을 동작시키거나 중지시킵니다.(사람 인식:사람의 몸을 인식하여 각 신체부위의 위치 등을 알 수 있습니다. 얼굴 인식:사람의 얼굴을 인식하여 눈, 코, 입, 귀의 위치나 예상되는 성별, 나이, 감정을 알 수 있습니다. 사물 인식:인식된 사물의 종류를 알 수 있습니다.).(IE 및 ios 미지원)
12-17	사람▾ 인식이 되었는가?	사람/얼굴/사물 인식이 된 경우 '참'으로 판단합니다.(IE 및 ios 미지원)
12-18	사물 중 사람▾ (이)가 인식되었는가?	선택한 사물이 인식된 경우 '참'으로 판단합니다.(IE 및 ios 미지원)
12-19	인식된 사람▾ 의 수	인식된 사람/얼굴/사물의 개수입니다.(인식 가능 객체:사람, 자전거, 자동차, 오토바이, 비행기, 버스, 기차, 트럭, 보트, 교통 신호등, 소화전, 정지 신호, 주차 미터, 벤치, 새, 고양이, 개, 말, 양, 암소, 코끼리, 곰, 얼룩말, 기린, 책가방, 우산, 핸드백, 넥타이, 가방, 프리스비, 스키, 스노보드, 스포츠 볼, 연, 야구 방망이, 야구 글러브, 스케이트 보드, 서핑 보드, 테니스 라켓, 병, 와인 글라스, 컵, 포크,

		나이프, 숟가락, 그릇, 바나나, 애플, 샌드위치, 주황색, 브로콜리, 당근, 핫도그, 피자, 도넛, 케이크, 의자, 소파, 화분, 침대, 식사테이블, 화장실, TV 모니터, 노트북, 마우스, 원격, 키보드, 휴대 전화, 전자 레인지, 오븐, 토스터기, 싱크대, 냉장고, 도서, 시계, 꽃병, 가위, 테디베어, 헤어드라이어, 칫솔).(IE 및 ios 미지원)
12-20	인식된 사람▾ 보이기▾	인식된 사람/얼굴/사물의 위치와 순서를 실행화면에 보이게 하거나 숨깁니다.(IE 및 ios 미지원)
12-21	1▾ 번째 사람의 얼굴▾ 의 x▾ 좌표	입력한 순서의 사람의 선택한 신체 부위의 위치값입니다.(얼굴, 목, 왼쪽 어깨, 왼쪽, 팔꿈치, 왼쪽 손목, 왼쪽 엉덩이, 왼쪽 무릎, 왼쪽 발목, 오른쪽 어깨, 오른쪽 팔꿈치, 오른쪽 손목, 오른쪽 엉덩이, 오른쪽 무릎, 오른쪽, 발목).(IE 및 ios 미지원)
12-22	1▾ 번째 얼굴의 왼쪽 눈▾ 의 x▾ 좌표	입력한 순서의 얼굴 중 선택된 얼굴 부위의 위치값입니다. 인식이 잘 되지 않는 경우 무조건 0으로 출력됩니다.(왼쪽 눈, 오른쪽 눈, 코, 왼쪽 입꼬리, 오른쪽 입꼬리, 윗 입술, 아랫 입술).(IE 및 ios 미지원)
12-23	1▾ 번째 얼굴의 성별▾	입력한 순서의 얼굴의 성별/나이/감정의 추정값입니다. 인식이 잘 되지 않는 경우 무조건 0으로 출력됩니다.(IE 및 ios 미지원)

이공계열 전공자를 위한
컴퓨팅 사고와 인공지능

초판 1쇄 2021년 3월 2일
초판 2쇄 2023년 2월 27일

지은이 유영환·김경민·김미숙·김민호·전인호

펴낸이 차정인
펴낸곳 부산대학교출판문화원
출판등록 제1983-000001호 1983. 11. 10
부산광역시 금정구 부산대학로 63번길 2 (우편번호46241)
대표전화 051-510-1932 팩시밀리 051-512-7812
www.press.pusan.ac.kr

ISBN 978 - 89 - 7316 - 699 - 2 03000

※ 본 교재는 과학기술정보통신부와 정보통신기획평가원의 SW중심대학지원사업의 지원에 의해 발간되었음(2016-0-00019)